U0856633

发展地理学

刘小鹏 等 编著

科 学 出 版 社

北 京

内 容 简 介

本书以发展的空间性为切入点，立足国内外地理学学科体系建设，系统阐述发展地理学的发展历程和特征、学科地位和性质、理论基础和研究主题，并从生计、贫困与发展，工作、就业与发展，卫生、健康、灾害与发展，教育、科技、文化与发展，产业、贸易与发展，资源、环境与发展等方面，系统阐述发展中国家、欠发达地区及全球的发展时空变化规律和特征，并结合联合国千年发展目标和可持续发展目标，突出中国发展道路和实践及其全球意义，加强课程思政教育，并促进学生树立正确的全球观、发展观与时空分析的能力。

本书可作为高等院校地理学、经济学和社会学专业研究生教材与本科生参考教材，适合科研院所相关学科专业科研人员和有关行业与企事业单位人员参考阅读。

审图号：GS 京（2024）0035 号

图书在版编目（CIP）数据

发展地理学 / 刘小鹏等编著. —北京：科学出版社，2024.3
ISBN 978-7-03-077126-1

Ⅰ. ①发… Ⅱ. ①刘… Ⅲ. ①经济地理学 Ⅳ. ① F119.9

中国国家版本馆 CIP 数据核字（2023）第 220681 号

责任编辑：文 杨 郑欣虹 / 责任校对：郝甜甜
责任印制：张 伟 / 封面设计：迷底书装

科学出版社出版
北京东黄城根北街 16 号
邮政编码：100717
http://www.sciencep.com
北京中石油彩色印刷有限责任公司印刷
科学出版社发行 各地新华书店经销
*
2024 年 3 月第 一 版 开本：787 × 1092 1/16
2024 年 3 月第一次印刷 印张：17 3/4
字数：450 000

定价：98.00 元

（如有印装质量问题，我社负责调换）

序

当前全球发展面临多重机遇和复杂挑战。气候变化和世纪疫情叠加共振，对区域生计保障和生活改善造成深刻影响。大国关系驱动国际格局加速演变，全球治理体系面临深刻重塑。全球化持续纵深发展，区域间要素流通格局日趋频繁和复杂。在融入全球化进程中，不同地区的资源禀赋差异和发展能力差异不断呈现新特征，加剧了区域发展失衡问题，制约着人类社会福祉提升和区域可持续发展。面对日益复杂的国内外环境，我国发展仍处于重要战略机遇期，实现高质量发展迫切需要解决区域性返贫、粮食安全保障、绿色发展转型、区域协调发展等关键问题。

当今百年未有之大变局背景下，发展仍是区域发展亟须解决诸多问题中的关键。发展地理学是研究全球不同国家和地区社会经济发展的一门地理学分支学科。它以“发展”为主线，聚焦全球发展不平衡和区域性贫困等关键发展问题，重点关注欠发达与发达地区在环境条件约束以及人类生计改善和福祉提升过程中的发展及收敛议题，探究经济、政治、文化、社会、环境等区域主导要素对区域发展的作用机制。基于跨学科优势、多元集成理论和丰富的应用实践，发展地理学为区域发展问题提供了解释框架，在区域关键因素与发展关系的新视角下展开了一系列理论与实证研究。

刘小鹏教授长期致力于贫困地理、生态经济、区域发展与政策等研究。发展地理学是其用力最勤、成果丰硕的研究领域之一，特别是空间贫困的地理识别及其分异机制，以及将发展地理学思维运用至欠发达地区可持续减贫，实现高质量发展等方面研究，建树颇丰。刘小鹏教授也是中国地理学会发展地理学专业委员会的核心骨干之一，参与搭建了发展地理学专业委员会这一重要学术交流平台，与我本人一同见证了发展地理学专业委员会成长与壮大。刘小鹏教授有关发展地理学研究的观点鲜明且独到，他多次强调要将发展地理学研究建构在全球发展论的理论基础之上，并以我国宁夏六盘山集中连片特殊困难地区为例开展了大量实证分析，全面揭示了欠发达地区在全球化和气候变化背景下发展的时空特征与机制，极大拓展了发展地理学研究的学术广度。

该书在推动区域协调发展，实现高质量与可持续发展方面具有非常高的价值。书中集中探讨了提升欠发达地区的发展速度、改善发达地区发展质量所面对的现实挑战与机遇，并从发展地理学视角切入，就其中的贫困、就业、健康、产业、资源、环境等关键议题展开详细阐述，明确了区域经济发展、生存战略和资源分配的内在关联机制，提供了深刻且具广泛意义的理论思想、技术手段与解决方案，一定程度上填补了国内目前这方面书籍的空白。正如作者在书中反复强调的，特定时空体下的“发展”总是相对的。在全球尺度，追求公平的发展和发展机会；在国家尺度，追求充分的协同发展。发展地理学基于区域要素及发展视角的时空多维分尺度研究，为揭示发达与欠发达地区发展的时空差异动态及过程机制提供了理论见解，以改善不平衡、不充分的区域发展。

在可预见的未来，人地复杂大系统转变必将深刻影响地理学研究方向与分析范式。面向人类世的发展地理学研究需要更加关注“人类-环境”复杂耦合系统，将国家需求与全球发展紧密结合；需要聚焦人地系统的主体、要素投入与配置、生态效益、社会福利等核心发展概念，开展经济学、管理学、社会学等前沿交叉学科集成应用。该书所述为未来发展地理学研究描绘了更为清晰的理论应用和方法范式，值得每个致力于可持续减贫、区域发展的科技工作者阅读参考，也可以作为区域高质量发展高级课程的参考书或教材。我相信任何在与区域发展相关的领域中工作的人们，都会在该书的阅读中有许多收获。《发展地理学》的出版一定程度上帮助读者了解发展地理学研究中不断拓展的研究方向、创新的理论方法和集成的案例经验，为改善发达和欠发达国家或地区的社会经济发展提供理论支持。

中国科学院地理科学与资源研究所研究员

中国地理学会发展地理学专业委员会主任

2022 年 10 月于北京

专 家 推 荐

发展地理学研究在我国起步较晚，但近年来得到了地理学界的高度重视并取得了快速发展。随着我国经济社会发展整体水平的不断提高，区域发展不均衡问题受到政府和学术界的更大关注。如何发挥地理学的学科优势，解决发展中国家、欠发达地区发展问题，总结全球发展时空变化规律，发展地理学得以快速发展，形成了学科队伍，成立了科学组织，发表了学术论文，出版了科学著作，编写了高等教材。刘小鹏教授领衔著述的《发展地理学》就是在这个过程中产生的科研成果，是我国发展地理学科建设过程中具有里程碑意义的成果。

中国地理学会副理事长、执行秘书长
中国科学院地理与资源研究所研究员

发展地理学是研究发展中国家、欠发达地区和全球的发展时空变化规律的综合性应用性地理学分支学科。近年来，发展地理学的研究工作方兴未艾，成为地理学一个新兴的研究领域，但是，适合于我国发展地理学教学使用的教材一直是空白，在一定程度上影响到该方向教学工作的开展。

由宁夏大学刘小鹏教授领衔编撰的《发展地理学》，以发展的空间性为切入点，紧扣国际地理学发展的最新方向，以及全球与我国经济社会可持续发展的重大需求，凝聚团队力量编撰而成，教材广泛地汲取了国内外最新的研究成果，以及团队自身的研究与教学经验进行了系统的编撰，充分体现了该教材集科学性、思想性、系统性、易读性一体的特点，是一部难得的优秀教科书，特推荐出版。

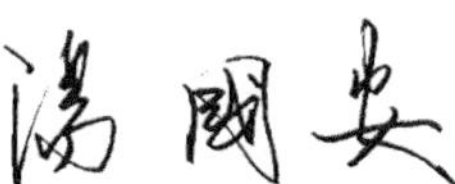

南京师范大学地理科学学院 教授、博士生导师
教育部地理科学类专业教学指导委员会 副主任

发展地理学是研究人类发展水平的地理学分支学科。聚焦区域经济高质量发展和促进绿色转型，指导区域可持续发展，已成为实现人类命运共同体构想不可或缺的学科之一。但是，适合于我国地理学高等教育使用的教材一直是空白，在一定程度上影响到该方向教学和科研工作的开展。由宁夏大学刘小鹏教授领衔编撰的《发展地理学》，系统阐述了发展地理学的发展历程和特征、学科地位和性质、理论基础和研究主题，以及发展中国家、欠发达地区及全球的发展时空变化规律和特征，并结合千年发展目标和可持续发展目标，突出中国发展道路和实践及其全球意义。该书的出版将在增强课程思政和促进学生树立正确的全球观、发展观与时空分析能力等培养人才方面发挥重要的作用，更为学者探究绿色发展与社会、经济、政策等要素间关系，制定区域可持续发展政策提供指导，是一部难得的学术专著和优秀教科书，特推荐出版。

中国科学院地理科学与资源研究所研究员
中国地理学会副秘书长兼编辑出版工作委员会主任

在本书出版前，刘小鹏教授邀我提出修改完善的意见。翻阅书稿，感觉这是作者对发展地理学的全新思考和系统梳理，体现了建设发展地理学学科的学术敏感性与现实紧迫性，特别是突出了中国发展及其全球意义，强调发展自信和课程思政是本书的显著特点。总体来看，该书是一部不可多得的专著型教材。正如作者所言，要在一本书中详尽介绍和阐释发展地理学诸多理论、方法和研究领域是一件困难的工作，但本书无疑是高等院校和科研院所研究生及相关科研人员进行发展中国家、欠发达地区及全球发展等研究工作的必读之作。

西北大学城市与环境学院 教授、博士生导师
中国地理学会常务理事、世界地理专业委员会副主任

前　言

发展地理学作为一门地理学分支学科，与发展经济学和发展社会学均在20世纪40年代中后期发轫于西方国家。1993年，美国地理学家和美国地理学家学会研究组提出“自然地理学”“人文地理学”“混合人文和自然地理学”“其他”的地理学学科体系，其中在“混合人文和自然地理学”中提出“农业地理学”“发展研究”“区域地理学”“资源地理学”等学科构成，这里的“发展研究”就是指“发展地理学”。2008年，Matthews和Herbert对人文地理学进行了专业细分，将城市地理学、乡村地理学和发展地理学列为区域地理学范畴。2009年，在《国际人文地理百科全书》（*International Encyclopedia of Human Geography*）中将发展地理学列为17个人文地理学分支学科之一。自新中国成立，特别是改革开放以来，我国地理学走过了一条“以任务带动学科”的独特发展道路，但并没有提出“发展地理学”这一学科，在《中国大百科全书》（一、二、三版）中，也未涉及“发展地理学”的内容。在2015年和2019年，中国地理学会先后成立“产业政策与发展地理学工作组”和“发展地理学专业委员会”，“发展地理学”才逐渐进入人们的视野。目前，中国科学院地理科学与资源研究所邓祥征研究员组建了国内首个“发展地理学”研究团队，宁夏大学已于2018年起在地理学研究生培养方案中设置了“发展地理学进展”研究生课程。

20世纪80年代初，香港浸会学院地理系邓永成和加拿大多伦多大学地理系博士研究生陈金永共同翻译了澳大利亚地理学者彼特、里默、福布斯的文章*Underdevelopment Theory*：*A Geography Review*，该译文的中文题目是《发展地理学》，并于1986年分两次在《国外人文地理》（现《人文地理》）连载。这是国内第一篇“发展地理学”中文文章。译者指出：“我国正在进行‘四化’建设，正处于‘发展’中，这门地理学中有不少理论和研究都很值得我国在制定政策、项目评估等方面加以参考，这一切都和‘发展地理学’息息相关，要找出一套适合中国国情的社会经济、空间发展模式，必须对国外‘发展学’的理论有所认识，别人的经济发展策略，特别是其他发展中国家的，有所了解……‘发展地理学’作为‘发展学’的一门，值得我们进一步认识”。

国际上成立于1983年11月的发展中国家科学院（也称为“世界科学院”，原名为第三世界科学院，即The World Academy of Sciences，TWAS）是致力于支持和促进发展中国家科学研究的非政府、非政治和非营利性的科学组织，TWAS地理学领域院士，如中国的陈述彭、孙鸿烈、徐冠华、牛文元、秦大河、叶嘉安、傅伯杰、陈发虎、刘彦随和于贵瑞等，已经或正在为发展中国家、欠发达地区和全球发展做出积极和大量的研究与实践工作。

目前，发展中国家存在很多发展难题，其治理对全球举足轻重。同时，全球化进程面临着重大挑战。作为全球最大发展中国家，中国发展取得的成绩举世瞩目，但不平衡不充分问题仍然突出。世界面临百年未有之大变局，发展地理学应抓住国际国内发展的重大机遇。

发展地理学是研究发展中国家、欠发达地区和全球的发展时空变化规律的综合性、应用性地理学分支学科。本书就发展与发展主义、发展地理学的发展历程和特征、其在地理学学科体系中的地位、理论基础等进行了详细阐述，并指出“贫困、不平等”是发展地理学的研究传统，并从生计、贫困与发展，工作、就业与发展，卫生、健康、灾害与发展，教育、科技、文化与发展，产业、贸易与发展，资源、环境与发展等研究重点领域方向，分章节进行了探讨分析，并突出联合国千年发展目标、人类命运共同体，以及中国发展道路和实践及其全球意义的内容表述。当然，要在一本书中详尽介绍和阐释发展地理学诸多理论、方法和研究领域方向是一件非常困难的工作。这主要受限于作者的专业水平和知识面及书稿篇幅。文中一定存在不完善之处，敬请各位读者批评指正。本书旨在抛砖引玉，以期有更多的地理学者贡献更丰富和高质量的发展地理学成果，以服务国家战略需求和地区发展。

参加本书编著人员及分工如下：

第 1 章宁夏大学刘小鹏、王亚娟、卫宇曦

第 2 章宁夏大学刘小鹏、苗红

第 3 章宁夏大学刘小鹏、卫宇曦

第 4 章西北师范大学赵雪雁、王鹤霖、任娟、孙彦、王晓琪

第 5 章宁夏大学李鸣骥、买尔比亚·依米提、翟嘉港

第 6 章宁夏大学杨美玲、唐朝朝

第 7 章宁夏大学刘小鹏、卫宇曦、崔云霞、蒋春梅

第 8 章中国地质大学（武汉）金贵、刘璇、贺念慈

第 9 章宁夏大学王亚娟、冯康利

第 10 章中国地质大学（武汉）金贵、胡毅航

第 11 章宁夏大学刘小鹏、蒋春梅、崔云霞

第 12 章 12.1 节宁夏大学李鸣骥；12.2 节西北师范大学赵雪雁、王蓉；12.3 节宁夏大学杨美玲；12.4 节中国地质大学（武汉）金贵。

全书由刘小鹏统定稿。

在中国地理学会副理事长兼秘书长张国友研究员，中国地理学会发展地理学专业委员会主任邓祥征研究员，中国科学院地理科学与资源研究所学术期刊中心常务副主任、《地理学报》专职副主编何书金研究员，西北大学李同昇教授，以及中国地理学会发展地理学专业委员会各位专家的鼓励下，我们组织力量发表了若干篇发展地理学方面的文章，并积极着手编著了本书，在此表示诚挚谢意！

在本书编写过程中，我们特邀陆大道院士、陈发虎院士、周成虎院士，以及南京师范大学汤国安教授、北京大学贺灿飞教授、首都师范大学李小娟教授、北京师范大学宋长青教授、南京大学鹿化煜教授、中山大学薛德升教授、兰州大学勾晓华教授等知名学者，以不同方式形式提出了宝贵意见，在此对他们的辛勤付出和殷切期盼表示感谢！

本书中引用了很多国内外学者和机构的研究成果和报告，在此表示衷心感谢！如有遗漏，敬请谅解！

感谢国家自然科学基金委员会和宁夏大学领导、同事们的鼎力支持！

特别感谢科学出版社文杨副编审为本书的出版发行给予的无私帮助和大力支持！

刘小鹏

2022 年五一劳动节于银川

目　录

第1章　绪　　论

1.1　发展与发展主义

1.1.1　发展的时空意义

一般来说，“发展”是个积极的词语，发展的本义是指个体、群体进步变化或经济增长的过程。在社会经济领域，著名的罗斯托（Rostow，1960，1971）模型（也称为经济成长阶段论或起飞理论）指出，发展的演进阶梯包括传统社会（贫困、初级生产与传统价值）、起飞准备（援助、产业投资等）、起飞（高经济增长与基础设施投资等）、成熟（经济文化等导致全面繁荣）和高消费等阶段（图 1.1）。该模型表明，发展中国家摆脱不发达的关键在第三个阶段，即起飞阶段。起飞理论中的五阶段，主要适用于发展中国家和地区，但是一个线性模式，缺乏预见性，如存在跨越式发展模式等，没有指出发展的国别和地区差异。

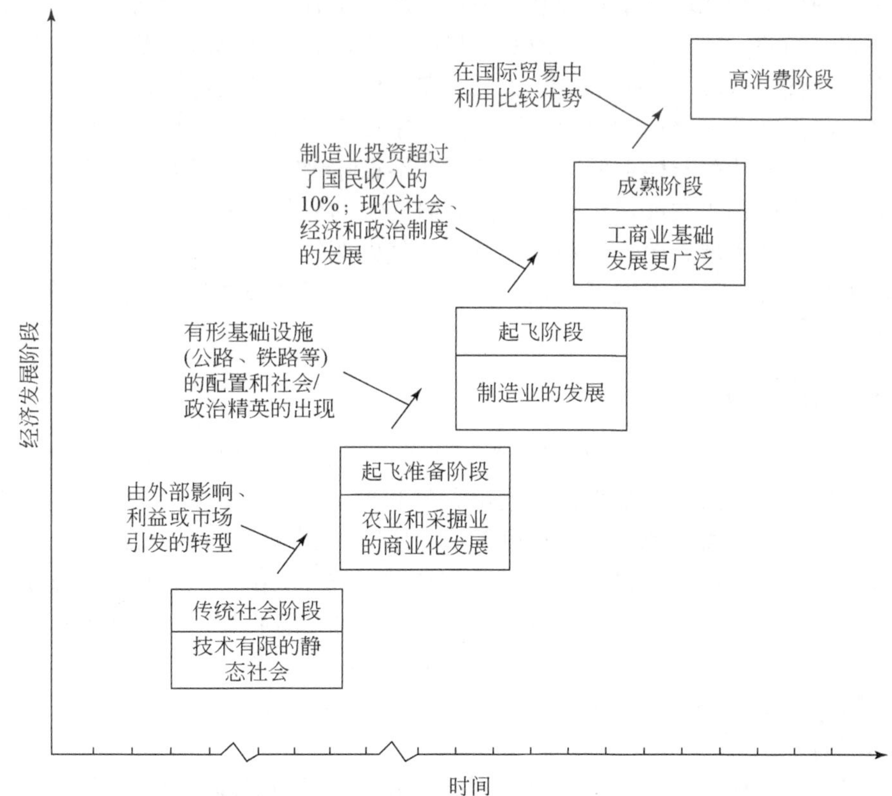

图 1.1　罗斯托经济成长的阶梯演进（Rostow，1960，1971）

20世纪70年代以来，《未来冲击》（1970）、《第三次浪潮》（1980）、《大趋势——改变人们生活的10个新方向》（1982）和《大趋势》（1990）等著作成果，探讨了发达国家、发展中国家和全球发展的可能与意义，但缺乏深入探讨世界北方和南方的“发展话语”。

第二次世界大战之后，全球“发展”已成为国际关系中日益重要的一部分。虽然国际社会一直在为“发展”讨论共同的解决方法和方案，但正如法国和南非有着不同的历史、文化和生活水平，如何制定针对区域的差别化经济增长模式和政策呢？在探索发达国家和发展中国家（或地区）的这些差异时，地理和地理分析可以发挥特别重要的作用。但随之而来的问题是，如中国、乌干达、英国关于发展性质及其对国家“进步”和社会变革重要性的认识存在很大差别，因此就出现了在不同的时间和地点，“发展”术语具有不同含义的情况。即使在同一个国家或地区内部或不同社会群体也存在“发展”的差异，表明“发展”具有地方性，如联合国人类发展指数（human development index，HDI）从收入、预期寿命、人类自由和教育水平四个方面评价“发展中”和“发达”社会的进步和变化，表明世界各地存在“富裕”和“贫困”地区，也即世界上存在从地方到全球不同地理尺度上的贫困（极端贫困、绝对贫困、相对贫困）和发展差距。

每个人都有本“心理地图集”，可用来描述如非洲、亚洲或拉丁美洲“发展”的地理方式，甚至重构空间和地点以及重建新型社区，欧洲中心主义就是以欧洲为中心或以美洲为中心的世界和“现代”发展的全球地图，并把这个“发展”地图作为发展中国家的发展“愿景”，这也是全球发展不平等和不公正的原因。地理学家关注区域发展差异，并将发展理念与其特定的历史和地理背景相关联。中国的部分学者认为“胡焕庸线”无法突破，但事实是流动的空间和空间的生产正在改变这里的一切，有力证据就是数字（如移动支付）带来的“无地点性”（placelessness），如上海和宁夏，一个是发达地区，一个是欠发达地区，但数字经济正在缩小它们的差距，同样，数字经济现象使得全球范围内的地理边界和地理鸿沟变得不再如从前一样重要。当然，这并不意味着“空间毁灭”或“地理的终结”。

虽然地理学家强调“发展话语”在空间和时间上的变化，如收入与生活质量、基本公共服务、国家和全球治理、全球经济和全球化、气候变化、环境污染、地缘关系等，但对“发展”的理解还要看是“发展者”还是“发达者”，或者说要把“发展”放在特定的时空体去考虑。

1.1.2　发展的发展

对发展的认识与18～19世纪欧洲理性主义和人文主义的兴起密切相关。这一时期被称为“启蒙运动”。从广义上讲，启蒙思想强调科学和理性思维可以帮助人类从野蛮人到文明人，从未开发到发展，通过理性和科学思考，会让世界更可预测和更有序。

在地理学领域，1939～1945年，部分英国地理学家作为战时兵役前往新加坡、印度和锡兰（今天的斯里兰卡）等国家，进行地理勘测和地理信息收集，积累了这些国家大量的地理知识。这个时期，发展地理研究标志性成果是 *Malayan Journal of Tropical Geography* 创刊和法国地理学家 Pierre Gourou（1947）的 *Tropical Geography* 出版。这是发展地理学的前身——热带地理。

发展实践的现代根源可以追溯到第二次世界大战之后和美国“第四点计划”中提出的“欠发达地区”（underdeveloped areas），这里所指的“欠发达地区”就是“第三世界”。在这个时期，整个发展理念与西方的价值观直接联系在一起，那些不接受、利用或适应西方价值的被认为是“传统的”、“落后的”或“不文明的”。之后，对这种发展模式产生了两种不同的观点。赞同者认为，自第二次世界大战以来，人类生存生活总体得到了改善。反对者认为，第二次世界大战后的西方发展模式并没有有效改变发展中国家（特别是极端贫困国家）和发达国家的差距，这种发展类型或模式无益于发展中国家（特别是极端贫困国家）和地区的发展，这个观点被称为“反发展”。

发展同样具有不确定性。当今世界正经历百年未有之大变局，特别是新冠疫情全球大流行使这一变局更加复杂化，保护主义、单边主义上升，经济全球化遭遇逆流，给人类生产生活带来前所未有的挑战。2020 年，世界银行戴维·马尔帕斯表示，“大流行和全球经济衰退可能导致世界人口的 1.4%以上陷入极端贫困”。

中国是世界上最大的发展中国家，发展成就举世瞩目。但中国当前发展不平衡不充分问题仍然突出，重点领域关键环节改革任务仍然艰巨，一系列制约高质量发展的结构性、体制性和周期性问题亟待解决。

中国共产党十八届五中全会确立了创新、协调、绿色、开放、共享的发展理念，被视为关系中国发展全局的一场深刻变革。新发展理念包括五个方面的基本内涵：①创新发展解决发展动力问题。2020 年，中国创新指数达到 242.6，研发支出经费投入已超过欧盟平均水平，缩小了与美国、日本等发达国家的差距，但基础科学研究短板依然突出，重大原创性成果和关键核心技术等“卡脖子”问题没有得到根本性改变，存在“阿喀琉斯之踵”。②协调发展解决发展不平衡问题。我国发展不协调受地理位置、资源和基础条件的影响，表现为沿海与内地发展差距较大，东部、中部和西部发展不平衡，城乡发展差距较大，需要从原来的跑得快转变为注重发展的整体效能，目前存在发展收敛面临的“木桶”效应。③绿色发展解决人与自然和谐问题。2019 年，中国单位国内生产总值（gross domestic product，GDP）二氧化碳排放比 2005 年下降约 48.1%，超额完成了 2020 年预定的碳减排目标。中国是全球最大可再生能源投资国，自 2015 年以来在全球的占比一直稳定在 30%左右。“绿水青山就是金山银山”深入人心。但是我国资源约束趋紧问题严峻，群众对美好生态环境的向往越来越强烈。④开放发展解决发展内外联动问题。2020 年，在经济全球化和新冠疫情影响的重大挑战下，中国加快形成全方位高水平对外开放新格局，进出口、出口总值均创历史新高，继续稳居全球货物贸易第一位。但我国对外开放水平总体上还不够高，亟待构建国内国际双循环相互促进的新发展格局。⑤共享发展解决社会公平问题。2020 年，中国城镇居民人均可支配收入 43834 元，农村居民人均可支配收入 17131 元，城乡居民人均收入比值为 2.56，比上年缩小 0.08。但分配不公、收入差距、城乡区域公共服务水平问题依然突出。

中国的新发展理念深刻揭示了实现更高质量、更有效率、更加公平、更可持续发展的必由之路，区别于第二次世界大战以来西方国家设计的“发展路径”，而是具有实践性、人民性、发展性、整体性、历史性等五大特征。新发展理念是在深刻总结国内外发展经验教训和发展大势的基础上、总结我国发展中的突出矛盾和问题提出来的，是以人民为中心，体现了逐步实现共同富裕的目标要求，是由人民共享的发展理念，是随着发展而发展，说明了对实践的依赖性和实践的推动性。新发展理念是相互联系的整体，是历史的、具体的。

1.1.3 发展主义

中国通过改革开放越过了“要不要发展”的争论，直接进入了“如何发展”的进程。

当“发展才是硬道理”在社会实践和制度设计层面被主流化，国内学术领域也展开了对“发展主义”（developmentalism）主题的研究。从时间序列考察，社会发展理论经历了由“古典发展理论”“发展主义”，再到“新发展主义”的理论演进图式。如果将“发展”表述为从不发达、欠发达的落后状态走向发达的过程或目标，那么发展主义就可以被看作将这一过程或目标实现的理论、理念和实践路径。传统上，可将发展主义界定为三类：拉美型发展主义、东亚型发展主义和西方型发展主义。

拉美落后的根源是中心国家和外围国家之间在经济上的不平等，以及前者的霸权和剥削（图 1.2）。同时，拉美国家存在资本短缺，工业体系落后，就业机会少，收入分配不均，国际支出持续逆差和土地所有制妨碍经济发展等现象。

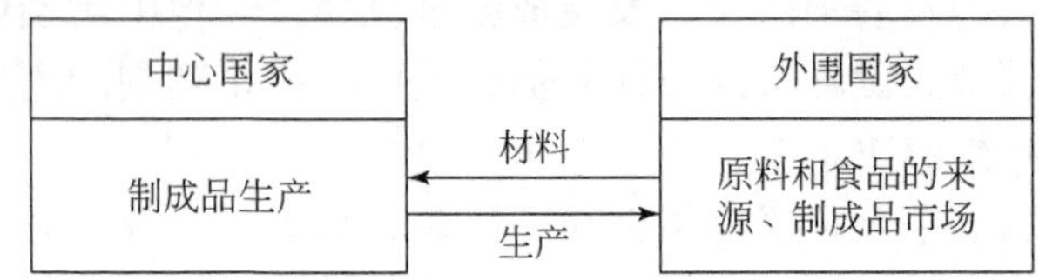

图 1.2　劳动地理分工：全球经济中的核心–边缘关系

拉美型发展主义，又称为“拉美经委会主义”，“它是特指具有拉丁美洲特色的一种经济发展思想”。拉美型发展主义是在第二次世界大战后拉美民族运动空前高涨和中产阶级日益壮大的历史背景下产生的，虽然它曾极大地推动了拉丁美洲国家的现代化进程，但并没有独特的理论基础，只不过是凯恩斯主义在拉丁美洲的现实运用而已。当 20 世纪 70 年代凯恩斯主义广受批判、新自由主义日益昌盛之后，这个发展主义也随之被很多拉美国家抛弃。拉美型发展主义的理论缺点主要有两个，即实现工业化没有立足本国，忽略了农业在国民经济中的地位和作用；“中心–外围”二元框架所承载的结构主义分析本身就回避了不平等、不公平。

东亚型发展主义是第二次世界大战后日本和亚洲四小龙（韩国、中国台湾地区、中国香港地区与新加坡）飞速成长而形成的一种发展主义。这是自 20 世纪 70 年代后，发展政治学在“东亚奇迹”基础上得出的“发展主义”研究范式。同时，泰国、韩国、新加坡、印度尼西亚、马来西亚、菲律宾、中国、越南等国家和地区进入发展主义政治和经济共同发展的阶段。东亚型发展主义理论的缺点是，在发展主义政治体制下，市场经济不完善、金融体制不健全、贫富差距过大等。1997 年东亚爆发的金融和经济危机充分说明，这种发展主义不仅影响经济稳定持续增长，而且容易受到外来资本的冲击。

西方型发展主义以经济增长为主要目标，依据高科技、工业化、国家干预或市场机制等不同手段，产生了不同的发展主义学说，如自由市场、依附发展等。第二次世界大战之后，针对民族独立国家如何走出落后和贫困状态，产生了如刘易斯的二元经济论、罗丹的大推进理论、纳克斯的贫困恶性循环理论及罗斯托的五阶段增长理论等，但依然是建立在对西方模式的复制，多数国家并未因此走出困境，甚至在经济、政治和社会领域出现严重倒退。

在反思“发展主义”的基础上，20 世纪 70～80 年代出现了以社会和谐、社会共生、社会建设、社会均衡发展为研究主题的“新发展主义”或“后发展主义”。新发展主义是指第三世界要摆脱西方现代性的价值尺度和发展道路，走尊重自己历史文化传统和社会发展实际的路径模式。但是，在“中心–边缘”政治经济秩序没有根本改变的情况下，第三世界实现真正意义的社会发展将十分困难。值得肯定的是，这个时期以来的非西方国家学者开始反思和批判西方的发展理论，转向试图建立新的发展理论。

1.2　发展地理学的发展历程和特征

1.2.1　国外发展地理学者的阶段划分

随着发展研究和地理学作为一门学科的思想演进，国外发展地理学者通常是从 20 世纪 40 年代以来以每十年为基础，总结发展地理学的发展阶段和主要特征（表 1.1）。

表 1.1　国外学者划分发展地理学的发展阶段和特征

年代	特征
20 世纪 40 年代	• 1947 年美国发表“第四点计划”（Point Four Program），提出了“欠发达地区”（underdeveloped areas）概念 • 发展地理通常称为殖民、军事、区域或热带地理
20 世纪 50 年代	• 城市和经济地理学等分支学科得到发展 • “新地理”取代了区域地理
20 世纪 60 年代	• 依赖理论、核心–边缘理论出现 • 1966 年，英国萨克塞斯大学（University of Sussex）成立了全球第一个发展研究所（the Institute for Development Studies）
20 世纪 70 年代	• “第三世界”“发展中国家”“欠发达国家”等术语的地理表达出现在“发展地理”和“发展机构”中。1971 年，“发展地理学”学科术语正式提出
20 世纪 80 年代	• 发展地理学的教学和研究举步维艰
20 世纪 90 年代	• 出现后现代主义范式（the condition of postmodernity） • 学术界开始批判资本主义下积累的全球影响力，突出摆脱现代全球体系中“中心”的束缚
21 世纪以来	• 全球化、环境变化与发展研究成为发展地理学语境差异、概念解释和预测的核心 • 贫困、债务、贸易等全球现实和全球地理成为焦点 • 发展地理学开始兴起

1.2.2　国内发展地理学者的阶段划分

现代地理学从 20 世纪 60 年代以来，先后经历了计量革命、行为研究、综合研究、可持续发展研究和全球变化研究等数量化和理论化过程和发展阶段。但发展地理学的发展既没有与发展理论演变过程衔接，也没有与现代地理学数量化和理论化过程相吻合。通过梳理发展研究历程发现，发展地理学的理念来源是 18～19 世纪的启蒙思想，其学术形成的社会和思想历史源头是发展研究领域“欠发达地区”概念的提出和热带地理学的出现。20 世纪 70 年代初，发展地理学学科术语的正式提出标志着热带地理学的衰落。但一直到 20 世纪 90 年代末，发展地理学的发展基本处于“停摆”状态。随着可持续发展和全球变化研究的深入，进入 21 世纪的发展地理学才逐渐得到学术界的重视（图 1.3）。因此，基于发展研究和发展地理学的脉络，可将发展地理学的发展划分为三个时期，即发展地理学学术思想萌芽期（启蒙运动～20 世纪 60 年代末）、发展地理学学术思想探索期（20 世纪 70 年代初～90 年代末）、发展地理学学科建设期（21 世纪以来）。

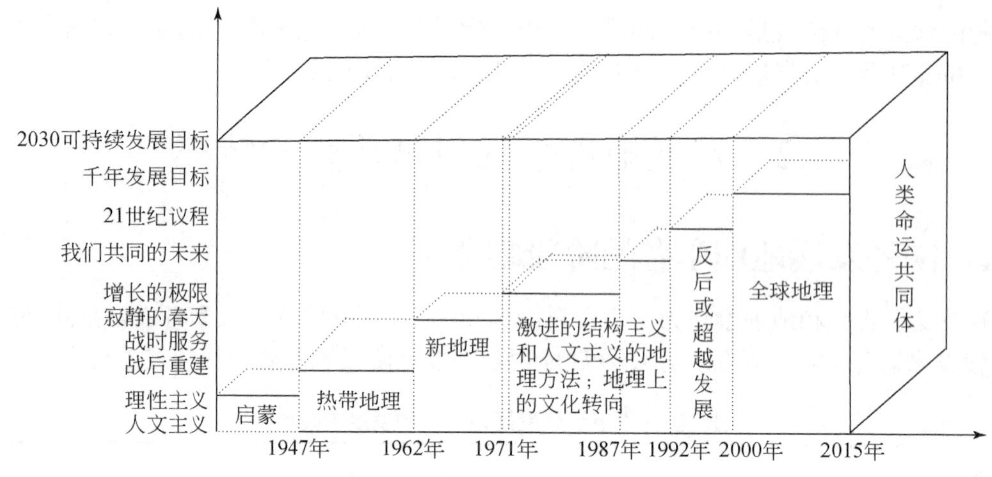

图 1.3　发展地理学阶段划分的几个关键时点

1.2.3　发展地理学的发展特征

（1）发展地理学学术思想萌芽期（启蒙运动～20 世纪 60 年代末）。启蒙运动兴起于 18 世纪末到 19 世纪中期，这个时期人文主义思想发展为理性主义。这里的“人”，可理解为“人类”或“所有的人”，它的时空理念正是发展研究时空观的来源。文艺复兴出现对时间和空间的普遍性和无限性认识，认为地球是可以征服和控制的，这种时空观点成为资本主义全球扩张和殖民扩张的依据。

进入 20 世纪特别是第一次世界大战到第二次世界大战结束，发展地理早期研究的主要特点是“热带”、“殖民”、“军事”、“海外”和“区域”地理（可统称为“热带地理”）。这个阶段，法国地理学家皮埃尔·古鲁（Pierre Gourou）的著作 *Tropical Geography*（1947）和期刊 *Malayan Journal of Tropical Geography*（1950）的发行，标志着热带地理学的形成。但这个时期发展研究的主流依然是对资本主义发展积累结果的讨论和批判，如安德烈·冈德·弗兰克（Andre Gunder Frank）通过研究墨西哥、智利和巴西指出，发展和欠发达是资本主义发展体系矛盾的可预测结果和表现形式，不发达、二元性和不平等是发达资本主义发展的直接结果和相互作用。这个时期，依赖理论在拉丁美洲和加勒比地区得以发展。在发展研究机构方面，英国萨克塞斯大学于 1966 年成立了由地理学家参与的发展研究所，但该研究所的学术成就主要是发展经济学，而受计量革命影响的地理学研究主题仍然集中在对空间模式的检查而非对结构过程的解释，热带地理学受到质疑和批判，并逐渐走向衰落。

（2）发展地理学学术思想探索期（20 世纪 70 年代初～90 年代末）。这个时期，“新地理学”基于逻辑实证主义和科学方法认识论寻找空间模型和定量概括，忽视了发展领域研究的地理学作用。通过对“新地理学”的质疑，英国地理学家艾伦·格雷厄姆·吉尔伯特（Alan Graham Gilbert）于 1971 年在 *Area* 杂志上发表 *Thoughts on the ‘New Geography’ and the Study of ‘Development’* 一文，明确提出了发展地理学（development geography）学科术语，标志着发展地理学取代了热带地理学。基于绝对优势和比较优势理论，阿尔伯特·奥图·赫希曼（Albert Otto Hirschman）提出的空间极化增长成为不发达国家的现代化范式，瓦尔特·惠特曼·罗斯托（Walt Whitman Rostow）更是主张城市–工业节点是第三世界农村增长和发展的引擎。赫希曼和罗斯托的“欧洲中心发展思维”的观点得到了当时国际发展机构、援助机构的认可和推动。而对“发展地理学”成为一门学科影响深远的是1972年6月12日联合国“人类环境大会”的召开，和1973年大卫·哈维（David Harvey）*Social Justice and the City* 的出版，这两件事使人们开始接受人文地理学的政治–经济和“结构主义”方法，由此对“第三世界”“发展中国家”“欠发达国家”的大量地理表达，以及在发展、社会正义与社会不平等的地理思考中体现的马克思主义和新马克思主义思想。*Our Common Future*（1987）和 *Agenda 21*（1992），以及20世纪80年代以来兴起的新右翼（在欧洲）、新保守主义（在美国）和新自由主义都为发展地理学的发展创造了积极条件，发展地理学研究本可以更好地融入发展中国家社会经济发展和空间模式的构建中，但这个时期地理学的文化转向使发展地理学再次失去了发展的机会。20世纪90年代，后现代性促使人们重新认识“二元性”，如大卫·哈维出版的 *The Condition of Postmodernity*（1990）著作和地理学的反、后和超越发展的后现代转向，为未来发展开辟了后现代选择，即强调发展的重点应是新兴工业化国家和“新兴市场”。可持续发展思想作为人地关系论的延伸和拓展，逐渐成为地理学界研究的热点和前沿问题，如地理学著作 *Rediscovering Geography: New Relevance For Science and Society*（1997），就全面论述了气候变化、人口、资源开发、环境退化、健康等重要发展问题，展示了地理学从可持续发展视角研究发展的重大意义。这一阶段，发展地理学的学术思想初见端倪，例如，英美国家将大学地理系课程和学科体系学划分为自然地理学、人文地理学、混合人文和自然地理学、其他领域4部分，其中混合人文和自然地理学中就包含了农业地理学、发展研究、区域地理学、环境研究，但依然没有将“发展研究”视为“发展地理学”。

（3）发展地理学学科建设期（21世纪以来）。进入21世纪以来，在后现代时代和后结构主义时代，在人口变迁、贫困和不平等、资源和消费、气候变化、环境污染、全球化、地缘经济和地缘政治等构建世界新秩序的背景下，发展地理学的学科建设和发展逐渐得到学术界的重视。Potter 等（2001）首先讨论了“发展地理学曾经发生了什么？”，以及地理与发展的“核心–边缘”理论，反思了第三世界地理教学和研究。Power（2003）、Power 和 Sidaway（2004）分析了发展地理学的发展和热带地理衰落的历史必然性。Rupert（2005）从当代人文地理学视角讨论了发展地理学的发展问题。Lawson（2007）论述了发展地理学的产生。2009年，*International Encyclopedia of Human Geography* 中细分了17个人文地理学分支学科，其中将发展地理学作为一个分支学科列出并列举了 66 个研究词条。Potter（2012）详细阐述了发展地理学的关键概念。Elsevier（2015）在 *International Encyclopedia of the Social & Behavioral Sciences* 的地理学科目中分列出了 development geographies 分支科目。在对发展地理学学科建设问题的探讨上，Horner 和 Hulme（2019）提出了发展地理学从国际到全球发展的学科走向。2015年和2019年，中国地理学会先后成立了产业政策与发展地理学研究工作组和发展地理学专业委员会。在2015～2019年中国地理学会产业政策与发展地理学术研讨会、2020～2021年中国地理学会发展地理学学术年会上，学者从发展地理学视角探讨了区域产业政策、欠发达地区贫困的地方形成机制和中国减贫的绿色转向等理论问题，以及学科建设和人才培养问题。同时，发展地理学的实证研究也得到了学术界的重视，如 Biddulph（2011）运用发展地理方法开展了柬埔寨的权属安全干预问题。目前，在英国、美国、澳大利亚、瑞典和新加坡等国家已初步形成了发展地理学学科建设和人才培养的基础。中国的部分高校和研究院所也先后组建了发展地理学学科建设团队和人才培养机制，如中国科学院地理科学与资源研究所邓祥征“发展地理学学科团队”，宁夏大学在地理学研究生培养方案中开设了“发展地理学进展”课程等。

1.3 发展地理学在地理学学科体系中的地位

1.3.1 百科全书划分的地理学学科体系

《不列颠百科全书》中将地理学分为自然地理学、人文地理学和区域地理学三个分支。自然地理学可再分为地貌学、气候学、生物地理学和水文学等。人文地理学包括历史地理学、文化与社会地理学、人口地理学、政治地理学、经济地理学（包括对农业、工业、贸易和运输的研究）和城市地理学等。区域地理学的研究范围可以是全世界，也可以是一个大陆、一个大文化区、一个国家、国家内一个区划和一个城市。

《大美百科全书》指出，系统或总论类型专注于地理学的各种不同要素，是研究各种要素以及分析要素与空间的作用和形态的关系。区域类型专门研究特定的区域，即不同要素组合形成“地理的区域”，一个地理区由全部地区的个别特性综合而成。地理学是由区域的和总体的地理学交织而成。

《中国大百科全书》第一版和第二版遵循科学性兼顾稳定性，从现实出发兼顾历史状况的原则，按研究对象对地理学体系进行了划分（图 1.4）。

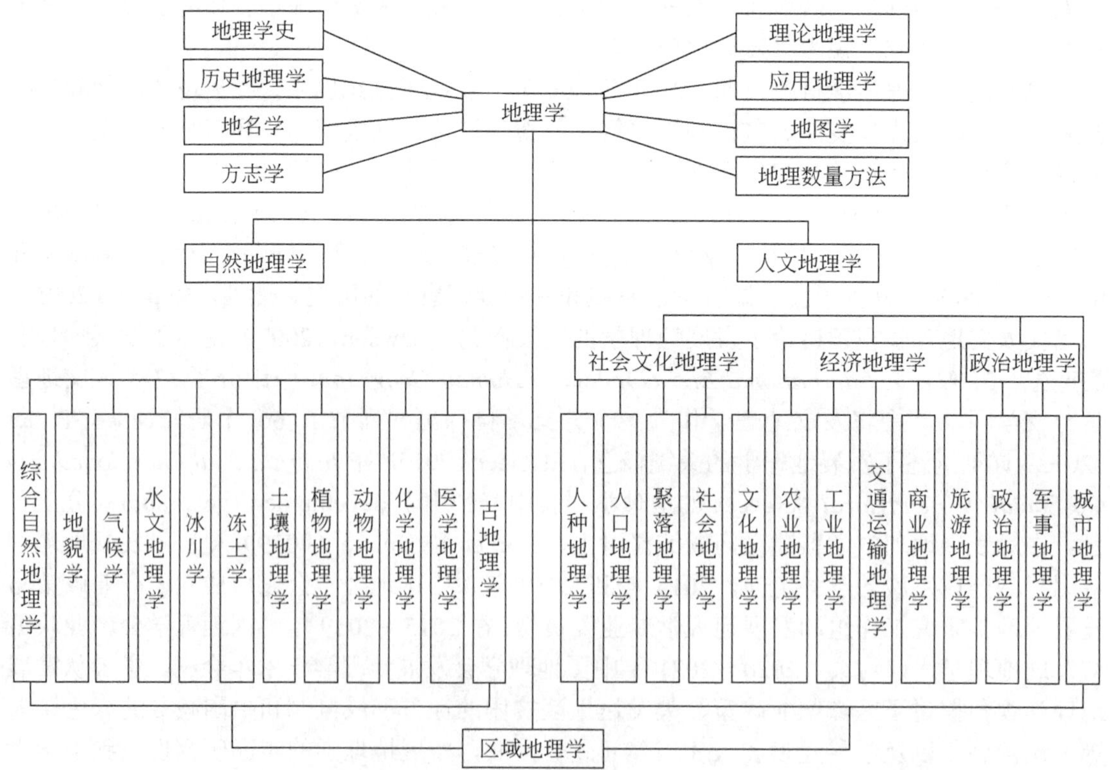

图 1.4 《中国大百科全书》第一版和第二版地理学体系表

《中国大百科全书（第三版）》（网络版）①指出，以人类环境、人地关系和空间相互作用为主要研究对象的地理学，已成为一门包容自然科学、人文社会科学和工程技术科学的综合性学科，建立了相对完整而独特的学科体系，包括自然地理学、人文–经济地理学、地理信息科学三大板块（图 1.5），各板块又包含一系列分支部门。各板块有自己的综合研究，从分支部门到板块，再到综合的地理学，构成地理学科的三个层次。每一层次都有相应的理论、应用理论和区域实践三重性质，相对应地分别形成理论地理学、应用地理学和建设地理学，各层次和各板块都从古地理、历史地理和时间地理三时期来研究。

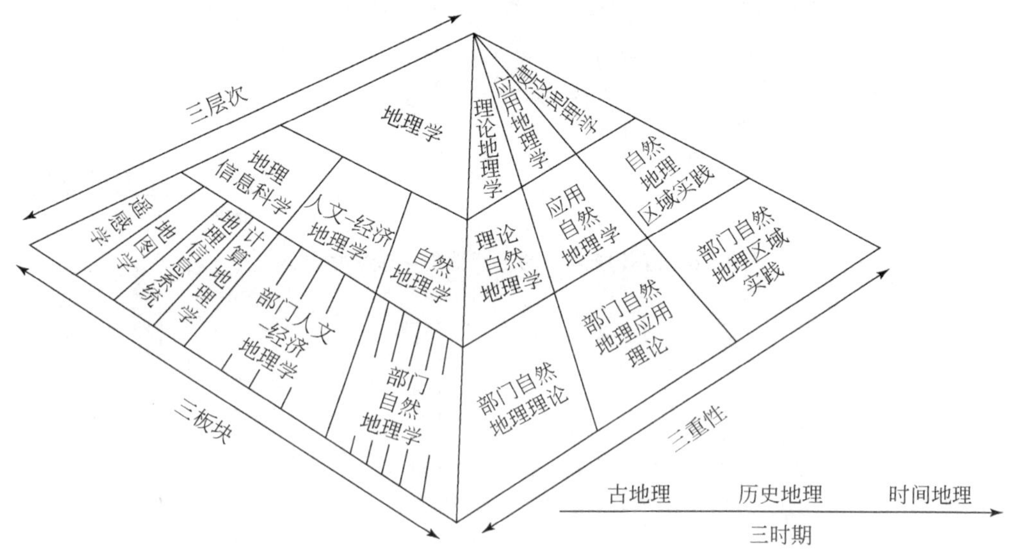

图 1.5　《中国大百科全书（第三版）》地理学体系表

1.3.2　专家学者划分的地理学学科体系

陈传康于 1987 年发表的《现代地理学和地理教材建设》一文中，从三分法、三层次、三重性和三时段四个方面对现代地理学进行分科，构建了现代地理学的金字塔体系（图 1.6）。吴国本和潘玉君 1990 年发表的《地理教育价值刍论》一文和刘南威 2009 年出版的《综合自然地理学》中都提到了大致相同的金字塔地理学体系。三分法、三层次和三重性的相互交叉和重叠构成了地理学学科结构的一个立体系统。在这个体系中，地理学被分为自然地理学、经济地理学和人文地理学，注重地理学的理论研究、应用研究和区域研究，强调在地理学的研究中将自然地理学、人文地理学和经济地理学三者结合起来。

2009 年由陈才出版的《区域经济地理学（第二版）》一书中，以说明区域经济地理学在地理学体系中的地位为目的，给出了地理科学体系（图 1.7）。

2021 年，陈发虎等借鉴《中国学科及前沿领域发展战略研究（2021～2035）》，系统梳理了新时期地理科学的学科体系，并根据地理科学发展现状和趋势，将地理科学划分为综合地理学、自然地理学、人文地理学和信息地理学 4 个二级学科（图 1.8）。

① 截至 2022 年 04 月，《中国大百科全书（第三版）》的编纂工作尚在进行中，本书为官方网络版参考内容。官方网址：https://www.zgbk.com/ecph/words?SiteID=1&ID=62269&SubID=76089.

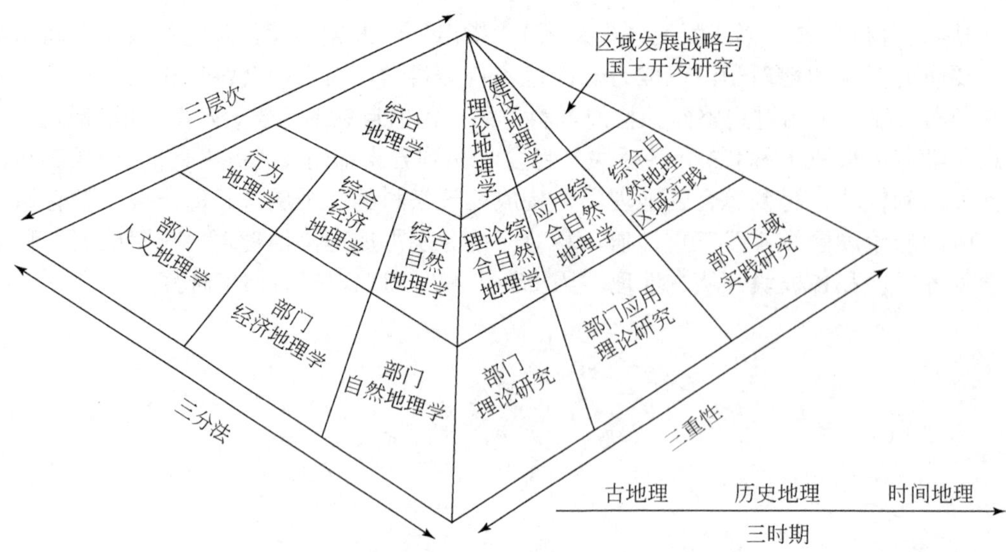

图 1.6　陈传康划分的现代地理学金字塔体系

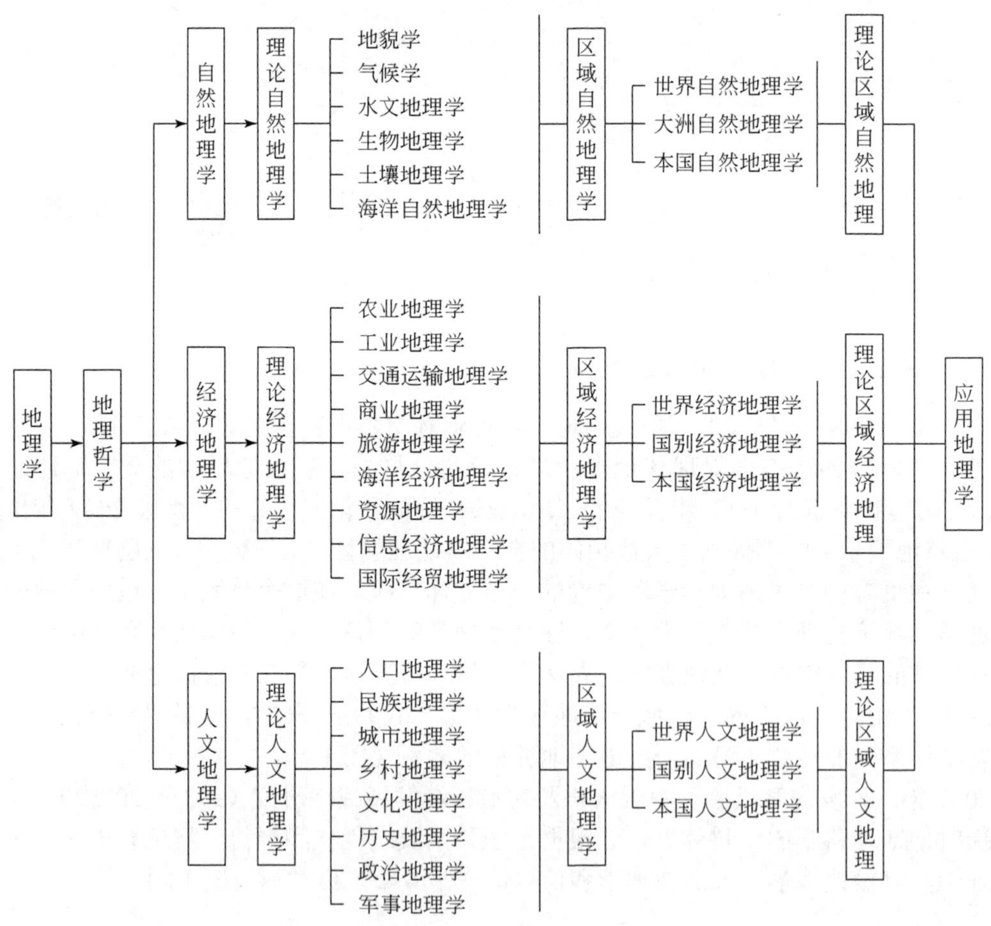

图 1.7　陈才划分的地理科学体系

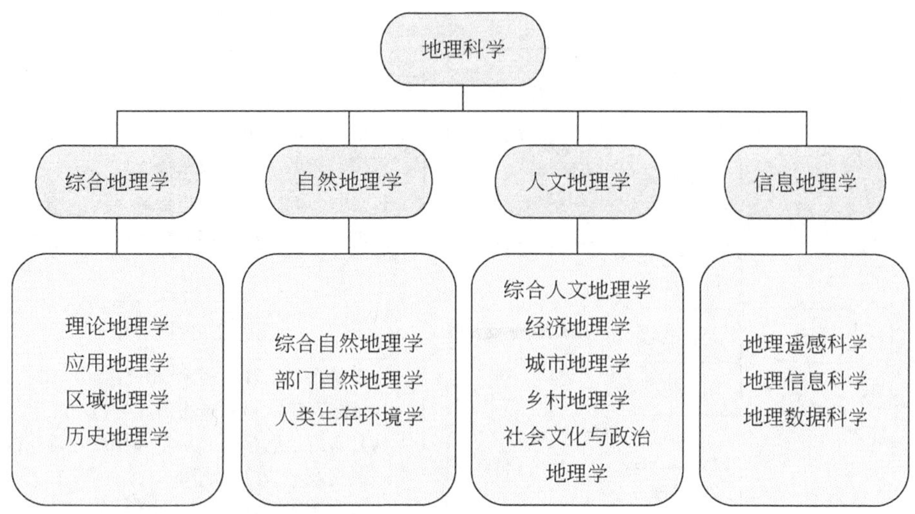

图 1.8　陈发虎等划分的地理科学体系

2022 年，鹿化煜从地理学的综合角度出发（图 1.9），并强调地理学空间、地区、环境核心概念，遵循地理学的特征、使命和发展（图 1.10），联系相关学科，划分了地理学学科体系①。其中，借鉴马修斯（Matthews）和赫伯特（Herbert）的观点，将发展地理学划为区域地理学的分支学科之一，属综合地理学范畴（图 1.11）。

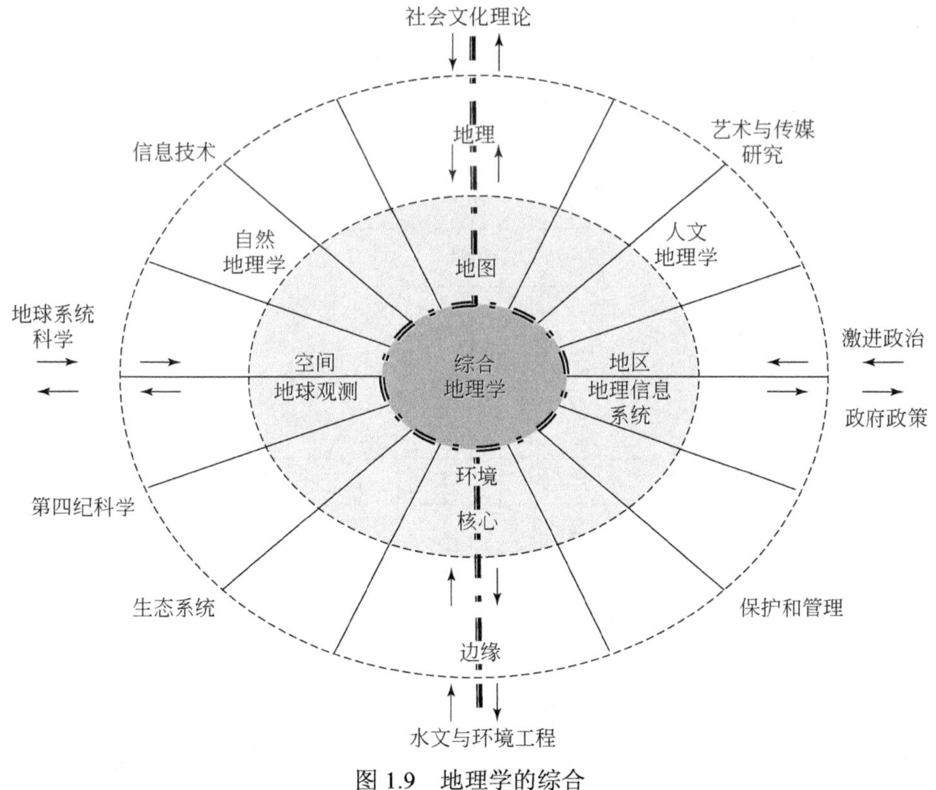

图 1.9　地理学的综合

① 出自鹿化煜 2022 年 3 月 22 日在“江苏高校地理学学科联盟——南京师范大学地理科学学院旭旦讲坛”中所作的线上报告：《试议新时代的地理学及其意义》.

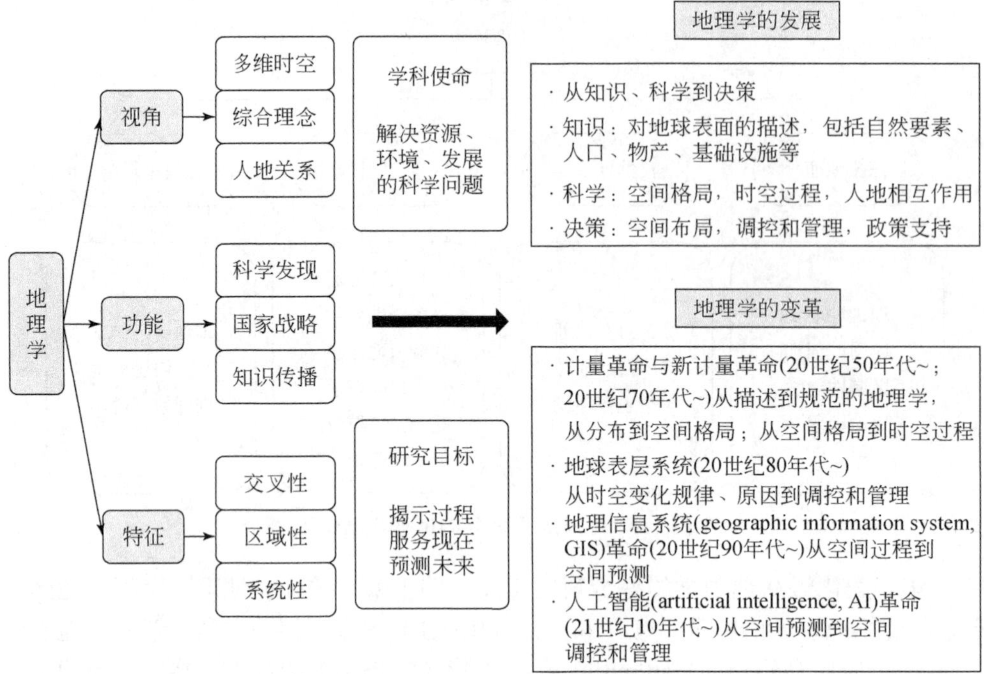

图 1.10　地理学的特征、使命和发展（据金晓斌等修改）

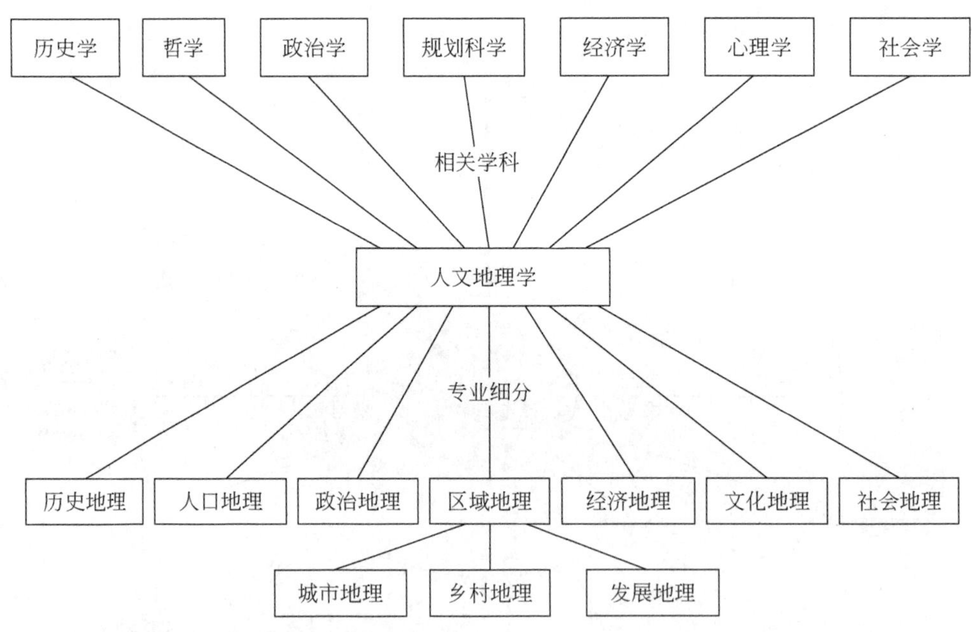

图 1.11　人文地理学的分支和相关学科（Matthews and Herbert，2008）

1.3.3　国家自然科学基金地理学申请代码调整

自 1986 年国家自然科学基金委员会成立以来，地理学历经了 3 个阶段的申请代码调整。2021 年，国家自然科学基金申请指南中将地理学正式更名为“地理科学”，共包括 17 个二级申请代码（表 1.2）。

表 1.2 地理科学二级代码名称与属性

学科	二级申请代码编号	二级申请代码名称	二级申请代码英文名称
自然地理学	D0101[a)]	地貌学[a)]	Geomorphology [a)]
	D0102[a)]	水文学和气候学[a)]	Hydrology and climatology [a)]
	D0103[a)]	生物地理与土壤地理[a)]	Biogeography and pedogeography [a)]
	D0104[c)]	环境地理[b)]和灾害地理[c)]	Environmental geography [b)] and natural hazards [c)]
	D0105[a)]	景观地理和综合自然地理[a)]	Landscape geography and integrated physical geography [a)]
	D0106[a)]	冰冻圈科学[a)]	Cryosphere science [a)]
	D0107[b)]	地理环境变化与文明演化[b)]	Evolution of geographic environments and civilization [b)]
人文地理学	D0108[a)]	经济地理[a)]	Economic geography [a)]
	D0109[a)]	城市地理和乡村地理[a)]	Urban geography and rural geography [a)]
	D0110[a)]	人文地理[a)]	Human geography [a)]
	D0111[b)]	土地科学[b)]和自然资源管理[c)]	Land science [b)] and natural resources management [c)]
	D0111[b)]	区域可持续发展[c)]	Regional sustainable development [c)]
信息地理学	D0113[a)]	遥感科学[a)]	Remote sensing science [a)]
	D0114[a)]	地理信息学[a)]	Geographic information science [a)]
	D0114[a)]	测量与地图学[a)]	Geomatics and cartography [a)]
	D0114[a)]	地理大数据与空间智能[d)]	Geographic big data and spatial intelligence [d)]
	D0117[d)]	地理观测与模拟技术[d)]	Tools in geographical observation-measurement simulation-analysis [d)]

注：a）表示基础框架；b）表示前沿发展；c）表示强化需求；d）表示内力提升。

本 章 小 结

- “发展”是一个时空体概念。
- 发展地理学的前身是热带地理。
- “欠发达地区”概念，传统上指的是“第三世界”，即发展中国家和地区。
- 传统发展主义可分为拉美型发展主义、东亚型发展主义和西方型发展主义三类。
- 发展地理学的发展可划分为三个时期，即发展地理学学术思想萌芽期（20 世纪 40 年代末～60 年代末）、发展地理学学术思想探索期（20 世纪 70 年代初～90 年代末）、发展地理学学科建设期（21 世纪以来）。
- 发展地理学是研究发展中国家、欠发达地区和全球发展时空变化规律的综合性应用性地理学分支学科。

参 考 文 献

陈才. 2009. 区域经济地理学. 2 版. 北京：科学出版社

陈传康. 1987. 现代地理学和地理教材建设. 地理科学，7（1）：90-96，102

陈发虎，李新，吴绍洪，等. 2021. 中国地理科学学科体系浅析. 地理学报，76（9）：2069-2073

方创琳，鲍超，黄金川，等. 2018. 中国城镇化发展的地理学贡献与责任使命. 地理科学，38（3）：321-331

刘建国，张妍，黄杏灵. 2019. 中国人文地理学区域空间结构研究的主要领域及展望. 地理科学，39（6）：874-885

刘南威，郭有立，张争胜. 2009. 综合自然地理学. 3 版. 北京：科学出版社

刘小鹏，李伟华，马存霞，等. 2019. 发展地理学的发展与展望. 地理科学，39（12）：1946-1954

吴国本，潘玉君. 1990. 地理教育价值刍论. 齐齐哈尔师范学院学报（哲学社会科学版），（6）：96-99

习近平. 2016. 在省部级主要领导干部学习贯彻党的十八届五中全会精神专题研讨班上的讲话. 人民日报，2016-05-10（002）

熊巨华，王佳，张晴，等. 2021. 地理科学的学科体系构建与内涵. 科学通报，66（2）：153-161

Auerbach F. 1913. Das gesetz der bevölkerungskonzentration，reproduit dans. Regional Science and Urban Economics，31：601-615

Biddulph R. 2011. Tenure security interventions in cambodia: testing bebbington's approach to development geography. Geografiska Annaler，93（3）：223-236

Carson R. 1962. Silent Spring. London：Penguin Books

Christaller W. 1933. Die zentralen orte in Süddeutschland（the centralplaces in southern Germany）. Jena：Gustav Fischer

Driver F，Yeoh B S A. 2000. Constructing the tropics：Introduction. Singapore Journal of Tropical Geography，21（1）：1-5

Escobar A. 1995. Encountering Development：The Making and Unmaking of the Third World. Princeton：Princeton University Press

Frank A G. 1967. Capitalism and Underdevelopment in Latin America. New York：NYU Press

Gilbert A. 1971. Some thoughts on the 'new geography' and the study of 'development'. Area，3（2）：123-128

Hettne B. 1995. Development Theory and the Three Worlds. 2nd edition. Harlow：Longman Scientific and Technical

Hirschman A O. 1958. The Strategy of Economic Development. New Haven：Yale University Press

Horner R，Hulme D. 2019. From international to global development：new geographies of 21st century development. Development and Change，50（2）：347-378

Johnston R J，Gregory D，Smith D M. 1994. The Dictionary of Human Geography，3rd edition. Oxford：Blackwell

Kitchin R，Thrift N. 2009. International Encyclopedia of Human Geography. Amsterdam：Elsevier

Lawson V. 2007. Making Development Geography. London：Routledge

Matthews J A，Herbert D T. 2008. Geography：A Very Short Introduction. Oxford：Oxford University Press

Perroux F. 1950. Economic space：Theory and applications. The Quarterly Journal of Economics，64（1）：89-104

Pierre G. 1947. Les Pays Tropicaux：Principes D'une Geographie Humaine et Economique. Paris：Presses Universitaires De France

Potter R B，Binns T，Elliott J A，et al. 2008. Geographies of Development：An Introduction to Development Studies. London：Pearson Education Ltd

Potter R B，Unwin T. 1988. Developing areas research in British geography 1982-1987. Area，20（2）：121-126

Potter R，Conway D，Evans R，et al. 2012. Key Concepts in Development Geography. London：SAGE Publications Ltd

Potter R. 2001. Correspondence：What ever happened to Development Geography？The Geographical Journal，

167（2）：188-189

Power M，Sidaway J D. 2004. The degeneration of tropical geography. Annals of the Association of American Geographers，94（3）：585-601

Power M. 2003. Rethinking Development Geographies. London：Routledge

Rediscovering Geography Committee National. 1997. Research Council. Rediscovering Geography：New Relevance for Science and Society. Washington D. C.：National Academies Press

Rimmer P J，Forbes D K. 1982. Underdevelopment theory：A geographical review. Australian Geographer，15（4）：197-211

Rostow W W. 1960. The Stage of Economic Growth. Cambridge：Cambridge University Press

Rostow W W. 1971. Politics and the Stages of Growth. Cambridge：Cambridge University Press

Rupert H. 2005. Contemporary Human Geography：Development Geography. London：Routledge

United Nations. 1992. Agenda 21. New York：United Nations Publications

United Nations. 1992. Rio declaration on environment and development. Winter，19（4）：366-368

United Nations. 2000. United nations millennium declaration. New York：United Nations Publications

United Nations. 2015. Transforming our world by 2030：A new agenda for global action. New York：United Nations Publications

Unwin T，Potter R. 1992. Undergraduate and postgraduate teaching on the geography of the Third World. Area，24（1）：56-62

Von Thünen J H. 1875. Der isolirte staat in beziehung auf landwirtschaft und nationalökonomie. Wiegant：Hempel & Parey

Weber A. 1929. Theory of the Location of Industries. Chicago：University of Chicago Press

Wright J. 2015. International Encyclopedia of the Social & Behavioral Sciences，2nd edition. Amsterdam：Elsevier

第2章　发展地理学的理论基础

2.1　发展地理学与相邻学科

2.1.1　发展地理学与建设地理学

首先要区分的是建设地理学和发展地理学。建设地理学最早由我国地理学者任美锷于1946年提出，并得到苏联等国家学者的响应和进一步的研究。建设地理学强调地理研究要密切联系当前国民经济和社会实践，它的主题是“建设”和“开发”。发展地理学源于发展研究（development study），这里的“发展”特指“欠发达”“发展中”“落后”国家和地区走向现代化的过程以及全球发展。因此，建设地理学和发展地理学是两个不同的地理学分支学科。

2.1.2　发展地理学与其他相邻学科

与发展地理学学科术语相关的有热带地理、欠发达地理学、发展的地理学、可持续发展的地理学。热带地理源自从20世纪初到第二次世界大战结束，英国等国家地理学者在东南亚落后的热带国家和地区的殖民和军情服务，具有浓重的殖民色彩，到60年代末70年代初衰落。随着殖民国家的民族独立，出现了“欠发达地理学”术语的表述，这里的“欠发达”专指第三世界。发展的地理学和可持续发展的地理学是因社会发展的主题由“建设”“开发”“增长”向“保护”“发展”“可持续发展”的转变而产生，是建设地理学的延伸。严格意义上说，发展的地理学和可持续发展的地理学不是发展地理学。

2.2　发展地理学的基本内涵

2.2.1　发展地理学是人文地理学分支学科

国际上，将发展地理学作为人文地理学分支学科始于 *International Encyclopedia of Human Geography*（Kitchin and Thrift，2009），随后于 *International encyclopedia of the social & behavioral sciences*（Wright，2015）中更是明确了发展地理学作为地理学分支学科的地位。总体上，国际上已将发展地理学单列为人文地理学的分支学科。中国的发展地理学起步和发展较晚，学科属性和地位仍处于讨论阶段。

2.2.2　发展地理学是区域地理学分支学科

马修斯和赫伯特在他们的著作 *Geography：A Very Short Introduction*（2008）中，明确

地将区域地理学作为人文地理学的分支学科，并将区域地理学划分为城市地理学、乡村地理学和发展地理学三个分支学科。这里指出，传统的发展地理学研究世界不同国家之间的差异，以及这些差异背后的原因。虽然国际上依据国内生产总值（GDP）和人类发展指数（综合了预期寿命和识字率等指标）等指标来划分国家类别，但正如依赖理论所表明的那样，不发达国家之所以不发达，是被发达国家和全球企业投资利用所致。随着发展和环境需求之间的矛盾越来越明显，发展问题就越来越突出，所以不发达国家和发达国家应有不同的发展收敛路径。

2.2.3　发展地理学是综合地理学分支学科

遵循发展研究的脉络，发展地理学是发展研究和地理学的结合，不仅具有发展研究的理论基础，更有地理学时空研究的学科基础。目前，学术界还没有对发展地理学学科内涵进行统一界定，但从发展地理学的发展历程来看，具有狭义和广义两个方面的要义。狭义上，发展地理学的研究传统是发展中国家和欠发达地区在特定地理环境条件下的减贫、不平等和公平等发展问题；广义上，发展地理学不仅强化研究传统，更从全球发展的视角注重发展中国家和欠发达地区在全球化、跨国、地缘政治与经济、气候变化、环境污染、贸易与关税、资源开发与利用、教科文卫等的时空变化、特征、机制和决策。概括地说，发展地理学是研究发展中国家和欠发达地区及全球发展时空变化规律的综合性、应用性地理学分支学科。

2.3　全球发展论

全球发展论主要包括现代化理论、依附论和世界体系理论，是发展地理学、发展经济学和发展社会学共同的理论基础。按照理论发展脉络，还包括可持续发展理论、人类命运共同体思想等（图 2.1）。

2.3.1　现代化理论

人类经历过原始社会、农业社会、工业社会之后，将从知识时代迈入一个全新的发展阶段（图 2.2）。进入工业社会，是人类开启现代化的开端，但传统的“现代化”就是“西化”。现代化理论（modernization theory）产生于 20 世纪 50 年代末 60 年代初的世界两极格局、遏制政策和援助竞争。现代化理论主张落后国家应采取以出口初级产品为主的经济发展模式，实质是强化西方发达国家对落后国家的制约，本质上掩盖了以美国为代表的资本主义对全球“外围”国家的掠夺。该理论的代表性人物有大卫·伊斯顿（David Easton）、华尔特·惠特曼·罗斯托（Walt Whitman Rostow）、塔尔科特·帕森斯（Talcott Parsons）、亚历克斯·英克莱斯（Alex Inkeles）等，先后出现结构学派、过程学派、行为学派、实证学派、综合学派和未来学派 6 个学派（表 2.1 和表 2.2）。

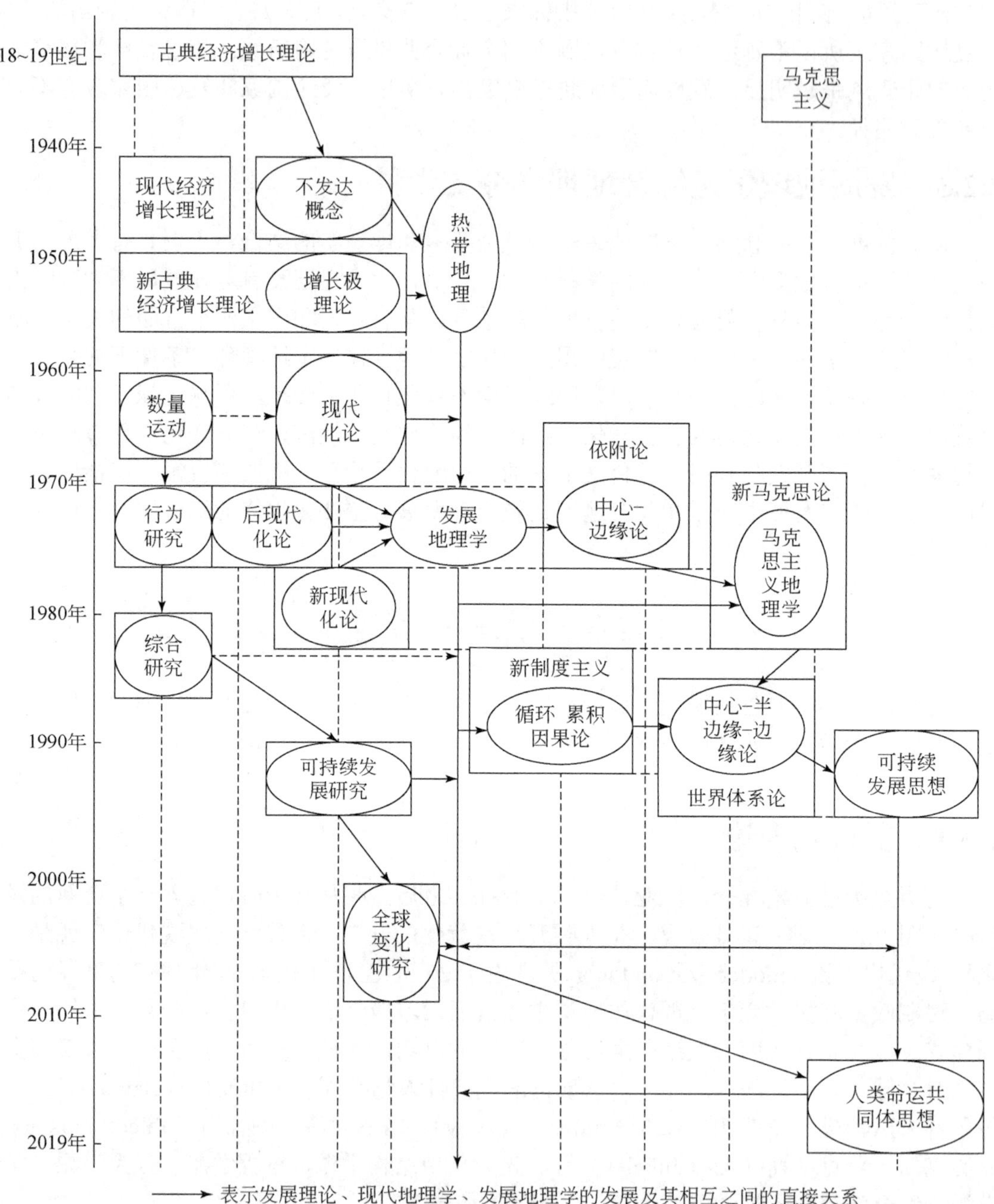

图 2.1　发展理论、现代地理学与发展地理学的演变

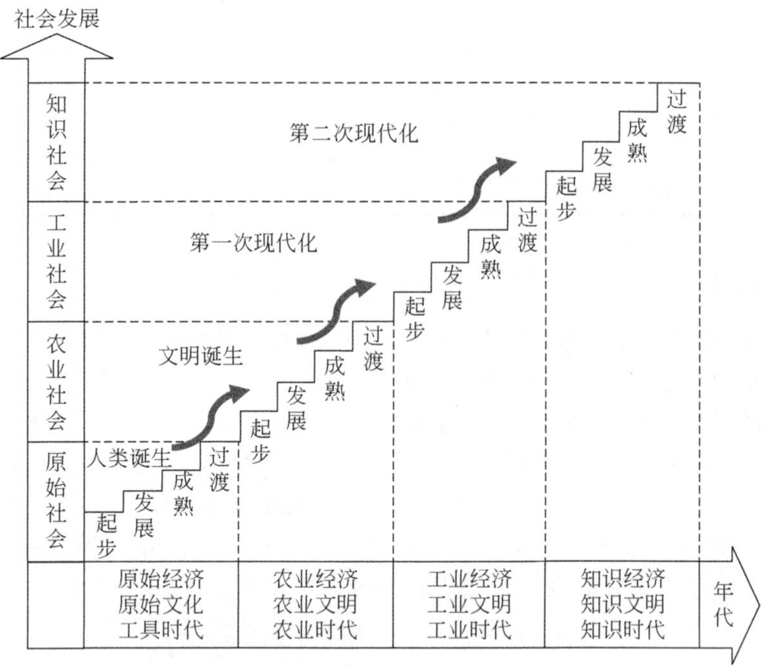

图 2.2　世界现代化进程坐标图（据何传启，2003 修改）

表 2.1　经典现代化研究与新现代化研究比较

	比较项	经典现代化研究	新现代化研究
相似之处	研究焦点	第三世界发展	相同
	分析层次	国家层次	相同
	关键变量	内部因素：文化价值与社会机构	相同
	关键概念	传统与现代	相同
	政策启示	现代化总体上是有益的	相同
不同之处	关于传统	视传统为发展的障碍	传统是发展的补充因素
	关于方法	构建类型，高度抽象	具体案例研究，历史分析方法
	关于发展方向	单向路径，趋向美国模式	多方向发展道路
	关于外部因素与冲突	相对忽略外部因素与冲突	较多关注外部因素与冲突

表 2.2　经典现代化理论研究的六个学派

学派	主要观点或特点	代表人物
结构学派	结构–功能主义。现代化是从传统社会向现代社会的转变。重点研究现代性和传统性的比较和转换	帕森斯、列维、穆尔等
过程学派	现代化是从农业社会向工业社会转变的过程，这个过程包括一系列阶段和深刻的变化。重点研究转变过程的特点和规律	罗斯托等
行为学派	现代化必然涉及个人心理和行为的改变，强调人的现代化	英克莱斯等
实证学派	各国的现代化具有不同的特点。开展现代化的实证研究	亨廷顿、格尔申克隆等

续表

学派	主要观点或特点	代表人物
综合学派	现代化涉及人类生活方方面面的深刻变化。比较研究、发展模式研究、定量指标研究等	布莱克等
未来学派	研究未来的发展趋势，重点研究发达国家的发展趋势	贝尔、托夫勒等

2.3.2 依附论

现代化论到 20 世纪 60 年代中期达到顶峰。在结构主义经济学框架和中心–外围理论影响下，拉美国家提出了依附论（dependency theory）（图 2.3）。该理论反映拉美国家对外的依赖性和国内的经济缺陷，并强调边缘国家欠发达的原因是自身处于全球结构的不利地位，主张寻求市场作用和独立的发展模式。其主要代表性人物有劳尔·普雷维什（Raúl Prebisch）、特奥托尼奥·多斯桑托斯（Theotonio dos Santos）、安德烈·冈德·弗兰克（Andre Gunder Frank）、费尔南多·恩里克·卡尔多索（Fernando Henrique Cardoso）、萨米尔·阿明（Samir Amin）等，先后形成了新依附和旧依附两种研究范式（表 2.3）。

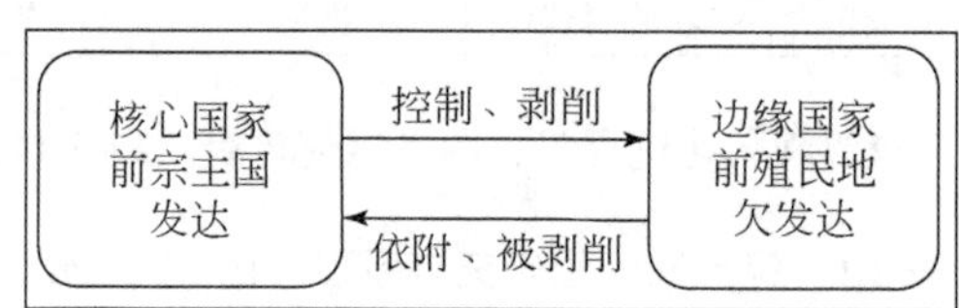

图 2.3 依附理论：国际依附关系–欠发达的原因

表 2.3 新依附研究与旧依附研究的比较

	比较项	旧依附研究	新依附研究
相似点	研究焦点	第三世界发展	相同
	分析层次	国家层次	相同
	关键概念	核心–边缘，依附	相同
	政策含义	依附对发展有害	相同
不同点	研究方法	高度抽象方法，关注通用的依附形式	历史–结构方法，关注具体的依附情况
	关键因素	强调外部因素：不平等交换、殖民主义	强调内部因素：阶级冲突、国家
	依附的性质	主要是经济现象	主要是社会政治现象
	依附与发展	相互排斥：导致低度发展	可以共存：关联的依附发展

2.3.3 世界体系理论

20 世纪 80 年代，学者们开始反思资本主义经济、自我调节的市场和国际经济体系等，提出了世界体系理论（world system theory）。世界体系理论将全球经济看作一个世界体系来研究，并指出任何国家的发展都不能离开世界体系，一些国家贫穷或落后是相对全球经济体系中其他国家而言的，其思想对全球发展产生了深刻影响。世界体系理论代表性人物有伊曼纽尔·沃勒斯坦（Immanuel Wallerstein）、约瑟夫·阿洛伊斯·熊彼特（Joseph Alois Schumpeter）、劳尔·普雷维什（Raúl Prebisch）、卡尔·波拉尼（Karl Polanyi）等。其中，伊曼纽尔·沃勒斯坦将世界体系的内容分为了十个方面：周期和趋势、商品链、霸权和竞争、地区性和半边缘化、融入和边缘化、反体系运动、家庭、种族主义和性、科学和知识、地缘文化和文明。

现代化论、依附论和世界体系论的思想都具有地理空间的事实。现代化学派将世界分为传统社会和现代社会，实质上是指以欧美发达国家为中心的现代社会和欧美国家以外的传统社会，在空间上具有“二元性”。但这种把复杂世界简单划分为现代和传统的方法具有严重的西方民族主义色彩，受到了依附论和世界体系论的批判。依附学派将世界划分为核心国家和边缘国家，在空间上是一个地理概念，是一种中心–外围的“二元结构”。这种二元性旨在阐明在全球经济中存在的核心–边缘劳动地理分工是欠发达的原因。该理论主要代表性人物有哈拉·明特（Hla Myint）等。世界体系学派将劳动地理分工分为三个地带，即核心（core regions）、半边缘（semi-peripheral regions）、边缘（peripheral regions）（图 2.4 和图 2.5）。其中，“核心”是指富裕的、发达的国家，这些国家主导世界贸易，控制最发达的技术，具有很高的劳动生产率与多样化的经济，具有最高的生活水准；“半边缘”曾是边缘国家，贫困地区面积比重较大，但具有剥削边缘国家的能力，同时也被核心国家制约，是半工业化国家；“边缘”是指贫穷的、依附性的国家，其发展缓慢、技术水平低、经济不发达、生活水平低，为半边缘和核心国家提供初级产品和劳动。理论上，国际体系的变化处于核心化和边缘化两个对应的过程。该理论的主要代表性人物有约翰·弗里德曼（John Friedmann）等。无论依附学派还是世界体系学派，虽然在劳动地理分工划分中没有定量标准，忽视生产力和科技发展及依附国自身的历史文化等，但在特定时期影响了世界发展格局。

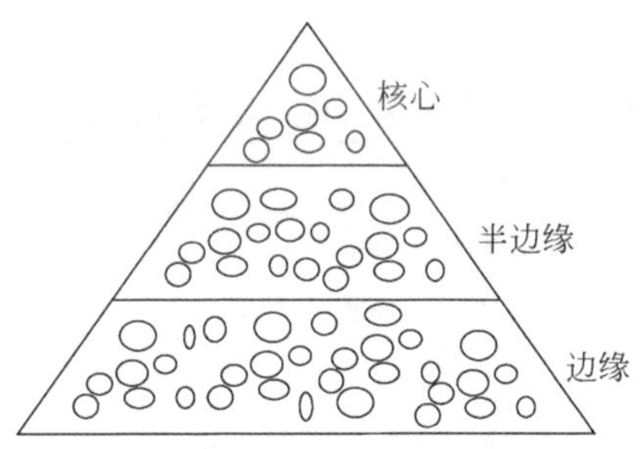

图 2.4　核心–边缘等级体系

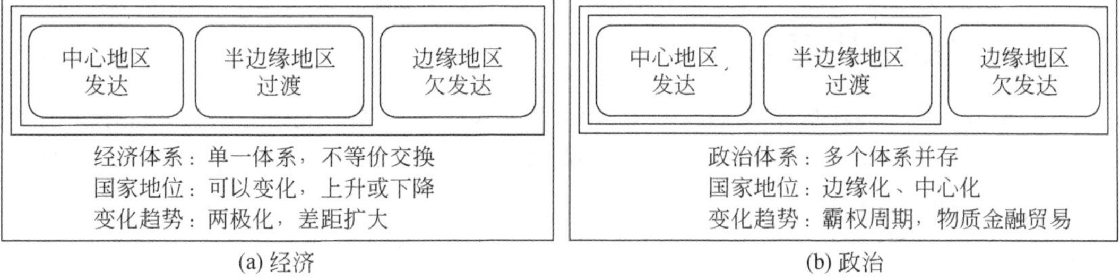

图 2.5　世界体系理论：经济与政治

2.3.4　可持续发展理论

可持续发展理论是发展研究的全球发展理论，是发达国家和发展中国家共同遵循的全球发展和治理思想，是发展地理学重要的理论基础。从 20 世纪 60 年代初，人类开始反思第二次世界大战后以经济增长为主导的发展政策及其环境问题，《人类环境宣言》《我们共同的未来》《21 世纪议程》《改变我们的世界——2030 年可持续发展议程》反映可持续发展从理念、思想、理论到实践的历史演进过程，经历从经济与环境，经济、社会与环境，到经济、社会、环境与治理的认识过程，其核心思想是和谐、平等。目前，可持续发展领域主要形成 3 个理论流派，即弱可持续性流派，代表人物罗伯特·墨顿·索洛（Robert Merton Solow）；强可持续性流派，代表人物有赫尔曼·戴利（Herman Daly）等；可持续性科学的 4 种资本理论，代表人物是威廉·克拉克（William Clark）。

可持续发展理论注重发展中国家的全球治理和可持续发展地方化，如《全球可持续发展行动纲领》《小岛屿发展中国家可持续发展行动纲领》《中国 21 世纪初可持续发展行动纲要》等全球和区域行动，从千年发展目标（2000 年）、蒙特雷共识（2002 年）、罗马会议（2003 年）、巴黎宣言（2005 年）、多哈会议（2008 年）、釜山宣言（2011 年），到 2030 年可持续发展议程（2015 年）等以来的国际发展议程中，更强化了可持续发展理论实践中突出在“发展”这条主线上发展中国家和发达国家从消除贫困、减贫筹资、有效援助、发展合作、乡村振兴（表 2.4）。可持续发展理论成为构建国际经济新秩序过程中发展中国家争取发展权和话语权的主要依据。20 世纪 90 年代以来，随着现代地理学可持续发展和全球变化研究，发展地理学的研究重点突出发展中国家和欠发达地区的区域可持续发展和可持续发展背景下的全球变化与治理。

表 2.4　千年发展目标以来国际发展议程

序号	主要议程	核心议题
1	千年发展目标（2000）	消除贫困
2	蒙特雷共识（2002）、多哈会议（2008）	发展筹资
3	罗马会议（2003）、巴黎宣言（2005）、阿克拉行动议程（2008）、釜山宣言（2011）	援助有效性、发展有效性
4	釜山宣言（2011）、联合国发展合作论坛（2008～2018）、G20 发展工作组（2010）	国际发展合作
5	2030 年可持续发展议程（2015）	17 个可持续发展目标

2.3.5　人类命运共同体思想

20 世纪 90 年代初冷战结束后，哈佛大学学者约瑟夫·奈（Joseph Nye）提出了“软实力”话语或战略，主要包括文化、价值观和政策等方面的实力，其实质是一种霸权理论。21 世纪初，欧洲学者提出了“规范性强权”话语或战略，展现欧盟全球性影响，其本质是一种准霸权理论。作为全球最大的发展中国家，中国的全球化战略逐渐成为国际共识。从毛泽东“三个世界”重大战略思想，邓小平“和平和发展是当代世界的两大问题”重大战略判断，到习近平“推动构建人类命运共同体”的重大科学论断，彰显中国作为发展中国家的全球发展视野和大国担当（图 2.6）。

图 2.6　中国全球化战略：人类命运共同体思想

现代发展理论是一个动态演化过程。人类命运共同体思想是现代发展理论的最新成果，是马克思主义发展观的最新进展。立足发展地理学的发展研究，人类命运共同体的科学要义是发展中国家福祉、和平、公正、和谐的世界经济政治新秩序"全球空间"建构，体现为政治上的"合作伙伴主义"、安全上的"集体协商主义"、经济上的"开放包容主义"、文化上的"和而不同主义"、环境上的"自然保护主义"。人类命运共同体作为对国际关系格局构型及话语或战略的主要制度化策略和标志性实践就是"一带一路"倡议，它区别于美国"颜色革命"和"欧洲复兴计划"（"马歇尔计划"），核心体现为秉承共商、共享、共建原则共创世界美好未来，实现持续发展与进步，表达出全人类利益的新发展观，是"全球治理新方案"和"国际关系新准则"。从发展地理学视角，人类命运共同体是具有系统性的空间生产理论体系和摈弃二元性、中心–边缘思维的全球空间结构体系。

本 章 小 结

- 发展地理学不同于建设地理学、欠发达地理学、发展的地理学、可持续发展的地理学。发展地理学是一门地理学分支学科。
- 发展地理学的理论基础是全球发展论，主要包括现代化论、依附论、世界体系论，以及可持续发展理论、人类命运共同体思想等。

参 考 文 献

布莱克. 1996. 比较现代化. 杨豫译. 上海：上海译文出版社

樊纲. 2019. "发展悖论"与"发展要素"——发展经济学的基本原理与中国案例. 经济学动态，(6)：148-151

樊勇明. 2001. 西方国际政治经济学. 上海：上海人民出版社

弗朗西斯科·洛佩斯·塞格雷拉. 2003a. 全球化与世界体系（上）——庆贺特奥托尼奥·多斯桑托斯 60 华诞论文集. 白凤森译. 北京：社会科学文献出版社

弗朗西斯科·洛佩斯·塞格雷拉. 2003b. 全球化与世界体系（下）——庆贺特奥托尼奥·多斯桑托斯 60 华诞论文集. 白凤森译. 北京：社会科学文献出版社

郭文. 2019. 空间认同：城市空间研究转向中的知识前沿、趋势与启发. 地理科学，39（4）：587-595

何传启. 2003. 世界现代化研究的三次浪潮. 中国科学院院刊，(3)：185-190
亨廷顿，等. 1993. 现代化——理论与历史经验的再探讨. 上海：上海译文出版社
刘小鹏，李伟华，马存霞，等. 2019. 发展地理学的发展与展望. 地理科学，39（12）：1946-1954
萨米尔·阿明. 2000. 不平等的发展-论外围资本主义的社会形态. 高铦 译. 北京：商务印书馆
邵发军. 2017. 习近平“人类命运共同体”思想及其当代价值研究. 社会主义研究，(4)：1-8
司增绰，周坤，仇方道，等. 2018. 中国对“一带一路”沿线国家出口增长的边际特征时空变化. 地理科学，38（11）：1777-1787
特奥托尼奥·多斯桑托斯. 1999. 帝国主义与依附. 杨衍永等 译. 北京：社会科学文献出版社
吴志成，吴宇. 2018. 人类命运共同体思想论析. 世界经济与政治，(03)：4-33，155-156
伊曼纽尔·沃勒斯坦. 1998a. 现代世界体系（第一卷）：16 世纪的资本主义农业与欧洲世界经济体的起源. 罗荣渠等 译. 北京：高等教育出版社
伊曼纽尔·沃勒斯坦. 1998b. 现代世界体系（第二卷）：重商主义与欧洲世界经济体的巩固（1600-1750）. 罗荣渠等 译. 北京：高等教育出版社
张晓玲. 2018. 可持续发展理论：概念演变、维度与展望. 中国科学院院刊，33（1）：10-19
诸大建. 2016. 可持续性科学：基于对象-过程-主体的分析模型. 中国人口·资源与环境，26（7）：1-9
Huber J. 2000. Towards industrial ecology：sustainable development as a concept of ecological modernization. J. of Environmental Policy and Planning，2，special issue2：269-285
Inglehart R. 1997. Modernization and Postmodernization. Princeton：Princeton University Press
Jenkins W. 2003. Sustainability Theory in Encyclopedia of Sustainability. New York：Springer
Kitchin R，Thrift N. 2009. International Encyclopedia of Human Geography. Amsterdam：Elsevier Ltd
Matthews J A，Herbert D T. 2008. Geography：A Very Short Introduction. Oxford：Oxford University Press
Potter R，Conway D，Evans R et al. 2012. Key Concepts in Development Geography. London：SAGE Publications Ltd
Preston P W. 1999. Development Theory：An Introduction. Hoboken：Wiley-Blackwell
Williams C C，Millington A C. 2004. The diverse and contested meanings of sustainable development. The Geographical Journal，170（2）：99-104
Wright J. 2015. International Encyclopedia of the Social & Behavioral Sciences. 2nd ed. Amsterdam：Elsevier Ltd

第 3 章　发展地理学的研究传统和主题

3.1　发展地理学的研究传统

3.1.1　相邻学科的共同主题

发展地理学与发展经济学、发展社会学、发展政治学等相关学科的研究传统是“贫困”和“不平等”（图 3.1）。贫困问题是国际社会普遍关注的课题和难题，经历了从单维贫困到多维贫困，从绝对贫困到相对贫困，从个体贫困到区域贫困等认识过程，贫困的原因非常复杂多元。关于不平等，国际社会并未形成统一认识，例如，西方国家强调经济增长，中国注重共享、共建和公平。这个问题，需要发展地理学、政治地理学和其他相关学科的统一行动，但依然是个比贫困更难解决的问题。

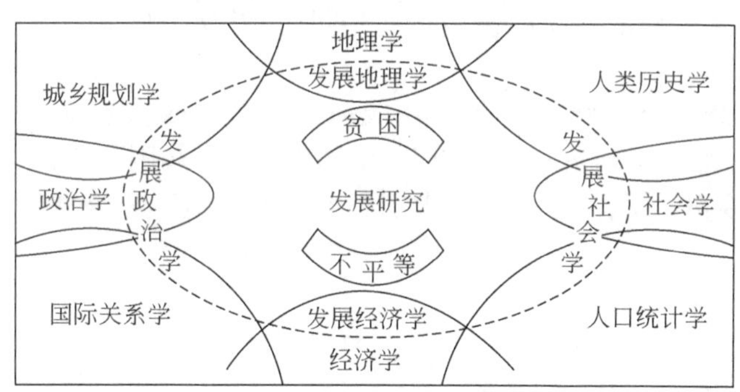

图 3.1　发展地理学与相邻学科的研究主题（Potter et al.，2012）

3.1.2　发展地理学研究的地理尺度

发展地理学注重从不同尺度探讨发达、欠发达与全球地理，不平等、不公平与可持续性，以及不平衡、不充分与共同富裕的空间分异、空间扩散和空间整合。其中的尺度（scale），是表征空间范围、等级（层次）、大小等的量度，是发展地理学中的核心概念之一，归纳起来包括现实尺度、分析尺度和实践尺度三层理论概念。现实尺度是客观存在的实体单元，分析尺度是对现实尺度的层级化，实践尺度旨在通过尺度转换实现有益于发展的方向。

发展地理学研究以分析尺度为中介，结合了自下而上（scaling up）和自上而下（scaling down）两种尺度分析模式，尺度转换过程反映了发展要素和决策实施在空间的尺度解构和重构（图 3.2）。在实践中，地理阻隔效应和社会阻隔效应，以及个体、家庭和地方的发展认知而产生的在行为行动上的时滞效应等，导致了地理资本的不平衡不充分发展。因此，从关系地理角度强化自下而上和自上而下两种尺度的实际空间一体化（real spatial integration），才能提高可持续发展的地理资本空间生产效率。

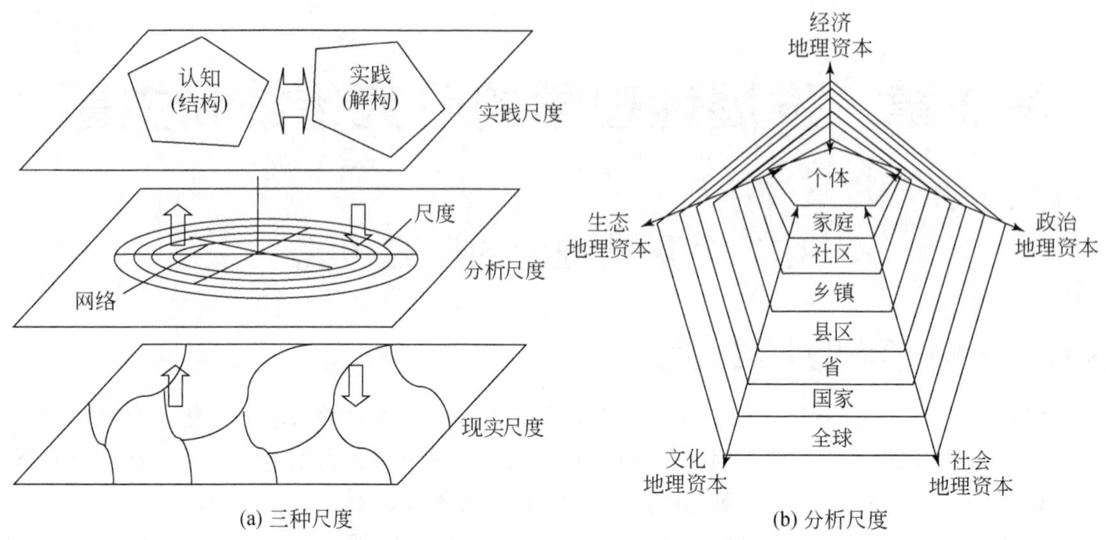

(a) 三种尺度　　(b) 分析尺度

图 3.2　发展地理学研究的尺度分析模式

3.2　发展地理学的研究主题

基于发展的思想和学术谱系，采用在线词云工具生成发展地理学研究内容词云图（图 3.3），可知发展地理学研究以“发展”为主线，突出贫困、生计、不平等和欠发达、商品贸易、殖民等关键主题，探讨发展中国家、欠发达地区和全球发展的时空差异和解释框架。

图 3.3　发展地理学研究内容词云图

《国际人文地理百科全书》(*International Encyclopedia of Human Geography*)（Kitchin and Thrift，2009）总结了发展地理学研究的关键词 66 条（表 3.1）。总体来看，发展地理学的研究内容涉及领域方向十分广泛，集中研究发达国家（developed countries，MDCs）、欠发达国家（less developed countries，LDCs）、新型工业化国家（newly industrializing countries，NICs）和全球在特定时空条件下的差异和原因等发展问题。

表 3.1　《国际人文地理百科全书》中发展地理学研究主题

序号	关键词条	序号	关键词条	序号	关键词条
1	援助	23	出口加工区	45	民间组织
2	人才流失	24	大都市区	46	东方主义
3	布兰特委员会	25	公平贸易	47	参与
4	布朗议程	26	饥荒	48	后殖民城市
5	童工	27	第一世界	49	后殖民主义/后殖民地理
6	民间社会	28	全球商品链	50	后期开发
7	殖民主义 I	29	治理良好	51	贫困
8	殖民主义 II	30	绿色革命	52	汇款
9	内部殖民主义	31	健康与发展	53	抵抗
10	商品链	32	发展中国家的艾滋病毒/艾滋病	54	里约峰会
11	债务	33	帝国主义、文化	55	第二世界
12	森林砍伐	34	土著地理	56	社会资本
13	附属国	35	本土知识	57	棚户区
14	荒漠化	36	非正规部门	58	结构调整
15	发展主义	37	中间技术	59	可持续发展
16	发展 I	38	拉丁美洲结构主义学派	60	神权政体
17	发展 II	39	生计	61	第三世界
18	数字鸿沟	40	地方辩论	62	第三世界城市
19	东亚奇迹	41	农民工	63	国际贸易
20	帝国	42	现代化理论	64	发展中国家的跨国公司
21	赋权	43	新殖民主义	65	热带地理
22	欧洲中心主义	44	新自由主义与发展	66	弱点

3.3　发展地理学的研究领域

发展地理学是综合性、应用性地理学分支学科，研究领域十分广泛（表 3.2）。但是，在特定时空体下的“发展”总是相对的。在全球尺度，无论发展地理学还是发展经济学，追求发展的公平和平等。在一国尺度，追求发展的均等化和区域平衡充分发展。

发展的发展（development of development）属于发展地理综合研究内容。经历现代发展启蒙、“欠发达地区”概念的提出和演变，发展地理学家开始关注发展在时间空间上的不同、变化及发展干预是如何在不同地理尺度上实施和产生的。在全球范围内，联合国于 1971 年就指出欠发达国家集中了大多数贫困人口，主要指绝对贫困。在发展研究领域里，贫困是发展地理学、发展经济学、发展社会学与发展政治学等学科的交叉研究领域，但不同学科研究的角度不同。20 世纪 70 年代以来，贫困研究划分为绝对贫困和相对贫困，并从收入、经济增长单维识别到考虑住房、食物、干净的饮用水、卫生设施、健康和教育等多维测度。全球化是发展地理学研究的重要议题。全球化过程产生了多样、复杂和动态的工业组织、劳动分工及生产和消费地域，形成了全球商品链（global commodity chains，GCC）。在此背景下，主要通过公平贸易倡议来缓解或消除中心和边缘的不平等和不公平。相关机构有国际公平贸易标签组织（Fairtrade Labelling Organizations International，FLO）等。在整个发展地理学研究范畴，生计、贫困与发展，工作、就业与发展，卫生、健康、灾害与发展，教育、科技、文化与发展，产业、贸易与发展，资源、环境与发展等领域方向，以及其在促进发展收敛方面，应引起发展地理学者足够重视。

表 3.2　发展地理学研究的主要领域和内容

领域（方向）	主要内容
发展的发展	重点研究发展主义（developmentalism）框架下的现代化的发展、马克思主义和结构主义的发展、新自由主义的发展、基层参与的发展、可持续发展、后发展、发展不平衡等
生计、贫困与发展	重视研究全球饥荒、空间贫困陷阱、脆弱性、可持续生计等
工作、就业与发展	重点研究国别及全球人口与生活质量、乡村生活与城乡融合发展、数字经济与工作空间、人工智能与社会经济格局等
卫生、健康、灾害与发展	重点研究国别及全球公共卫生及服务评价、公共健康与全球健康、自然灾害与全球灾害、人类卫生健康共同体与“地球村”持续发展等
教育、科技、文化与发展	重点研究国别及全球教育和人力资本、教育现代化、科技进步与经济增长、科技进步与全球发展、文化格局与文化产业、数字时代与文化多样性保护、文化旅游等
产业、贸易与发展	重点分析全球商品链探讨公平贸易网络的空间结构、公平贸易的政治经济和社会文化分析的全球地理特征、公平贸易分配与绿色消费增长、公平贸易生产和出口、GCC 整合与产业升级及其治理、可持续发展全球伙伴关系等
资源、环境与发展	重点研究全球气候变化、生物多样性和污染危机及发展中国家面临的挑战、环境效益与发展、山水林田湖草沙系统治理等
当代发展问题	重点研究文化与人权，公民社会、社会资本和非政府组织（non-government organization，NGOs），移民、跨国主义和发展，关税与贸易壁垒，清洁美丽等

本章小结

- 发展地理学的研究传统是“贫困”和“不平等”。
- 发展地理学注重从不同尺度探讨发达、欠发达与全球地理，不平等、不公平与可持续性，以及不平衡、不充分与共同富裕的空间分异、空间扩散和空间整合。
- 发展地理学以“发展”为研究主线，突出贫困、生计、不平等和欠发达、商品贸易、殖民等关键领域，探讨全球发展时空差异和解释框架。
- 发展地理学围绕贫困、不平等与不公平，重点在生计、贫困与发展，工作、就业与发展，卫生，健康，灾害与发展，教育、科技、文化与发展，产业、贸易与发展，资源、环境与发展等领域，开展不同时空条件的发展问题研究。

参考文献

邓祥征，金贵，何书金，等. 2020. 发展地理学研究进展与展望. 地理学报，75（2）：226-239

邓祥征，梁立，吴锋，等. 2021. 发展地理学视角下中国区域均衡发展. 地理学报，76（2）：261-276

丁建军，冷志明. 2018. 区域贫困的地理学分析. 地理学报，73（2）：232-247

刘小鹏，程静，赵小勇，等. 2020. 中国可持续减贫的发展地理学研究. 地理科学进展，39（6）：892-901

刘小鹏，李伟华，马存霞，等. 2019. 发展地理学的发展与展望. 地理科学，39（12）：1946-1954

刘小鹏，李伟华，王鹏，等. 2019. 发展地理学视角下欠发达地区贫困的地方分异与治理. 地理学报，74（10）：2108-2122

刘云刚，王丰龙. 2011. 尺度的人文地理内涵与尺度政治：基于 1980 年代以来英语圈人文地理学的尺度研究. 人文地理，26（3）：1-6

谢富胜，巩潇然. 2018. 资本积累驱动下不同尺度地理空间的不平衡发展：史密斯马克思主义空间理论探讨. 地理学报，73（8）：1407-1420

周扬，李寻欢. 2021. 贫困地理学的基础理论与学科前沿. 地理学报，76（10）：2407-2424

Bebbington A. 2003. Global networks and local developments：Agendas for development geography. Tijdschrift Voor Economische en Sociale Geografie，94（3）：297-309

Chant S H，McIlwaine C. 2009. Geographies of Development in the 21st Century：An Introduction to the Global South. Cheltenham：Edward Elgar Publishing

Haan L D，Zoomers A. 2003. Development geography at the crossroads of livelihood and globalisation. Tijdschrift voor Economische en Sociale Geografie，94（3）：350-362

Henderson J V，Shalizi Z，Venables A J. 2001. Geography and development. Journal of Economic Geography，1（1）：81-105

Hodder R. Development Geography. 2005. London：Routledge

Kitchin R，Thrift N. 2009. International Encyclopedia of Human Geography. Amsterdam：Elsevier Ltd

Pacione M. 2002. "The geography of poverty and deprivation. " Applied Geography. London：Routledge

Potter R B，Binns T，Elliott J A，et al. 2008. Geographies of Development：An Introduction to Development Studies. London：Pearson Education Ltd

Potter R B，Binns T，Elliott J A，et al. 2017. Geographies of Development：An Introduction to Development Studies. 4th edition. London：Routledge

Potter R B，Unwin T. 1988. Developing areas research in British geography 1982-1987. Area，20（2）：121-126

Potter R，Conway D，Evans R，et al. 2012. Key concepts in development geography. London：SAGE Publications Ltd

Power M. 2003. Rethinking Development Geographies. London：Routledge

World Bank. 2018. Poverty and Shared Prosperity 2018：Piecing Together the Poverty Puzzle. Washington D. C.：World Bank

Wright J. 2015. International Encyclopedia of the Social & Behavioral Sciences. 2nd ed. Amsterdam：Elsevier Ltd

第 4 章　生计、贫困与发展

4.1　农村生计与可持续社区

4.1.1　农村生计

地球进入人类世（Anthropocene Era）以来，人类活动在不同尺度上影响着环境变化，人类不仅面临着气候变化、生物多样性损失、环境污染、水土流失、荒漠化、资源枯竭等全球或地区尺度的资源环境问题，更面临着经济全球化、大规模人口迁移、快速城镇化等问题，人地关系变得复杂难解。生计作为人类最主要的行为方式，已成为驱动人地系统演化的主导因素，影响着人地关系的发展与走向。

1. 生计和可持续生计

1）生计

生计关注不同区域的不同群体如何生活，《牛津词典》将其定义为“确保生活必需品的一种手段”。不同学者对生计也提出了不同定义，Chambers 和 Conway（1992）提出“生计是谋生的方式，该谋生方式建立在能力、资产（储备物、资源、要求权和享有权）和活动基础之上”；Chambers（1995）提出生计是“未来谋生所使用资源的组合及所采取的活动”；Carney（1998）将其定义为“维持生计所需的能力、资产（包括物质和社会资源）和活动”；而 Niehof 和 Price（2001）将生计定义为“一个人赖以生存的物质手段”；Ireland（2004）将其定义为“人们将自己的能力、技能和知识与所拥有的资产结合起来，创造能够使他们谋生的活动方式”；Parrot 等（2006）则强调“生计涉及人、人们拥有的资源及利用资源的方式”。

生计是复杂的，并基于广泛的活动，尤其在发展中国家，多数家庭以复杂的策略作为生计基础，最大限度地利用他们可获得的资源。同时，受社会、经济、政治和环境等外部因素的影响，生计还具有动态性（Eills，1998）。这些因素可能是长期趋势（如气候变化、荒漠化），也可能是突然冲击（如自然灾害、流行病等），它们直接影响着家庭生计的基本结构，驱动着生计变化。为有效应对外部因素的影响，多数家庭在有限的选择范围内配置不同的资产，以达到最佳效果（Rennie and Singh，1996）。一般来讲，资本积累较多的家庭有更多选择权及较强处理冲击、发现和利用机会的能力，而资本缺乏的家庭，其开发替代资源能力较弱，并缺乏应对环境变化的缓冲能力，只能依赖免费的公共资源（Eills，2000）。

2）可持续生计

在有关农村发展、减贫和环境管理的研究和实践中，可持续生计概念日益成为焦点。“可持续生计”（sustainable livelihoods）概念最早见于 20 世纪 80 年代末世界环境和发展委员会的报告。1992 年，联合国环境和发展大会（United Nations Conference on Environment and Development，UNCED）将此概念引入其行动议程中，并主张把稳定的生计作为各国消除贫困的主要目标。1995 年，在哥本哈根社会发展世界峰会和北京第四届世界妇女大会上，进一步强调了可持续生计对减贫和促进农村发展的重要意义，明确地将就业作为实现“可持续生计”的手段。1997 年，英国国际发展部（Department for International Development，DFID）在其白皮书中提出“要将国际发展努力的重点放在消除贫困和鼓励有利于穷人的经济增长上，这将通过为贫困人口创造可持续生计、促进人类发展和保护环境的国际可持续发展目标和政策来实现”。

Chambers 和 Conway（1992）提出“当一种生计能够应对压力和冲击并能从中恢复过来，维持或提高其能力和资产，并为下一代提供可持续的生计机会；在长期和短期内，在当地和全球范围内，为其他人的生计带来净收益时，它就是可持续的”。Carney（1998）提出“当一种生计能够应对压力和冲击并从中恢复，在现在和将来保持或增强其能力和资产，同时不破坏自然资源基础时，它就是可持续的”，这与 Chambers 和 Conway（1992）的定义相呼应。

2. 主要的生计要素

1）生计资本

生计资本是人们构建生计的资源，也是控制、利用、转变资源规则的权利基础（赵雪雁，2017）。英国国际发展部（DFID）将其划分为自然资本、物质资本、金融资本、人力资本和社会资本。其中，自然资本指能够在现在或未来提供有用产品或服务的自然资源或环境资源存量；物质资本指用于经济生产过程中除去自然资源的物质，如基础设施和生产工具、安全的住房和建筑物、充足的供水和卫生设施等；金融资本指个体和家庭所拥有的储备资金、获得金融资本的便利程度；人力资本指个人拥有的用于谋生的知识、技能、劳动能力和健康状况；社会资本指人们寻求生计结果的社会资源。各类生计资本可通过政策、过程和制度进行转变，以产生期望的结果，如增加收入、减少脆弱性、改善粮食安全等。

2）生计策略

生计策略是人们为达到生计目标而进行的活动或作出的选择及其组合，这种特定的选择及其组合基于资产获取、机会认知及活动者本身的愿望。Ellis（1998）认为生计策略是农户为了维持和改善生计水平，构建多元化活动和社会支持能力的过程。可以认为，农户的生计策略是一类行为方式的体现，是农户基于其所拥有的自然、物质、人力、金融和社会资源进行不同方式的配置，即选择不同的资源创造活动以获取收入的方式。总体来看，生计策略是农户为追求自身的生计目标，基于外部环境状况和自身生计资本禀赋所采取的一系列生计活动组合（杨伦，2019）。

3）生计结果

生计结果是从事生计策略的产出，在给定环境中生计资产通过一些策略被结合在一起，产生期望的生计结果（Babulo et al.，2008）。生计结果有积极和消极之分，主要取决于人们所拥有生计资本的规模和结构。同时，不同的资本组合和配置方式也可实现不同的生计结果。对贫困农户而言，期望的生计结果包括收入增加、生活水平提高、生计脆弱性降低及对自然资源的可持续利用等。

4）脆弱性背景

脆弱性背景是人们生活的外部环境，包括特定的条件、趋势、冲击和季节性等。构成脆弱性背景的要素往往是自然、社会、经济、政治等人们无法控制的要素，会直接影响家庭的资产状况和可行的选择机会，同时通过这些要素间接对生计结果产生影响。已有研究显示，气候变化作为无法控制的外部冲击，不仅限制了农户获取生计资本的能力，也减少了生计活动选择范围，对农村生计、资源衰退、食物安全、社会不平等带来严峻挑战（Gentle and Maraseni，2012）。

5）组织结构与制度过程

组织结构与制度过程指塑造生计的机构、组织、政策和立法。其中，组织结构指制定和实施政策，提供、购买和交易服务，以及影响生计的各种“硬件”（如私人和公共组织）（DFID，2000）。制度是社会的黏合剂，它将利益相关者与获取不同类型资本的途径与行使权力的方式联系起来（Babulo et al.，2008）。组织结构与制度过程影响着生计资本的可获得性、生计资本间的交换过程和生计策略的选择，对发展可持续生计极其重要。

3. 相关研究框架

国际机构和组织如英国国际发展部（DFID）、美国援外合作组织（CARE）、联合国开发计划署（United Nations Development Programme，UNDP）、联合国粮食及农业组织（Food and Agriculture Organization of the United Nations，FAO）、世界银行（World Bank,WB）及一些研究者如Scoones、Bebbington、Ellis等开发了各有侧重的可持续生计框架，阐述各种生计要素及其相互作用，旨在为全面理解可持续生计的形成过程、增强对贫困农户生计的了解，以及为规划和管理提供适用工具。

1）Scoones的可持续农村生计分析框架

Scoones（1998）的可持续生计分析框架包括背景、条件和趋势，生计资源，制度过程和组织机构，生计策略及可持续生计产出等核心部分（图4.1）。在该框架中，Scoones将资本分为自然资本、经济金融资本、人力资本、社会资本和其他，对各种资本间的关系（如顺序性、转化、替代、结合、可获得性及发展趋势等）进行了简要介绍，并提出从就业、减贫、福利和能力、生计适应、脆弱性和恢复力及自然资源基础的可持续性等出发来衡量可持续生计结果。

该框架显示，在不同背景下的农户和其他决策主体通过获得生计资源、采取不同生计策略（如农业集约化或扩大化、生计多样化、迁移），来实现可持续生计。该框架旨在分析影响生计结果的正式和非正式制度和组织因素，认为农户是在特定背景下（如政治、历史、农业生态和社会经济条件），以不同生计资本结合生计资源，从而实现生计策略（如农业集约化及扩大化、生计多样性和迁移），取得不同的生计结果，它强调制度过程会调节采取某种生计策略和实现生计结果的能力。

2）英国国际发展部（DFID）框架

英国国际发展部（DFID，2000）在Scoones（1998）的可持续农村生计分析框架基础上，结合Sen等（1992）等对贫困性质的理解，开发了包括脆弱性背景、生计资本、结构与过程转变、生计策略、生计产出等部分的英国国际发展部框架（图4.2）。该框架关注人们如何在由不同因素（如不断变化的季节性约束、经济冲击和长期趋势等）形成的脆弱性背景中利用不同类型的生计资本以实现预期的生计成果。

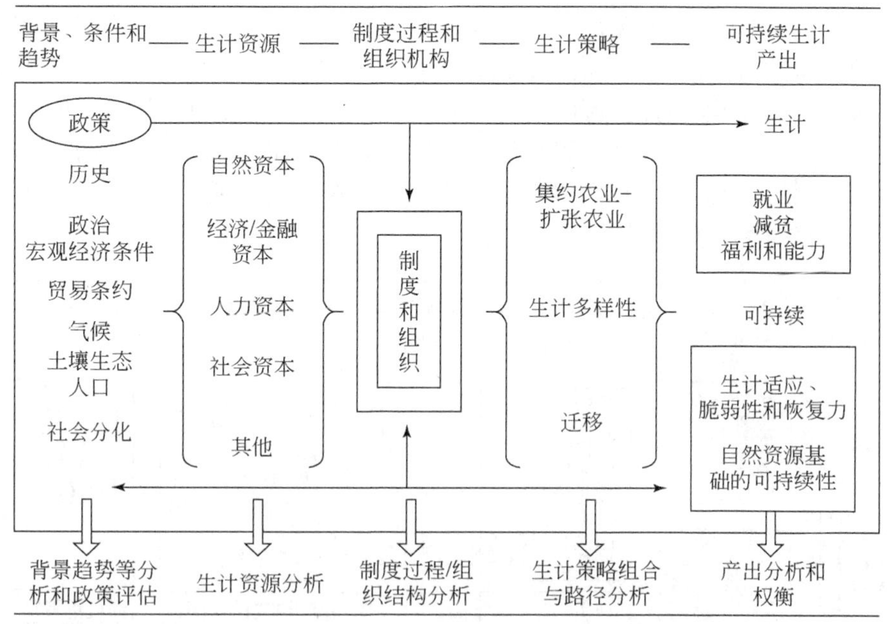

图 4.1　Scoones（1998）的可持续农村生计分析框架

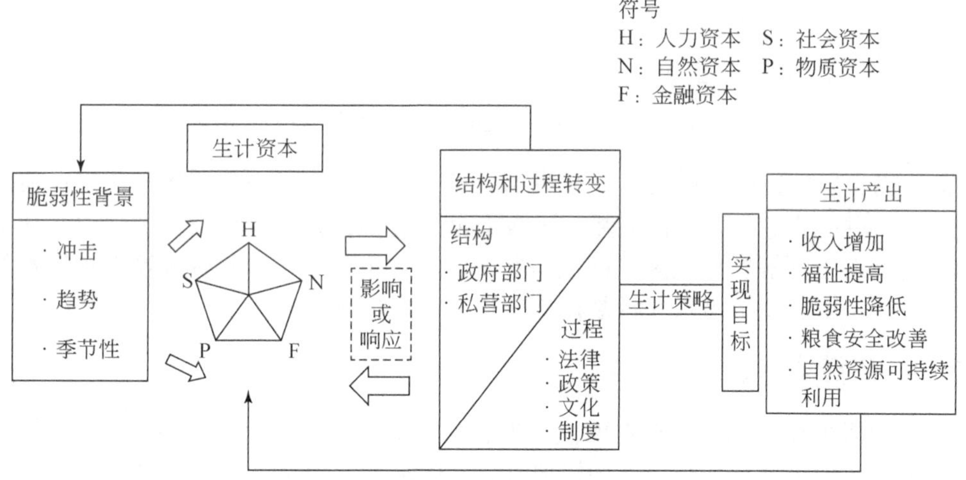

图 4.2　英国国际发展部（DFID）框架

DFID 框架为贫困研究提供了重要指引，它提醒人们重点关注影响和过程，提出影响农户生计的不同因素间存在相互作用关系，这帮助人们了解生计的复杂性和影响贫困的关键因素。它是目前应用最为广泛、最具有影响力的可持续生计分析框架，成为许多国际组织和非政府机构对发展中国家进行经济资助和干预性指导的发展规划工具，也为可持续生计研究提供了一种规范化的工具和系统化的思路（Obrist et al.，2010）。

3）Ellis 生计框架

Ellis（2000）在 Scoones（1998）和 DFID（2000）框架的基础上，开发了一个可持续生计分析框架（图 4.3）。该框架中的资产包括人力资本（如家庭成员的教育、技能和健康）、物质资本（如农业设备或缝纫机）、社会资本（如人们所属的社会网络和协会）、金融资本及其替代品（如储蓄、信贷等）和自然资本（如自然资源基础）。在实施由一系列活动组成的生计策略时，资产的获取和使用受到社会因素（如社会关系、机构、组织）及外部趋势（如经济趋势）和冲击（如干旱、疾病、洪水、虫害）的影响。该框架将生计策略分为基于自然资源的活动和基于非自然资源的活动，尤其关注生计多样化对生计结构的影响。同时，根据生计多样化对生计安全和环境可持续性的影响来衡量生计结果，认为多样性的增加将促进更大的灵活性，提高了农户面对不利趋势或突发冲击的长期恢复力，故多样化的活动组合有助于农村生计的可持续性。

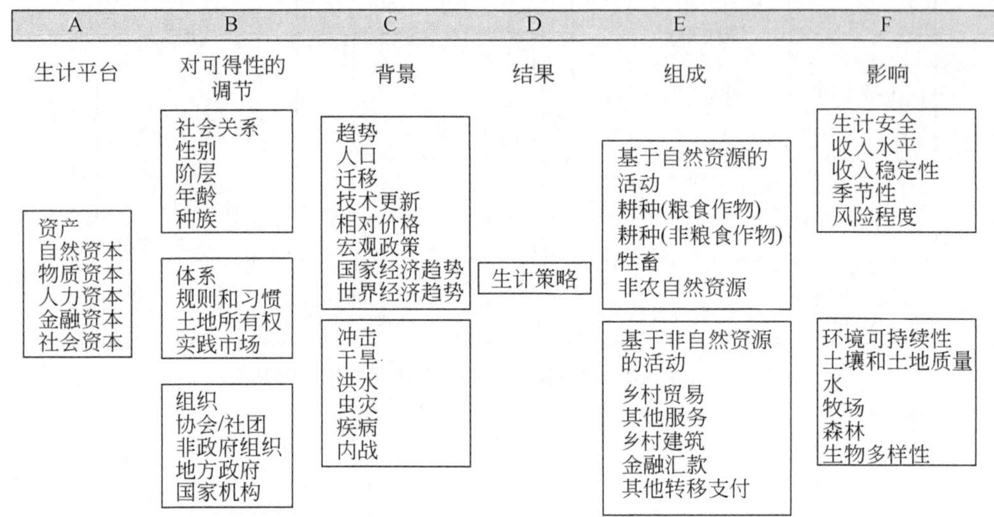

图 4.3 Ellis（2000）生计框架

Ellis（2000）生计框架提供了一个清单，通过该清单可以确定消除制约生计成功因素的优先行动，并确定它们之间的联系，不仅有助于提高人们对农村发展方法中生计多样化的认识，也有助于理解农村地区多样化与贫困、农业生产力、自然资源管理和性别关系之间的相互作用，更有助于增强农村多样化生计政策的理解。

4.1.2 可持续社区

社区作为居民社会生活的基本单位，为居民提供基本的生活设施和居住空间，社区的可持续发展是实现全球可持续发展的重要基础。国际上，1976 年联合国首届人居大会提出了“以持续发展的方式提供住房、基础设施和服务”的目标及“反映持续性发展原则的人类住区政策建议”和“持续性住区”发展的规划、设计和管理模式的具体建议；2015 年联合国在《变革我们的世界：2030 年可持续发展议程》中也提出要“建设包容、安全、有抵御灾害能力和可持续的城市和人类住区”。

1. 概念与特点

社区（community）一词源于拉丁语，意思是共同的东西和亲密的伙伴关系。20 世纪 30 年代初，费孝通先生在翻译德国社会学家滕尼斯的著作《社区与社会》时，从英文单词“Community”翻译而来，并将其定义为“若干社会群体（家族、氏族）或社会组织（机关、团体）聚集在某一地域里所形成的一个生活上相互关联的大集体”。社区作为社会的基本组成单位，是宏观社会的缩影，由一定数量、具有某些共性（地理环境、公共设施、文化背景、生活制度及管理机构等）的人群组成。

可持续社区是一种维持社区可持续发展的社区建设和管理理念，其以推动居民全面发展为重点、以资源可持续利用为基础、以经济、社会协调发展为保障、以技术变革和制度创新为手段，从而实现社区良性循环。不同学科对可持续社区的概念界定存在一定差异。生态学中将可持续社区定义为“具有保护、加强环境系统的生产能力和更新能力的社区”。经济学者希克斯·林达尔认为可持续社区应以经济发展为核心，在不损害后代人利益的同时，利用资产获得最大利益。社会学中则强调可持续社区是以人为中心、注重人类的生产方式和消费方式、地球承载能力的平衡，并在保证不超出维持生态系统涵容能力的情况下，改善人类的生活品质。1992 年，世界银行发展报告中则指出“可持续社区是建立在成本效益比较、审慎的经济分析基础上的，经济增长的净利益最大化才能使其实现可持续发展”。

“可持续社区”理念倡导在一定的地理区位中达到经济、社会、资源、文化等因素的全面协调发展，理想的可持续社区应该是：生态环境优美，公共服务设施完备，邻里和睦友爱，能为其居民持续提供健康、舒适的生活环境；致力于环境、经济和社会公平的平衡。不仅考虑本社区人们的利益，也兼顾更大区域范围内人们的利益，不仅重视当代人的利益，也考虑子孙后代的利益；不论是前期方案的讨论还是后来计划的实施与落实，都需要社区成员的支持与合作，以培养共有价值观，增强个人和集体归属感，促进各阶层的交流与合作。

2. 发展与实践

1992 年，联合国环境与发展大会通过的“21 世纪议程”将“促进人类住区的可持续发展”予以重点论述，对改善住区规划和管理、综合提供环境基础设施、促进住区可持续发展的能源和运输系统等制定了行动依据、目标、活动和实施手段。2007 年，联合国环境规划署（United Nations Environment Programme，UNEP）提出“可持续生活方式的创意性社区”（Creative Communities for Sustainable Lifestyles，CCSL）计划，并在中国、巴西、印度及一些非洲国家为可持续的城市生活寻求社会创新实践，倡导利用交通共享、生活工具共享、多方协同服务等方式解决或缓解社区发展问题。2011 年，联合国环境规划署（UNEP）又针对全球多个国家 8000 余名参与者开展可持续生活方式调研，最终形成了针对城市可持续消费和生产模式的行动建议。2015 年，联合国发布《变革我们的世界：2030 年可持续发展议程》，目标 11 的主题为可持续城市与社区，该目标从住房与交通、城市建设力度、城市对人类的负面环境影响（如空气质量、城市废弃物）等方面出发，对城市和社区可持续发展提出了新要求。此外，国际性的可持续设计学习网络（the learning network on sustainability，LeNS）、社会创新和可持续性设计（the network on design for social innovation and sustainability，DESIS）等高校合作组织也从服务设计角度为社区可持续发展提供了不同的策略、创新工具和方法。

在建设实践层面，多国政府和机构积极运用设计思维开展可持续社区实践，积累了大量可持续社区建设的典型案例（表 4.1）。例如，以推动绿色科技、居住与工作混合规划、民众参与的社区运行模型、建筑节能设计、可持续食物和水资源等为设计策略的英国贝丁顿零能源（Bed ZED）社区；以多能源利用、多元化垃圾回收系统、共享汽车等多种共享服务、弹性的居民参与机制为设计策略的德国弗班（Vauban）社区；以重构社区关系、节能生活模式、新能源就地开发为设计策略的托特尼斯社区（Totnes）等；以构筑清洁能源系统、雨水搜集装置等多项生态技术为设计策略的长辛店生态城等。

表 4.1　可持续社区建设的典型案例

可持续社区	城市	设计策略/特色理念
贝丁顿零能源（Bed ZED）社区	伦敦（英国）	社区空间混合规划；建筑材料可重复使用；采用可再生能源；社区内汽车共享
弗班（Vauban）社区	弗莱堡（德国）	开展多种共享服务，推动多能源利用方式；多元可持续的垃圾回收系统
托特尼斯（Totnes）社区	托特尼斯（英国）	重构社区生活化关系；推广节能生活模式；在地开发新能源
太阳风社区（Sun and Wind Community）	贝泽（丹麦）	充分使用太阳能和风能；居民自发组织进行社区规划
藤泽生态智慧城（Fujisawa Sustainable Smart Town）	藤泽（日本）	注重可再生能源的利用，推行家庭能源智能管控系统
长辛店生态城（Changxindian Community）	北京（中国）	运用土地规划、构筑清洁能源系统、雨水收集装置、绿色屋顶等多项生态技术进行可持续社区建设
江南春城 · 白云深处（Jiangnan Spring City · Depth of White Clouds）	杭州（中国）	大量使用清洁能源、集中供应热水、建立水循环系统、对大件家电进行有计划的回收

4.2　生计、贫困测度与表征

4.2.1　生计测度与表征

1992 年联合国世界环境与发展大会指出生计稳定是消除贫困的关键，准确地测量生计状况不仅可为探索有效的减贫措施提供决策依据，也对解决自然资源保护、粮食安全问题具有重要意义（卜诗洁等，2021）。由于生计在不同语境下的内涵和外延存在差异，多种测度与表征方式涌现。目前，主要从生计脆弱性、生计安全、生计恢复力等出发，开展生计测度研究。

1. 生计脆弱性

全球变化导致的冲击和压力使很多国家和地区陷入脆弱性陷阱（赵雪雁，2014），政府间气候变化专门委员会（Intergovernmental Panel on Climate Change，IPCC）第四次评估报告将脆弱性定义为“系统对气候变化不利影响（包括变率和极端事件）的敏感和不能应对的程度，是系统对气候变化和变率的特征、幅度、速率的暴露及其敏感性和适应能力的函数”（IPCC，2014）。生计脆弱性则是指家庭生计易受各种社会经济、政治和环境压力的影响程度或应对这些压力的能力（Nikolic，2018）。生计脆弱性来自于生计内部的结构性因素和外界扰动对生计的压力的胁迫性因素，如自然因素与人文因素变化带来的冲击和压力（赵雪雁等，2020）。

针对生计脆弱性展开评估不仅有助于学者和政策制定者理解环境变化对生计的影响，更有利于人们寻找威胁因素并制定降低生计脆弱性应对措施，对生计可持续发展至关重要。目前，生计脆弱性评估主要利用模型评价、利益相关者评价、指标评价等多种方法。其中，模型评价法主要采用生物物理模型、社会经济模型、心理模型等评价生计脆弱性，该方法关注生计脆弱性的具体驱动力；利益相关者评价法主要利用认知地图、访谈、调查等工具收集信息并分析生计脆弱性，该方法侧重于关注个人、群体或社区对压力影响的感知；指标评价法选取代表性评价指标，并确定其权重来计算生计脆弱性指数，该方法更关注其成因及表现（赵雪雁，2017）。指标评价法的优点在于有助于分析生计脆弱性的影响因素，能为政策评估提供合理建议，对资源的优化配置、适应改进规划提供合理建议（赵雪雁，2016；Shah et al.，2013）。

在指标评价方法中，可将贫困作为家庭福利的替代指标，基于贫困状态变化或贫困化程度来测量家庭或个体对环境变化的敏感性或不能应对压力的程度，主要考察受到风险与冲击时，个体或家庭福利水平下降的可能性，包括期望贫困脆弱性评价、低期望效用脆弱性评价及风险暴露脆弱性评价；此外，还可将环境变化的生物物理影响（暴露）指标与社会经济特征（敏感性与适应）纳入到一个集成的生计脆弱性指标体系中评估农户的生计脆弱性（赵雪雁，2016；Shah et al.，2013；Hahn et al.，2009）。

2. 生计安全

生计安全（sustainable livelihood security，SLS）的概念是由 Swaminathan 于 1991 年首次提出，旨在从生态资源环境、经济发展与社会公平 3 个方面综合评价不同地理尺度的可持续性（Habibah et al.，2010）。生计安全表示生计系统的完整性和健康状况，是可持续发展最基本的需求，在扶贫开发、乡村建设、区域可持续发展等研究领域受到广泛关注，它在农村减贫和生态环境保护等问题方面提供了先进、有效的研究思路。

目前，国外对生计安全的研究对象较为多样，从生态、社会、经济和政策制度等多个方面选取指标进行测量，采用多要素多指标的综合集成测度方法进行评价；评估尺度包括农户、农村、地区和国家，或农业区生态系统等（刘倩等，2018；Singh and Hiremath，2010）。国内生计安全研究则凸显了对弱势群体的关注，尤其关注农户的生计安全。农户生计安全不仅保证了农村经济健康增长，同样是农户生计可持续的基础，主要包括：①环境/背景安全。环境/背景安全一方面能够提高农户的风险意识使其拥有抵抗冲击的基本能力，保证生态环境与农户生计系统两者的有机统一，另一方面可在风险环境变化中有效缓冲并提升其福祉水平。②生计资本安全。生计资本是农户生活的重要基础，也是应对生计风险的基本要求，在农户生计活动过程中扮演着重要作用。③生计策略安全。生计策略是农户实现生计安全的重要途径，生计策略选择在规避生计风险、优化生计配置、保证生计可持续方面发挥着重要作用。④生计结果安全。生计结果是指农户利用生计资本，选择生计策略的产出绩效，生计成果优越能提高农户收入、增加剩余福利、提高安全感、保证食物安全和可持续利用资源；而较差的生计成果则会降低生计资本，破坏农户生计稳定，降低其安全感（赵靖伟，2014）。

3. 生计恢复力

20 世纪 90 年代初生计恢复力概念作为可持续生计概念的一部分被首次提出（Chambers and Conway，1992），随着生计日益受到生态、经济和社会系统变化的影响，生计恢复力概念也越来越得到重视（Sina，2019）。Chambers 等（1992）认为生计恢复力是指人们的生产能力可应对外界冲击干扰并从中恢复的能力；Sadik 和 Rahman（2009）将生计恢复力定义为可持续生计，其认为将生计资本和当地资源重新布局并制定新生计策略的过程就是生计恢复力（卜诗洁等，2021）。之前概念主要强调生计恢复力与可持续生计之间的关系，事实上，生计恢复力与可持续生计方法具有一定的兼容性，可持续生计方法是指将生计资本、生计能力及生计策略转化为生计结果，而生计恢复力则是一种自适应系统，它是指将已有的生计资本和可以用的资源条件，通过增强其应对外界干扰的恢复力来稳定生计结果（Sarker et al.，2020）。常用的生计恢复力研究框架包括单一分析框架、基础分析框架及综合分析框架。

1）单一分析框架

以 Mayunga（2007）提出的“资本域与社区灾害恢复关系”的概念框架为代表，该框架指出了资本概念与灾害恢复力概念的相关性，并提出使用资本衡量恢复力的原因，即资本是社区经济可持续发展的必要因素，着重强调了 5 种主要资本在降低社区脆弱性和提高社区抗灾能力中的重要作用，进一步说明了在恢复力分析中资本与可持续的概念具有一致性。

2）基础分析框架

基础框架中较为典型的是 Speranze 等（2014）提出的生计恢复力分析框架，该框架包括缓冲能力、自组织能力和学习能力，着重强调行为人与社会结构间的相互作用，并从群体和生计角度为恢复力的定量分析奠定了基础（卜诗洁等，2021）。

3）综合分析框架

以 Nyamwanza（2012）提出的与适应性概念相结合的生计恢复力框架为代表，该框架由适应变化和不确定性的能力、培养学习和适应能力、自组织能力、幸福度及环境可持续性构成，实现了以长期视角对世界各地区应对生计风险的研究，并在实施风险管理及应对气候变化等方面起到了积极的促进作用（卜诗洁等，2021）。

4.2.2　贫困测度与表征

贫困是伴随人类社会发展而长期存在的问题。20 世纪以来，世界科技与经济得到空前发展，生产和生活条件逐步得到了改善。但是，贫困问题并没有消除，世界范围内不同形式的贫困问题仍十分严重，并成为日益突出的社会经济问题。

1. 贫困的内涵

随着社会经济的发展，贫困概念也在不断演化，由最初仅用收入衡量的绝对贫困发展到 20 世纪 70～80 年代的能力贫困，再到 90 年代发展到包括脆弱性、社会排斥等更为全面的权利贫困。根据贫困的不同定义和范畴，可将其划分为绝对贫困、相对贫困、能力贫困及权利贫困。

绝对贫困由 Rowntree（1902）首次提出。他指出由于家庭目前的收入水平不能保证其对于食品、住房、衣着等生活必需品的需求，家庭处于贫困状态（张秀艳和潘云，2017）。绝对贫困以满足人们的基本生理需求为基准，其衡量方式包括收入贫困线、贫困率及贫困人口平均贫困差距率等，具有计算便捷，数据易获得等特点，且目前大多数国家采用收入水平来测量贫困。但是不同国家和地区、不同时期的基本生理需求会不断发生变化，同时收入水平不能全面地衡量人们的健康水平、饮用水状况及其他非生理需求，因此学者对于贫困的研究在不断深化，提出贫困不仅只是代表收入低于贫困线以下，还包括人们对于其他社会生活的需求。基于此，贫困概念由绝对贫困进一步发展为相对贫困。

相对贫困指在与某一参考标准对比之下的贫困，具有主观性、动态性，它并不仅局限于绝对收入量，其重点在于比较个人或家庭生活状况与社会平均水平间的差异程度。相对贫困与家庭实际生活水平无关，仅与收入差距及其他社会群体为参照物相对剥夺的社会心态等因素相关（Chamber，1995）。从理论上讲，随着社会经济的不断发展，人们收入水平普遍提高，但收入差距始终存在，因此绝对贫困可完全消除，但相对贫困不会消失，只会不断缩小。目前，在贫困的界定中，发展中国家倾向于使用绝对贫困线，而发达国家倾向于采用相对贫困衡量贫困水平（张秀艳和潘云，2017）。

1973 年，阿玛蒂亚·森首次在其代表作《贫困与饥荒——论权利与剥夺》一书中提出了“能力贫困”的概念，阐述了贫困的本质，他认为“贫困必须视为基本可行能力的被剥夺，这是识别贫穷的通行标志”。20 世纪 80 年代后，贫困的概念再次扩充。Chamber（1995）将能力因素加入到贫困概念中，其以人类学为基础展开分析，拓宽了贫困与反贫困的研究视野。Sen 把人的全面发展纳入了贫困理论中，他指出不仅收入贫困或收入差距代表贫困，可行能力的剥夺同样是贫困的标志。这种能力剥夺可能的原因是收入低下、社会歧视、公共基础设施的缺乏或家庭内部资源收益分配不均、政府公共财政支出不到位等。能力贫困理论的提出，进一步拓展了贫困概念，为贫困研究提供了强有力的理论依据。在此基础上，世界各国对贫困进行研究分析时，也逐渐原来单一的贫困测量方法转变为利用非货币因素的综合性指标来衡量贫困（张秀艳和潘云，2017）。

权利贫困的概念源自法国的雷纳尔于 1974 年首先提出了“社会排斥”这一概念。他指出这些受排斥者不仅有精神或身体残疾等特征，还包括自杀者、老年患者、受虐儿童、药物滥用者、越轨者、单亲父母、多问题家庭、边缘人、具有反社会人格的人和社会不适应者等。Strobel（1996）指出，社会排斥是个人权利的缺失，指个体没有享受到本应拥有的权利，强调某些个体被社会群体所排挤，不仅包括由于收入低下和缺乏财产而被排斥，也包含在政治权利和劳动力市场等方面被排斥。在 20 世纪 90 年代末，当家庭脆弱性概念融入社会排斥中后，其被称为权利贫困，它指个体由于在政治、经济、社会、文化等方面权利的缺失而引起的贫困。目前，对权利贫困的测量主要采用参与式调查方法。在此基础上，将非货币因素与贫困概念相结合，不断扩充形成贫困研究的新视角（张秀艳和潘云，2017）。

2. 贫困测度

随着贫困概念的不断演化，贫困测量方法也在不断完善，具体测量方法可分为公理化和非公理化两类。

1）基于公理化标准的贫困测量方法

（1）传统贫困指数。传统的贫困指数包括贫困率指数和贫困人口平均贫困差距率指数。贫困率指数是指贫困人口占总人口比例，该指数越大，表示贫困人口所占比例越大，贫困程度越严重（张秀艳和潘云，2017）。

（2）S 指数。由于传统贫困指数存在一定局限，为了满足相关性、单调性和弱转移性等公理的要求，Sen（1976）将贫困人口收入排序的序号（$q+1-i$）作为权重，将其运用在贫困人口收入差距的计算中，从而构建了 S 指数。利用收入排序权重系统，S 指数在贫困指数中体现了相对差距的概念，可对扶贫政策诸多影响因素作出恰当的分析（张秀艳和潘云，2017）。

（3）Watts 多维贫困指数。Watts 于 1968 年在公理体系标准下，推导出了 Watts 贫困指数（Watts Poverty Index）。该指数具有简单、直观的优点，且满足公理标准要求，但其衡量面较窄，因而在实际运用中受到一定制约。随着多维贫困理论的发展，Silber 和 Chakravarty（2008）在 Watts 单维贫困指数基础上，进一步完善了测度方法，构建了 Watts 多维贫困指数。改进后的 Watts 指数具有人口子群、贫困维度可分解等优点（张秀艳和潘云，2017）。

（4）Tsui 多维贫困指数。在多维贫困公理基础上，Tsui 于 2002 年构建了 Tsui 贫困综合指数，该指数满足多数公理标准，使贫困测量更加简便、有效，同时在构建贫困指数过程中减少了主观随意性，使研究分析更具客观真实性。但目前较少应用于实际研究中（张秀艳和潘云，2017）。

2）基于非公理化标准的贫困指数

（1）人类发展指数（human development index，HDI）。1990 年联合国开发计划署（UNDP）提出了人类发展指数，Alkire 和 Santos 对其进行完善，使其成为衡量人类福利水平的多维贫困指数。人类发展指数包括出生时的预期寿命、预期受教育年限（包括成人识字率）、购买力平价折算的实际人均国内生产总值等 3 个维度。该指数与平均绝对差指数、收入范围指数、基尼系数、库兹涅茨系数等共同反映了收入不平等程度，主要通过衡量人类整体发展程度来表征国家的福利水平，体现了社会的进步程度和发展水平（张秀艳和潘云，2017）。

（2）人类贫困指数（human poverty index，HPI）。1997 年联合国开发计划署（UNDP）提出了人类贫困指数，该指数主要介绍了不同国家或地区的贫困状况。由寿命（预期寿命在 40 岁以下人口比重）、读写能力（成人文盲比重）、生活水平（拥有安全饮用水的人口比重、5 岁以下营养不良的人口比重、没有获得医疗保健的人口比重）3 个维度构成。在基本能力视角下，人类贫困指数能够明确分析不同国家、地区的人口是否处于贫困状况，为人们研究贫困提供了多维视角。在准确识别贫困人口基础上，为政府制定针对性反贫困政策提供了科学的理论指导（张秀艳和潘云，2017）。

（3）多维贫困指数（multidimensional poverty index，MPI）。2008 年联合国开发计划署（UNDP）和英国牛津贫困与人类发展中心（Occupational Performance History Interview，OPHI）共同开发了多维贫困指数（MPI），该指数从健康、教育和生活水平 3 个维度出发，选取相应指标反映个体或家庭的贫困程度。其中，健康维度包括营养状况和儿童死亡率，教育维度包括儿童入学率和受教育程度，生活水平维度包括饮用水、电、生活燃料、室内空间面积、环境卫生和耐用消费品 6 个指标。多维贫困指数从微观角度全方位分析个体贫困程度，可较好地反映贫困人口的真实状况，测量方法也更符合现代社会发展需求（张秀艳和潘云，2017）。

4.3 世界贫困地理与空间分异

4.3.1 世界贫困状况

1. 总体贫困状况

贫困是各国政府和有关国际组织长期关注的焦点，减轻贫困也是世界各国致力解决的关键问题（马忠法和陈红艳，2022）。目前，世界减贫取得了巨大进展，贫困现象总体有所改善。世界银行的调查数据显示，1990～2020 年期间，全球有 12.2 亿人摆脱贫困，按 2011 年购买力平价（PPP）计算，每天生活费低于 1.90 美元的人口占比从 37.1%下降到 9.5%，实现了 74.39%的降幅，但由于各地区经济发展不平衡，收入差距较大，贫富不均的现象仍然存在。联合国 2021 年发布的《全球多维贫困指数》报告显示，全球共有 13 亿人处于“多维贫困状态”，有些地区贫困甚至有所加剧，减贫仍是许多国家面临的巨大挑战。

“贫困”不仅是一个经济问题，还涉及制度、政治参与、文化、医疗等多个方面。在考察世界贫困状况时，常用货币性和非货币性 2 项标准来衡量（Baulch and Masset，2003）。就货币性标准而言，根据新的国际贫困线（从每人每天 1.25 美元上调到 1.90 美元），世界极端贫困人口和贫困发生率分别从 1990 的 18.95 亿人和 37.1%下降到 2020 年的 7.29 亿人和 9.5%。在 31 年间，世界人口数量增长了 24.32 亿，但极端贫困人口数量减少了 11.66 亿，贫困发生率每年下降 1 个百分点左右。在全球 5 大主要贫困人口分布的地区中，东亚和太平洋地区减贫速度最快，对减贫事业作出了巨大贡献；南亚地区也基本完成了贫困人口减半的目标；非洲撒哈拉以南地区贫困人口不仅没有减少，反而在 1990～2017 年间增加了 5400 多万人，2020 年也继续增加了 3200 多万人，目前是全球唯一没有完成千年发展目标减贫任务的地区，减贫形势十分严峻。

就非货币性标准而言，在 20 世纪 90 年代，性别间的差距明显缩小，截至 2020 年，世界婴儿出生比例中，男婴比女婴仅多 2～7 个百分点，这也就意味着男女人口已从较高的比例接近于相等，但在撒哈拉以南非洲地区、南亚、中东和北非的许多国家仍不容乐观。在基础教育方面，全球没有取得太大进展，教育目标的失败也对实现其他人类发展目标的机会产生抑制作用，5 岁以下儿童的死亡率、孕产妇死亡率和儿童营养不良方面的改善，以及饮用水和卫生设施的获得都没有实现既定的目标。

2. 不同地区的贫困状况

尽管近几十年全球减贫事业取得了长足进步，但世界贫困在空间上仍存在分异现象。世界银行将全球划分为 7 大区域：东亚和太平洋地区、欧洲和中亚地区、拉丁美洲和加勒比地区、中东和北非地区、南亚地区、撒哈拉以南非洲地区及其他区域。

1）亚洲和太平洋地区

亚洲和太平洋地区贫困的显著特点是地区分布多样。1990 年，世界贫困人口主要集中在东亚和太平洋地区，该地区贫困人口占全球贫困总人口的 2/3 左右，后随着各国经济社会的快速发展和减贫政策的有力干预，贫困人口数量大幅减少，对全球减贫事业作出巨大贡献。从不同区域来看，东亚和太平洋地区贫困人口数量从 1990 年的 9.95 亿减少到 2020 年的 0.21 亿，贫困发生率也从 1990 年的 60.9%骤减到 1.0%，减贫成效显著（表 4.2）。与东亚和太平洋地区相比，南亚在殖民、战争和灾难的多重影响下，贫困人口的绝对数量仍居全球首位。同时，由于其发展不足，致贫因素众多，贫困发生率的下降幅度也较为和缓，仅从 1990 年的 49.1%降至 2020 年的 15.2%，虽然有所下降，仍明显高于除撒哈拉以南非洲地区的其他区域。对欧洲和中亚地区多数国家而言，由于 20 世纪 90 年代爆发的贫困危机，该区的贫困发生率从 1990 年的 2.5%上升到 1999 年的 7.8%，贫困人口数量也从 1990 年的 880 万增长到 1999 年的 3680 万，表现出与亚洲其他地区完全相反的变动趋势，在之后长达 22 年的努力下，2020 年的贫困人口不足 500 万人，并成为世界上贫困发生率最低、贫困人口数量最少的地区。

表 4.2　全球贫困人口的地区分布

指标	地区	1990 年	1999 年	2011 年	2015 年	2020 年
贫困发生率/%	东亚和太平洋地区	60.9	37.9	8.2	2.1	1.0
	欧洲和中亚地区	2.5	7.8	2.0	1.5	1.0
	拉丁美洲和加勒比地区	15.5	13.9	5.6	3.7	3.7
	南亚地区	49.1	41.8	20.9	13.5	15.2
	撒哈拉以南非洲地区	55.1	58.7	45.5	42	—
	世界	37.1	29.1	14.1	9.6	9.5
贫困人口/万人	东亚和太平洋地区	99550	68940	17310	8260	2105
	欧洲和中亚地区	880	3680	1140	440	420
	拉丁美洲和加勒比地区	7820	7110	3530	2970	2201
	南亚地区	57460	56800	36170	23130	28226
	撒哈拉以南非洲地区	28760	37460	39360	34710	—
	世界	195860	175150	98330	70210	72877

资料来源：世界银行“Global Monitoring Report”。

2）非洲地区

尽管非洲地区贫困人口的绝对数量远低于亚洲和太平洋地区，但其贫困发生率和贫困深度却明显高于世界其他地区，1987 年该区有 47%的人口处于国际贫困线以下，而 11 年后，这一比例仅下降了一个百分点，可见这种状况并未得到明显改善。从不同区域来看，1990～2020 年间，中东和北非地区的贫困人口数量与贫困发生率均呈先降后升的趋势，贫困人口由 1990 年的 1420 万减少到 2008 年的 880 万，后又增长到 2020 年的 2772 万，因人口总量的迅速增加，其贫困发生率略有下降，从 1990 年的 6.5%降到 2008 年的 2.8%，而后又迅猛增长至 2020 年的 7.0%。但撒哈拉以南非洲地区的减贫效果并不明显，全世界最贫困的 28 个国家中有 96.43%位于撒哈拉以南非洲地区，其贫困发生率均超过 30%。目前，该区超半数的人口仍处于贫困状态，参照 2021 年“综合贫困指数”标准，撒哈拉以南非洲贫困人口已高达 5.56 亿，已成为全球贫困发生率最高的地区（UNDP，2021）。

3）拉丁美洲和加勒比地区

与其他地区相比，拉丁美洲和加勒比地区的贫困发生率虽然从 1990 年的 15.5%骤减到了 2020 年的 3.7%，但其贫困状况具有明显的波动性。具体来看，80 年代后期以来，拉美国家（如阿根廷和巴西）爆发的经济危机极大地削弱了其在消除贫困方面所做的努力，导致了人均 GDP 和消费水平降低，贫困人口大量增加，贫困发生率从 1987 年的 15.33%上升到 1990 年的 15.5%。进入 90 年代后，各国经济得到复苏，贫困发生率有所下降，但仍不足以削减贫困人口的绝对数量。自 21 世纪开始，拉丁美洲和加勒比地区经济快速发展，贫困人口和贫困发生率均得到大幅减少，减贫成效显著。而与收入贫困指标相反的是，该地区的非货币性生活标准有显著进步，儿童死亡率、饮用水和卫生设施的获得率、文盲率、学龄儿童失学率等均有持续改善，且优于世界其他地区。

经过近四十年共同努力，全球贫困人口已由1981年的19.16亿降至2020年的7.29亿，减贫效果十分明显。在对世界减贫保持高度自信的同时，也应清醒地认识到目前贫困现象随处可见，仍有超过2.8亿人口生活在贫困线以下，1.2亿人口处于极端贫困状态，减贫仍是众多国家发展面临的关键问题。

4.3.2　世界贫困的空间分异

1. 世界贫困的空间分异

1990年，世界贫困的重心在印度恰尔肯德邦，贫困人口主要集中在东亚和太平洋地区、南亚地区、拉丁美洲和加勒比地区及撒哈拉以南非洲地区（图4.4）。此后，随着东亚和南亚一系列减贫战略启动，处于贫困线以下的人口数量大幅减少，至2017年，世界贫困重心向西南移动了 5033.32km，并进一步转移至埃塞俄比亚东部。自此，撒哈拉以南非洲地区超过东亚和太平洋以及南亚地区，成为世界上贫困人口最多的地区。预计未来世界贫困的重心将会继续向西移动，在2025年和2030年分别会转移至埃塞俄比亚的中部和西部地区，2050年将会到达撒哈拉以南非洲的中心，减贫形势依然严峻（Li et al.，2021）。

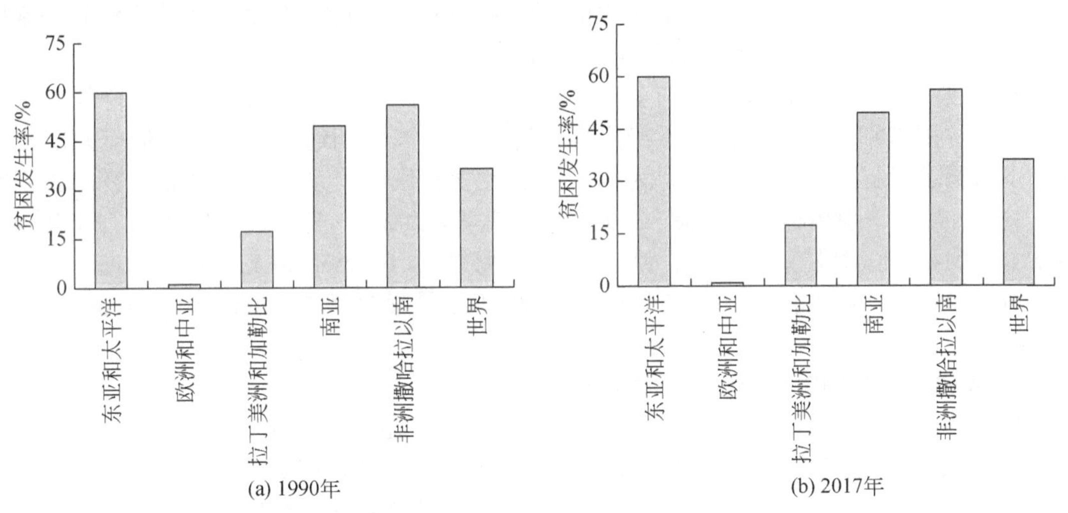

图4.4　1990年和2017年世界贫困发生率

2. 全球减贫面临的关键问题

1）不均衡减贫加剧了地区资源的过度开发

世界银行统计数据显示，撒哈拉以南非洲地区目前仍有超过半数的人口依靠农业生产谋生，人们通过毁林开荒扩大耕地面积来获取更多的农业产出以获得更多的农业收入。这种经营方式不仅加剧了撒哈拉以南非洲地区的自然资源过度消耗，无疑还会加剧地区资源消耗并诱发水土流失、土地荒漠化、生物多样性减少等一系列生态环境破坏问题，影响地区及全球的生态系统安全。同时，大规模的毁林开荒过程使该地区北部、东部和南部农业用地扩张，森林与灌木在2005～2016年间减少了156万km^2，虽然在2020年森林与灌木面积有所增加，但随着世界贫困重心向非洲大陆的不断转移与深入，撒哈拉以南非洲地区的毁林开荒过程仍较严重，较 2005 年减少 13.01 万 km^2（表 4.3）。

表 4.3　撒哈拉以南非洲地区土地覆被变化（2005～2020 年）　（单位：万 km^2）

年份	林地与灌木	草地与稀疏植被	农田	裸地	建设用地	水域及水生植被
2005	1248.79	563	244.1	508.75	2.14	33.77
2009	1213.06	579.43	261.04	511.85	2.04	33.12
2016	1093.02	568.58	390.46	507.11	5.18	36.19
2020	1235.78	536.1	156.37	397.8	7.13	27.33

资料来源：2005、2009、2016 年土地利用数据来自李玉恒等，2018；2020 年土地利用数据来自 Zhang et al.，2020。

2）流离失所加剧贫困识别的不精准性

在过去 20 多年间，世界范围内的流离失所者急剧增加，由 1997 年的 3390 万人增长至 2020 年的 8220 万人（UNHCR，2021）。加之近年来叙利亚内战以及在苏丹、索马里、刚果（金）、尼日利亚、中非共和国等国发生的冲突及派系武装斗争，迫使大量人口涌入周边国家甚至进入欧洲境内躲避战乱，流离失所数量进一步增加。此外，全球饥饿人群也在快速增加，而此次疫情又使得全球食物短缺人数在 2020 年新增 8300 万人（FAO and WFE，2021）。其缺乏基本的生活保障，针对该群体的各类援助也因其流动性、不确定性等因素限制而难以发挥应有的效用，致使其很快进入贫困状态。

随着战乱、自然灾害等引发的全球范围内流离失所者数量的增加，贫困群体的流动性增强，贫困识别的不精准性、不确定性问题凸显，严重制约了减贫措施的有效实施，进一步加剧了世界减贫的艰巨性。为此，政府及学者采用一系列方法来提高贫困识别的精准性，如贫困识别指标（Thorpe，2004；罗明忠等，2021）、多维贫困化体系（Alkire and Santos，2014；陈明星等，2018）、使用移动电话数据（Blumenstock et al.，2015；章昌平和林涛，2017），以及将机器学习应用到高分辨率卫星影像等（Jean et al.，2016；周扬和李寻欢，2021）。

3）乡村衰退加剧减贫成效的不稳定性

世界银行调查数据显示，全球 75%的贫困人口居住在乡村，且多数人从事农业生产，同时，农村地区多维贫困人口的比例高于城市地区，撒哈拉以南非洲农村地区的多维贫困人口高达 71.9%（UNDP，2021）。由此可见，全球贫困人口主要集中于乡村地区，乡村地区从事农业生产的人更容易陷入贫困，乡村地区的减贫是世界可持续发展的主战场。

随着工业化、城镇化及全球化进程的不断加快和深入，世界范围内的乡村衰退问题已成为学术研究的重点（Woods，2005；Wood，2008；Liu and Li，2017；戴柳燕等，2022）。城市与乡村、工业与农业的关系处理不当，不仅会造成城乡差距扩大化，乡村劳动力大量流失，最终导致乡村经济衰退、农业低效化和乡村空心化，还会严重阻碍乡村地区的可持续发展（Carr and Kefalas，2009；Westlund，2014；李玉恒等，2018；李繁荣，2021）。此外，不同乡村地区在资源禀赋、发展质量方面存在差异，其对全球化、知识经济、气候变化等发展主导过程的响应存在明显的异质性，进而影响到乡村地区为农户提供可持续生计的能力与条件，最终加剧了减贫的不稳定性。

4.3.3　新冠疫情背景下减贫面临新挑战

世界银行 2021 年数据显示，当前各国实现可持续发展努力正面临前所未有的挑战。新型冠状病毒（COVID-19）疫情的暴发，不仅给全球亿万人的生活、大大小小的企业及全球经济带来了严重影响，还对各国人民的生命和生计造成巨大威胁，最终导致 2021 年约 1.5 亿人陷入极端贫困。

分地区来看，2020 年新冠疫情加剧了非洲面临的农业生产率下降、供应链削弱、就业前景下滑、外来汇款下降等风险，新冠期间非洲的农业生产可能会萎缩 2.6%～7%。同时，还可能会导致数百万非洲家庭陷入贫困并引发粮食危机，进一步加剧了发展的不确定性。在新冠疫情暴发前，东亚和太平洋地区的经济增长就已开始放缓，表现为从 2018 年 6.3%降至 2022 年的 5%。此外，在疫情持续时间超出预期、财务压力长期不能缓解及全球贸易收缩的影响下，2020 年该区的贫困人口数量也将大幅增加。对欧洲和中亚新兴经济体和发展中经济体而言，新冠疫情可能会使该地区经济处于负增长状态，该地区既要应对眼前的健康危机，又要应对疫情引发的长期挑战，致使经济受到巨大冲击。拉美和加勒比地区在社会动荡和国际油价暴跌的影响下，经济发展前景减弱，新冠疫情的暴发会进一步加剧这些风险。中东和北非地区由于冲突战乱及获得教育和基本基础设施机会不平等，从 2011 到 2020 年极端贫困发生率翻了一番，从 2.4%上升到 7.0%，而新冠疫情无疑会加剧这一趋势。世界银行预测数据还显示，南亚地区极端贫困人数的增加受新冠疫情影响最为严重，且其多维贫困明显高于全球平均水平。

总体来看，自新冠肺炎疫情暴发以来，多国经济发展普遍受挫，全球经济下行风险增加，失业率不断升高，社会贫富差距继续拉大，全球减贫形势严峻。

4.4　中国贫困地理与空间分异

4.4.1　中国的减贫历程

摆脱贫困一直是困扰全球发展和治理的突出难题。联合国千年发展目标和 2030 年可持续发展目标均提供了全球可持续减贫指南，得到了国际社会的广泛响应和积极行动（刘小鹏等，2020）。中国作为世界上最大的发展中国家，为世界减贫事业做出了巨大贡献，对全球减贫贡献率超过 70%，农村贫困发生率从 1978 年的 97.5%下降到 2019 年的 0.6%，贫困人口大幅减少，2020 年底，中国实现了现行标准下所有农村贫困人口全部脱贫，贫困县全部摘帽，贫困村全部出列，整体消除了绝对贫困，完成了新时代脱贫攻坚的目标任务，提前 10 年实现联合国 2030 可持续发展议程的减贫目标。

中国根据农村贫困变化不断完善扶贫开发战略和政策体系，减贫道路实现了由粗放扶贫向精准扶贫的转变，探索出了一条具有中国特色的减贫道路。具体来看，中国的扶贫工作先后经历了小规模救济式扶贫、体制改革推动扶贫、大规模开发式扶贫、整村推进式扶贫、精准扶贫 5 个阶段（图 4.5），扶贫模式实现了从输血式向输血造血相结合的转变，扶贫政策从瞄准区域向瞄准个体和区域结合转型，促使贫困人口大幅度减少，成为全球最早实现联合国可持续发展减贫目标的发展中国家（龙花楼和陈坤秋，2021；汪三贵和曾小溪，2018；刘小鹏等，2019）。

1.小规模救济式扶贫阶段(1949~1978年)	2.体制改革推动扶贫阶段(1979~1985年)	3.大规模开发式扶贫阶段(1986~2000年)	4.整村推进式扶贫阶段(2001~2012年)	5.精准扶贫阶段(2013~2020年)
新中国成立起初，中国整体上处于绝对贫困状况，该阶段主要是通过直接提供物资或现今，帮助农村贫困群体、边远落后地区群体、因灾致贫群体、战阵伤残群体维持基本生活需要	1978年后，中国扶贫开发战略一方面改革农村土地制度，推行家庭联产承包责任制；另一方面是改革农村生产、分配和购销价格制度以促进农村经济的增长。同时，开始实施针对贫困地区的专项扶持措施	《国家八七扶贫攻坚计划》，该阶段实行以县为瞄准单元的区域开发式扶贫策略，强调利用贫困地区的自然资源，进行开发式建设，提高自我发展、自我积累、自我脱贫能力	进入21世纪，中国政府开始实施村级瞄准机制，并颁布了《中国农村扶贫开发纲要(2001—2010年)》，以贫困村而非贫困县作为重点扶贫开发单位	《中国农村扶贫开发纲要（2011—2020年）》中提出了消除绝对贫困的目标，2015年颁布《中共中央　国务院关于打赢脱贫攻坚战的决定》，提出对贫困人口进行建档立卡和精准帮扶

图 4.5　中国的减贫历程

1. 小规模救济式扶贫阶段（1949～1978 年）

新中国成立初期，中国经济基础较为薄弱，农村生产力水平极其低下，农民生活水平不高，整体上处于绝对贫困状况，扶贫任务也十分艰巨。该阶段的扶贫方式侧重于通过直接提供物资或现金，帮助农村贫困群体、边远落后地区群体、因灾致贫群体、战争伤残群体维持基本生活需要。至 1978 年，中国农村贫困人口为 2.5 亿，占全国人口总数的 25.97%，农村贫困发生率降至 30.7%。总体来看，小规模的救济式扶贫在短期内满足了农村贫困人口的基本生活需要，但难以从根本上解决贫困问题，以及改变农村地区贫困落后的面貌。

2. 体制改革推动扶贫阶段（1979～1985 年）

1978 年，十一届三中全会拉开了农村经济体制改革的序幕，一系列农村经济制度创新激发了农村经济活力，推动了农业快速发展，使大量农村贫困人口摆脱贫困，如推行家庭联产承包经营制度、赋予农民土地使用权和经营决策权，改革农产品流通体制、提高农产品的国家收购价格，调整放活农村工商业、发展乡镇企业，解放和发展了农村生产力，扩宽了农民就业和增收渠道等。1979～1985 年中国粮食产量、第一产业增加值和农民人均收入的年均增长率分别达 3.2%、6.5%和 15.2%（李小云等，2018）。与此同时，中国也开始实施针对贫困地区的专项扶持措施，极大减少了农村贫困人口数量。根据 1978 年的贫困线标准，1985 年中国农村贫困人口数量为 1.25 亿，贫困发生率降至 14.8%，农村普遍性贫困问题在很大程度上得以缓解。

3. 大规模开发式扶贫阶段（1986～2000 年）

政府主导的专项扶贫计划有助于贫困人口增加收入、摆脱贫困（叶兴庆，2017）。为此，中国从 1986 年开始采用瞄准式的专项减贫措施，具体表现在：一是建立系统化的扶贫体制机制，如成立贫困地区经济开发领导小组（1993 年改称国务院扶贫开发领导小组），出台了第一个具有明确目标任务和措施的纲领性文件《国家八七扶贫攻坚计划》。二是实行以县为瞄准单元的区域开发式扶贫策略，对 592 个国家级贫困县在资源开发、扶贫资金和物资投入等方面实行区域政策倾斜，并提出要用 7 年时间解决 8000 万农村贫困人口的温饱问题。三是强调实行开发式扶贫，增强贫困人口的自我发展能力，主要措施包括以工代赈、扶贫贴息贷款、财政发展资金、科技扶贫、开发产业、移民搬迁等。根据 1985 年的农村贫困标准（206 元/人），到 2000 年底，“八七扶贫攻坚计划”的目标基本实现，农村贫困人口减少至 3209 万，农村贫困发生率降为 3.5%。

4. 整村推进式扶贫阶段（2001～2012 年）

21 世纪以来，中国农村贫困人口逐渐由国家级贫困县向贫困村集中分布。基于这一现状，扶贫开发工作进一步深入，颁布实施了《中国农村扶贫开发纲要（2001—2010 年）》。具体来看，这一阶段采用以贫困村瞄准为重点推进的扶贫措施，即以整村推进为主体，以产业化扶贫和劳动力转移培训为“两翼”的扶贫开发新模式。同时，确定了 14.81 万个贫困村作为扶贫工作的重点，倡导扶贫资金、扶贫政策及扶贫项目直接向贫困村倾斜，这些措施极大改善了贫困村的生活条件，提高了贫困村的收入水平。根据 2011 年确定的农村贫困线（2300 元/人），2012 年底中国农村贫困人口减少至 9899 万人，农村贫困发生率降至 10.2%。

5. 精准扶贫阶段（2013～2020 年）

为实现到 2020 年全面建成小康社会的目标，在总结以往扶贫经验的基础上，中国以 14 个集中连片特困区、832 个贫困县和 12.8 万个贫困村为重点，制定了精准扶贫、精准脱贫的新方略。根据致贫原因和脱贫需求，制定了发展产业、转移就业、易地搬迁、生态补偿、教育扶贫、健康扶贫、兜底保障等全方位的精准扶贫政策，对贫困人口进行分类帮扶；此外，还不断加大中央和地方财政的资金投入，加强东西部扶贫协作、企事业单位定点扶贫、驻村帮扶等，建立了政府与社会共同参与的动员体系，并对扶贫工作进行全程督查和从严考核。经过 8 年的持续努力，脱贫攻坚取得了全面胜利，实现了现行标准（4000 元/人）下，9899 万农村贫困人口全部脱贫，832 个贫困县全部摘帽，12.8 万个贫困村全部出列，历史性地解决了绝对贫困问题。

2020 年后，中国贫困的属性和贫困群体特征发生了重大变化，相对贫困成为贫困的主要表现形式，出现农村和城镇贫困并存情况，贫困人口呈散点化、高流动性的特征，老少病残等特殊群体成为主要的贫困群体。中国的减贫重点也从消除绝对贫困转向缓解相对贫困，相对贫困将贯穿于现代化全过程（叶兴庆和殷浩栋，2019；刘小鹏等，2020）。

4.4.2　中国的农村贫困状况

长期以来，中国的城乡二元结构体制和薄弱的农村经济社会基础，造成了农村贫困人口多、分布广的基本格局（周侃和王传胜，2016）。改革开放以来，随着农村体制改革、工业化和城镇化的持续推进，以及开发式扶贫和区域发展系列战略的实施，中国农村贫困人口大幅减少，贫困发生率明显下降。中国农村贫困人口从 2012 年的 9899 万减少至 2019 年的 551 万，累计减少 9348 万人，贫困发生率由 10.2%下降至 0.6%，到 2020 年底，中国实现了农村贫困人口全部脱贫。但由于脱贫地区在地理位置、自然环境和资源禀赋等方面的先天性劣势，相对贫困将长期存在（周扬和李寻欢，2021）。

从国家级贫困县来看，1994～2020 年，农民人均可支配收入由 648 元增加到 10673 元，高于全国农村居民人均可支配收入的增速，其中，1994～2012 年农民人均可支配收入的增速相对较慢，由 648 元增加到 4800 元，年均增长了 4.6%；此外，1994～2001 年、2001～2012 年、2012～2020 年间农民人均可支配收入分别增加了 629 元、3523 元、5873 元，与全国农村居民人均可支配收入的差距分别为 516 元、2028 元、2604 元，表明中国贫困人口的收入增长较快，但在不同时间段内的增长速度存在差异，贫困地区与全国平均收入的差距仍在扩大（表 4.4）。

表 4.4　国家级贫困县的农民人均可支配收入　（单位：元）

年份	贫困县	全国	贫困县与全国的差距
1994 年	648	1221	573
2001 年	1277	2366	1089
2012 年	4800	7917	3117
2020 年	10673	16394	5721

4.4.3　中国贫困的空间分异

1. 农村贫困的空间分异特征

中国农村贫困人口规模大、分布广、贫困程度深，空间分布不均衡，主要集中在中、西部地区，2019 年，东、中、西部地区农村贫困人口占全国农村贫困人口的比例分别为 7.93%、30.52%、54.47%。同时，中国农村贫困主要分布在“胡焕庸线”沿线的山地丘陵区，形成了东部平原山丘环境及革命根据地孤岛型贫困区、中部山地高原环境脆弱贫困带和西部沙漠、高寒山地环境恶劣贫困区 3 种地域类型（刘彦随等，2016），这些地区多为深石山区、高寒区、生态脆弱区、灾害频发区和生态保护区，自然条件相对较差，基础设施薄弱，产业发展滞后，农民增收困难，贫困代际传递明显，加之以农村空心化、主体老弱化、村庄空废化、环境污损化和连片贫困化为主要特征的“乡村病”问题，脱贫难度大（刘永富，2016）。

中国农村贫困还呈明显的区域性集中分布格局，具有贫困户、贫困村、贫困县、贫困区（片）等多级并存的组织结构和空间集聚特征（周扬等，2021）。其中，14 个集中连片特困地区的贫困人口数量多，贫困发生率高，且在区域分布上与贫困县、贫困村高度重合（表 4.5）。从贫困县看，中国贫困地区的集中分布态势仍未发生明显转变，贫困县大部分位于山区或高原山区，贫困发生率较高的区域仍集中在中西部；从贫困村来看，大致呈西高东低的“阶梯状”分布格局，贫困程度较严重的区域在中部和西南地区大范围集聚，并与国家划定的连片特困地区存在一定重合。其中，甘肃、云南、贵州、广西、湖南、青海、四川、新疆等省份的农村贫困程度最为严重（陈烨烽等，2017）。

表 4.5　集中连片特困地区的贫困状况

片区	贫困人口/万人		人均可支配收入/元		区域要素特征
	2014 年	2019 年	2014 年	2019 年	
六盘山区	349	45	5616	9370	地形破碎、干旱缺水、地质灾害频发、水土流失严重
秦巴山区	444	27	7055	11934	生态保护区、革命老区、灾害频发地区
武陵山区	475	49	6743	11544	生境脆弱、基础设施落后、地质灾害频发、民族地区
乌蒙山区	442	41	6114	10684	生态保护区、民族地区、革命老区、基础设施落后、流行病等
滇桂黔石漠化区	488	36	6640	11262	地形复杂、土层瘠薄、生境脆弱、灾害频发、基础设施落后

续表

片区	贫困人口/万人		人均可支配收入/元		区域要素特征
	2014 年	2019 年	2014 年	2019 年	
滇西边境山区	240	28	6471	10931	生态保护区、灾害频发、少数民族聚集
大兴安岭南麓山区	74	4	6801	11876	生态保护区、产业转型困难
燕山–太行山区	150	11	6260	10797	生境脆弱、基础设施落后，自然灾害频发
吕梁山区	67	5	5589	10229	地形复杂、沟壑纵横、耕地缺少、干旱与水土流失严重
大别山区	392	32	8241	13341	水土流失严重、基础设施落后、产业基础薄弱
罗霄山区	134	9	6776	11746	洪涝灾害频发、水土流失严重、生境保护、基础设施落后
西藏区	61	4	7359	12951	地形复杂、高寒地区
四省涉藏地区	103	10	6457	10458	高山峡谷、基础设施落后、自然灾害频发
新疆南疆三地州	99	12	7053	12009	气候干旱、生境脆弱、灾害频发、人力资源不足
全部片区	3518	313	6724	11443	

2. 农村贫困的形成因素

由于自然环境、历史进程、民族文化、经济区位等原因，贫困地区与生态脆弱区、限制或禁止开发区、边境地区和革命老区呈现空间上的高度叠合（王瑜和汪三贵，2015）。中国农村贫困地区发展面临类型多样、程度不等的区域性制约因素（刘彦随等，2016）。

1）自然环境恶劣

贫困往往和地理环境息息相关。中国农村贫困地区主要呈块状、片状分布在西北和西南的高原、山地、丘陵、沙漠等偏远地区，这些区域自然条件恶劣、资源禀赋差，泥石流、暴雨、干旱等自然灾害频发，严重影响人类生存和发展农业生产，其中，有些地区地理位置偏僻、交通条件十分落后，与外界沟通不便，甚至处于“与世隔绝”状态，对人们出行和农村经济的发展十分不利。自然环境因素对贫困地区发展的约束作用尤为显著，例如，贵州省的贫困地区常因水土资源匮乏难以满足当地贫困人口的基本生活条件，乌蒙山区、武陵山区和罗霄山区等受土地资源的重要约束，而六盘山区、燕太片区等北方贫困县则主要受水资源约束（周侃和王传胜，2016）。

2）经济因素限制

中国农村贫困地区经济基础薄弱，基础设施相对落后，特别是与农业生产息息相关的水利设施、能源、交通、信息条件等远远不能满足农业生产发展的需求。长期以来，贫困地区产业结构单一，农业比重偏高，且以粮食生产为主，经济作物生产比例偏低，并形成了以农业生产为主相对稳定的产业结构；市场发育程度低，规模小，农业生产效率低，缺乏规模化生产，加上信息闭塞，农产品地区趋同等的作用，导致农产品价格提升空间有限且销售困难。这些因素共同导致农村贫困地区农业生产力低下、农业生产收益低，以农业为主要收入来源的农民难以实现增收致富，限制了区域经济发展。

3）其他因素影响

中国农村大量的剩余劳动力转移是农民增收、摆脱贫困的重要手段。但城乡二元结构限制了农村剩余劳动力的转移，使其不能有效进入统一的劳动力大市场，只能作为城市就业的补充，农民在就业问题上始终处在弱势地位，停滞在技术含量相对较低的岗位。城乡二元结构存在导致贫困代际传递现象突出，贫困的代际传递导致子女承接父母辈的贫困并将不利因素传递给下一代，使他们的后代重复陷入贫困，继而进入恶性循环状态（王海娟，2022）。此外，农村教育水平落后，一定程度上限制了农民的思想观念，致使农民较难摆脱传统观念的束缚，也阻碍了农业科技的推广和农业生产力的提高，使其难以通过观念更新、技术创新来实现脱贫致富。

4.4.4 中国贫困面临的新挑战

2020 年，中国实现了“现有扶贫标准下贫困人口全部脱贫、贫困县全部摘帽、解决区域性整体贫困”的目标。但由于农村贫困人口生计的脆弱性、兜底保障的有限覆盖率，该目标的完成并不意味着中国农村贫困的彻底终结。随着长期困扰中国农村的原发性绝对贫困消失，中国农村贫困将进入一个以次生贫困与相对贫困为主的新阶段，并以区域与城乡收入差异、社会公共服务获取不平等、多维贫困等为主要特征，同时扶贫的目标群体将转为转型贫困群体与潜在贫困群体（李小云等，2018；杨灿明，2021）。

1. 相对贫困为主的存在形态

相对贫困是一种发展性贫困，是指由于经济发展不平衡、基本公共服务差异化等因素，家庭或个人拥有的收入、健康、教育、社会资源和社会保障等明显低于社会公认水平的一种生活状态（曹艳春和叶怡君，2021）。目前，尽管中国绝对贫困格局全面消除，但相对贫困仍存在，城乡、区域、群体间发展不平衡问题尤为突出，具体表现在经济、生活、健康、教育、就业、认知和支持、社会保障等方面。

2. 散点化、高流动性的空间分布

2020 年后，中国贫困人口的空间分布发生较大改变。一方面，随着对脱贫地区扶持力度的不断加大，贫困人口以散点分布为主。另一方面，随着城镇化的深入推进，农民逐渐向城镇转移，在这一过程中部分低收入群体也随之转移到城镇，导致城镇流动性贫困群体数量有所增加，加之城镇从事低技能和重复性工作的群体受经济转型冲击的影响更明显，未来城镇贫困应引起足够重视（叶兴庆和殷浩栋，2019；陈志钢等，2019；万里洋等，2022）。

3. 弱势和特殊群体增收致富难度大

在相对贫困阶段，尽管随着国家社保政策支持力度的加大，老少病残等特殊群体的生活水平得到明显改善。但是，农村老龄化问题将日渐凸显，农村老人缺乏稳定收入来源，更容易成为相对贫困高发群体（王广州，2019）。目前，青壮年劳动力“人户分离”式转移就业加剧了农村的“三留”（留守儿童、留守妇女、留守老人）问题。重病患者和残疾人也将成为重要的贫困群体，社保兜底维持生计压力大（叶兴庆和殷浩栋，2019；苏芳等，2021）。

本 章 小 结

- 生计主要关注不同区域的不同群体如何生活。不同可持续生计分析框架，为全面理解可持续生计的形成过程、增强对贫困农户生计的了解，以及为规划和管理提供了适用工具。

- 社区作为社会的基本组成单位，是宏观社会的缩影。可持续社区建设成为可持续发展的重要着力点，并积累了众多可持续社区建设案例。
- 生计测度研究对解决自然资源保护、粮食安全和贫困等问题具有重要意义。贫困问题并未完全消除，贫困主体识别、贫困程度测量及反贫困政策选择等仍是学术界主要的研究内容。
- 减贫是世界各国长期致力解决的关键问题。世界各国的减贫虽取得巨大进展，贫困现象整体得到减轻。国家和区域间经济发展不平衡，收入差距扩大，贫富不均现象仍较严重。中国减贫为推动全球实现 2030 可持续发展首要目标提供借鉴。

参 考 文 献

阿马蒂亚·森. 2002. 以自由看待发展. 任赜，于真 译. 北京：中国人民大学出版社

卜诗洁，马金海，卓玛措，等. 2021. 生计恢复力研究进展与启示. 地理与地理信息科学，37（1）：74-79

曹艳春，叶怡君. 2021. 我国相对贫困治理：家庭跃迁视域下的实证调查与政策创新研究. 上海：上海远东出版社

陈立中. 2008. 转型时期我国多维度贫困测算及其分解. 经济评论，（5）：5-11

陈明星，陆大道，唐常春，等. 2018. 人文与经济地理学的传承与创新：青年学者的行动. 地理研究，37（10）：2096-2124

陈烨烽，王艳慧，赵文吉，等. 2017. 中国贫困村致贫因素分析及贫困类型划分. 地理学报，72（10）：1827-1844

陈志钢，毕洁颖，吴国宝，等. 2019. 中国扶贫现状与演进以及 2020 年后的扶贫愿景和战略重点. 中国农村经济，（1）：2-16

戴柳燕，周国华，吴国华，等. 2022. 乡村吸引力研究进展与展望. 人文地理，37（1）：9-17

方迎风. 2012. 中国贫困的多维测度. 当代经济科学，（4）：7-15

郭华，杨玉香. 2020. 可持续乡村旅游生计研究综述. 旅游学刊，35（9）：134-148

郭熙保，罗知. 2005. 论贫困概念的演进. 江西社会科学，（11）：1-6

胡联，孙永生，王娜，等. 2012. 贫困的形成机理：一个分析框架的探讨. 经济问题探索，（2）：1-5

李繁荣. 2021. 中国乡村振兴与乡村功能优化转型. 地理科学，41（12）：2158-2167

李琳一，李小云. 2007. 浅析发展学视角下的农户生计资产. 农村经济，（10）：100-104

李小云，徐进，于乐荣. 2018. 中国减贫四十年：基于历史与社会学的尝试性解释. 社会学研究，（6）：35-61

李玉恒，武文豪，宋传垚，等. 2019. 世界贫困的时空演化格局及关键问题研究. 中国科学院院刊，34（1）：42-50

李玉恒，阎佳玉，武文豪，等. 2018. 世界乡村转型历程与可持续发展展望. 地理科学进展，37（5）：627-635

刘倩，杨新军，石育中，等. 2018. 基于 DPSIR 模型的六盘山集中连片特困区生计安全评价. 山地学报，36（2）：323-333

刘小鹏，程静，赵小勇，等. 2020. 中国可持续减贫的发展地理学研究.地理科学进展，39（6）：892-901

刘小鹏，李伟华，王鹏，等. 2019. 发展地理学视角下欠发达地区贫困的地方分异与治理. 地理学报，74（10）：2108-2122

刘彦随，周扬，刘继来. 2016. 中国农村贫困化地域分异特征及其精准扶贫策略. 中国科学院院刊，31（3）：269-278

刘永富. 2016. 以精准发力提高脱贫攻坚成效. 人民日报，2016-01-11

龙花楼，陈坤秋. 2021，基于土地系统科学的土地利用转型与城乡融合发展. 地理学报，76（2）：295-309
罗明忠，刘子玉，郭如良. 2021. 合作参与、社会资本积累与农户相对贫困缓解：以农民专业合作社参与为例. 农业现代化研究，42（5）：930-940
马忠法，陈红艳. 2022. 可持续发展与人权的时空耦合及动态演进：兼论中国消除贫困和其国际法意义. 河北法学，40（1）：2-21
苏芳，范冰洁，黄德林，等. 2021. 后脱贫时代相对贫困治理：分析框架与政策取向. 中国软科学，（12）：73-83
万里洋，吴和成，卢维学. 2022. 中国城市家庭贫困脆弱性多维视角动态演化研究. 管理评论，34（2）：315-325
汪三贵，曾小溪. 2018. 从区域扶贫开发到精准扶贫：改革开放40年中国扶贫政策的演进及脱贫攻坚的难点和对策. 农业经济问题，（8）：40-50
王广州. 2019. 新中国70年：人口年龄结构变化与老龄化发展趋势. 中国人口科学，（3）：2-15
王海娟. 2022. 后脱贫时代脱贫村贫困均衡的制约因素与路径探索. 农业经济，（4）：95-97
王小林，Alkires. 2009. 中国多维贫困测量：估计和政策含义. 中国农村经济，（12）：4-11
王瑜，汪三贵. 2015. 农村贫困人口的聚类与减贫对策分析. 中国农业大学学报（社会科学版），32（2）：98-109
杨灿明. 2021，中国战胜农村贫困的百年实践探索与理论创新. 管理世界，37（11）：1-15
杨伦，刘某承，闵庆文，等. 2019. 农户生计策略转型及对环境的影响研究综述. 生态学报，39（21）：8172-8182
杨文，孙蚌珠，王学龙. 2012. 中国农村家庭脆弱性的测量与分解. 经济研究，（4）：40-51
叶兴庆，殷浩栋. 2019. 从消除绝对贫困到缓解相对贫困：中国减贫历程与2020年后的减贫战略. 改革，（12）：5-15
叶兴庆. 2017. 精准扶贫是促进共享发展的关键. 农村工作通讯，（13）：55
殷浩栋. 2019. 以城乡融合发展促进长期减贫. 开放导报，（4）：12-17
张全红，张建华. 2010. 中国农村贫困变动：1981～2005——基于不同贫困线标准和指数的对比分析. 统计研究，（2）：28-35
张秀艳，潘云. 2017. 贫困理论与反贫困政策研究进展. 经济问题，（3）：1-5
章昌平，林涛. 2017. “生境”仿真：以贫困人口为中心的大数据关联整合与精准扶贫. 公共管理学报，14（3）：124-134+153+159
赵靖伟. 2014. 贫困地区农户生计安全研究. 西北农林科技大学学报（社会科学版），14（5）：109-114
赵雪雁. 2013. 不同生计方式农户的环境影响：以甘南高原为例. 地理科学，33（5）：545-552
赵雪雁. 2014. 农户对气候变化的感知与适应研究综述. 应用生态学报，25（8）：1-9
赵雪雁. 2017. 地理学视角的可持续生计研究：现状、问题与领域. 地理研究，36（10）：1859-1872
赵雪雁，刘春芳，王学良，等. 2016. 干旱区内陆河流域农户生计对生态退化的脆弱性评价：以石羊河中下游为例. 生态学报，36（13）：4141-4151
赵雪雁，母方方，何小风，等. 2020. 多重压力下重点生态功能区农户生计脆弱性：以甘南黄河水源补给区为例. 生态学报，40（20）：7479-7492
周侃，王传胜. 2016. 中国贫困地区时空格局与差别化脱贫政策研究. 中国科学院院刊，31（1）：101-111
周扬，李寻欢. 2021. 贫困地理学的基础理论与学科前沿. 地理学报，76（10）：2407-2424
周扬，李寻欢，童春阳，等. 2021. 中国村域贫困地理格局及其分异机理. 地理学报，76（4）：903-920

Alkire S，Apablaza M，Chakravarty S R，et al. 2014. Measuring chronic multidimensional poverty：A counting approach. OPHI Working Papers

Alkire S，Santos M E. 2014. Measuring acute poverty in the developing world：Robustness and scope of the multidimensional poverty index. World Development，59（1）：251-274

Amartya S. 1976. Poverty：An ordinal approach to measuremen. Econometrica，2（44）：219-231

Babulo B，Muys B，Nega F，et al. 2008. Household livelihood strategies and forest dependence in the highlands of Tigray，Northern Ethiopia. Agriculture System，98（2）：147-155

Baulch B，Masset E. 2003. Do monetary and non-monetary in dicators tell the same story about chronic poverty？A study of Vietnam in the 1990s. World Development，31（3）：441-453

Blumenstock J，Cadamuro G，On R. 2015. Predicting poverty and wealth from mobile phone metadata. Science，350（6264）：1073

Carney D. 1998. Sustainable rural livelihoods：what contribution can we make？London：Department for International Development，3-26

Carr P J，Kefalas M J. 2009. Hollowing out the middle：The rural brain drain and what it means for America. Boston：Beacon Press

Chambers R，Conway G. 1992. Sustainable Rural Livelihoods：Practical Concepts for the 21st Century. Brighton：Institute of Development Studies（UK），295-296

Chambers R. 1995. Poverty and livelihoods：Whose reality counts？Environment and urbanization，7（1）：173-204

Crutzen P J，2002. Geology of mankind. Nature，415（6867）：22-23

Davis S. 1996. Adaptable livelihoods：Coping with food insecurity in the Malian Sahel. London：McMillan.

DFID. 2000. Sustainable Livelihoods Guildance Sheets. London：Department for International Development

Ellis F. 1998. Household strategies and rural livelihood diversification. The Journal of Development Studies，35（1）：1-38

Ellis F. 2000. Rural Livelihoods and Diversity in Developing Countries. Oxford：Oxford University Press

FAO，WFP. 2021. Monitoring food security in countries with conflict situations a joint FAO/WFP update for the United Nations Security Council. New York：Food and Agriculture Organization of the United Nations. World Food Program

Gentle P，Maraseni T N. 2012. Climate change，poverty and livelihoods：Adaptation practices by rural mountain communities in Nepal. Environmental Science and Policy，21：24-34

Habibah A，Hamzah J，Mushrifah I. 2010. Sustainable livelihood of the community in tasik chini biosphere reserve：The local practices. Journal of Sustainable Development，3（3）：184-196

Hahn M B，Riederer A M，Foster S O. 2009. The Livelihood Vulnerability Index：A pragmatic approach to assessing risks from climate variability and change：A case study in Mozambique. Global Environmental Change，19（1）：74-88

IPCC. 2007. Climate Change 2007：Working Group Ⅱ：Impacts，Adaptation and Vulnerability. IPCC Fourth Assessment Report. Cambridge：Cambridge University Press

IPCC. 2014. Climate Change 2014: Impacts, Adaptation, and Vulnerability. Part A: Global and Sectoral Aspects. Contribution of Working Group II to the Fifth Assessment Report of the Intergovernmental Panel on Climate Change

Ireland C. 2004. Alternative Sustainable Livelihoods for Coastal Communities：A Review of Experience and Guide to Best Practice. UK：IUCN

Jean N，Burke M，Xie M，et al. 2016. Combining satellite imagery and machine learning to predict poverty. Science，353（6301）：790

Li Y H，Wu W H，Wang Y S. 2021. Global poverty dynamics and resilience building for sustainable poverty reduction. Journal of Geographical Sciences，31（8）：1157-1170

Liu Y S，Li Y H. 2017. Revitalize the world's countryside. Nature，548（7667）：275-277

Mayunga J S. 2007. Understanding and applying the concept of community disaster resilience：A capital-based approach. Summer Academy for Social Vulnerability and Resilience Building，1（1）：1-16

Niehof A，Price L L. 2001. Rural livelihood systems：a conceptual framework. UPWARD Working Paper Series No. 5，Wageningen-UPWARD Series on Rural Livelihoods No. 1

Nyamwanza A M. 2012. Livelihood resilience and adaptive capacity：A critical conceptual review. Jamba Journal of Disaster Risk Studies，4（1）：1-6

Obrist B，Pfeiffer C，Henley R. 2010. Multi-layered social resilience：A new approach in mitigation research. Progress in Development Studies，10（4）：283-293

Parrot N P，Hebinck A，Westendorp. 2006. Livelihoods：a module. http：www. Livelihood. wur. nl/index. php?id=94

Rennie K，Singh N. 1996. Participatory Research for Sustainable Livelihoods：A Guide Book for Field Projects. Manitoba：International Institute for Sustainable Development

Sarker M，Wu M，Alam G，et al. 2020. Livelihood resilience of riverine island dwellers in the face of natural disasters：Empirical evidence from Bangladesh. Land Use Policy，95（6）：1-12

Sasik S，Rahman R. 2009. Indicator framework for assessing livelihood resilience to climate change for vulnerable communities dependent on Sundarban mangrove system. Interfacing Poverty，Livelihood and Climate Change in Water Resources Development：Lesson in South Asia. Kathmandu：4th South Asia Water Research Conference

Scoones I. 1998. Sustainable Rural Livelihoods：A Framework for Analysis. Brighton：University of Sussex Press

Sen A K, 1976. Poverty: An Ordinal Approach to Measurement. Econometrica, 44: 219-231

Shah K U，Dulal H B，Johnson C，et al. 2013. Understanding livelihood vulnerability to climate change：Applying the livelihood vulnerability index in Trinidad and Tobago. Geoforum，47（2）：125-137

Silber J，Chakravarty S R，Deutsch J. 2008. On the Watts multidimensional poverty Index and its decomposition. World Development，36（6）：1067-1077

Sina D，Chang-Richards A Y，Wilkinson S，et al. 2019. A conceptual framework for measuring livelihood resilience：Relocation experience from Aceh，Indonesia. World Development，117：253-265

Singh P K，Hiremath B N. 2010. Sustainable livelihood security index in a developing country：A tool for development planning. Ecological Indicators，10（2）：442-451

Speranza C I，Wiesmann U，Rist S. 2014. An indicator framework for assessing livelihood resilience in the context of social–ecological dynamics. Global Environmental Change，28：109-119

Strobe P. 1996. From poverty to exclusion：a wage earning society or a society of human rights. International Social Science Journal，48（148）：173-189

Thorpe A. 2004. The aature and causes of poverty：An overview//Arthur E N，Christophe B（eds）. Poverty and small-scale fisheries in West Africa. Dordrecht：Springer Nether Lands：9-36

UNHCR. 2021. Global trend-forced displacement in 2021. Geneva：The UN Refugee Agency

Westlund H. 2014. Urban futures in planning，policy and regional science：Are we entering a post-urban world? Built Environment，440（4）：447-457

Wood R E. 2008. Survival of Rural America：Small Victories and Bitter Harvests. Lawrence：University Press of Kansas

Woods M. 2005. Rural geography：processes，responses and experiences in rural restructuring. Rural Geography Processes Responses & Experiences in Rural Restructuring，7（3）：494-496

World Bank Group. 2016. Poverty and shared prosperity 2016. Washington D. C. ：World Bank Public

Zhang X，Liu L，Chen X，et al. 2020. GLC_FCS30：Global land-cover product with fine classification system at 30m using time-series Landsat imagery. Earth System Science Data Discussion

第5章　工作、就业与发展

5.1　人口与生活质量

5.1.1　世界人口分布及发展

1. 人口分布与结构

1）人口分布及其变化

人口是一定时间、一定空间、一定社会经济制度下，构成的内容庞杂、社会网络关系极其复杂的社会群体，是一定数量个人的群体集合。人口作为劳动力、消费主体，是社会经济行为的基础和主体。人口分布是人口在一定时空间格局下的存在形式、分布状况等，包括总体人口分布，以及某类特定人口（如城市人口、农村人口等）的固留及流动格局。人口分布受多种因素共同作用，其中自然环境条件是影响人口分布的先决条件，随着20世纪以来全球工业化和城市化进程的加速，社会、经济、文化和政治等非自然因素对人口空间分布及格局重构越发重要。

联合国最新报告指出①，2021年世界人口已经突破78亿。亚洲占总人口的61%，非洲17%，欧洲10%，拉丁美洲及加勒比地区8%，其余4%生活在北美洲和大洋洲。近50年来，世界各国人口总数、分布密度和增长率等变化较为显著。大部分国家总人口数均呈现上升趋势，到2020年，中国人口总数突破了14亿，是全球人口最多的国家，其后为印度（13.80亿）、中国和印度作为人口大国，其人口总和约占全球人口总数的35.96%。在世界主要国家（地区）中，除中国和印度外，人口总数超过1亿的有撒哈拉以南非洲、美国、俄罗斯、日本（表5.1）。从人口密度来看，韩国人口密度最大，为530.97人/km^2，印度紧随其后；美国、俄罗斯和撒哈拉以南非洲的人口密度不足50人/km^2，其中俄罗斯人口密度仅为8.80人/km^2。从世界人口增长率来看，世界主要发达国家和部分发展中国家由于社会经济生活节奏快、生活压力大、抚养成本高、丁克文化和政策干预等，生育意愿降低，人口增长率有不同程度下降。而南方国家，尤其是非洲的部分国家人口增长率上升速度较快，例如，尼日尔人口增长率由1970年的2.80%上升至2020年的3.77%。到2020年，除撒哈拉以南非洲地区外，世界主要发达国家和发展中大国人口增长率均低于1%，增长率最高的为印度（0.99%），日本和俄罗斯两国人口持续出现负增长，分别为−0.34%、−0.21%。发达国家进入人口增长停滞和负增长时期，出现消费市场有效需求下降，进而导致失业率提高，劳动参与率不断下降，并且将逐步趋向于人口下降率，影响经济增长率，从而对经济增长产生深远影响。当然，部分国家人口负增长促进了经济增长方式转型（Elginand and Tumen，

① 联合国人口基金会.2021.世界人口状况.

2012），给社会经济发展带来一定的经济作用。人口正增长和负增长具有两面性。

表 5.1　世界主要国家和地区人口变动

	总人口/亿人		人口密度/（人/km²）		人口增长率/%	
	1970 年	2020 年	1970 年	2020 年	1970 年	2020 年
世界	36.82	77.62	28.35	59.66	2.09	1.02
中国	8.18	14.11	86.83	148.77	2.76	0.23
日本	1.03	1.26	281.99	345.23	1.15	−0.34
韩国	0.32	0.52	—	530.97	2.18	0.14
美国	2.05	3.29	22.39	36.02	1.17	0.35
英国	0.56	0.67	230.08	277.83	0.40	0.57
法国	0.52	0.67	94.89	123.08	0.76	0.21
德国	0.78	0.83	223.90	238.25	2.82	0.44
印度	5.56	13.80	186.73	464.15	2.20	0.99
俄罗斯	1.30	1.44	7.96	8.80	0.57	−0.21
撒哈拉以南非洲	2.83	11.36	12.19	47.63	2.63	2.62

注：数据来源于世界银行 2020 年人口与社会发展数据报告。

2）人口结构

人口结构，又称为人口构成，是指某一区域在特定时期内人口的构成状况。反映年龄、性别、职业、就业等人口属性，一般分为自然结构、地域结构及社会结构。人口结构及其变动与社会经济发展关系密切。

（1）人口年龄结构。人口年龄结构是指某一地区总人口中不同年龄段人口的组成关系，其影响到区域未来社会、经济及人口的发展。依据各国或地区不同年龄段人口情况，可将人口年龄结构划分为年轻型（扩张型）、成年型（稳定型）和老年型（收缩型）。其中 0～14 岁代表少年儿童，15～64 岁为成年人口，而老年人口则是 65 岁及以上的人口。

全球来看，年龄段在 15～64 岁的人口，即成年人口比重最高（65.19%），且随着时间的变化，比例逐年上升。老年人口占总人口的比重最低（9.32%），但其由 1970 年的 5.3% 增加至 2020 年的 9.32%，增速最快。0～14 岁人口比重变化趋势最显著，由 1970 年的 37.55% 下降至 2020 年的 25.49%。中国人口年龄结构及变动与全球基本相同，但成年人口及老年人口所占比重均比全球比重高，而青少年比重较全球低，且在近 50 年中减少 22.7%（表 5.2）。

人口老龄化是指老年人口总数增加而导致的老年人口比重随之增大的过程。某一国家或地区 60 岁以上人口占人口总数的 10%，或 65 岁以上人口占 7%，则表明这个国家或地区的人口进入了老龄化社会。老龄化问题是 21 世纪全球人口演变的重大趋势之一。2020 年，日本成为全球人口老龄化现状最严重的国家，其 65 岁以上人口比例高达 28.40%，意大利（23.30%）和葡萄牙（22.78%）紧随其后。中国老年人口规模庞大，老龄化程度高于世界平均水平，但低于发达国家。到 2020 年，中国 65 岁及以上人口增加至 1.9 亿人，并且有 16 个省份超过了 500 万人，其中 6 个省份超过了 1000 万人。近十年来，老龄化进程明显加快，2010～2020 年间增长了 4.63 个百分点。从社会经济可持续发展角度来看，人口老龄化将导致劳动力的供给数量下降、家庭养老负担和基本公共服务供给等压力不断增大。

同时，人口老龄化促进了“银发经济”的发展，扩大了健康产品、老年产品和服务消费，在一定程度上有利于推动健康产业和其他相关技术的发展，给社会经济发展带来了新的机遇和动能。

表 5.2　人口年龄结构变动　（单位：%）

项目	儿童少年人口		成年人口		老年人口	
	1970 年	2020 年	1970 年	2020 年	1970 年	2020 年
世界	37.55	25.49	57.15	65.19	5.30	9.32
中国	40.41	17.71	55.84	70.31	3.75	11.98

注：数据来源于世界银行 2020 年人口与社会发展数据报告。

（2）人口性别结构。人口性别结构是衡量一个国家或地区人口发展水平的重要指标，通常用性别比（以女性为 100，男性对女性的比例）来衡量。出生、死亡及迁移人口性别比共同决定一个区域的人口性别结构。其反映了特定区域人口的性别构成的合理性或协调性，对婚姻家庭、人口再生产、人口移动等都有重要影响。合理的性别结构是构建和谐社会及实现人口可持续发展的重要基础（李雨潼，2013）。世界银行人口数据显示，2020 年无论是在全球范围还是在各大洲及绝大多数国家里，男性人口与女性人口的比例大体上保持对等，但在部分国家或地区，男女性人口相差比例较大，例如，卡塔尔为男性比例最高的国家，2020 年，其男性人口比例高达 75.15%，而尼泊尔女性比例最高，为 54.19%。

第七次全国人口普查公报数据显示，中国男性人口占 51.24%，女性人口占 48.76%，人口性别比为 105.07，同第六次全国人口普查数据相比略有降低。受生育政策的调整、社会经济发展带来的生育观念转变、生活水平提高等因素的影响，人口性别结构将持续改善。

（3）人口城乡结构。人口城乡结构，又称为人口城乡构成，是在一定时期和区域内，按城镇和乡村人口的分布及其比例划分的人口组合。经济的发展决定了人口城乡结构的变动速度，其变化是社会经济变动的结果，同时又是影响社会经济发展的重要因素。

按照人口城乡结构，可以分为城镇型（城镇人口比重超过 60%）和乡村型（农村人口比重超过 60%）。2020 年世界银行数据显示，世界城镇人口比重占 56.15%，属向城镇型快速转变的过渡型。从全球来看，大多数发达国家和发展中大国（中国）城镇人口所占比重较高，人口城乡结构呈城镇型，如美国（82.66%）、英国（83.90%）、法国（80.96%）、中国（63.89%）等；南半球非洲国家由于城市化及工业化程度较低，经济发展落后，农村人口所占比重较高，人口城乡结构呈乡村型，如肯尼亚（72.01%）、乌干达（72.05%）等。

近 40 年来，中国人口城乡结构发生了历史性变化（图 5.1），这些变化是由计划经济向市场经济转型进而推动工业化高速发展的结果。1980 年，中国人口城乡结构呈农村型，且农村人口比重高达 82.08%。改革开放以来，随着户籍制度的放开、农民工进城及新型城镇化的发展，东南沿海和发达地区劳动力的大量流入，人口城乡结构随之不断变化，城镇化快速推进，城镇人口比例逐年上升。2010 年起，人口城乡结构开始由乡村型向城镇型转变，并且到 2020 年末，中国城镇人口比重高达 63.89%，城市化率超过了世界平均水平。

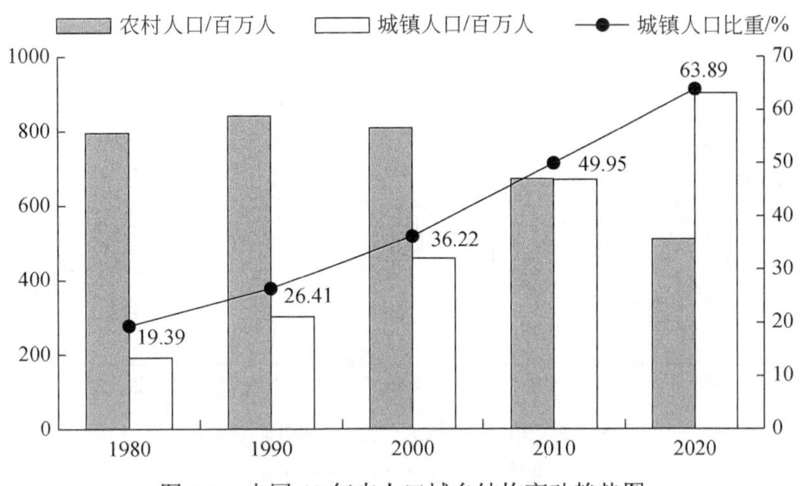

图 5.1　中国 40 年来人口城乡结构变动趋势图

数据来源：2021 年中国统计年鉴

2. 就业与贫困

1）就业现状

就业率，即就业人数占适龄劳动人口的百分比，反映区域内就业状况和就业潜力。失业率则是指在特定时期内满足全部就业条件的就业人口中仍未工作人口所占的百分比，是反映一个国家或地区失业状况的主要指标。

世界银行统计数据显示，2019 年全球就业率为 58.15%，呈下降趋势。2019 年全球就业人口数达 34.88 亿人，失业率为 4.94%。2020 年以来，新冠疫情在全球肆虐，全球就业率出现了明显的波动。国际劳工组织统计数据显示，2021 年全球工作时间比疫情前水平（2019 年第四季度）减少 4.3%，即 1.25 亿个全职工作岗位，全球登记失业人口增至 1.905 亿人口，是 2009 年金融危机时的 4 倍。全球失业率排行，南非失业率高达 28.5%，为全球最高，而卡塔尔失业率仅为 0.1%。全球十大经济强国中（图 5.2），加拿大失业率最高，为 9.5%；日本失业率为 3.0%，失业率最低。青年作为劳动力的主体，其就业状况对社会整体的经济发展有一定影响。由于新增工作岗位数量较少、失业人员自身技能单一、劳动力市场服务不健全等，青年（15～24 岁）劳动参与率逐年下降。2020 年全球青年失业率高达 13.6%[①]，并且区域差异很大，这种差异造成了不平衡的状态，对区域经济的发展造成了障碍。

截至 2020 年末，中国就业人口为 7.51 亿人，其中城镇就业人口为 4.63 亿人。全年城镇新增就业人员 1186 万人，有 511 万城镇失业人员实现再就业，有 167 万就业困难人员就业，失业率为 5.2%[②]。全球经济的不景气，对全球消费市场产生了巨大的冲击，进一步影响中国国内经济市场发展，给中国劳动力就业市场带来了新的挑战。

① 国际劳工组织. 2021. 2020 年全球青年就业趋势.

② 中华人民共和国人力资源与社会保障部. 2021. 2020 年度人力资源和社会保障事业发展统计公报.

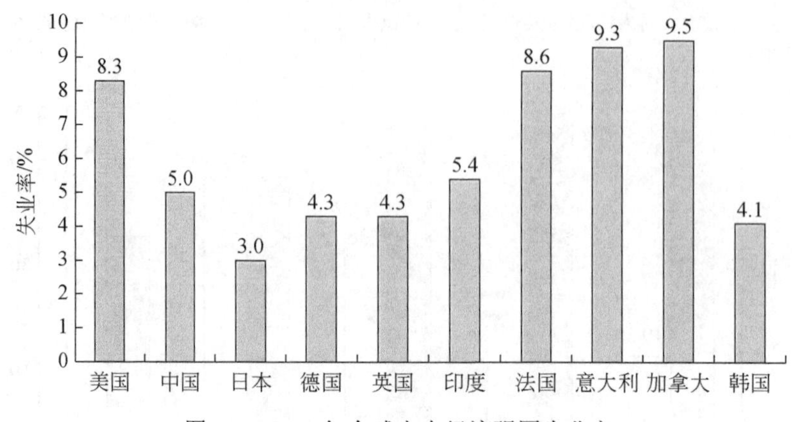

图 5.2　2020 年全球十大经济强国失业率

数据来源：2021 年中国统计年鉴

2）人均 GDP

人均国内生产总值，即人均 GDP，是认识和把握一个国家或地区的宏观经济运行状况的有效工具，是衡量人民生活水平的一个重要指标。2020 年全球人均 GDP 为 1.09 万美元，相比 21 世纪初的 0.55 万美元，增加近一倍。如图 5.3 所示，2000 年，高收入国家人均 GDP 高达 2.58 万美元，远超全球平均水平。而低收入、中低等收入及中高等收入国家人均 GDP 均低于 0.2 万美元。到 2020 年，不同收入层次国家人均 GDP 均明显提升，但除高收入国家外，其余国家人均 GDP 均低于全球平均水平，不足 1 万美元，个别低收入国家仅为 690 美元。非洲由于科技水平低下、人才流失严重和资金投入不足等，成为世界上最贫困的地区，其人均低至 0.17 万美元。

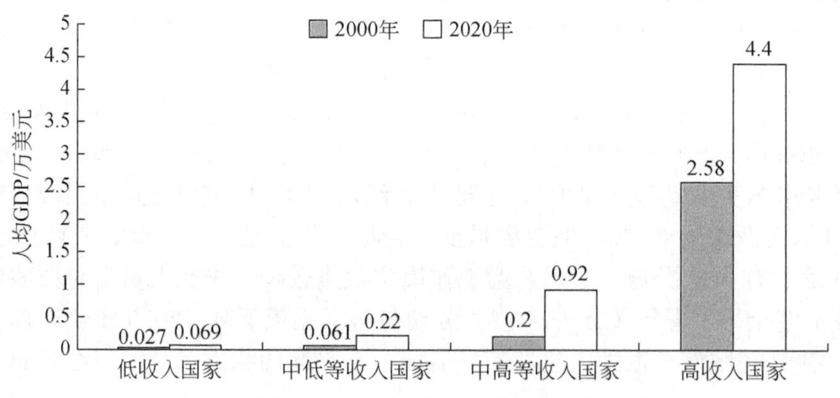

图 5.3　近 20 年来不同收入层次国家人均 GDP

数据来源：世界银行 2020 年居民收支数据

2000 年，中国人均 GDP 为 0.13 万美元，低于全球平均水平。21 世纪以来，中国经济进入大调整、大变化、大发展时期，经济持续稳定增长。到 2020 年，中国人均 GDP 增长至 1.13 万美元，高于全球及中高等收入国家平均水平。这意味着中国经济突破“中等收入陷阱”，迈上一个新的台阶，人民生活更加富裕，已经全面进入小康社会。但从中国各省（市）来看，北京、上海、江苏、福建、浙江、广东等 10 省市超过了全国平均水平，而不同区域间经济发展差距较大。

3）贫困人口问题

1990 年，国际发展委员会确定了消除全球贫困的目标，即“千年发展目标”（millennium development goals，MDGs）。该目标提出，在 1990～2015 年全球贫困人数减半，并包含了根除极端贫困和饥饿、实现普遍的基础教育、促进两性平等、确保环境可持续等具体目标。千年发展目标实施以来的 25 年，是人类历史上减轻贫困与饥饿、普及初等教育、促进两性平等、改善饮用水源、控制传染性疾病蔓延等方面成就最大的 25 年。2015 年“千年发展目标”报告显示，在全球各国努力下，极端贫困率显著下降。在发展中国家和地区，极端贫困人口比例由 1990 年的 47%下降至 14%，生活在极端贫困中的人数从 19 亿下降至 8.36 亿。中国始终坚持把发展作为第一要务，致力于落实“千年发展目标”，并在实现“千年发展目标”方面走在了全球前沿，总结了丰富的经验。目前，全球消除贫困的任务仍然艰巨，存在贫困人口集中、地区与城乡贫富差距加大、性别不平等、地区冲突等重大挑战。

消除贫困、共享发展与繁荣是世界各国政府和国际社会长期追求的共同目标和共同使命。2015 年联合国发展峰会通过了可持续发展目标（sustainable development goals，SDGs）。SDGs 以千年发展目标为基础，在全面虑及当今及未来国际可持续发展形势的前提下制定的一个全球性发展议程，充分体现了可持续发展的内涵。2030 年可持续发展议程提出到 2030 年在全世界范围内消除一切形式的贫困，特别是消除极端贫困、战胜不平等和不公正等。目前，由于新冠疫情、地区冲突和气候变化问题等的影响，减贫进程减缓。联合国报告指出，2020 年全球极端贫困率自 1998 年以来首次上升，贫困人口数增加约 1.2 亿，极端贫困率由 2019 年的 8.4%升至 9.5%，饥饿人口数量将达到 8 亿人左右，可持续发展目标如期实现面临严峻考验。

5.1.2　人口迁移与生活质量

1. 人口迁移

1）人口迁移概念

人口迁移（migration）是指人口在空间上发生移动，并在一定时期内两个地区之间永久性或半永久性居住场所的改变。人口迁移异于人口流动，人口流动是人口在钟摆地区间所作各种各样短期、重复或周期性的运动，比人口迁移更为普遍和经常。人口迁移具备两个属性，一是时间属性，二是空间属性。时间属性是指只有那些居住场所发生“永久性”改变的运动才能称为人口迁移。空间属性是指人口迁移必须迁出原居住地一定距离，一般以跨越各种行政界线为依据。

2）人口迁移原因

Ravenstein 的推拉引力理论最早解释了人口迁移的驱动因素，他认为人口迁移的主要目的是得到更好的发展和生活质量的改善，并对人口迁移的机制、结构、空间特征规律分别进行了总结，提出著名的人口迁移七大定律，即经济律、城乡律、性别律、年龄律、距离律、递进律、双向律等七大规律（Ravenstein，1885）。Bogue 总结了“推拉”理论概念。他认为在迁入地有一种“拉力”把外来人口向里拉，在迁出地有一种“推力”将原居民往外推，前拉后推导致人口迁移（Bogue，1959）。

总体来说，人口迁移是由经济、政治、文化、教育、战争、环境、气候等多种因素驱动的。根据迁移的主观意愿，人口迁移可以分为自发迁移和被迫迁移。其中摆脱贫困和失业、改善生活生产条件、教育医疗和谋求事业成功等发生的人口迁移均为自发迁移，而政治、宗教、战争、灾荒、气候及生态环境恶劣等导致的迁移称为被迫迁移。国家层面的宏观政策，特别是有关人口迁移政策的实施，会对人口迁移产生重要的影响。即政策的合理性或实施政策的合理性情况会影响到人口迁移是否合理正常地进行。

3）人口迁移的影响

人口迁移对人口格局重构、劳动力的补充、地区文化交流、自然或社会资源开发、经济文化区的建立、民族和种族的双向融合等都有重要的作用。然而，人口迁移的直接后果也表现在对迁出、迁入地区人口数量、性别和年龄构成等的不同影响。对于迁出地而言，在一定程度上有助于人地矛盾的缓解，生态环境的改善及保护强化，加强与外界各类信息联系。但同时，也会导致人才外流，劳动力不足特别是具有中高层次技能或学历的劳动力迁出，使迁出地的抚养、教育费用受到很大损失。对迁入地来说，虽然短时间内得到大量劳动力的补充，加速了商品流通和经济发展，激活第三产业的发展活力，但也会给公共设施的正常运行、政府管理带来巨大压力，并对自然和生态环境产生深刻的影响。

2. 国际移民问题

全球层面，人口流动与迁移已成为一种普遍的国际现象，移民问题不仅是一个跨界区域问题，也是涉及国际多层面的全球热点问题。根据国际移民组织（International Organization for Migration，IOM）发表的《世界移民报告 2020》，截至 2019 年，国际移民总数达 2.72 亿人，占世界人口的比重从 2000 年 2.8%上升到 2019 年的 3.5%[①]。有预测认为，到 2050 年国际移民将达到 4.05 亿。

国际移民问题一般都与经济发展不平等、人口统计学特征、暴力冲突和环境变化有关系。随着全球化进程的不断加快和深化，各类实体要素和非实体要素在全球范围内加速流动，从而加速国际层面的移民活动的大规模进行，其主要特征是发展中国家的人口大量移居到发达国家。同时，由于国内和跨国冲突，包括在地区性的武装冲突、暴力及恐怖主义袭扰，及人与自然矛盾而产生的气候难民，移民人数不断增加。据红十字会与红新月会国际联合会估计，未来环境难民将远多于试图避免战争和冲突的政治难民。联合国难民事务高级专员预测，2050 年至少有 5000 万人将因自然灾害移民。随着移民数量的急剧扩大，东道国在享受着巨大“移民红利”的同时，也面临着“移民问题”的严峻挑战，国际移民问题已成为全球治理体系下的重要议题。

移民作为来源地和目的地纽带，往往能为其自身、其家庭及其所在社区带来积极影响。在印度和加纳，移民汇入国内的高额外汇对两国贫困地区至关重要。据世界银行 2020 年数据显示，截至 2019 年底，流向低收入和中等收入国家（LMIC）国家的汇款达到创纪录的 5480 亿美元，高于外国直接投资（5340 亿美元）和海外发展援助（约 1660 亿美元），汇款流量与外国直接投资之间的差距预计将进一步扩大[②]，国际移民资金回报成为削减极不发达国家贫困的关键。但与此同时，移民不当也会导致地区性的社会群体冲突，可能导致社会多层面的排斥与分裂，生存环境的恶化并引发次生贫困，加大移入国家与地方社会经济负担。

---

① IOM. “World migration report 2020，” https://publications.iom.int/system/files/pdf/wmr 2020.

② https://www.worldbank.org/en/topic/socialprotectionandjobs/publication/migration-and-development-brief-33.

3. 国内移民问题

近 40 年多来，中国的人口迁移成为常态化现象。从 1982 年到 2010 年再到 2015 年，人口总迁移量从 2863 万升到 1.46 亿，再下降到 1.32 亿。其中，户籍迁入的永久迁移从 2420 万下降到 1976 万后，继续下降到 1432 万；离开户籍地的临时迁移从 443 万增长到 1.26 亿，然后微降至 1.18 亿；临时性的务工迁移从不足 200 万增长到 7033 万后，再下降至 5707 万（马忠东，2019）。

中国人口空间迁移主要表现在两个方面。一方面是农民工进城引发的全国范围的城镇化，根据联合国报告，中国和印度将是 2014～2050 年城市人口增长的主要来源地（United Nations，2014），这种人口迁移的增长趋势背后主因是城镇化和工业化的快速发展。从国家层面看，中国人口主要从中西部的乡村地区向东部地区大中城市进行迁移。以“胡焕庸线”为界，将人口迁移流类型划分为东侧内部迁移、西侧内部迁移及跨越东西两侧迁移三种类型，人口迁移流在“胡焕庸线”东侧、西侧和跨越东西两侧的比例大致为 92∶4∶4，并保持相对稳定。对跨越东西两侧的迁移流细分发现，从西北往东南方向的人口迁移流占比不断上升，而从东南往西北方向的人口迁移流占比不断下降，两者占比关系约由 1995～2000 年的 40∶60 转变为 2010～2015 年的 59∶41（柯文前等，2022）。中国人口迁移流的宏观格局基本与人口分布格局相符。

另一方面是区域范围内的移民问题，空间表现为省区内部的发展迁移。例如，《中国流动人口发展报告 2018》中指出，中国人口的迁移流动在规模和增速经历总量下降、增量放缓的同时，还出现了省内迁移、城–城迁移趋于上升的趋势（国家卫生健康委员会，2018）。中国贫困人口往往分布在地理边缘区域，工程移民、扶贫移民和生态移民成为区域减贫对策之一。尤其是精准扶贫以来，到 2020 年底，我国实现了近 1000 万建档立卡贫困人口的搬迁安置，推动了全国近五分之一贫困人口实现脱贫（陈经伟和相倚天，2021）。

4. 生活质量

生活质量作为学术用语首先由美国制度经济学家 Galbraith 于 1958 年提出，最初的定义是涵盖人们生活水平的全面评价。其主要包含三层含义：①生活状态，它以生活水平为基础，反映个人社会生活的健康、舒适、幸福和满意的程度；②生活评价，反映人们对物质生活和非物质生活的满意度和幸福度的评价；③生活追求，是对美好生活的不懈追求（Galbraith，1998）。基本公共服务实质上就是生活质量的外在形式，主要包括满足基本生存、基本尊严、基本能力、基本健康的需要等。目前，教育、医疗、养老、住房、社会保障、文化体育等公共服务已经成为各国提升民众生活质量的重要指标。

2000 年以来，中国生活水平和生活质量有较大提升，但与世界前沿差距也客观存在。《中国现代化报告 2019》更显示中国生活质量现代化排名世界第 54 位，生活质量现代化水平属于初等发达水平（何传启，2019）。生活质量的持续提升需要经济社会的进一步发展。其中推动优质医疗资源共享，保证普通老百姓共享“健康红利”，是维护群众健康和生活质量的重要一环。完善养老院、老年中心等设施建设，解决老龄化人口赡养问题。合理的住房制度帮助低收入群体解决住房问题。通过增加人力资本投资、设立特殊就业项目、优化经济发展结构、促进居民收入再分配、提高政府补贴、强化技能培训等措施，构建多层次社会保障体系，提高城乡及不同社会层级的生活质量。

5.1.3 共同发展与共同富裕

1. 概念界定

共同发展是指在社会经济发展过程中，相互促进、同步发展、共享权利、共同繁荣、实现双赢。是一种更加包容、和平、繁荣、普惠的发展模式。共同富裕，是全体社会成员都拥有满足其美好生活需要的各种生产资料和生活资料、人人都达到富裕生活水平，同时又存在合理差距的普遍富裕。共同富裕是对全社会而言的，是消除两极分化和广泛贫穷基础上的普遍富裕。是物质生活与精神生活的全面富裕（李军鹏，2021）。共同富裕从本质上来说是一部分人一部分地区先富起来，先富帮后富，逐步实现共同富裕。共同富裕是社会主义的奋斗目标，也是我国社会主义的根本原则，是习近平新时代中国特色社会主义的核心思想之一。2021 年，《中共中央 国务院关于支持浙江高质量发展建设共同富裕示范区的意见》发布，共同富裕示范区落地浙江，标志着中国共同富裕时代的到来。

2. 中国智慧与中国方案

中国政府始终致力于全体国民共同发展、共同富裕，并提出了解决全球贫富不均，发展不平衡等一系列问题的“中国智慧”和“中国方案”。

“一带一路”倡议是“丝绸之路经济带”和“21 世纪海上丝绸之路”的简称。这一举措依托中国与相关国家既有的双多边机制，利用现有的区域合作平台，积极与沿线各国开展合作，建立经济合作伙伴关系，创建开放、包容、均衡、普惠的区域经济合作架构，共同打造政治互信、经济融合、文化包容的利益共同体、命运共同体和责任共同体。“一带一路”发展的最终目标是加强基础设施建设和互联互通、对接各国政策与发展战略、深化各方务实合作、促进协调联动发展，最终实现共同发展繁荣（曾加和陈婉姝，2017），顺应了人类世界和平、发展、合作、共赢的时代潮流和追求开放、联动发展的共同愿望。

到 21 世纪中叶基本实现全体人民共同富裕，是中国共产党第十九次代表大会确立的第二个百年奋斗目标的重要内容。在高质量发展中扎实推进共同富裕，构建有效解决相对贫困的长期稳定的机制，实现全体人民共享经济社会高质量发展的成果，是未来一个时期中国可持续发展的重要任务（侯晓东等，2022）。

5.2 乡村生活与城乡融合发展

5.2.1 包容性增长

根据联合国 2019 年人口调查数据，世界上约 70%的农村人口生活在低收入或中低收入国家，在这两类国家内部农村人口占比分别保持在 67%和 60%左右，即使在高收入国家中农村人口也约占总人口的 1/5①。因此，乡村仍是发展中国家整体发展提升的关键点，更是低–中低收入国家的核心问题，例如，北美、西欧和北欧、太平洋南部等地的发达国家人均

① 联合国. 2021. World Social Report 2021：Reconsidering Rural Development.

农业增加值超过 50000 美元，而撒哈拉以南非洲、南亚、中亚、东南亚和太平洋北部岛国等地的发展中国家人均农业增加值仍不足 5000 美元，存在两极分异格局。从经济暴露风险看，发展中国家的乡村经济韧性更脆弱，如东欧、中亚和撒哈拉以南非洲地区的农业面临着极度缺水风险（Rosa et al.，2020），在全球农产品贸易中撒哈拉以南非洲地区面临着出口农产品价格下降的压力①，而 COVID-19 疫情、气候变化更直接冲击了欠发达地区农业生产系统，加剧了乡村“饥饿程度”（Clapp and Moseley，2020；Hasegawa et al.，2018）。

全球经济结构转变始终遵循配第–克拉克定律（图 5.4），即随着发展，农业重要性下降，而工业、服务业的重要性有所增加，并最终成为主导部门。在这一过程中，乡村经济增长的基本逻辑表征为农业生产力增长向其他部门释放劳动力和经济资源，同时维持城市人口增长的粮食供应（Herrendorf et al.，2014），而城市经济增长的基本需求也带动了乡村生产活动。从乡村–城市不同部门就业人数对比看（图 5.5），全球乡村农业就业人口在向其他非

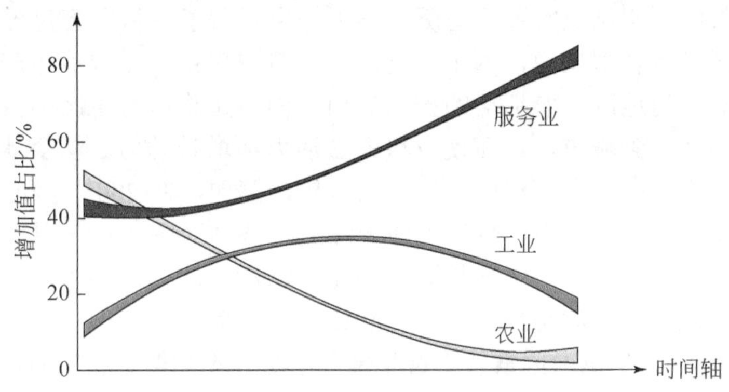

图 5.4　世界三产结构预测走向

注：改自联合国报告 World Social Report 2021：Reconsidering Rural Development

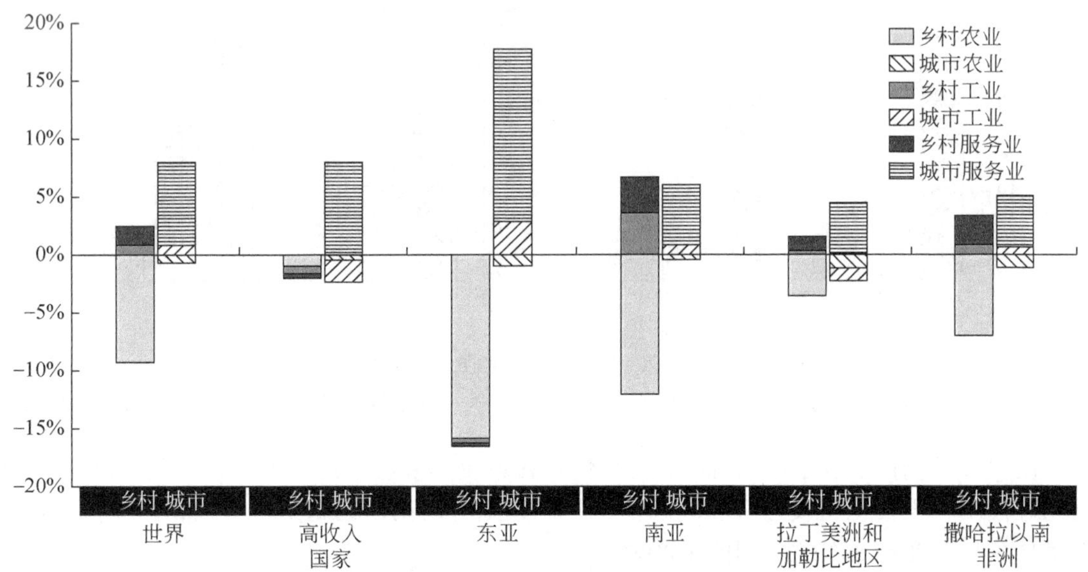

图 5.5　2005 和 2019 年的世界乡村—城市不同部门就业人数对比

数据来源：国际劳工组织的数据库

① 非洲经济研究联盟. 2018. Global Agricultural Trade Liberalization and its Implications for Sub-Saharan Africa.

农部门特别是城市服务部门转移，东亚和南亚地区也基本遵循这一趋势，拉丁美洲和加勒比地区、撒哈拉以南非洲的乡村农业就业人口转移速率则低于世界平均水平，表明这两个地区的农业部门依旧主导乡村经济。南亚、拉丁美洲和加勒比地区、撒哈拉以南非洲的乡村工业和服务业的就业份额有所提高，这一增长表明乡村农业部门吸纳了部分失业人口，阻碍了相应的乡村人口迁移到城市地区寻找就业机会，也反映这三个地区的乡村更多转变为人口密度较高的区域，社会经济转型进程无法与人口增长速度相匹配。

包容性增长（inclusive growth）于2007年由亚洲开发银行首次提出，内容核心可诠释为创造参与经济活动和发展机会公平的环境，推动经济社会成果向全民共享。作为世界最大发展中国家，自1978年改革开放以来，中国乡村生活面貌从此焕然一新，特别是到2020年底，现行标准下完成了消除绝对贫困和区域性整体贫困，乡村生产、生活、生态建设方面取得长足进步，水电信路邮卫等基础设施明显改善（中华人民共和国国务院，2022）。但城乡收入差异的收敛不明显及发展不均衡、不平等也阻碍了乡村经济包容性增长的提升。

对于乡村地区经济转型来说，两个关键过程不可缺失：一是农业生产力的提高；二是农业生产率增长对乡村地区非农活动的扩大溢出，而不是将所有生产因素——劳动力、资本、土地、人口等转移到城市，从而使乡村失去活力和增长动力。从全球生产格局看，一个主要特征是各国间生产力水平和增长的巨大差异，例如，在2003年和2017年，发展中经济体的农业、制造业增长率中位数远远低于发达经济体（图5.6）。从全球范围看，一方面是中东、北非地区的农业生产率增长速度领先，欧洲、北美的高收入经济体和中亚、东亚经济体紧跟其后，另一方面是拉丁美洲加勒比地区、撒哈拉以南非洲地区的农业生产率增长速率呈下降形势①。从负面因素看，农业投资不足和不均衡、农产品价格下跌趋势和波动性、农业研究资金缺少和获得技术的机会不足、全球农业价值链遭受冲击等是各国农业生产率增长乏力的重要因素，阻碍了乡村经济的包容性转型过程。

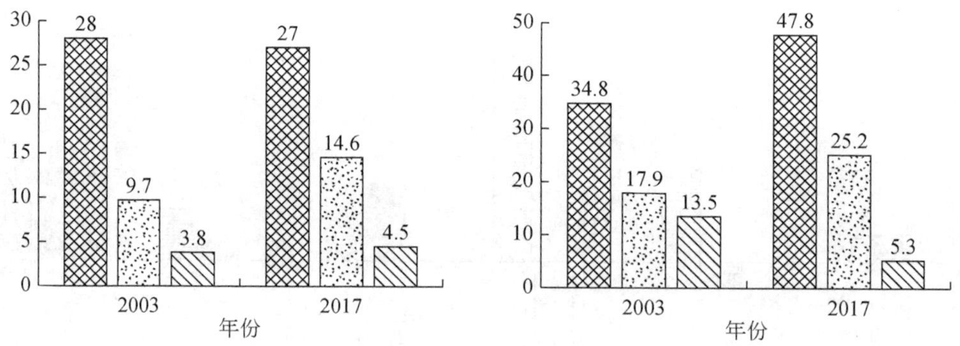

图5.6 2003年和2017年相对于高收入国家的劳动生产率

注：每个收入组的为中位数，高收入国家的中位数为100，引自于世界银行报告 Global productivity：Trends，drivers，and policies

在国际环境日趋复杂的情况下，包容性乡村融资是乡村经济转型的核心②，这有利于运用先进技术、投资与建设教育和基础设施、扩大生产活动，创造乡村增长和就业机会，从而提高乡村农业和非农业部门的生产力。

中国乡村经济转型过程，历经以主粮生产为主、农业生产多样化与商业化、兼业化-

① 世界银行. 2021. Global productivity：Trends，drivers，and policies.

② 国际农业发展基金. 2016. Rural Development Report 2016：Fostering Inclusive Rural Transformation.

专业化（农业机械化/非农就业）三个阶段，并向高值农业、可持续发展与城乡融合阶段迈进（Huang and Shi，2021）。从区域分化看，乡村转型发展水平方面为东部地区＞中部地区＞西部地区，具体表现为西部多数地区处于乡村兼业/专业化阶段，中部地区从兼业/专业化迈向城乡融合阶段过渡，部分沿海发达地区如浙江、江苏、广东等已逐渐步入城乡融合阶段。从影响因素看，资源禀赋、城市化、工业化、农业现代化及交通条件等因素综合影响中国乡村转型进程，其中城市化、工业化在沿海地区为主导作用，资源禀赋、农业现代化于中部、华北及东北地区为局部影响，交通条件于西南、西北地区为弱影响（张荣天等，2021）。

在全球快速城市化的背景下，就地城市化是实现乡村包容性发展转型的直接路径。就地城市化是一种以区位为基础的结构转型，即乡村地区在强调人口和经济活力前提下，融合更多城市要素和推动基础设施、公共服务的转型，实现乡村的“原地升级”。在城乡融合背景下，区域内部利益再分配、小农生计体系、农业规模化、农民工返乡创业、“村—企—农”的权责利体系等是乡村包容性转型的关键点，如何在“发展”视角下构建乡村转型和包容性增长研究体系，是发展地理学研究的重要方向。

5.2.2 城乡就业

据世界银行统计数据显示（图 5.7），与世界人口呈上升形势不同的是，世界平均就业率水平呈下降趋势，平均失业率水平呈现波动上升趋势。至 2019 年，全球 15 岁及以上人口（即适龄工作人口）约为 57 亿①，其中约 23 亿人口（39%）属于非劳动力，33 亿（57%）人口处于就业状态，预计失业人口达 1.88 亿。在 COVID-19 疫情冲击下，全球预计超过 2 亿人失业，世界平均就业率水平更从 2019 年的 57.27%降至 2020 年的 54.76%，其中女性和青年工人受影响最为严重，加剧了全球城乡就业不平衡且脆弱的形势。

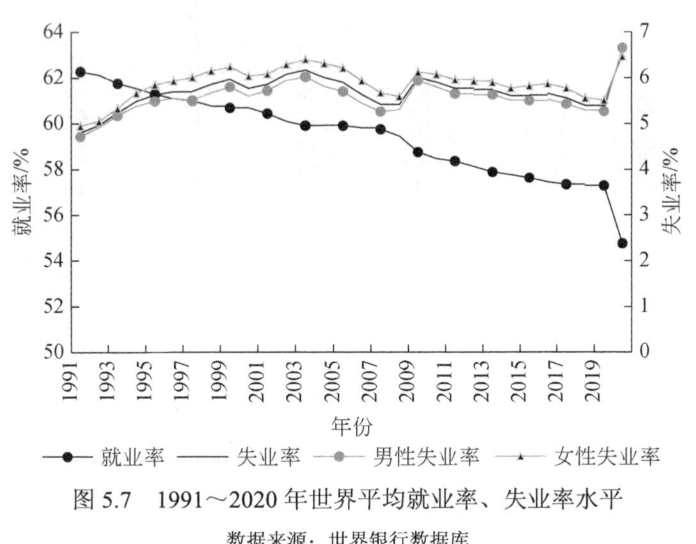

图 5.7　1991～2020 年世界平均就业率、失业率水平

数据来源：世界银行数据库

对比全球各地区就业率水平（图 5.8），东亚和太平洋地区、撒哈拉以南非洲地区、拉丁美洲和加勒比地区的就业率处于高位增长阶段。区域冲突则是影响中东和北非地区城乡

① 国际劳工组织. 2020. World Employment and Social Outlook Trends 2020.

就业的重要因素（Wilson，2021）。对发展中地区来说，非正规就业是主要的就业形式之一[①]，其中撒哈拉以南非洲地区非正式就业人口比例达 92%，南亚地区为 88%，中东和北非地区为 68%，拉丁美洲和加勒比地区为 54%。发展中地区不稳定、韧性低的就业结构在面对 COVID-19 冲击时显得极为脆弱，促使城乡就业的失业率出现反弹现象，并使这些地区失业率水平退回到 10 年乃至 20 年前的水平（图 5.9）。

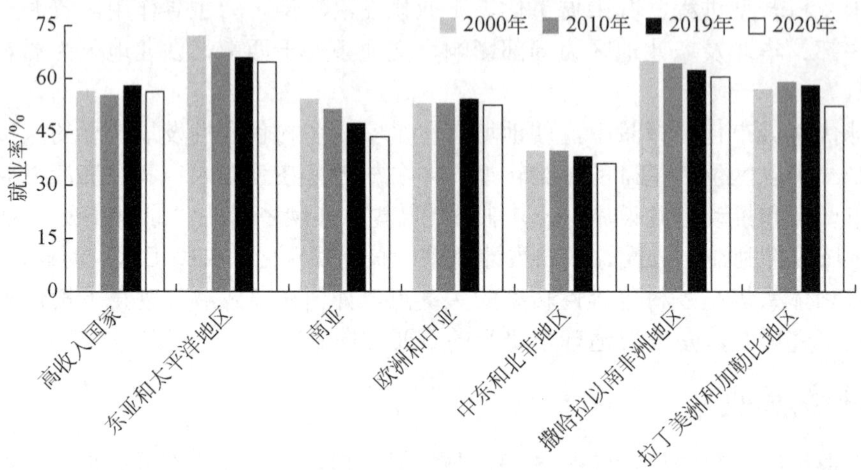

图 5.8　全球各地区就业率水平对比

数据来源：世界银行数据库

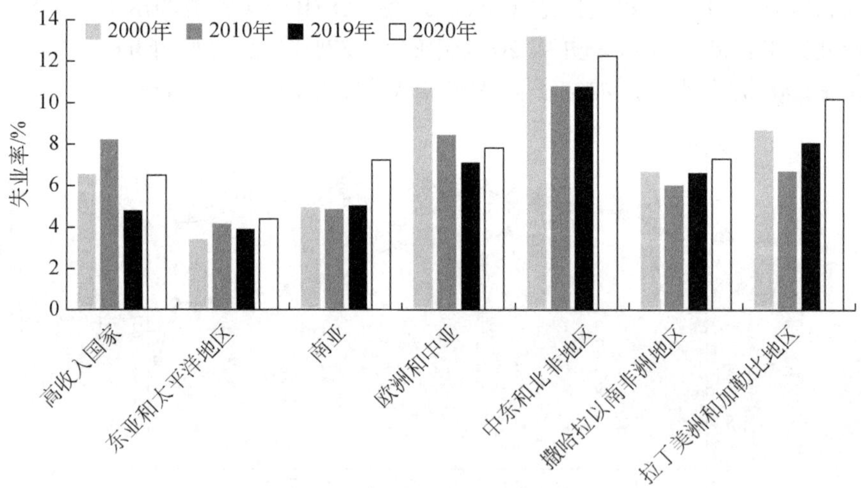

图 5.9　全球各地区失业率水平对比

数据来源：世界银行数据库

从全球角度看，世界银行调查数据表明生活在国家贫困线（按 2011 年价格每人每天生活支出 1.9 美元）以下的每 5 人中就有 4 人居住在乡村地区[②]，如果不解决世界贫困群体中约 75%生活在乡村地区并主要以农业为生的穷人所面临的就业条件和机会不足的问题，就

① 国际劳工组织. 2019. Women and Men in the Informal Economy：A Statistical Brief.

② 世界银行. 2020. World Bank Group Strategy for Fragility，Conflict，and Violence 2020–2025.

无法根除贫困和饥饿现象（Kundu and Chakrabarti，2022）。此外，乡村女性在就业过程中面临着更多不利风险冲击（Dzanku，2019），例如，女性在接受教育方面比乡村男性或城市女性面临更多障碍，传统的价值观对乡村女性形成更强的束缚，再加上乡村低公共服务水平，使乡村女性作为独立社会经济媒介参与社会工作的概率更低。

自 20 世纪 80～90 年代，随着中国改革开放政策的推行及乡村生产经营方式的改变，乡村地区大量富余劳动力开始流向城市，促使城市与乡村地区之间出现大规模的“候鸟式”农民工群体。但 2010～2019 年中国农民工规模虽然在扩大，但增速在下降（图 5.10）。受 COVID-19 疫情影响，农民工就业规模首次下降，2020 年中国农民工数量为 28560 万人，同比下降 1.8%，外出农民工的地区分布表现为中部＞西部＞东部＞东北（图 5.11），跨省流动农民工 7052 万人，省内流动农民工 9907 万人，表现出农民工择业本地化、转流于中西部地区、流动范围逐渐缩小、高龄人口趋向回流务工的就业特征（陈细娣，2021）。

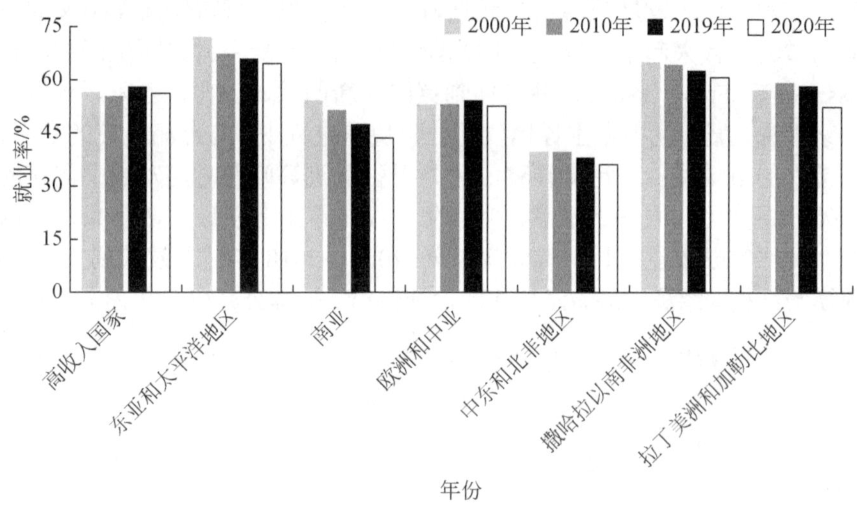

图 5.10　中国农民工规模及增速

数据来源：中国国家统计局

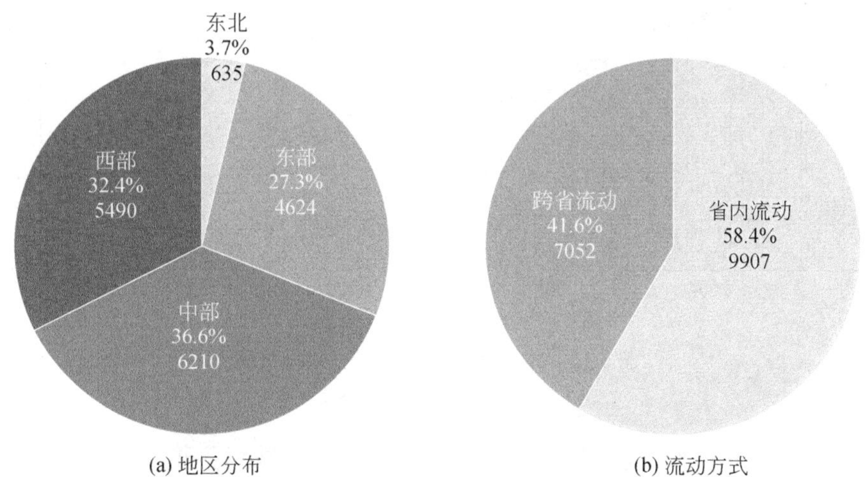

图 5.11　中国外出农民工地区分布及流动（单位：万人）

数据来源：中国国家统计局

中国在巩固脱贫攻坚成果同乡村振兴有效衔接过程中，要重视欠发达地区的就业、城乡间就业不平、城乡收益再分配、特殊就业群体的转型等现象，聚焦城乡就业结构转型、群体“升级”、不平等弱化、社会保障系统强化、收入差异收敛及与高质量发展，以及乡村振兴系统性衔接的现实障碍、动力机制、情景模拟、实践策略等的研究，瞄准城乡就业平等与实现。

5.2.3　乡村振兴

城市与乡村是一个有机统合体，以彼此间实体、非实体要素的流动与集聚为基础而紧密联系在一起（Li，2012）。人类社会的城乡关系大致经历了“城市偏向—城乡统筹—城乡对等”的螺旋式上升过程。就演变进程看，欧美发达国家相继经历了城市化—郊区化—逆城市化—再城市化的演变，虽然乡村得益于逆城市化而有所发展，但更多表现为要素向城市流动的单向过程，城乡发展呈现出二元性特征。在反思“城市偏向”主义的思潮中，美国于 20 世纪 70 年代兴起了鼓励城市中高阶层回归并享受乡村田园生活的乡村复兴运动（rural renaissance）（Frey，1987），并延伸到英国、新西兰、瑞典、西班牙等发达国家。但对发展中国家来说，城市化占据主导地位并处于快速进程中，与此相对应的是乡村的衰败。面对全球化带来的市场冲击、污染转移、公共卫生危机等问题时，发展中国家的乡村地区表现出人口外流、贫困、服务不平等、空心化、经济萧条等现象。多年来，中国城镇化发展与乡村人口转移等导致建制村数量大幅下降（2000～2018 年村庄数量减少了 216593 个），城乡人口规模与结构、经济发展、公共基础设施供给、基本公共服务等差异显著（图 5.12）。

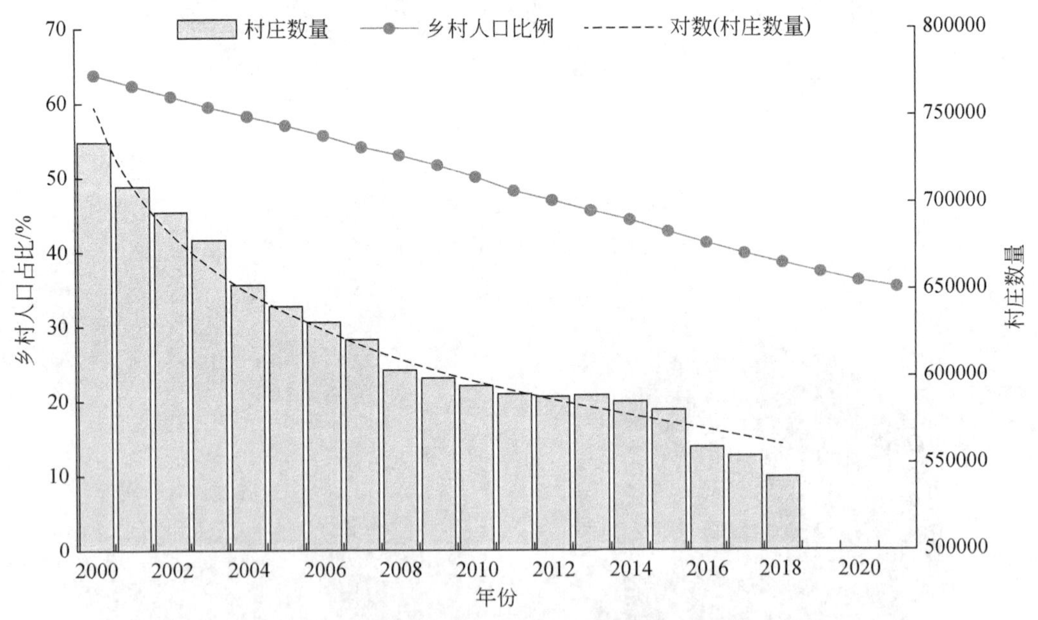

图 5.12　中国乡村人口及村庄数量变化

数据来源：中国国家统计局

面对大规模城市化导致的乡村衰退问题，西方国家的城乡发展理念也逐渐从“城市主导”转向“城乡平等”，开始积极探索乡村的转型、振兴和新发展，并在乡村建设方面涌现出了一批典型案例，如德国的“巴伐利亚实验”、韩国的“新村运动”、日本的“市镇合并”

等。尤其是德国的“巴伐利亚实验”具有典型性，第二次世界大战后，德国采取“中心—边缘”发展模式，乡村人口大量流失，城乡差距进一步拉大，乡村边缘化态势日益凸显。在此背景下，德国汉斯赛德尔基金会于 1950 年提出“城乡等值化”理念，即强调城乡系统共生语境下城乡发展“不同类但等值”（周德等，2021）。基于“城乡等值化”发展理念，德国在乡村地区落实区域规划、土地整合、农业机械化、基础设施建设、教育发展等措施，推动村庄更新和激活乡村发展内源，并于 1984 年在巴伐利亚州推行《村庄改造条例》，提出以居住、就业、休闲、教育和生活为核心的“五位一体”发展目标，打造多功能农业和多功能乡村共同驱动的发展模式。在 1991 年，德国推出“农村地区发展联合行动”（LEADER）项目，突破不同部门和上级限制，实现“自上而下”的乡村规划，促使不同部门和机构的利益相关者共同形成地方行动小组（LAG），推动乡村地区的高质量发展。

乡村振兴是一定区域乡村转型发展、要素重组、空间重构、功能提升、结构优化的系统性过程（刘彦随，2019），主要以乡村地域系统为基础，以县域为发展对象、村域为基本单元、农户及组织为组成细胞，核心内容在于解决现行城乡互动语境下的乡村发展差异问题，促进城乡社会经济均衡发展和实现乡村全面振兴。在中国，乡村振兴强调“自上而下”的战略指导和“自下而上”的实践反馈相结合，即在国家层面制定战略规划、编制导则和指引策略，在地区层次甄别村镇级别、补充指导细则和确定工作重心，在村域层级制定详细规划、强化实践管控和落实发展项目。通过规划引导，乡村振兴战略核心内容围绕“产业振兴、人才振兴、文化振兴、生态振兴、组织振兴”五个主导方向展开，在于构建乡村振兴发展的“基础平台、重要支撑、动力源泉、共生环境、制度体系”。在实践过程中，在城乡关系由“城市偏向”转向“城乡对等”的情境下，乡村振兴的关键在于激活乡村人口、土地、产业、资源、文化等发展要素的内生动力，“人-地-业-权”的协同发展连接内外源系统，通过内源发展（endogenous development）构建自主发展动力结构，建立多维立体化行动机制与外部援助有效连通（刘小鹏等，2020）。

5.2.4　城乡融合

城乡融合发展是城镇地域系统和乡村地域系统通过要素耦合、结构嵌合、功能互补以升华为相互交叉、渗透、融合的状态（刘彦随，2018）。在追求“人地和谐”的新时代，在城乡博弈现实、社会认知升级、发展理论转换等共同作用下，探索并实现城市与乡村高效有机互动的“城乡融合”形态已成为全球共识。在 20 世纪 40～80 年代，“城市偏向”主义在西方世界占据主流地位（Tacoli，1998），促使“二元结构”范式主导西方对城乡发展的研究及实践，并催生两个城乡发展理论流派：一是解析城乡二元经济结构的刘易斯-费-拉尼斯理论（Lewis，1954；Ranis and Fei，1963）；二是以增长极和核心—外围关系为代表的城乡空间极化发展理论（Perroux，1955；Friedmann，1966）。在此背景下，Lipton 尝试挑战“城市偏向”概念并重新诠释城乡关系（Lipton，1977），启示后来者重新审视城乡发展关系。20 世纪 80 年代后，城乡发展的零和博弈促使西方国家开始反思大规模城市化，其中一些地理学家率先挑战“城乡划分”的研究主流，相继从城乡互动的地理学视角解读城乡关系内涵。

在全球化、城镇化、网络化主导的世界格局中，发展中国家的快速发展，更使得城市与乡村、农业与非农业活动紧密相连，城乡界限日渐模糊。城市与乡村的各类要素流动日益频密，“流动性”打破了城乡藩篱，城乡关系演化语境由城市主导转换为城乡地位平等，促使政府及学界的重心转向城乡融合。在城乡平衡实践方面，以美法日发展为例，美国采取了完善农业立法支持、刺激乡村经济复兴、完善公共基础设施及服务等措施，以构建“城乡共生型”发展；法国以大巴黎区为着力点，采取一系列土地或乡村整治策略，推动土地集中和产业空间再布局以实现城乡“均衡化”发展；日本则采取构建体制化运作模式、组建农业协同组合、加强资金补贴保障、进行“六次产业化”等措施促进城乡融合。

同样，中国城乡关系也在经历“合久必分，分久必合”的转变，具体演变分为城乡分割、城乡二元、城乡统筹、城乡融合 4 个阶段（刘彦随等，2021）：1949 年国家主导的重工业优先战略，及相配套的统购统销政策、农村集体经营体制、户籍管理制度等措施，拉开了城乡分离的序幕；1978 年改革开放后，中国农村经历了家庭联产承包责任制、乡镇企业发展、税费体制改革、城乡协调发展等一系列经济管理体制改革，该阶段的城乡“二元分异”局面虽有所改善，但城乡发展差距仍在不断拉大；进入 21 世纪以来，随着“农业税”取消和社会主义新农村战略、精准扶贫战略、新型城镇化战略等相继推进，城乡一体化发展呈现新态势；在党的十九大后，乡村振兴国家战略的提出开启了城乡融合、一体和等值化发展新阶段，推动“乡土中国”向“城乡中国”转变。在向高质量发展转型的阶段，构建“以城带乡、乡城互促”的包容性城乡融合发展格局是中国城乡发展的必然抉择。

在实践过程中，中国式城乡融合强调“平等”和“互补”理念，即在保留本地特色前提下，坚持新型城镇化和乡村振兴双轮驱动，在地区尺度上推动城市和乡村的高质量融合发展，实现城乡地域系统利益和公平的和谐统一。就目标导向看，城乡融合的最终目的在于实现全体人民共同富裕和人的全面发展，即通过纠正城乡的错位、失序、不平等发展，打造一个发展充分且平衡的城乡地域系统，满足城乡人民日益增长的美好生活需要。

推进城乡融合，是当前新型城镇化和乡村振兴战略主导下的城乡内在耦合优先要求，也是驱动这两个战略协同消除城市发展差异的关键。这不仅体现在畅通城乡间各种资源和要素的自由流动通道，还在于推动城乡社会经济联动、一二三产业融合发展、城乡空间规划和基础设施布局一体化、城乡社区有机融合、地方性的城乡社区更新等。在推动从城乡单向流动的偏向城镇化向城乡双向互动发展转变过程中，中国的城乡融合也面临着很多现实难题，例如，要素融合的保障和共享机制无法打破城乡二元壁垒的屏障效应，发展要素集聚效应弱阻碍了产业融合的进程，制度融合存在的户籍性差别阻碍城乡“权–责–利”体系转型，空间融合面临城中村更新难、社区老化、村庄衰败甚至空心化的问题，治理融合存在治理资源分配不均衡、治理结构固化和公共产品供给效率低的困境。

发展是人类社会永恒的主题，人类社会的每一次演进都是对“发展”理念体系的完善。1949 年以来，中国城乡间发展呈现出非均衡态向均衡态演替的过程，每次演进使得城乡发展质量迈上新台阶；逐渐走向高质量发展与均衡发展交互共存的状态（邓祥征等，2021）。城乡融合是中国城乡发展的高级状态，这既要实现“以人为本”的新型城镇化，也要实现富有生命力的村庄；既要实现物质体与非物质体、实体空间与虚拟空间的融合，也要实现人的交融性发展。以“发展”的视角嵌入这个过程，不仅是探索城乡融合的空间格局、演变特征、内在机理、行动机制等，也在于实现人的自由全面发展，更关注于区域转型中的经济“阵痛”、城乡利益的分配、弱势群体的权益、欠发达地区的发展、相对贫困的识别与减少等难点和痛点，以“平等”引导城乡整体可持续发展。

5.3　数字经济与工作空间

5.3.1　数字经济

以互联网、大数据、人工智能、物联网、5G 通信为代表的新一代信息通信技术正加速推进全球产业分工和经济结构调整（孟天广，2021），数字经济正成为驱动全球产业变革和经济增长的新动能。

“数字经济”概念是 Tapscott 在其著作“*The Digital Economy：Promise and Peril in the Age of Networked Intelligence*”中首次提出。美国商务部经济分析局（BEA）将数字经济分成三部分：一是基础设施，包括硬件、软件和相关支持设施的生产环境；二是电子商务活动及衍生行业；三是付费性质的数字服务，包括云服务、数字中介服务和其他收费数字服务三个子行业。2016 年 G20 杭州峰会发布的《G20 数字经济发展与合作倡议》进一步促进中国数字经济活动的推广，并将数字经济活动定义为以数字化的知识和信息作为基础生产要素，以现代信息网络作为重要载体，目的在于通过信息通信技术手段促进经济发展率的提升和结构优化的一系列经济活动（国家统计局，2021）。

2020 年以来，物联网、移动互联、云计算、大数据、人工智能、区块链等新型数字技术风起云涌，日益进入全球主流经济流域。在全球化和信息化共同主导的时代，数字经济已经成为世界经济活动的主要表征形态，推动人类社会迈入以数字化为主导的新阶段（杨伟国等，2018）。中国的数字经济规模正在不断壮大，从数字经济规模及占 GDP 比重情况来看，数字经济规模正在逐年增加，占 GDP 的比重也越来越大，表明数字经济为中国经济发展作出了重要贡献(图 5.13)。2017 年数字经济首次被写入政府工作报告，提及“促进数字经济加快成长”、2019 年政府工作报告提出要“壮大数字经济”。从“促进”到“壮大”的转变，体现出中国对数字经济发展的重视及战略地位的提升。从“网络强国”战略向“数字中国”建设的转变，表明数字经济已成为中国社会经济高质量发展的战略方向。

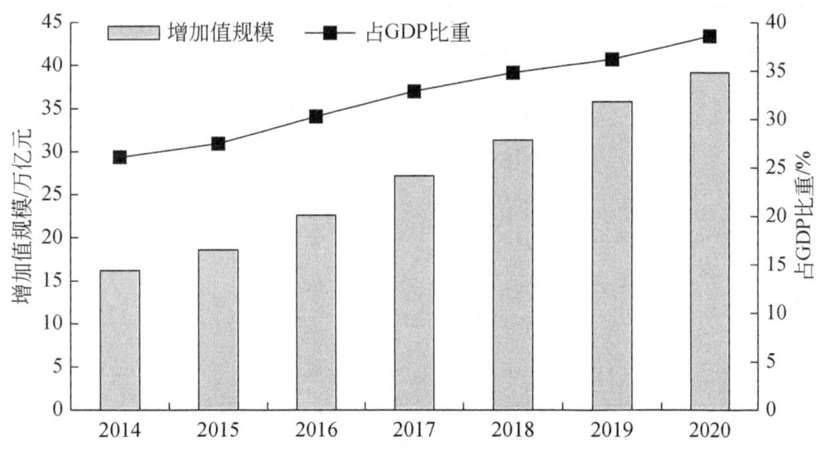

图 5.13　2005～2020 年中国数字经济规模及占 GDP 比重情况

数据来源：中国信通院 2021 年发布的《中国数字经济发展白皮书》报告

5.3.2 工作空间

1. 数字产业

20 世纪 90 年代以来，随着全球发达国家步入后工业化社会和数字社会，欧美发达国家开始大力发展数字经济，将其作为新的经济增长点，带动产业结构的进一步升级，向新经济体系过渡（甄峰等，2007）。全球最发达的经济体，美国引领了数字创新及商业化活动的进行，并进一步打破“时空间”限制，形成时空压缩下的企业全球化发展趋势（石涌江，2002），并将“发展红利”反哺国内数字经济发展，如微软、谷歌、Meta（Facebook）、推特（Twitter）、亚马逊、甲骨文等公司极大地促进了美国的数字经济发展（马严，2013）。

虽然部分发展中国家通过后发优势和技术创新的溢出效应，承包全球外包业务获得了长足的数字经济发展。但发展中国家数字经济体量小的特征决定了数字经济发展尚处于信息化初级阶段。在受到新冠疫情（COVID-19）冲击情境下，经济全球化受阻，发达国家增速放缓，新兴经济体增长乏力，但数字经济仍保持发展活力，为缓解全球经济下行压力贡献了巨大力量（Qi and Chu，2021）。

中国的数字产业已经成为支撑经济增长的关键支柱。2021 年中国各类个人互联网应用用户规模呈普遍增长态势（表 5.3），其中，在线医疗、在线办公的用户规模增长最为显著。由中国信通院发布的《中国数字经济发展白皮书（2021 年）》显示，中国数字产业规模达 39.2 万亿元，占 GDP 比重为 38.6%，数字产业在整个经济增长中处于引领位置。结构上，数字经济结构不断优化，数字产业化规模达 7.5 万亿元，占比为 19.1%，产业数字化规模达 31.7 万亿元，占比为 80.9%①。云计算作为信息产业的全新业态（李金华，2021），是战略性新兴产业的重要组成部分，是经济转型升级和社会和谐发展的重要实践路径。《中华人民共和国国民经济和社会发展第十四个五年规划和 2035 年远景目标纲要》强调“加快数字化发展，建设数字中国”的新形势下，以云计算为代表的新一代数字技术迎来了为全产业数字化转型赋能的历史性机遇。

表 5.3　2021 年各类互联网应用用户规模和网民使用率

应用	用户规模	网民使用率/%	增长率（2020～2021 年）/%
即时通信	100666	97.5	2.6
网络视频（含短视频）	97471	94.5	5.2
短视频	93415	90.5	7.0
网络支付	90363	87.6	5.8
网络购物	84210	81.6	7.6
搜索引擎	82884	80.3	7.7
网络新闻	77109	74.7	3.8
网络音乐	72946	70.7	10.8
网络直播	70337	68.2	14.0
网络游戏	55354	53.6	6.9

① 中国信息通信研究院. 2021. 中国数字经济发展白皮书.

续表

应用	用户规模	网民使用率/%	增长率（2020～2021 年）/%
网络文学	50159	48.6	9.0
网上外卖	54416	52.7	29.9
网约车	45261	43.9	23.9
在线办公	46884	45.4	35.7
在线旅行预订	39710	38.5	16.0
在线医疗	29788	28.9	38.7
互联网理财	19427	18.8	14.4

数据来源：中国互联网络信息中心发布 2022 年发布的第 49 次《中国互联网络发展状况统计报告》。

2. 数字经济与人类工作

信息通信技术发展与全球产业结构调整，促进了全球产业结构由“工业型经济”向“服务型经济”转型。数字技术使人们以虚拟形式出现在任何地方，打破了物理迁移格局，新的虚拟工作组织形式不断出现（Valenduc and Vendramin，2016），数字中介将客户与全球员工联系起来（Lehdonvirta et al.，2019），数字任务可以由世界各地的拥有互联网连接和计算机的工人完成，而企业专注于核心服务，保持成本竞争力（Sassen，2002），同时也提供了大量的就业机会。中国信息通信研究院发布的《中国数字经济就业发展研究报告：新形态、新模式、新趋势（2021 年）》指出（图 5.14），数字经济的发展正深刻影响中国就业结构与就业质量，产业数字化领域招聘岗位占总招聘数 67.5%，招聘人数占总招聘人数 75.8%，而产业数字化中的第一、二、三产业就业岗位占比为 0.15%、10.53%、89.32%[①]。阿里研究院发布的《中国淘宝村研究报告（2009～2019）》指出，2018 年全国 244 万个活跃网店给社会增加了 683 万个就业岗位[②]。农村电商物流日趋完善，农产品上行带动农民创业就业。2021 年国务院新闻办公室发布新闻称，全国“快递进村”比例超过 80%，苏浙沪等地基本实现“村村通快递”，新增 15.5 万个建制村实现邮快合作电商扶贫累计带动 771 万农民就地创业就业，带动 618.8 万贫困人口增收（中华人民共和国国务院，2021）。在一些偏远地区，电商的发展更极大带动了当地经济的发展与就业机会的增加，例如，2015 年以来，云南加快农村电商经济的布局作为脱贫重要途径，至今已培育 81 家电商扶贫企业，电商扶贫服务网络覆盖建档立卡贫困村 3378 个，带动贫困人口就业创业 68.95 万人（杨静，2020）。

数字经济在提供就业方面具有两面性。一方面数字经济的一些岗位正处于缺失中，从 2015～2019 年，人工智能和大数据的人才需求量翻了 11 倍，2018 年数字经济领域就业岗位达到 1.91 亿个，占全年总就业人数的 24.6%，测算人工智能领域人才缺口超过 500 万人[③]。另一方面，数字技术进步会对不同技能层级的群体进行重洗牌，低技能工作更容易被淘汰，对高技能劳动力的需求会显著增加（Lordan and Neumark，2018），同时会导致大量低技术类的就业岗位在短时间内被替代、破坏和挤出，导致部分劳动者失业（阎世平等，2020）。

① 中国信息通信研究院. 2021. 中国数字经济就业发展研究报告：新形态、新模式、新趋势（2021 年）.

② 阿里研究院. 2019. 中国淘宝村研究报告（2009—2019）.

③ 猎聘大数据研究院. 2019. 中国 AI&大数据人才就业趋势报告.

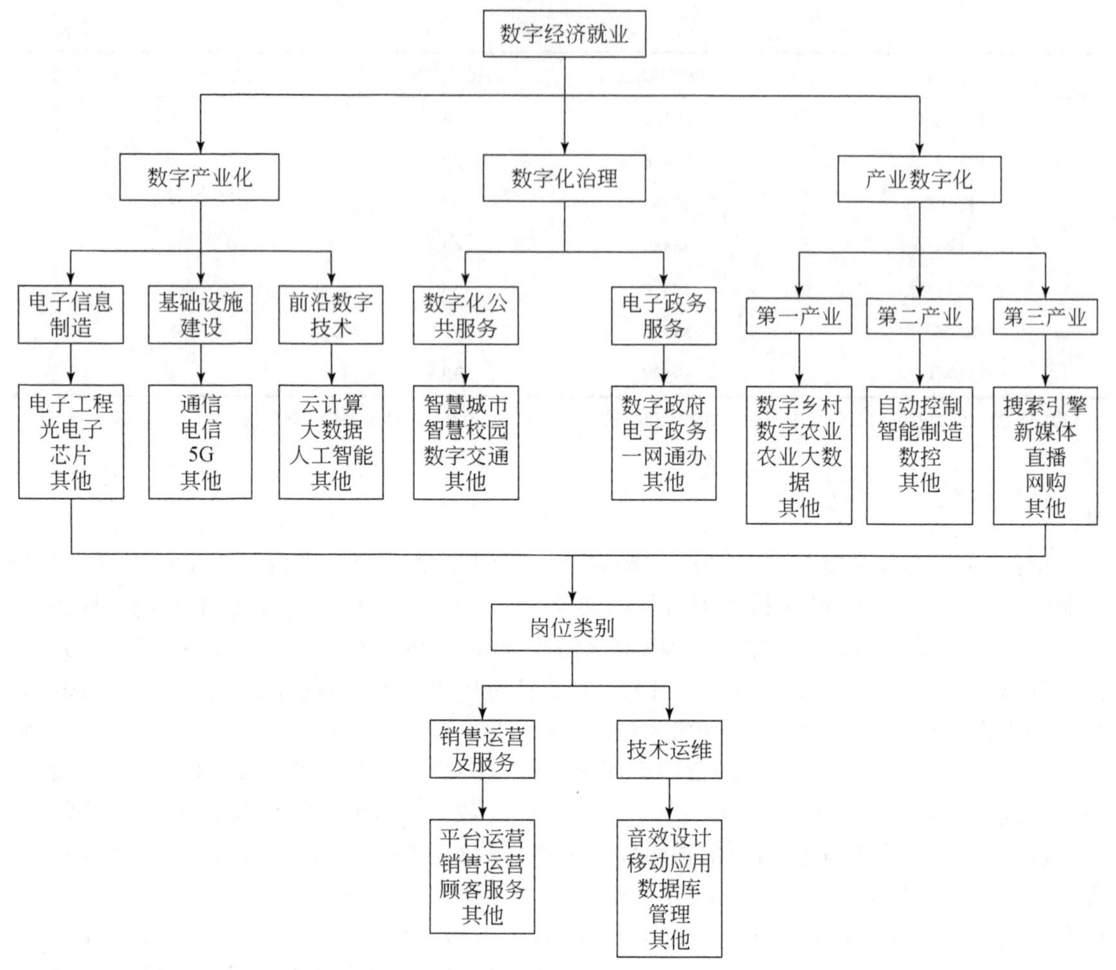

图 5.14　中国数字经济就业框架

注：图来自中国信息通信研究院 2021 年发布的《中国数字经济就业发展研究报告：新形态、新模式、新趋势（2021 年）》

根据预测，在未来数十年内如司机、记者、银行柜员、装配车间工人、有线电视安装人员等将会消失。这种状况反映了当前人才培养与数字经济人才需求脱节现象较为严重，数字经济在提高社会就业的同时，也在一定程度上引发部分人口失业。

数字经济催生新业态快速发展，线下工作业态加速向平台转移，如网上开店、直播带货、网约车、在线教育、远程办公等（胡放之等，2021），直播带货业态新增了对主播的需求，网约车新增了对网约车司机的需求，越来越多新增的工种成为年轻人就业的选择。

由中国信通院发布的《中国数字经济发展白皮书（2021 年）》显示，2020 年中国农业、工业、服务业数字经济渗透率分别为 8.9%、21.0%和 40.7%。第三产业在中国数字经济渗透率中逐年升高，且在三大产业中占比最大，产业数字化发展深入推进。2020 年以来的疫情重塑了经济活动及消费者行为，如线上办公、线上教育、线上娱乐，加速了固定成本低、交易成本高的第三产业进行数字化转型。

3. 数字经济与实体经济

伴随着大数据、物联网和人工智能等信息技术的迅速发展，以数字经济为代表的新经济模式诞生，对经济社会发展和人民生产生活方式产生了越来越广泛且深刻的影响。

当前全球面临经济下行压力，实体经济尤其是传统产业市场需求减弱。数字经济与实体经济融合发展，不仅能够促进资源有效整合，推动经济智能化发展，还可以拓展实体经济的发展空间。数据、信息在嵌入到生产、流通和消费的过程中，将带动传统实体经济升级，为实体经济融入数字技术提供了新机遇（吴一品，2020）。数字经济与实体经济相融合，在演化出新的产业形态的同时，也催生新的产品供需模式，如智能制造、智能汽车、无人机等，进一步激活经济增长潜力。

新业态的推进往往会冲击传统行业的发展，由于电商将产品的中间环节进行了整合，中间商被取代，抹平了商品的地域差价，改变了企业的传统生产模式与社会消费模式，例如，淘宝和京东等电商平台迅速发展的同时，也致使大量实体经济店铺面临倒闭破产。电商深刻改变了传统产业格局，并进一步加剧了市场竞争，在这样的市场环境下，缺乏市场竞争力的中小企业及小微企业受到了很大冲击。

4. 数字–实体经济融合

中国共产党第十九届中央委员会第六次全体会议通过的《中共中央关于党的百年奋斗重大成就和历史经验的决议》指出：“加快发展现代产业体系，壮大实体经济，发展数字经济，激活数据潜能”。实体经济是数字经济的基础，为数字经济的快速发展提供了产业基础。数字经济是提升实体经济，促进其转型升级和产业数字化。数字技术在促进传统产业数字化转型的同时，带动了新兴产业发展，如物联网、区块链等。《“十四五”规划和 2035 年远景目标纲要》提出“打造数字经济新优势”，强调“充分发挥海量数据和丰富应用场景优势，促进数字技术与实体经济深度融合”。

5.3.3　数字鸿沟与数字贫困

20 世纪 90 年代以来，信息技术引领全球进入数字化时代，但在地理空间上参差不齐（Perrons and Platts，2004）。随着数字技术扩散，数字鸿沟（digital divide）成为当代全球贫富现象的一种新的表现形式。数字鸿沟的概念最初是在 1999 年提出用来描述能够使用互联网的人和不能使用互联网的人之间的不平等（NTIA，1999）。2001 年经济合作与发展组织（Organization for Economic Cooperation and Development，OECD）在《理解数字鸿沟》的报告中将数字鸿沟定义为“不同社会经济水平的个人、家庭、企业和地区获取信息通信技术和利用因特网进行各种不同活动的机会的差距”①。随着时代发展，对数字鸿沟的解读变得更加多样化、更加广泛，数字使用性质和使用能力不平等形式的数字鸿沟在世界各个地区被广泛关注（Antonelli，2003）。特别是一些发展中国家信息通信基础设施投资严重不足，国际电联指出，2019 年全球约近半数人口没有使用互联网的机会。在最不发达国家，这一比例高达近 80%，人们的支付能力不足和缺乏数字技能是使用互联网的主要障碍②。根据联合国发布的《数字经济报告（2021）》显示，最不发达国家使用互联网的人口仅占 20%。全球 B2C 跨境电商市场规模正在逐年增长，其中亚太、西欧、北美等地区的电商市场规模增长速度领先，市场份额已占据全球总量的 90%左右，而拉丁美洲、中非、中东欧地区发展

① OECD. 2001. 理解数字鸿沟.
② 国际电联. 2021. 数字和事实.

中国家的电商市场规模却远远落后（图 5.15）。根据中国信息通信研究院发布的《全球数字经济发展白皮书（2021）》显示，2020 年，发达国家数字经济规模达到 24.4 万亿美元，占全球总量的 74.7%，是发展中国家的约 3 倍。发达国家数字经济占 GDP 比重为 54.3%，远高于发展中国家的 27.6%[①]。发达国家和发展中国家之间存在很深的数字鸿沟[②]。

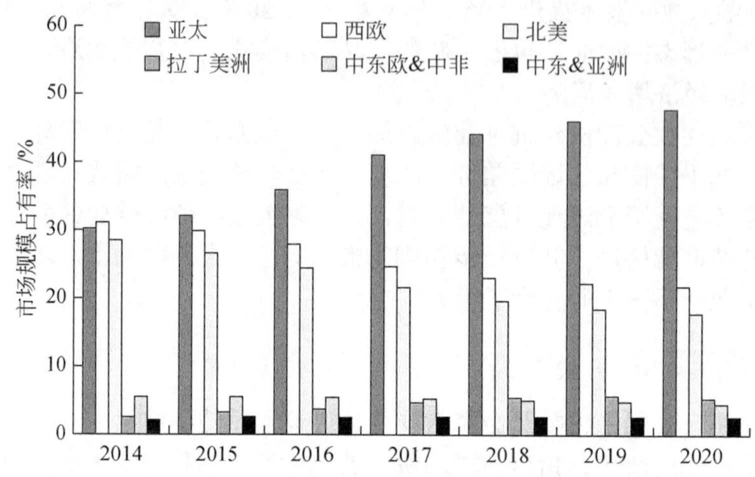

图 5.15　2014～2020 年全球 B2C 跨境电商市场规模占有率

注：来自中国信息通信研究院发布 2021 年发布的《中国数字经济发展白皮书（2021 年）》

截至 2021 年底，中国网民规模为 10.32 亿，互联网普及率达 73.0%，但农村地区互联网普及率为 57.6%[③]，且省域间的数字经济指数差异较大（图 5.16），这表明中国的互联网普及仍有很大的提升空间。在数字经济时代，数字鸿沟问题更关系着社会的贫富差距收敛（茶洪旺和胡江华，2012）。面对世界发达地区与欠发达地区的数字鸿沟与发展间的问题，也急需发展地理学的深入研究，为所有人创造一个更包容、更公平、更有韧性和更可持续的社会。

5.3.4　数字经济与“胡焕庸线”

1935 年，地理学家胡焕庸在《地理学报》发表了《中国人口之分布》论文，提出了著名的黑龙江瑷珲—云南腾冲的人口地理分界线，即“胡焕庸线”。1982 年第三次人口普查显示，胡焕庸线东侧占全国国土面积 44%，人口达到 94%，而西侧占全国国土面积 56%，人口仅占 6%[④]。2020 年第七次人口普查显示，胡焕庸线西侧常住人口占比 6.5%，东侧常住人口占比 93.5%[⑤]。学者利用人口密度（韩嘉福等，2009）、土地利用（田永中等，2004）、夜间灯光数据（卓莉等，2005）、洛伦兹曲线（Lo，2001）等对中国人口空间分布进行了研究，证明了胡焕庸线的稳定性或“顽健性”（王桂新和潘泽瀚，2016）。随着社会经济发展，胡焕庸线已成为一条重要的国家地理分界（陈明星等，2016），对国家的均衡发展、生态文明建设和国防安全都产生了深刻影响（丁金宏等，2021）。

---

① 中国信息通信研究院. 2021. 全球数字经济发展白皮书.

② 联合国. 2021. 数字经济报告.

③ 中国互联网络信息中心. 2022. 第 49 次中国互联网络发展状况统计报告.

④ 国家统计局. 1982. 第三次全国人口普查公报.

⑤ 国家统计局. 2020. 第七次全国人口普查公报.

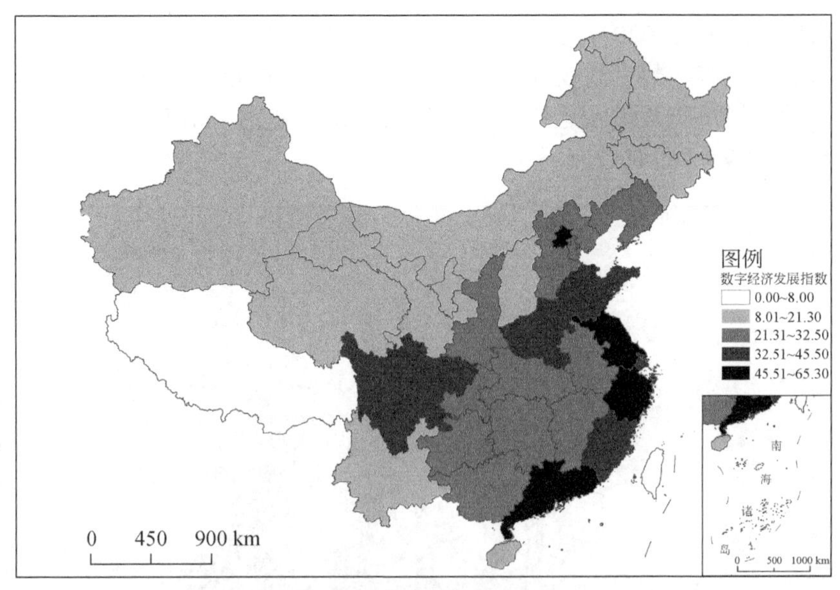

图 5.16　中国数字经济发展指数排名

数据来源：赛迪顾问 2020 年发布的《中国数字经济发展指数白皮书（2020 年）》。因中国台湾地区、香港特别行政区、澳门特别行政区数据缺失，此处不包含三者

2013 年 8 月，李克强总理在"新型城镇化"总结讲话中首次提出"胡焕庸线突破"之问，并之后在参观人居科学研究展时又指出"胡焕庸线怎么破"？引起了我国经济学家和地理学家的广泛关注。胡焕庸线能不能突破，事关全国平等、均衡、协调发展的大格局，更是少数民族地区和边疆地区发展及加强国家安全建设等不可回避的重大问题（陆大道等，2016）。

步入数字经济时代，以互联网、物联网、大数据、云计算、人工智能等为代表的数字技术不仅改变了传统的时空观，建立了跨越时空的经济发展新平台，提供跨区域利用资源要素的条件（范恒山，2019），例如，广西柳州市螺蛳粉作为地方小吃，通过网络平台进行直播带货从而打开了市场并拓宽了销售渠道，使得螺蛳粉的产值从 2015 年的 5 亿元快速增至 2020 年的 110 亿元，配套及衍生产业销售收入 130 亿元、实体门店销售收入 118 亿元，创造就业岗位 30 多万个（杨彦等，2021）。2019 年，北京大学数字金融研究中心和蚂蚁金服研究院联合发布了《数字经济助力中国东西部经济平衡发展——来自于跨越"胡焕庸线"的证据》报告指出[①]，东西部地区在资金网络、商业信息网络、物流网络为代表的三大基础服务普及上的差异不断缩小，甚至跨越了传统的胡焕庸线。中小微企业的数字化程度差距在不断缩小中，以"电商"和"码商"为代表的新群体出现，中小企业的数字化经营程度不断提升。2013～2018 年，胡焕庸线东西部两侧的电商数量比值下降了 28%，东西部居民移动支付和信贷服务实际使用差异缩小了 39%和 38%，以移动支付为代表的数字金融正让东西部地区金融服务变得更为均等。

数字化产业正在向中西部渗透，但胡焕庸线两侧的数字化产业带规模差异仍较大。《中

① 北京大学数字金融研究中心和蚂蚁金服研究院. 2019. 数字经济助力中国东西部经济平衡发展——来自于跨越"胡焕庸线"的证据.

国数字经济指数白皮书（2020）》指出，数字经济发展水平呈现区域集聚特征，胡焕庸线西侧 7 个省份的数字经济指数平均仅为 18.7，而胡焕庸线东侧的 23 个省份数字经济指数平均为 32.8，其中数字经济指数最发达的 5 个省份（广东、北京、上海、浙江、江苏）数字经济指数平均高达 53.9[①]（图 5.17）。

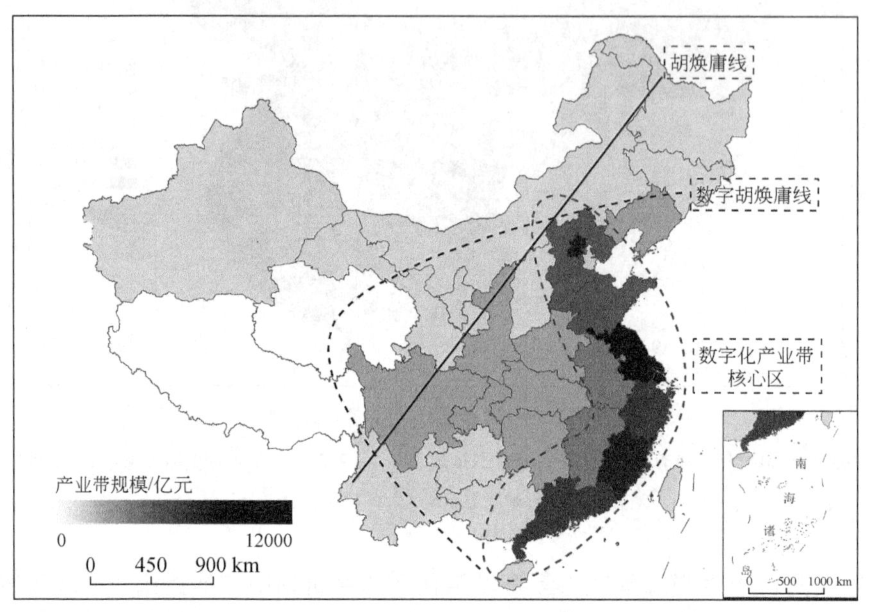

图 5.17　中国数字化产业带分布情况及数字胡焕庸线

注：图来自于阿里研究院 2021 年发布的《数字化产业带崛起："数字胡焕庸线"下的增长引擎》文章

中国在京津冀、长三角、粤港澳大湾区、成渝、内蒙古、贵州、甘肃、宁夏启动建设国家算力枢纽节点，并规划了 10 个国家数据中心集群，实施了"东数西算"工程（国家发展和改革委员会，2022）。"数"指的是数据，"算"指的是算力，如同农业时代的水利、工业时代的电力，已经成为数字经济发展的核心能力之一，"东数西算"即把东部的数据传输到西部进行计算和处理，可以理解为数字经济时代的"南水北调"工程（方正梁，2022）。按"算力时代三定律"观点，即时代定律，算力就是生产力；增长定律，算力每 12 个月增长一倍；经济定律，算力每投入 1 元，带动 3～4 元 GDP 经济增长（叶菁，2022），"东数西算"工程，为西部地区提供前所未有的高质量发展机遇。中国国内云计算实力最强的企业如阿里云、腾讯云、百度智能云、金山云、移动云、天翼云、联通云等企业，国外企业亚马逊 AWS、微软 Azure、国际商业机器公司（International Business Machines Corporation，IBM）纷纷布局西部云计算中心，ICT 云厂商华为云、紫光云、浪潮云等也涌入西部地区。例如，"云上贵州"吸引了苹果、腾讯、华为等企业。2021 年，贵阳贵安成为全球集聚超大型数据中心最多的地区之一，数字经济占比达 34%；内蒙古"草原云谷"乌兰察布吸引了华为、阿里、快手等知名企业来此设立数据中心；宁夏"云天中卫"则建成了亚马逊、美利云、中国移动、中国联通、天云网络、创客超算 6 个大型、超大型数据中心（谢良兵，2022）。"东数西算"工程，不仅可以带动广大西部地区参与数字经济发展，释放西部地区的资源优势，实现东西部一体化协调发展，对于突破胡焕庸线也具有十分重

① 赛迪顾问.2020. 中国数字经济发展指数白皮书.

要的现实意义。

5.4　人工智能与社会经济格局

5.4.1　人工智能出现与发展

1950 年，艾伦·图灵（Alan Turing）发表的论文“计算机与智能”开启了“人工智能”研究的新时代，他假设了一种模仿游戏（图灵测试），提出如果一台机器可以与人类进行智能对话，即可说机器是智能的（Turing，1950）。“人工智能”（artificial intelligence）一词出现在 1956 年召开的达特茅斯会议，由麦卡锡提出并总结，会议达成共识“制造一台机器，该机器可以模拟学习或者智能的所有方面，只要这些方面可以精确描述”（Every aspect of learning or any other feature of intelligence can in principle be so precisely described that a machine can be made to simulate it）（李德毅，2018）。人工智能的第一次浪潮（1950～1970 年）整体技术处于发展初期且一些软件硬件条件也不够先进，因此人工智能效率并不高，例如，冷战期间美国将俄语翻译成英语的翻译机器 Georgetown-IBM，但机器翻译质量差、速度慢、成本高，只是一种人工智能机器的尝试性工作（Delipetrev et al.，2020）。人工智能的第二次浪潮（1970～1990 年）产生了“专家系统”，即以计算机的形式获取人类专家知识并将其作为程序应用到个人计算机。一些计算机公司开始生产专家系统，向客户提供成为“推理引擎”的软件包与相关的知识服务。这一时期人工智能的经济效益有所增加，例如，XCON 专家系统在 1980～1986 年间每年为 Digital Equipment Corporation 节省 4000 万美元，但是在美国 1985 年对专家系统超过 10 亿美元的投资仍是微乎其微。同期发达国家日益重视人工智能技术的研发，英国启动了 3.5 亿英镑的 Alvey 项目；1981 年日本则拨款 8.5 亿美元支持第五代计算机项目。人工智能从 1990 年至今为第三次发展浪潮。这一时期的技术主要以机器学习与深度学习为主，例如，全球最复杂的游戏围棋，在人工智能技术的发展与促进下，在 2018 年通过程序构建的深度学习技术让“AlphaGo Zero”在三天的比赛模拟结果下以 100 比 0 的绝对胜利战胜 AlphaGo Lee，在 21 天的模拟训练中战胜 AlphaGo Master。而 AlphaGo Lee 在此前就已经战胜过韩国围棋高手李世石，AlphaGo Master 则打败我国围棋九段棋手柯洁（Silver et al.，2018），挑战中韩所有职业围棋高手，没有败绩。人工智能技术的飞速发展将产生巨大的经济效益预计在 2030 年为全球带来约 13 万亿美元的额外全球经济活动，每年增加约 1.2%的 GDP 增长（Zhao，2018）。

5.4.2　人工智能对经济发展的影响

人工智能具备四大经济效应，即智能渗透效应、边界延展效应、知识创造效应和自我深化效应。智能渗透效应是指技术创新在社会经济发展中与多样生产产业、人们生活各环节相互融合、相互渗透并改变经济运行方式的一种能力；边界延展效应是指某种技术创新与经济社会融合带来社会工作任务边界扩展，并引发工作任务层次提升的一种潜能；知识创造效应是技术创新促进科学知识生产的一种能力；自我深化效应是指人工智能技术使机器人能产生类似人的学习能力，赋予了人工智能不断学习，实现自我提升、自我深化的能力（黄志，2021）。经济社会发展的主要因素有劳动、资本与生产技术。劳动力是经济发展的基础要素投入，资本是经济增长的关键实现路径，而生产技术则是经济增长的加速“引擎”。人工智能通过智能渗透效应和边界延展效应作用于劳动与资本；通过知识创造效应和自我深化效应影响生产技术水平进而影响生产效率。智能渗透效应中具有巨大比较优势的智能机器将替代劳动和资本，对生产率要素产生影响，边界延展效应通过创造新岗位、淘汰落后岗位，影响劳动就业结构和资本要素投入，对生产率要素产生影响。

人工智能在智能制造与智能生产、智能教育、智能金融、智慧医疗、智慧驾驶等领域得到了广泛应用，推动整个社会生产可能性边界的上移。例如，从 2013 年开始，我国的电子支付业务开始写入由中国人民银行发布的《支付体系运行总体情况》的非现金支付业务中进行统计。2013 年我国移动支付业务规模达到 16.74 亿笔，金额为 9.64 万亿元；而 2020 年我国移动支付业务规模达到 1232.20 亿笔，约为 2013 年业务规模的 73.61 倍；金额达到 432.16 万亿元，约为 2013 年移动支付业务金额的 44.83 倍。同时人工智能通过大数据的分析，能够精准判断人们的消费习惯并进行消费定位，向用户推荐相关的物品或金融产品。美国智慧医疗市场约占据全球市场份额的 80%，全球 40%以上的智慧医疗设备都产自美国。美国汽车品牌特斯拉仅 2021 年交付新能源汽车 93.57 万辆，销售额达到了 538.28 亿美元。我国汽车品牌蔚来自 2018 年发行以来，在四年内的销售额增长已经达到 52.05 亿美元（图 5.18）。

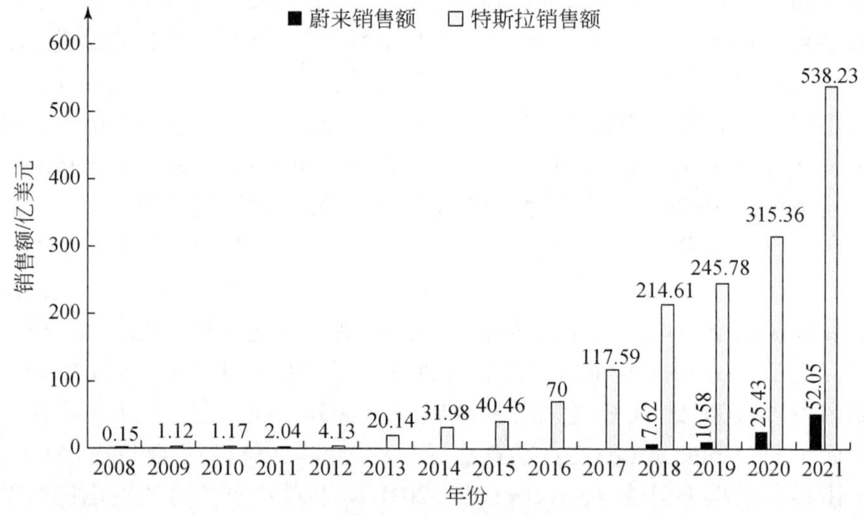

图 5.18　特斯拉、蔚来历年销售收入

数据来源：Statista：Tesla’s revenue from FY 2008 to FY 2021.https://www.statista.com/statistics/272120/revenue-of-tesla.；蔚来汽车历年财报

5.4.3　人工智能发展不平衡问题

1. 地理空间人工智能集聚显著

就全球层面看，人工智能（artificial intelligence，AI）技术本身也呈现不均衡式发展，其带来的效益也无法惠及每一个群体。正是这种技术发展的不平等和不对称，扩大了由 AI 引起的不同行业、群体和阶级的发展能力、信息把控、资源占用和社会影响的差距，不仅加剧了欠发达地区的失业率，进而扩大了社会的收入差距。同时贫富差距也在扩大，社会阶层流动性下降（周琦和蒲松杨，2021）。AI 技术越来越在地理空间上表现为全球集中、国内集聚特征。全球集中主要体现在发达国家占有绝大多数 AI 技术的制造，国内集聚体现在 AI 技术日益向部分优势位区域，例如，美国 2/3 的 AI 活动仅发生在 15 个都市区内，而且主要是沿海地区，有旧金山和圣何塞这两个“超级明星”，奥斯汀、西雅图等 13 个“AI 率先使用”地区。美国 AI 领域约四分之一的会议论文、专利、公司都出自旧金山湾区，旧金山湾区的 AI 活跃度是其他一线城市的 4 倍①。

2. 边缘性和依附性地位凸显

在全球 AI 领域存在边缘、半边缘和中心空间结构，日益表现为“智能化”和“本地化”特征。“本地化”意味着中心国家的高新技术企业会逐步回撤，在国内设厂，这种趋势将使奋力追赶的半边缘国家和边缘国家逐渐丧失劳动力成本低的优势地位，通过训练熟练工人为国家发展做准备的优势和机会也会逐渐消散。边缘国家和半边缘国家参与全球分工的机会将会逐步减少，自身的边缘性加剧。

发达国家在全球人工智能领域目前处于技术垄断地位，因而获得更多的垄断利益。边缘和半边缘地位的第三世界国家在人工智能方面弱势地位显著，与发达国家间的差距进一步拉开，固化了原来的边缘依附关系。

本章小结

- 工作与就业是全球适龄劳动人口发展的基本权利，也是推动世界发展的重要驱动因素。
- 人口是发展的主体基础，全球人口就业水平与贫困人口分布鸿沟鲜明。
- 包容性增长是共享、公平、均等等理念的集合，是在全球与国家经济社会发展中破除鲍莫尔佯谬式悖论，寻求各国、各产业发展利益最大公约数的发展。
- 数字化是全球经济社会大变局中的重要因素，数字经济已经深入到人类工作生活的各个角落。在转向数字化、网络化、智能化发展的新时代，全球各国各地区应致力于消除国内国际“数字鸿沟”。促进数字经济快速发展，有助于提高发展中国家经济社会发展水平。
- 人工智能时代，新型的生产模式会造成持续性的失业，也创造更多的就业。

参考文献

蔡自兴，郭璠. 2013. 中国工业机器人发展的若干问题. 机器人技术与应用，3（5）：8-12

茶洪旺，胡江华. 2012. 中国数字鸿沟与贫困问题研究. 北京邮电大学学报：社会科学版，14（1）：74-80

陈岑，张彩云，周云波. 2022. 新时代背景下的共同富裕：挑战与路径选择. 西南金融，（4）：1-13

陈经伟，相倚天. 2021. 易地扶贫搬迁在实践中推进经济理论创新. 宏观经济管理，（9）：51-57

陈凯，朱钰. 2007. 机器学习及其相关算法综述. 统计与信息论坛，（5）：105-112

陈明星，李扬，龚颖华，等. 2016. 胡焕庸线两侧的人口分布与城镇化格局趋势——尝试回答李克强总理之问. 地理学报，（2），179-193

陈细娣. 2021. 我国农民工回流的历史发展、变动趋势及保障路径——基于 2010—2019 年全国农民工监测

① Brookings Institution. 2021. American AI geography.

数据的分析. 天津农业科学，27（6）：62-68
程永伦. 2008. 钱江一号焊接机器人运动学研究及仿真分析. 杭州：浙江大学硕士学位论文
邓祥征，金贵，何书金，等. 2020. 发展地理学研究进展与展望. 地理学报，75（2）：226-239
邓祥征，梁立，吴锋，等. 2021. 发展地理学视角下中国区域均衡发展. 地理学报，76（2）：261-276
丁金宏，程晨，张伟佳，等. 2021. 胡焕庸线的学术思想源流与地理分界意义. 地理学报，76（6），1317-1333
樊莉丽，董先明. 2010. 计算机芯片的发展史. 信息与电脑（理论版），（10）：192
范恒山. 2019. 数字技术赋能区域经济智慧化转型. 中国信息界，（6）：40-42
高更和，曾文凤，刘明月. 2017. 省际流动农民工回流区位及影响因素：以河南省 12 个村为例. 经济地理，37（6）：151-155
耿子恒，汪文祥. 2022. 人工智能影响中国产业发展的路径与机制研究. 工业技术经济，41（2）：100-106
郭晗，廉玉妍. 2020. 数字经济与中国未来经济新动能培育. 西北大学学报（哲学社会科学版），50（1）：65-72
郭华东，肖函. 2016. “一带一路”的空间观测与“数字丝路”构建. 中国科学院院刊，31（5）：535-541
国家发展和改革委员会. 2022. 国务院印发《“十四五”数字经济发展规划》. http://www.gov.cn/xinwen/2022-01/12/content_5667840.htm.［2022-01-12］
国家卫生健康委员会. 2018. 中国流动人口发展报告 2018. 北京：中国人口出版社
韩嘉福，李洪省，张忠. 2009. 基于 Lorenz 曲线的人口密度地图分级方法. 地球信息科学，（6）：833-838
何传启. 2019. 中国现代化报告 2019—生活质量现代化. 北京：北京大学出版社.
侯晓东，朱巧玲，万春芳. 2022. 百年共同富裕：演进历程、理论创新与路径选择. 经济问题，（2）：1-8
胡放之，肖婉琴，卢雨萌，等. 2021. 数字经济对就业的影响探析. 科技创业月刊，34（12）：30-33
胡焕庸. 1935. 中国人口之分布——附统计表与密度图. 地理学报，2（2）：33-74
胡继晔. 2019. 促进数字经济与实体经济融合发展. http://views.ce.cn/view/ent/201910/29/t20191029_33458026. shtml. ［2019-10-29］
黄季焜，史鹏飞. 2021. 快速和包容的农村经济转型路径、效果和驱动力. 中国科学基金，35（3）：394-401
黄志. 2021. 人工智能对经济增长的影响研究. 成都：四川大学博士学位论文
柯文前，朱宇，陈晨，等. 2022. 1995-2015年中国人口迁移的时空变化特征. 地理学报，77（2）：411-425
科大讯飞. 2016. 探索语音识别技术的前世今生. 科技导报，34（9）：76-77
李伯玺. 2019. 数字经济让我国东西部共享发展机遇. 光明日报［2019-09-20］
李德毅. 2018. 人工智能导论. 北京：中国科学技术出版社
李金华. 2021. 新工业革命进程中的信息化：发展测度与未来路径. 福建论坛（人文社会科学版），（1）：47-60
李军鹏. 2021. 共同富裕：概念辨析、百年探索与现代化目标. 改革，（10）：12-21
李雨潼. 2013. 中国人口性别结构分析. 人口学刊，35（6）：61-69
李玉恒，阎佳玉，武文豪，等. 2018. 世界乡村转型历程与可持续发展展望. 地理科学进展，37（5）：627-635
刘俊一. 2018. 人工智能领域的机器学习算法研究综述. 数字通信世界，（1）：234-235
刘玲，方红姣. 2019. 人类命运共同体理念的哲学内涵. 人民论坛，（22）：132-133
刘小鹏，程静，赵小勇，等. 2020. 中国可持续减贫的发展地理学研究. 地理科学进展，39（6）：892-901
刘小鹏，李伟华，王鹏，等. 2019. 发展地理学视角下欠发达地区贫困的地方分异与治理. 地理学报，74（10）：2108-2122
刘彦随. 2018. 中国新时代城乡融合与乡村振兴. 地理学报，73（4）：637-650
刘彦随. 2019. 新时代乡村振兴地理学研究. 地理研究，38（3）：461-466

刘彦随，龙花楼，李裕瑞. 2021. 全球乡城关系新认知与人文地理学研究. 地理学报，76（12）：2869-2884
陆大道. 2011. 中国地理学的发展与全球变化研究. 地理学报，66（2）：147-156
马严. 2013. 有了开放才有互联网的未来. 中国教育网络，（8）：1
马忠东. 2019. 改革开放40年中国人口迁移变动趋势——基于人口普查和1%抽样调查数据的分析. 中国人口科学，（3）：16-28
孟凡强，林浩，谢健. 2020. 农民工就业结构的代际差异——基于中国流动人口动态监测调查数据的再研究. 中国农村研究，（1）：246-266
孟天广. 2021. 政府数字化转型的要素、机制与路径——兼论“技术赋能”与“技术赋权”的双向驱动. 治理研究，37（1）：5-14，2
倪晨旭，2018. 计算机视觉研究综述. 电子世界，（1）：91，93
钱中兵. 2018. 习近平总书记广东考察. http://www.xinhuanet.com/photo/2018-10/25/c_1123614996. htm.［2018-10-25］
石涌江. 2002. 全球化与电信企业的创新. 北京：北京邮电大学出版社
田永中，陈述彭，岳天祥，等. 2004. 基于土地利用的中国人口密度模拟. 地理学报，59（2），283-292
王桂新，潘泽瀚. 2016. 中国人口迁移分布的顽健性与胡焕庸线. 中国人口科学，（1），2-13
王田苗，陶永. 2014. 我国工业机器人技术现状与产业化发展战略. 机械工程学报，50（9）：1-13
吴一品. 2020. 数字经济推动实体经济的发展路径. 中国商论，（3）：4-5
吴永和，刘博文，马晓玲. 2017. 构筑“人工智能+教育”的生态系统. 远程教育杂志，35（5）：27-39
吴志成，刘培东. 2020. 全球发展赤字与中国的治理实践. 国际问题研究，（4）：20-41
奚骏. 2020. 人工智能与教育相结合的启示. 中小学信息技术教育，4
夏英. 1995. 贫困与发展. 北京：人民出版社
谢良兵. 2022. “东数西算”工程全面启动，下一个“贵阳”会是谁？http://news.sohu.com/a/537899160_114988［2022-04-15］
邢铭生，朱浩，王宏斌. 2016. 语音识别技术综述. 科协论坛（下半月），2010（3）：62-63
阎世平，武可栋，韦庄禹. 2020. 数字经济发展与中国劳动力结构演化. 经济纵横，（10）：96-105
杨芳. 2014. 李克强之问：“胡焕庸线”怎么破？http://www.gov.cn/guowuyuan/2014-11/28/ content_2784332.htm.［2014-11-28］
杨静. 2020. 云南：电商扶贫带动 68. 95 万贫困人口就业创业. http://www.gov.cn/xinwen/2020-03/29/ content_5496744.htm.［2020-03-29］
杨忍，徐茜，张琳，等. 2018. 珠三角外围地区农村回流劳动力的就业选择及影响因素. 地理研究，37（11）：2305-2317
杨伟国，张成刚，辛茜莉. 2018. 数字经济范式与工作关系变革. 中国劳动关系学院学报，32（5）：56-60
杨彦，邓建胜，祝佳祺. 2021. 小小螺蛳粉做成“三个百亿”大产业. https://china.huanqiu.com/ article/43aHcvjxGuZ［2021-06-18］
杨莹，张志娟，芦娜. 2021. 中国芯片产业发展路径选择研究. 现代雷达，43（11）：96-97
叶菁. 2022. 专家：数字经济进入算力时代运营商算力网络需协同发展. https://m.thepaper.cn/ baijiahao_17227306［2022-03-21］
伊曼纽尔·沃勒斯坦. 1998. 现代世界体系（第一卷）. 尤来寅，路爱国，等 译. 北京：高等教育出版社
殷毅. 2018. 智能传感器技术发展综述. 微电子学，48（4）：504-507，519
尤政. 2016. 智能传感器技术的研究进展及应用展望. 科技导报，34（17）：72-78

余泽健. 2021. 现代芯片制造技术的展望. 集成电路应用，38（1）：4-5

曾加，陈婉姝. 2017. “一带一路”倡议下意思自治原则在涉外合同法律关系中的适用. 西北大学学报（哲学社会科学版），47（6）：36-44

张美芳，王羽，郑碧琪，等. 2019. 人工智能在汽车自动驾驶中的应用. 汽车工业研究，（3）：2-7

张荣天，张小林，陆建飞，等. 2021. 我国乡村转型发展时空分异格局与影响机制分析. 人文地理，36（3）：138-147

张万里，宣旸. 2020. 产业智能化对产业结构升级的空间溢出效应——劳动力结构和收入分配不平等的调节作用. 经济管理，42（10）：77-101

甄峰，刘晓霞，刘慧. 2007. 信息技术影响下的区域城市网络：城市研究的新方向. 人文地理，（2）：76-80，71

郑嘉琳，徐文华. 2020. 数字经济助推我国经济高质量发展的作用机制研究——基于区域异质性视角的分析. 价格理论与实践（8）：148-151

中国人工智能产业研究报告（III）公开版 2020 年//艾瑞咨询系列研究报告（2020 年第 12 期），2020：338-440

中国人民银行武汉分行办公室课题组. 2016. 人工智能在金融领域的应用及应对. 武汉金融，（7）：46-47+50

中华人民共和国国务院. 2017. 2017 年政府工作报告. http://www.gov.cn/guowuyuan/2017zfgzbg.htm［2017-03-05］

中华人民共和国国务院. 2019. 政府工作报告. http://www.gov.cn/gongbao/content/2019/content_5377101. htm［2019-03-05］

中华人民共和国国务院. 2021. 2020 年度人力资源和社会保障事业发展统计公报. http://www.gov.cn/xinwen/2021-06/04/content_5615424.htm［2022-02-15］

中华人民共和国国务院. 2021. 中华人民共和国国民经济和社会发展第十四个五年规划和 2035 年远景目标纲要. http://www.gov.cn/xinwen/2021-03/13/content_5592681.htm［2021-3-13］

中华人民共和国国务院. 2022. 国务院关于印发“十四五”推进农业农村现代化规划的通知. http://www.moa.gov.cn/govpublic/FZJHS/202202/t20220211_6388493.htm［2022-02-15］

周德，戚佳玲，钟文钰. 2021. 城乡融合评价研究综述：内涵辨识、理论认知与体系重构. 自然资源学报，36（10）：2634-2651

周琦，蒲松杨. 2021. 人工智能浪潮下的第三世界国家发展困境与对策. 湘潭大学学报（哲学社会科学版），45（3）：160-168，180

朱豫. 2022. “村村通快递”年内基本实现. http://www.gov.cn/xinwen/2022-01/13/content_5667947. htm［2022-01-13］

卓莉，陈晋，史培军，等. 2005. 基于夜间灯光数据的中国人口密度模拟. 地理学报，60（2），266-276

Antonelli C. 2003. The digital divide：understanding the economics of new information and communication technology in the global economy. Information Economics & Policy，15（2）：173-199

Baghirzade A R. 2020. Development of cloud digital technologies and the introduction of chip technologies. Paters

Bogue D J. 1959. Internal Migration. Chicago：University of Chicago Press

Clapp J，Moseley W G. 2020. This food crisis is different：COVID-19 and the fragility of the neoliberal food security order. The Journal of Peasant Studies，47（7）：1393-1417

Delipetrev B，Tsinaraki C，Kostic U. 2020. Historical Evolution of Artificial Intelligence Technical Report. Publications Office of the European Union

Department of Economic and Social Affairs. 2017. Population Division. UN：World Urbanization

Dzanku F M. 2019. Food security in rural sub-Saharan Africa：Exploring the nexus between gender，geography and off-farm employment. World Development，113：26-43

Elgin C，Tumen S. 2012. Can sustained economic growth and declining population coexist. Economic Modelling，29（5）：1899-1908

Ge D，Long H，Qiao W，et al. 2020. Effects of rural–urban migration on agricultural transformation：A case of Yucheng City，China. Journal of Rural Studies，76：85-95

Hasegawa T，Fujimori S，Havlík P，et al. 2018. Risk of increased food insecurity under stringent global climate change mitigation policy. Nature Climate Change，8（8）：699-703

Heller P S. 2016. The challenge of an aged and shrinking population：Lessons to be drawn from Japan's experience. Journal of the Economics of Ageing，（8）：85-93

Herrendorf B，Rogerson R，Valentinyi A. 2014. Growth and structural transformation//Handbook of economic growth. Elsevier，2：855-941

Hitachi L. 2008. Masters lavemanipulator system：German，EP2008000，1129. 2008-09-24

Kaur V. 2019. Knowledge-based Dynamic Capabilities. New York：Springer International Publishing

Keynes J M. 1978. Some economic consequences of a declining population. Population & Development Review，4（3）：517-523

Kundu A，Chakrabarti S. 2022. Informal Sector in India：A Critique of Inclusive Transition//Persistent and Emerging Challenges to Development. Singapore：Springer

Lambregts B，Beerepoot N，Kleibert J. 2017. Globalisation and Services-driven Economic Growth. London：Routledge

Lewis W Arthur. 1954. Economic Development with Unlimited Supplies of Labor. The Manchester School，22（2）：139-191

Li Y H. 2012. Urban-rural interaction patterns and dynamic land use：Implications for urban-rural integration in China. Regional Environmental Change，12（4）：803-812

Lipton M. 1977. Why Poor People Stay Poor：A Study of Urban Bias in World Development. Canberra：Australian National University Press

Lo C P. 2001. Modeling the population of China using DMSP operational linescan system nighttime data. Photogrammetric Engineering and Remote Sensing，67（9）：1037-1047

Lordan G，Neumark D. 2018. People versus machines：The impact of minimum wages on automatable jobs. Labour Economics，52：40-53

Mellor J W. 2017. Agricultural development and economic transformation. Palgrave Studies in Agricultural Economics and Food Policy

Metters R，Verma R. 2008. History of offshoring knowledge services. Journal of Operations Management，26（2）：141-147

Owoyemi A，Owoyemi J，Osiyemi A，et al. 2020. Artificial intelligence for healthcare in Africa. Frontiers in Digital Health，2：6

Peck J. 2017. Offshore：Exploring the Worlds of Global Outsourcing. Oxford：Oxford University Press

Perrons R K，Platts K. 2004. The role of clockspeed in outsourcing decisions for new technologies：insights from the prisoner's dilemma. Industrial management & data systems，104（7）：624-632

Perroux F. 1955. Matériaux pour uneanalyse de la croissanceéconomique：Fascicule 1. Paris：I. S. E. A.

Qi Y，Chu X. 2021. Development of the Digital Economy，Transformation of the Economic Structure and Leaping of the Middle-income Trap. Journal of Finance and Economics，47（7）：18-32

Ranis G，Fei J C H. 1963. The Ranis-Fei model of economic development：Reply. The American Economic Review，53（3）：452-454

Ravenstein E G. 1885. The laws of migration. Journal of the Statistical Society of London，48（2）：167-235

Richardson R，Marshall J N. 1996. The growth of telephone call centres in peripheral areas of Britain：evidence from Tyne and Wear. Area：308-317

Rosa L，Chiarelli D D，Rulli M C，et al. 2020. Global agricultural economic water scarcity. Science Advances，6（18）：eaaz6031

Sassen S. 2002. Towards a sociology of information technology. Current Sociology，50（3）：365-388

Sen A. 1976. Poverty：An ordinary approach to measurement. Econometrica，44（2）：219-231

Silver D，Hubert T，Schrittwieser，et al. 2018. "A general reinforcement learning algorithm that masters chess, shogi，and Go through self-play." Science，362，6419：1140-1144

Silver D，Schrittwieser J，Simonyan K，et al. 2017. Mastering the game of go without human knowledge. Nature，550（7676）：354-359

Tacoli C. 1998. Rural-urban interactions：a guide to the literature. Environment and Urbanization，10（1）：147-166

Turing A M. 2009. Computing Machinery and Intelligence/Parsing the Turing Test. Dordrecht：Springer

Valenduc G，Vendramin P. 2016. Work in the digital economy：sorting the old from the new. Brussels：European Trade Union Institute

Wilson D T. 1995. An integrated model of buyer-seller relationships. Journal of the Academy of Marketing Science，23（4）：335-345

Wilson R. 2021. Economic Development in the Middle East. London：Routledge

Wood A J，Graham M，Lehdonvirta V，et al. 2019. Good gig，bad gig：autonomy and algorithmic control in the global economy. Work，Employment and Society，33（1）：56-75

Zhao H. 2018. Assessing the economic impact of artificial intelligence. ITU Trends. Emerging Trends in ICTs

第 6 章　卫生、健康、灾害与发展

6.1　公共卫生与发展

20 世纪 80 年代以来，卫生改革席卷全球，健康问题成为社会关注的基本问题，也是政策发展规划的核心问题。自人类世以来，国际上发生了一系列重大公共卫生事件，从鼠疫、大流感、天花到严重急性呼吸综合征（severe acute respiratory syndrome，SARS）和新冠疫情，以及工业化副产品暴露引起健康不利影响证据的增加，人们对公共卫生服务可获得性和支付能力的担忧等，全球健康问题受到了广泛关注。

6.1.1　公共卫生的内涵与理论

公共卫生概念是由耶鲁大学查尔斯·温斯洛教授（Charles Winslow）提出（1920），主要是预防、监测和治疗重大疾病，特别是结核病、艾滋病、SARS、新冠病毒等传染性疾病；负责食品、药品和环境卫生的监管，并开展卫生宣传、健康教育、免疫接种等工作。世界卫生组织（World Health Organization，WHO）将公众健康界定为：通过团体的集体努力，有效地预防疾病，延长寿命，促进心理和生理健康。作为一项关系大众健康的公共事业，公共卫生的主要目的是保护和增进国民健康。

国际上，公共卫生由三类服务组成：①以人群为基础的公共卫生服务，包括病媒控制和全民健康教育；②个人预防保健，如疫苗接种、婚检、产前保健等；③针对影响公众健康的疾病（如结核病和性病）的个体化治疗。公共卫生与社会经济发展、人口结构、疾病模式和疾病负担及现有行政管理体制密切相关，这些因素在国家和地区之间差异较大。

公共健康服务理论主要有：公共健康服务均等化理论、安德森利用行为模型。“公共服务均等化”是一国内各区域内的全体公民享有的基本公共服务，其最终目的是实现全民基本公共服务的均等化（安体富，2007）。区域划分为城镇和农村，人们始终生活在一定的区域内，实现公共服务的均等化可以分为两个步骤：一是在同一区域内城乡基本公共服务，二是在区域内实现城乡基本公共服务；“均等化”的内涵包括人民在获得基本公共服务的机会上是平等的，例如，人民享有基本的健康保险，以及人民在获得基本公共服务时的公平；例如，人们无论住在城市还是乡村，均能享受到数量均等的失业、医疗、养老等社会保障公共服务。均等化的判断标准包括三个维度（郭小聪，2013）：一是最低标准，即所有人享有最起码的公共服务的权利；二是平均标准，也就是为人民提供的基本公共服务要达到中等偏上的水准；三是平等标准，即人民在享受基本公共服务时所获得的公平。基本公共服务的均等化与经济、社会发展水平之间存在显著的正向关系，在经济和社会发展水平较低的情况下，基本公共服务是最低标准，而在经济和社会发展水平较高时，则追求平等标准。

安德森（Andersen）在 1968 年首先提出了医疗服务的可获取性，即提供和使用服务的能力。WHO 所建议的便利程度是指居民到基层医疗机构的便利程度，也就是满足其最基本的医疗服务的空间难度。为了方便地衡量这个概念，美国医学科学院（Institute of Medicine，IOM）将其界定为：及时使用个人保健服务，以达到最好的保健效果，并将保健服务的使用和保健效果联系起来。安德森提出并建立了卫生服务利用行为模型。模型从环境因素、人群特征、健康行为和健康结果四个方面进行了评估和测量（图 6.1）。

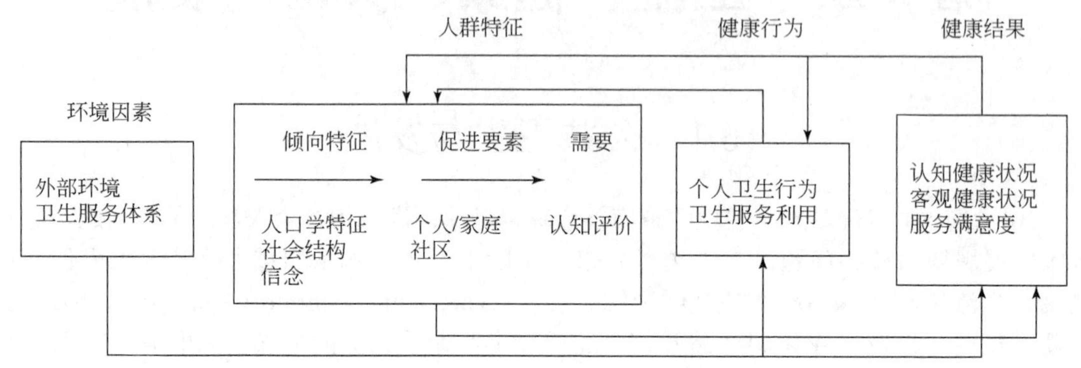

图 6.1　安德森模式

2011 年，Derose 在安德森模式的基础上进一步将基因遗传纳入模型，并重点论述了公共卫生在促进可及性公平方面的作用，归纳整理出新的可及性研究框架（图 6.2）。

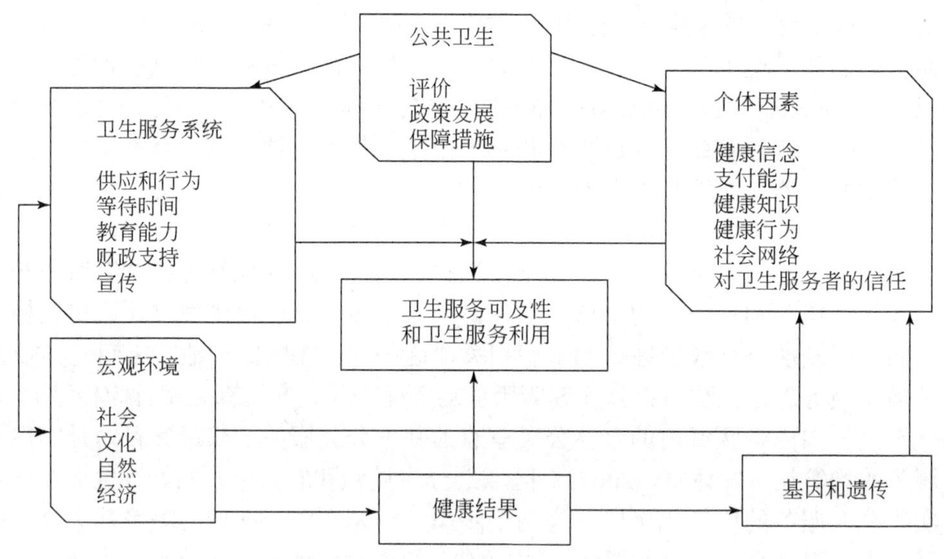

图 6.2　卫生服务可及性研究框架

中国基本卫生服务项目主要有 14 个方面，即：健康档案管理、健康教育、预防接种、0～6 岁儿童健康管理、孕产妇健康管理、老年人健康管理、慢性病患者健康管理、严重精神障碍患者管理、肺结核患者健康管理、中医药健康管理、传染病和突发卫生事件报告与处理、卫生计生监督协管、免费提供避孕药具和健康素养促进（图 6.3）。

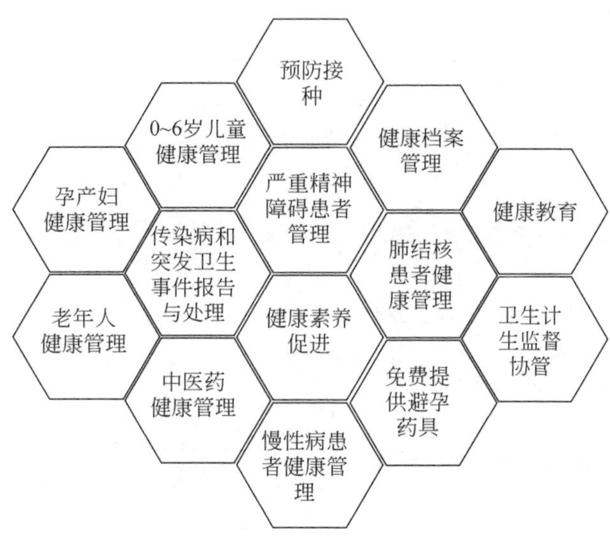

图 6.3　基本公共卫生服务内容

6.1.2　公共卫生服务评价

WHO 为各成员国的医疗体系的表现制定了一个概念性的架构，卫生系统即“包括致力于创造健康活动的组织、机构和资源”。健康活动是指以提高卫生为主要目标的一切工作，如个人卫生服务、公共卫生服务或区域合作等。概念框架包括卫生服务的效果、效率、反应性、公平性（图 6.4）。

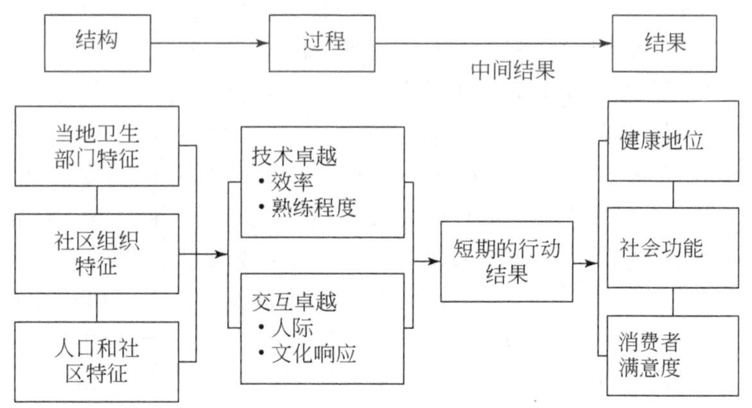

图 6.4　地方公共卫生系统质量评估框架

OECD 制定的医疗服务质量指数是一种衡量各国医疗服务品质的指标，它的医疗服务表现被界定为“维持一个公平、高效的医疗服务制度，但不会突出非保健服务的影响因素。”（表 6.1）。

表 6.1　OECD 卫生系统的表现

子维度	描述	指标示例
可接受性	社区、提供者和付费组织所提供的所有护理/服务都符合客户的期望，这些个体之间可能存在利益冲突，以及客户/患者的需求是最重要的	病人满意度

续表

子维度	描述	指标示例
可得性	客户/病人根据各自的需要在适当的地点和适当的时间获得护理/服务的能力	等待时间 实践可用性 牙医的可得性
适当性	所提供的护理/服务应符合客户/病人的需要，并以既定标准为基础	外科手术的不正当使用 心衰患者出院时血管紧张素转化酶抑制剂的适当应用
能力	个人的知识和技能与所提供的护理/服务相适应	—
连续性	在一段时间内，跨项目、从业人员、组织和护理/服务水平提供不间断的协调护理/服务的能力	—
有效性	护理/服务、干预或行动达到了预期的结果	癌症治疗 治疗后疝复发 怀孕期间戒烟（孕产妇保健的有效性） 长期护理管理：哮喘、糖尿病、癫痫的入院率
效率	以最具成本效益的方式使用资源，取得预期的结果	可避免的住院率 调整分离后每个病例的费用 成本效益的处方
安全	可以避免或最小化干预或环境的潜在风险	医院获得性感染率

《柳叶刀》于2017年发表了195个国家和区域卫生服务质量与可获得性指数(Health care Access and Quality Index，HAQ)，其分值为0～100。HAQ得分越高，则越能获得更好的医疗品质。从整体上看，各大洲HAQ指数差距较大，欧洲、北美洲和大洋洲的得分较高，而非洲则是得分最低的地区，特别是撒哈拉以南地区。

报告显示，中国排名前50，是医疗水平进步最大的国家之一。数据显示，中国在预防疾病（白喉、百日咳、麻疹、破伤风）、产妇保健和消化系统疾病（阑尾炎、疝）等方面得分高，而一些复杂的疾病（如癫痫、糖尿病、呼吸道疾病）则表现得尤其明显。

2017年，WHO公布的UHC服务覆盖指数测量指标体系包括4个领域、16项指标，包含了预防服务、治疗服务和服务可及性。经测算2000～2020年部分国家卫生服务覆盖率（图6.5），UHC有效覆盖指数从2000年的45.8提高到2020年的65.3，但国家层面来看（图6.6和图6.7），2020年部分国家UHC的有效覆盖率差距仍然较大，德国和俄罗斯大于57，而埃塞俄比亚联邦民主共和国小于25。从增速来看，自2000年以来，发展中国家的全民健康覆盖有效覆盖指数加速增长（埃塞俄比亚截至2020年平均每年增长3.08%）。相比之下，与2000～2020年相比，大多数其他疾病负担（global burden of disease，GBD）超级区域在2000～2020年的进展速度有所放缓。

总体UHC有效覆盖指数的表现通常与各个有效覆盖指标的水平相对应，例如，有效覆盖指数值大于50的国家通常绝大多数有效覆盖指数超过50。尽管表现出色的国家通常至少在某些指标上的值较低（例如，满足计划生育或抗逆转录病毒治疗覆盖率），这些指标通常代表潜在健康收益较低的领域，特别是相对于代表这些国家潜在健康收益较高的疾病（如心血管疾病、癌症和糖尿病）的卫生服务或干预措施的有效覆盖率指标。2020年总体UHC有效覆盖率指数表现相当低（即＜40）的国家和地区在大多数有效覆盖率指标中得分同样低。

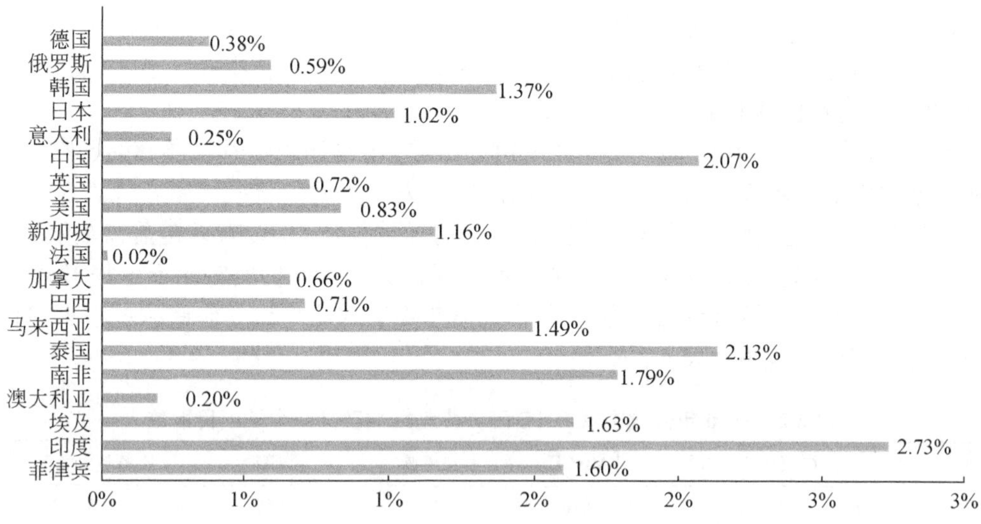

图 6.5　2000～2020 年部分国家卫生服务有效覆盖平均年增长率

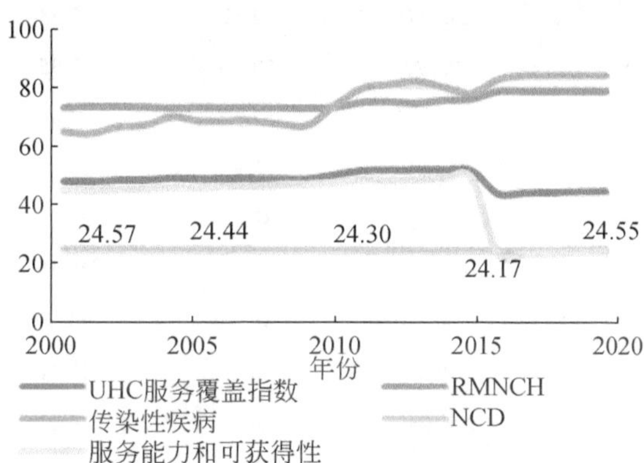

图 6.6　2000～2020 年澳大利亚卫生服务覆盖指数及其四个子项目指数趋势图

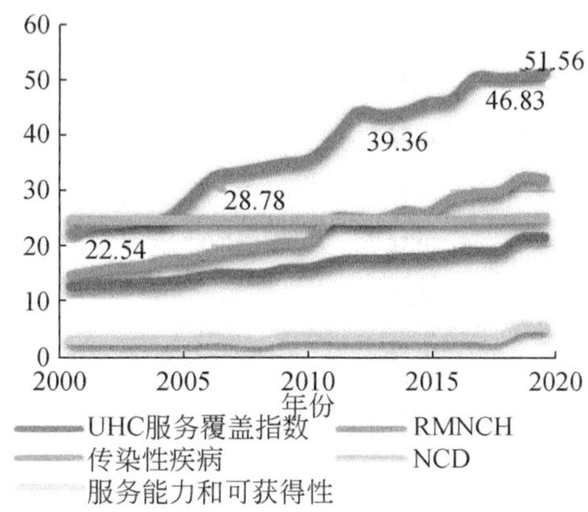

图 6.7　2000～2020 年埃塞俄比亚卫生服务覆盖指数及其四个子项目指数趋势图

许多在 2020 年全民健康覆盖有效覆盖率处于中等水平的国家在传染病和生殖、新生儿、孕产妇和儿童健康的大多数指标上都有相当高的值，但在非传染性疾病许多指标上的得分相对较低，可能反映了其不同的流行病学特征，从而反映了人群的健康需求。对于一些国家，尤其是撒哈拉以南非洲国家（如埃塞俄比亚）而言，尽管心血管疾病和糖尿病等非传染性疾病得分呈上升趋势，传染病（如艾滋病）和生殖、新生儿、孕产妇和儿童健康仍然是2020年潜在健康收益最高的指标之一。

相比之下，在许多其他国家——尤其是拉丁美洲、中欧和东欧及大洋洲的国家，到2020年，非传染性疾病在潜在健康收益中所占的比例更大；因此，这些国家在代表非传染性疾病服务的几个有效覆盖指标上的表现相对较差，这导致总体UHC有效覆盖指数值较低。高水平的疫苗覆盖率和有效覆盖率指标（如孕产妇保健）的表现仍然有助于这些国家的UHC有效覆盖率；然而，与这些环境中的许多非传染性疾病相比，这些健康领域在人口健康收益中所占的比例通常较小（表6.2）。

表6.2　2020年部分国家UHC服务覆盖指数及其四个子项目指数

国家	UHC服务覆盖指数	RMNCH	传染性疾病	NCD	服务能力和可得性
日本	56.22	79.10	76.27	24.57	67.37
德国	57.48	80.41	80.79	25.02	67.15
韩国	57.03	82.27	83.62	23.23	66.22
俄罗斯	57.38	78.62	77.00	27.05	66.21
法国	48.95	82.03	52.80	24.56	53.95
意大利	54.10	78.55	90.93	25.26	47.48
中国	51.46	81.42	83.55	23.53	43.80
美国	49.69	74.12	79.42	25.25	41.00
英国	49.93	80.73	81.23	23.68	40.03
加拿大	48.54	79.32	80.26	22.21	39.26
新加坡	49.32	80.24	80.17	24.22	37.96
巴西	47.72	73.70	72.83	28.42	34.00
马来西亚	46.98	77.66	71.01	27.41	32.24
泰国	45.39	87.76	80.54	24.71	24.31
澳大利亚	44.38	79.23	84.62	24.43	23.68
南非	44.21	83.26	68.88	29.00	22.97
埃及	39.11	66.57	62.97	26.71	20.90
菲律宾	34.86	70.71	57.94	24.92	14.47
印度	35.82	69.58	63.12	26.47	14.15
埃塞俄比亚	21.86	50.96	32.65	25.26	5.43

注：慢性非传染性疾病（non-communicable diseases，NCD）

6.2　公共健康与发展

1980年，英国政府发布著名的《健康不平等》报告。WHO于1998年会议正式提出了“促进各国间和各国内部的卫生平等”这一总体目标。2008年，世界卫生组织指出，“健康公平”要使健康公平性和一致性最大化，以及获得最佳健康的权利，并提出“用一代人的时间弥合差距”的愿景。2014 年，世界卫生大会呼吁各国针对社会环境中的健康危害因素实施干预措施以增进健康公平。2016 年，中国卫生与健康大会提出了“大幅提高健康水平，显著改善健康公平”的目标。当前，随着新型冠状病毒的流行，树立全民参与、共享的健康观念，强化全民健康教育，预防疾病的发生，已成为全社会共同关心的问题。

6.2.1　公共健康的内涵与理论

1920 年，美国卫生专家温思路提出了公共健康的概念：“公共健康是一门科学和艺术，借由团体的集体努力，预防疾病，延长寿命，促进健康及利益。这些团体的工作内容包括改善环境卫生、控制传染性疾病、教育人们注意个人卫生、组织医务工作者为疾病的早期诊断和预防治疗服务、建立社会机制以保证所有人都能维持健康。组织的目的是让每位公民享有与生俱来的健康和长寿的权利。”这个概念得到了世界卫生组织的认可，并沿用至今。

狭义的公共卫生伦理是指个人、团体、国家在公共卫生问题上所应负的道德义务，或者是个人、团体、国家在公共卫生问题上应当遵循的行为规范（张肖阳和肖巍，2020）。广义的概念是指对所有涉及公众卫生的伦理学问题进行研究，并在此基础上提出相应的道德准则和准则（喻文德，2019）。公共健康伦理包含公共健康的基本道德维度、公共健康行为的道德规范与规范、公共道德的基本内涵。其基本要义包括三个方面，一是其基本范畴是对公共卫生问题的道德阐释；二是它所规范的行为主体既包括个体、团体，也包括国家乃至全球；三是它通过关注健康这一视角，承诺公共社会伦理秩序和公共伦理精神，借助维护公众健康，建构与传扬公共社会之基本伦理秩序与公共伦理精神，此上种种即为公共健康伦理的意蕴。

在公共健康伦理学的基本原则有：仁慈原则、不伤害原则、公正原则和自主性原则，分析框架主要包含了公共健康伦理问题的方法步骤、程序准则和理论工具等。詹姆斯·丘卓斯（James Childress，2001）等认为，分析公共健康伦理问题的道德应包括以下九个方面：①产生利益；②避免、预防和消除伤害；③受益与伤害和其他代价相抵后产生最大的盈余；④受益和负担公平分配（即分配正义）并确保公众参与，包括受影响各方的参与（程序正义）；⑤尊重自主的选择和行动，包括行动自由；⑥保护隐私和机密；⑦遵守诺言和责任；⑧公开信息和告知真相；⑨建立和维持信任。维拉和艾奇斯为加拿大健康研究院的人口和公共健康研究所提供了个人和人口健康因素的概念性框架（图 6.8）。

根据 2020 年全国人口统计调查结果表明，中国 60 岁以上的老龄人口总数突破了 2.64 亿人，享受养老金服务的人口达到 1.6 亿，占 60.60%。参加全国基本养老保险人数为 10.25 亿人，各类养老金累计结存 4 万亿元左右，约占 GDP 的 3.96%。中国的社保资金缺口非常大，已经占到我国 GDP 的 1/3（2020 年中国 GDP 为 101 万亿元）。挪威社保资金储备占 GDP 总量 83%，世界最高。美国虽然储蓄率较低（人均不足 4%），但美国养老由三大支柱构成，即美国的社会保障资金（11%）、雇主发起的养老金计划（58%）和个人养老计划（31%），占到美国 GDP 的 110%以上。也就是说，美国人的 89%的养老问题是靠企业和个人养老金计划来实现。反观我国，居民储蓄率较高，但主要的养老资产都是基本养老金，基本养老金的投资收益回报率较低，仅为 3%，面临较大的贬值压力（图 6.9）。

吸毒是影响人类健康的一个最主要因素。世界银行人类发展报告指出，“2020 年，全球非法毒品交易额约为 5000 亿美元以上，大概占全球贸易额的 8%，超过钢铁或汽车的份额，与纺织业（7.5%）及燃油（8.6%）的份额接近”。在 15～64 岁人口中滥用大麻比例最高的区域之一是北美（10.5%），西欧及中欧比例较低（6.9%），亚洲的比例最低（2%）。

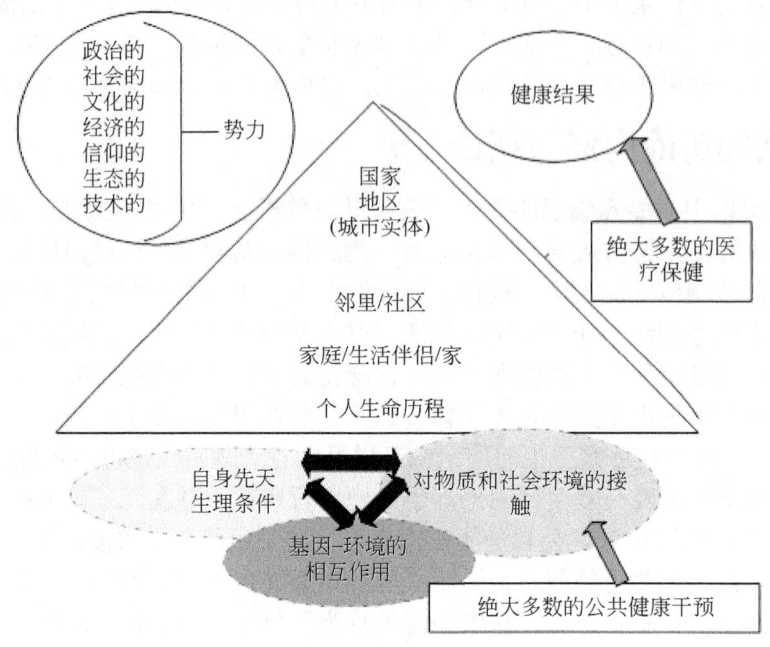

图 6.8　人口健康概念框架

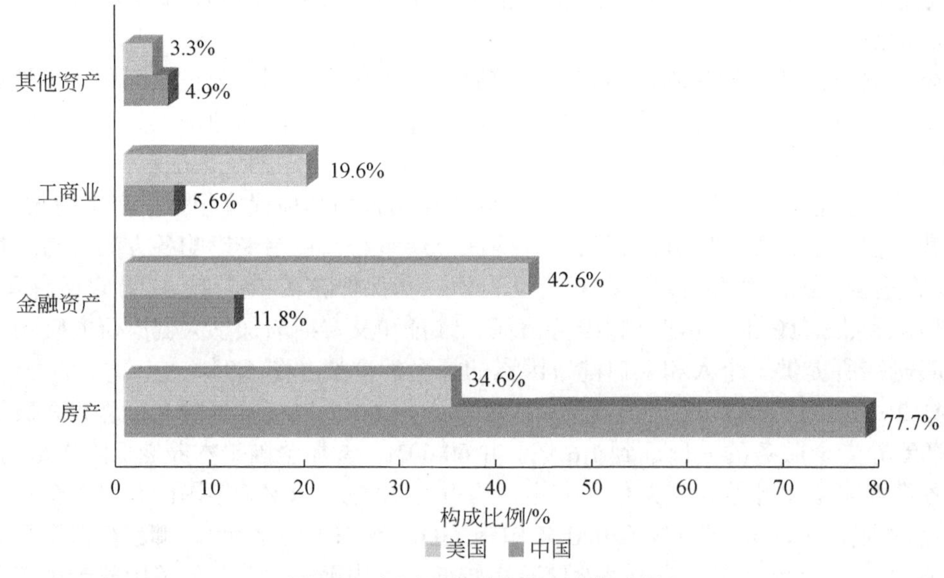

图 6.9　中国和美国养老产业构成图

6.2.2　全球健康

2005 年，在全球卫生峰会签署的《费城协议》中引用了美国科学院医疗学会的关于全球卫生的定义，协议指出“国际范围以外的健康问题，或有可能因特定国家自身状况和环境所造成的严重分歧，共同采取行动是最好的解决方法。”

据世界卫生组织统计，过去 30 多年来全球人类健康状况得到了显著改善。全球人均期望寿命从 1990 年的 64 岁增长到了 2020 年的 80 岁。自 1990 年以来，全世界的产妇死亡率已经下降了 45%。在全世界，新生儿和 5 岁以下儿童的死亡率也在总体上有所降低。然而，健康的促进也呈现出国家和地区差异。以人均期望寿命为例，2020 年非洲地区的人均期望寿命仅为 62 岁，与全球平均水平相差 18 岁，与欧洲，美洲和西太平洋地区平均水平（76 岁）相差 14 岁。2020 年，全球有 30.29 万名女性在怀孕、生产和生产后死亡，而这些死亡几乎全部发生在发展中国家，撒哈拉南部非洲地区占到了一半以上，而南亚地区的女性死亡人数接近 1/3。在撒哈拉南部非洲，5 岁以下儿童的死亡率比发达国家高 15 倍，印度和尼日利亚的儿童死亡率占全球的 1/3 以上。

美国非营利组织人口资料局的一份报告指出，美国 25 岁以下的人的死亡率高于其他发达国家，预期寿命也较短。在美国，在 2019 年，25 岁以下的儿童有 6 万（35%新生儿），其死亡率比法国，德国，日本高收入国家的儿童死亡率高出两倍，而新生儿死亡率比其他发达国家高出三倍。美洲印第安人、阿拉斯加土著人和波多黎各人的婴儿死亡率也较非西班牙裔白人婴儿死亡率分别高 48%和 44%。在美国，慢性非传染性疾病是最主要的疾病负担，其发病率也呈现社会经济因素相关的显著差异。2020 年，美国步入成年期的青年因糖尿病酮酸中毒而住院的比率上升了 90%，加拿大青年同一症状的住院率为 23%。美国女性妊娠糖尿病患病率显著高于十年前，从 2011 年的每 1000 名 47.6 例增加到 2019 年的每 1000 名 63.5 例，平均每年增加 3.7%。另外，美国约有 100 万成人和青少年感染艾滋病，每年有 5 万～6 万新增病例。美国只有 12%的非洲裔，他们却在新的人类免疫缺陷病毒（human immuno deficiency virus，HIV）感染者中几乎占据了半数。

中国的健康公平问题主要体现为经济发达与落后地区间、城乡居民和不同社会经济人群间的健康差异等。2021 年，北京人均 GDP 是甘肃的 4.5 倍，两地人均期望寿命差距为 9.12 岁。农村地区婴儿死亡率（6.6%）和 5 岁以下儿童死亡率（10.2%）是城市地区的 2.3 倍。农村儿童发育迟缓发生率和低出生体重儿比例为城市地区的 3～4 倍。贫困农村地区儿童健康指标与城市相比，差距则更大。根据 2020 年世界卫生组织发布的全球结核病流行病学调查，全球范围结核病是导致死亡的十大原因之一，中国结核病致死率为 8.4%，因病致贫、因病返贫的现象依然存在。

性别被用于描述男性和女性在社会中扮演的角色和其社会特征。“消失的女性”由诺贝尔经济学奖得主阿玛蒂亚 • 森提出，这是一种因忽略和歧视女童而造成的妇女人口严重不足的现象。在撒哈拉以南非洲地区，由于贫穷，暴力和缺乏权力，2019 年 15～49 岁的成年人中艾滋病毒流行率竟高达 20%，其中女性患病率是男性的 2 倍。

根据《贫穷趋势：全球、区域和国家报告》（*Poverty trends：global，regional and national*），2021 年全球有 6.98 亿人生活在极端贫困之中，18.03 亿人生活在贫困线之下，超过 32.93 亿人每天的生活花费仅有 5.50 美元，贫困影响了家庭健康设施的可及性。

6.3　灾害与发展

自然灾害与次生灾害往往造成人员伤亡、环境污染和经济损失，已经严重威胁到世界经济与环境的可持续发展。重大的自然灾害一旦发生，很容易出现链接效应，从某种灾害上引起一系列灾害的链接，从而使灾情在时空尺度上被层层扩大。根据联合国发布的资料，三年来，世界各国因自然灾害而导致了人口死亡达 121.3 万，其中 61%是由于气象灾害。

2020 年，全球共发生 313 次自然灾害，受影响的国家和地区达 123 个。其中，洪水频次最高，达 193 次，占 61.66%；风暴（台风、飓风）69 次，占 22.04%；滑坡 19 次，占 6.07%；地震 14 次，占 4.47%；干旱 7 次，占 2.24%；极端气温 2 次，占 0.64%。

6.3.1 自然灾害与发展

一切对人类的生命、财产、生活状况造成威胁的各种事故统称为灾难。自然灾害是一种严重威胁着人们的生活，包括洪涝、干旱、台风、冰雹、雪、沙尘暴、火山、地震、滑坡、泥石流、海洋风暴潮、海啸、森林、草原火灾、生物灾害等。人为灾害是指因人、人或个人的过失、过失、故意制造或蓄意破坏而造成的，如交通事故、环境污染、生态破坏、水土流失、因操作失误而造成的各种事故、灾变等。

突发公共事件分为四大类：自然灾害、突发事件、公共卫生事件、社会安全事件。根据其性质、严重性、控制性、影响范围等因素，将其划分为四个等级。其中Ⅰ类、Ⅱ类、Ⅲ类、Ⅴ类，依次为红色、橙色、黄色和蓝色。

根据灾害发生的时间序列及其相互关系，可以将灾害分为原生灾害、次生灾害和衍生灾害：①原生灾害是由灾害因素造成的，如地震、洪水等灾害；②次生或间接灾祸是由自然灾难引发的灾祸，如房屋倒塌、房屋倒塌、火灾引发的直接火灾；③衍生灾害是造成社会基本生命线的破坏，如水、电、煤、食品等，造成人员和人员的死亡和分裂，都会造成社会生产、经济活动的中断，从而造成重大的经济损失。次生灾害和衍生灾害所造成的破坏往往大于原生灾害。因此，减少次生灾害和衍生性灾害的发生和扩展，是防灾工作的一个重要方面。

根据发生时间的紧迫性，可以将其划分为：①突发性灾害，如地震，火山爆发，泥石流，海啸，飓风，洪水等；②渐变性灾害，如土地沉降、土地荒漠化、干旱、海岸线变化等，是一种渐进的过程；③环境灾害，如大气污染、水体污染、土壤侵蚀、酸雨等。各个学者对灾害的分类不尽相同，有的分为三类、五类，还有的分为七类。本书使用表 6.3 所示的灾害分类体系，将灾害分为自然灾害、环境灾害和社会灾害三大类。

表 6.3 灾害分类

灾害	类型
自然灾害	气象类：旱灾、梅雨、冰雹台风、龙卷风、暴风雪、沙尘暴、霜冻、雷电等 水文类：洪水、河决、海侵、湿浸 地质类：地震，滑坡、泥石流、土壤沙化、水土流失、火山 生物类：病虫害、疾病疫情 天文灾害：陨石撞击、太阳磁暴等
环境灾害	水环境灾害：水体污染、水土流失 大气环境灾害：臭氧层变化、光化学污染、酸雨 固体废弃物灾害 噪声灾害 土壤污染灾害
社会灾害	政治类：战争、犯罪，社会动乱 经济类：人口爆炸、能源危机、环境污染、交通事故、火灾、科技落后

从灾害链的发生发展来看，可以将其分为五类。①因果型灾害链。这是指在灾害链条中连续出现的各种自然灾害，如大地震引起的余震、旱灾之后引发的森林大火等。智利连续发生 7.7 级、7.8 级、8.5 级的大地震，瑞尼赫湖地区发生了 3 次大滑坡，分别是 300 万 m^3、600 万 m^3、3000 万 m^3。这场地震还引发了一场大海啸，智利海域掀起了 30m 高的巨浪，这种现象被称为地震–海啸灾害链。②同源型灾害链。指的是构成链条的各个灾难连续出现，一个共同的原因而引发或引发的现象。例如，在太阳最活跃的年份，由于磁场等原因，心脏病患者的死亡率和相对较高的地震和气候的变化，都与太阳的活动有关。如在山地地区发生的地震，会引发滑坡、泥石流等一系列的次生灾害，从而形成地质灾害链。③重现型灾害链。是指同一灾害二次或多次发生的情况。台风二次袭击、大地震后强烈余震等都是灾难再现的实例。④互斥型灾害链。是指一个灾难发生后，另外一个灾难停止或减少。“一雷打九台”这句俗语，蕴含着一系列的相互排斥灾害。历史上有“大雨截震”的记录，这是一种互斥型灾害链。⑤偶排型灾害链。指的是一种在很短的时间内，在邻近区域内发生的一种灾害，这是基于以往的历史灾难数据分析与分析得出的结论。如干旱和大地震、洪水和地震、风暴潮、地震等，都是此类灾害链。

根据自然灾害的链发性特征，又可把灾害链划分出以下三种：串发性灾害链、并发性灾害链和串发–并发性灾害链。

气象灾害是气象因素直接或间接导致的，对人类、经济、社会的灾害。一般包括气象灾害、气象灾害、次生灾害和次生灾害。且尤以台风、暴雨、沙尘暴、干旱、冰雹、龙卷风、寒潮等气象灾害最为频繁、严重，且连锁反应显著，往往能形成或引发、加重洪水、泥石流和植物病虫害等自然灾害，产生连锁反应，并造成严重的人员伤亡和财产损失。20 世纪 90 年代以后，随着全球气候变暖，全球气象灾害数量急剧增加，对经济、社会、生态环境和人体健康造成了巨大的危害。

2021 年被 WHO 评为全球有完整气象观测记录以来第六个或第七个最温暖的一年。世界的平均温度在持续上升，高于 1981～2010 年的年均温度，高于工业化时期以前的 1.09～0.13℃。2020 年，全球温室效应气体的浓度创新高，90%以上的能源都被温室气体所吸收，并且在 2021 年，北极海域的海冰面积将降至有史以来最低水平；2015～2019 年，北美的冰川消融速率与 21 世纪初期相比“翻了一番”。在海洋热膨胀和海冰融化的共同作用下，2013～2021 年，海平面以 4.4mm/年的年均增长率增加，成为有记录以来的最高值。2021 年，世界各地发生了许多重大天气事件，例如，暴雪的低温影响了美国，尤其是美国西南部的得克萨斯州，许多人丧生，上百万的房屋和商店断电；北美西部、地中海等地的温度在 40℃以上，一些地方的温度达到了 50℃以上；美国加利福尼亚州、土耳其、希腊等地的极端高温导致了大量的森林大火；澳大利亚东部沿海地区一直在下雨，50 年一遇的洪水袭击了新南威尔士州。美国、巴西、巴拉圭、阿根廷等国家遭受了严重的旱灾，蒙古国也出现了持续的沙尘暴和暴风雪。

极端气候事件频繁和强度增加，与暴力冲突、经济衰退和流行病爆发产生了“危险的复合效应”，使数十年来在世界范围内提高改善粮食安全所取得的成效毁于一旦。根据统计，2020 年全球营养不良人数达到峰值（7.68 亿人）后，2020 年～2021 年 9 月，“已经经历过食品危机或者情况更糟”的人群数量将会上升 19%，从 1.35 亿上升到 1.61 亿。旱灾、洪灾及其他极端气候灾害，使阿富汗，中美洲等地区的人们最无力复原和调整。

全球化进程使得各个国家和地区之间的相互依赖程度不断加大，也导致自然灾害的空间级联效应变大。2011 年日本东北部西太平洋海域发生的 9.0 级特大地震引发了巨大的海啸，波及了太平洋沿岸的俄罗斯、美国、澳大利亚、墨西哥等几乎所有的国家和地区。2020 年，全球共发生较大风暴灾害 69 次，占较大灾害总频次约 22%，直接经济损失达 932 亿美元，占 54%。与近 30 年（1990～2019 年）均值相比，虽频次偏少 28%，但影响人口增加 46%。风暴灾害累计影响 126 个国家，主要分布在欧洲、南亚和北美洲南部。干旱灾害引起森林火灾、蝗灾和沙尘暴等其他灾害，形成干旱灾害链。2020 年全球干旱灾害 7 次，主要分布在非洲西部和南部。中国遭受旱灾的农作物面积和直接经济损失比过去 5 年平均减少了 44%，云南、辽宁、山西、四川、内蒙古、陕西 6 个省份的旱情比较严重。地震链是一系列的次生灾害，是地震诱发因素引发的，包含了地质灾害链、社会链和生态链。例如，1960 年智利发生的 9.5 级大地震，瑞尼赫湖发生三次大的泥石流，导致湖水溢出，湖东 65km 的瓦尔的维亚市被洪水吞噬。2020 年，全球地震灾害 14 次，主要分布在中东地区、欧洲、东南亚和南美洲西北部。

6.3.2 全球灾害问题

纵观全球，虽然局部地区的灾害问题已经得到很好的解决，但是全球灾难问题的恶化趋势仍然很难控制。

“我们只有一个星球，”马蒂斯 · 瓦克纳格尔（Wackernagel）说，“我们的星球是唯一的，它是决定人类能否继续存在下去的终极条件。我们不可能使用 1.75 颗地球而不使其毁灭。”第二十五次联合国气候变化会议的主席玛丽亚 · 萨尔迪瓦（Casadevall）说，造成地球生态过载的主要因素是二氧化碳的排放。根据联合国人口基金会的估计，如果按照平均每位女性生两个小孩的标准，到 2050 年，全世界的人口将会增至 94 亿，而到 2200 年，这个数字就会增加到 110 亿。人口的急剧膨胀趋势尚在持续，其后果必然是对资源的过度消耗，不仅削弱经济发展基础，而且产生人为的致灾因素。

目前，美国、加拿大、澳大利亚是全球人均碳排放最高的三个大型国家。发达国家的人均能源消耗通常比发展中国家高 5 倍以上，仅美国的碳排放量约占 23.7%。其人均排放量相当于中国同一指标的 9 倍。在工业化进程中，发展中国家和落后地区正逐渐成为全球环境恶化的主要污染源，也是生态环境灾难的主要来源。据联合国环境规划署（UNEP）统计，到 2020 年，全世界有 35%的土地被沙漠化所波及。在过去的半个多世纪里，撒哈拉以南非洲的沙化土地面积增加了 65 万 km^2，萨赫勒地区已经是全球最大的沙漠化区域。按区域分布，非洲有 55%的沙漠、北美 19%、南美 10%、亚洲 34%、澳大利亚 75%、欧洲 2%。在半干旱区，95%的土地是荒漠和沙地，而在半湿润的地区则有 28%。全球每年沙化面积约为 57 万 km^2，其中以稀树草地、温带、半干旱区的发展最快。全球每年至少造成 420 亿美元的经济损失，亚洲 210 亿美元，非洲 90 亿美元，北美及南美 80 亿美元。

自 20 世纪 60 年代以来，发达国家的经济增长势头减弱，而许多发展中国家的经济发展走上了快车道。例如，美国在 1947～1968 年的年均经济增长率为 4%以上，到 2000～2020 年下降到了 1.76%，2020 年为−3.49%的负增长。印度经济增长率由 1960～1970 年的年均 3%以上增长到 2014～2016 年的 7.5%左右的经济增速。印度尼西亚从 20 世纪 70 年代后以年均 6%～7%以上的速度增长，2020 年实现了 GDP 9.8%的增长率。2000～2020 年，西方七国的年均经济增长率大体在 2%～3%，而中国则保持了 8.7%的经济快速增长。

6.4　人类卫生健康共同体

6.4.1　全球人道主义行动

自 2020 年起，全球范围内爆发了新冠疫情，对全球公共卫生治理秩序造成了巨大冲击，也为非传统安全问题提供了重思“卫生”的契机。2020 年 3 月，习近平首次提出打造人类卫生健康共同体。2021 年 5 月，习近平在全球健康峰会上发表题为《携手共建人类卫生健康共同体》的重要讲话，呼吁共同推进构建“人类卫生健康共同体”，共同守护人类健康美好未来。

面对世纪疫情，中国开始了最大的一次全球性的人道主义救援活动，是最早承诺将新冠疫苗作为全球公共产品，最早支持疫苗知识产权豁免，最早同发展中国家开展疫苗生产合作的国家，以实践的方式实现人类卫生健康共同体理念。截止到 2021 年末，中国已经为世界提供了 3720 亿个口罩、42 亿套防护衣、84 亿剂测试试剂，为 120 多个国家和国际机构供应了 21 亿剂疫苗，是除中国之外世界范围内疫苗使用量的 1/3。中国方案和中国行动，为人类健康构筑了“免疫长城”，弥合了“免疫鸿沟”。

6.4.2　全球健康与“地球村”持续发展

21 世纪以来，全球经历了 SARS、埃博拉、寨卡、甲型流感病毒、新冠疫情等的暴发流行，对世界形成的挑战更具有基础性、根本性和长期性。面对复杂多变的全球性卫生健康挑战，中国践行多边主义，积极响应联合国全球人道应对计划，大力支持世界卫生组织开展抗击疫情的国际合作。

“历史是最好的教科书，也是最好的清醒剂”。新冠疫情引起的全球公共卫生危机，人类社会迫切需要建立完善的健康体系。在全球范围内加强公共健康和安全管理，将人类社会、人的生命与自然界紧密关联起来的生态生命一体化，科技赋能各国人民多层次多样化的健康需求，在“你中有我、我中有你”的全球化时代共商共建共享全球健康机制，构建人类卫生健康共同体，是“地球村”持续发展的客观需要。

本 章 小 结

- 健康是社会关注的基本问题，也是政策发展规划的核心问题。发展中国家加大卫生领域的投资，能够减少贫困、促进经济增长和提供新的发展思路。
- 公共健康突出“公共事业”，强调公共产品的服务属性，同时强调维护“健康公平”，公共健康是发展问题的重要内容。
- 灾害存在着许多不确定性，如何预防灾害，建立灾害的长效防控机制和反应体系是发展的重要内容。
- 面临全球化过程当中的卫生、健康和灾害问题，推动人类健康和社会的建设，是实现可持续发展的关键。

参 考 文 献

费立鹏. 2004. 中国的精神卫生问题——21 世纪的挑战和选择. 中国神经精神疾病杂志，(1)：1-10

国家卫生计生委统计信息中心. 2015. 第五次国家卫生服务调查分析报告. 北京：中国协和医科大学出版社
黄荣辉，周连童. 2002. 我国重大气候灾害特征、形成机理和预测研究. 自然灾害学报，(1)：1-9
荆丽梅，徐海霞，刘宝. 2009. 国内公共卫生服务均等化的理论探讨及研究现状. 中国卫生政策研究，2(6)：8-12
李蔚东，胡光宇，胡琳琳，等. 2004. 卫生与发展，建设全民健康社会. 北京：清华大学出版社.
李月娥，卢珊. 2017. 安德森模型的理论构建及分析路径演变评析. 中国卫生事业管理，34（5）：324-327，334
廖丽凡，赵邦. 2021. 基于大数据公共卫生危机的精准治理. 卫生软科学，35（1）：74-77
刘晓云. 2014. 泰国全民健康覆盖经验及对我国的启示. 中国卫生政策研究，7（2）：11-16
罗军华，林孝松，牟凤云，等. 2020. 山区暴雨-农业灾害链复杂网络静态风险分析. 中国安全科学学报，30（3）：163-170
牛文元. 2012. 可持续发展理论的内涵认知——纪念联合国里约环发大会 20 周年. 中国人口·资源与环境，22（5）：9-14
史培军. 1996. 再论灾害研究的理论与实践. 自然灾害学报，5（4）：6-16
史培军. 2009. 五论灾害系统研究的理论与实践. 自然灾害学报，18（5）：1-9
世界卫生组织. 2007. 2007 年世界卫生报告：构建安全未来. 北京：人民卫生出版社
世界卫生组织. 2008. 2008 年世界卫生报告：初级卫生保健—过去重要，现在更重要. 北京：人民卫生出版社
舒丽萍. 2015. 19 世纪英国的城市化及公共卫生危机. 武汉大学学报（人文科学版），68（5）：86-92
汪嘉俊，翁文国. 2019. 多灾种概念辨析及灾害事故关系研究综述. 中国安全生产科学技术，15（11）：57-64
王可欣. 2021. 新冠肺炎疫情对全球公共卫生治理体系的冲击与变革. 社会科学前沿，10（1）：32-41
温煜馨. 2021. 地震影响的经济韧性评价研究进展. 地震科学进展，51（7）：297-303
校益章，杨跃涛，张迎峰，等. 2015. 卫生服务可及性的研究进展. 职业与健康，31（11）：1577-1579+1584
薛澜，朱琴. 2003. 危机管理的国际借鉴：以美国突发公共卫生事件应对体系为例. 中国行政管理，(8)：51-56
余霄，张勤修. 2021. 身体与政体——中国现代卫生事业发展与“人类卫生健康共同体”理念的古典溯源. 中国卫生事业管理，38（7）：487-492
喻文德. 2019. 国外公共健康伦理研究的新进展. 伦理学研究，(5)：100-106
张朝阳，孙磊. 2014. 全民健康覆盖的内涵界定与测量框架. 中国卫生政策研究，7（1）：19-22
张辉，刘远立，陈春花，等. 2021. 全球性公共卫生危机治理：趋势与重点. 管理科学学报，24（8）：133-146
张翔，韦燕芳，李思宇，等. 2021. 从干旱灾害到干旱灾害链：进展与挑战. 干旱气象，39（6）：873-883
张肖阳，肖巍. 2020.“全球公共健康伦理”：建构危机时刻的全球伦理共识. 探索与争鸣，(4)：78-85，288
中国气象局. 2020. 中国气象灾害年鉴（2020）. 北京：气象出版社
周恩毅，卢彦企. 2021. 后疫情时代我国公共卫生危机治理模式的优化——基于 PPRR 视角. 经营与管理，(10)：104-109
周庆誉，高翔，施培武，等. 2021. 公共健康与公共健康体系的内涵. 中国卫生资源，24（6）：662-667
Andersen R M. 1995. Revisiting the behavioral model and access to medical care：does it matter? Journal of Health and Social Behavior，36（1）：1-10
Barber R M，Fullman N，Sorensen R J D，et al. 2017. Healthcare Access and Quality Index based on mortality from causes amenable to personal health care in 195 countries and territories，1990–2015：a novel analysis

from the Global Burden of Disease Study 2015. Lancet，390（10091）：231

Beauchamp T L，Childress J F. 2001. Principles of Biomedical Ethics. Oxford：Oxford University Press

Gibala M J，Little J P，MacDonald M J，et al. 2012. Physiological adaptations to low-volume，high-intensity interval training in health and disease. The Journal of Physiology，590（5）：1077-1084

Sanusi R A，Awe A T. 2009. An Assessment of Awareness Level of National Health Insurance Scheme（NHIS）Among Health Care Consumers in Oyo State，Nigeria. Social Sciences，4（2）：143-148

World Health Organization. 1948. Constitution of the World Health Organization. Geneva：WHO

第 7 章　教育、科技、文化与发展

7.1　教育与发展

7.1.1　教育与发展的关系

1. 教育和人力资本

劳动者的知识和技能日益成为生产发展的关键因素。这种体现在人身上、对生产发挥着重要促进作用的有用知识与技能，已成为与物力资本相对应的“资本”——人力资本。若从经济增长的原因来看，由教育所传授的知识和技能积累，成为现代经济增长的重要动力和源泉。由教育所形成的人力资本在现代经济增长过程中正越来越多地替代其他生产要素，并在整个社会生产过程中发挥着十分重要的作用。

柏拉图认为，教育对社会经济的健康发展是非常重要的，它可以使人成为“理性人”，并具有很高的经济价值，共同体财富的相当大的一部分必须投资于教育。亚当·斯密是对教育与经济增长关系论述作出主要贡献的第一人。舒尔茨（1961）开创性的研究认为，教育不仅仅是消费活动，而且也是投资形式，他强调投资于人力资本。人力资本理论的核心在于教育增加了劳动力的收入并促进了经济增长。

沃特斯与罗宾逊等通过分析 1890～1960 年教育对国内生产总值的作用发现，在大萧条前的时期，基础教育与中等教育对国内生产总值具有显著的、正的、滞后十年的影响，大萧条后的时期，中等教育具有很强的滞后二十年的影响。塞克罗斯对 20 世纪 80 年代 29 个国家的教育对经济增长的贡献进行研究后指出，教育对经济增长率的贡献，从墨西哥的 0.8%到加拿大的 25%，均值为 8.7%。在非洲，教育的贡献为 17.2%，亚洲为 11.1%，北美与欧洲为 8.6%。

2. 教育现代化

广义上，现代化是指人类社会从传统落后的农业社会向发达的工业社会转化并引起社会、政治、文化等发生相应变迁的过程。狭义上，现代化是指发展中国家通过采取高效益途径，改变落后状态适应现代工业社会发展的追赶过程。从发展的视角看，教育现代化是指第二次世界大战后，新独立的落后国家如何学习发达国家，推动本国教育现代化，从而赶上发达国家现代化，即后发外生型国家在赶超先发内生型国家、实现本国现代化的过程中，同时达到先进国家教育发展水平的问题。

教育现代化减少贫困。一般认为，教育与绝对贫困之间呈负相关，教育程度越高，绝对贫困的人口比例越低。教育与贫困之间的间接关系表明，良好的教育可以帮助人们更好地使用健康设施、水与卫生设施等，会提高劳动效率，减少收入不平等。塞克罗斯的研究结果显示，劳动者平均受教育年限与农村贫困人口比例的相关系数为−0.3430，与城市贫困人口比例的相关系数为−0.2165。所以，发展中国家的家庭越来越重视子女教育。

3. 教育依附

工业化国家对第三世界国家教育领域和智力生活方面持续影响，导致第三世界国家从殖民时代到独立后都存在较为严重的教育依附。历史上，殖民者组织了殖民统治的教育体制，在第三世界国家创造了教育依附西方智力的模式（Altbach，1982）。从一定意义上说，依附反映了当时世界上的权力和财富模式，在教育方面包括设计学校与课程、生产与分配知识等方面。“边缘国家”发现，不仅世界上的大部分财富、产业和经济集中在欧洲、日本、北美，而且智力和教育权力也集中在那里。工业化国家构成了“中心”，他们具备现代技术社会的要素，如世界领先的大学、研究机构、人才、学术出版、语言，主导世界的研究结果、传播媒介、信息系统，以及先进的培训设施。

7.1.2　世界教育与发展

1. 世界教育状况

教育被广泛认为是个人和社会的基本资源。事实上，在大多数国家，基础教育现在不仅被视为一种权利，而且被视为一种义务——通常公民期望政府来确保自己获得基础教育，而法律往往要求公民获得一定基础水平的教育。本书首先概述了世界各地教育成果和产出的长期变化，重点关注教育程度的数量和质量衡量标准；其次分析有关教育的决定因素和后果的现有证据。

从历史的角度来看，世界在过去两个世纪里经历了教育的巨大扩张。在过去两个世纪中，全球识字率一直在攀升，主要是通过提高初等教育的入学率。中等和高等教育也出现了急剧增长，现在全球平均受教育年限比一百年前高得多。尽管世界范围内有所有这些改善，但一些国家一直落后，主要是在撒哈拉以南非洲，那里的青年识字率仍低于 50%。关于教育生产的数据显示，学校教育往往主要由全球公共资源资助。数据表明，增加教师人数，不能很有效地改善教育成果。越来越多的实证研究表明，更好的教育可以产生更高的个人收入，并有助于社会资本的建设和长期经济增长。

20 世纪的全球教育扩张导致全球教育不平等现象的历史性减少：在 1960～2010 年，所有年龄组和世界所有地区的教育不平等现象每年都在下降。对各年龄组之间教育不平等的估计表明，发展中国家的学校教育不平等现象仍有待进一步减少。

自 2010 年以来，教育发展援助已停止增长，流向初等教育的资金总额明显减少。在各级和区域对教育发展援助的优先次序的这些变化，可能会产生巨大的分配效应，特别是在低收入国家，这些国家在很大程度上依赖基础教育的这一资金来源（Smith，2015）。

今天的小学教育的重点是培养儿童的基本识字和算术技能，以及发展他们对世界的理解。因此，世界上几乎所有国家都实行由国家提供的义务教育。联合国的第二个千年发展目标是“确保到 2015 年，世界各地的儿童，不论男女，都能够完成小学全部课程”。这一目标没有实现，但已经取得了重大进展。1970 年，世界上 28%的小学学龄儿童没有上学，今天这一比例已经下降到 9%，相当于 6000 万儿童没有接受小学教育。

2. 不同国家和地区的教育与发展状况

1）教育融资

（1）识字。识字是一项关键技能，也是衡量人口教育程度的关键标准。联合国教科文组织将识字率的衡量标准定为阅读和撰写关于自己生活的简短陈述的能力。识字率是由人口普查或人口抽样调查中的识字问题、标准化识字测试或从入学率和教育程度统计数据中推断出来的。虽然最早的书面交流形式可以追溯到公元前 3500～公元前 3000 年，但几个世纪以来，识字仍然是一种与权力行使密切相关的非常有限的技术。直到中世纪，书籍生产才开始增长，普通大众的识字率在西方世界才慢慢变得重要。事实上，虽然欧洲普及扫盲的雄心壮志是源于启蒙运动的根本性改革，但花费了几个世纪才实现。即使在早期工业化国家，在 19 世纪和 20 世纪，识字率才得以提升。如图 7.1 可视化显示了 1800～2020 年世界识字率的估计数。识字率不断增长，但相当缓慢，在 20 世纪中叶之后，各个国家积极发展基础教育，识字率大幅提高。

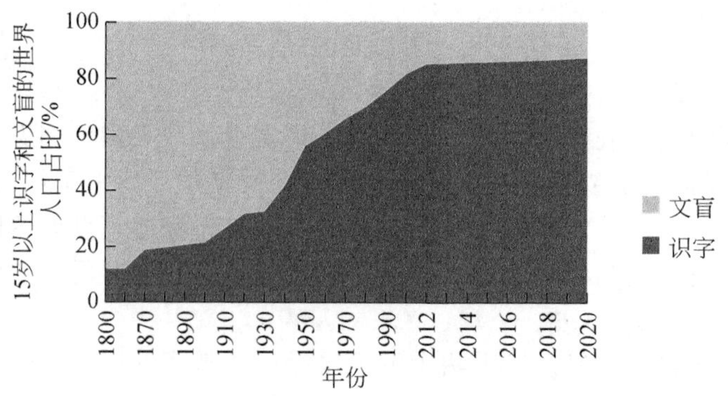

图 7.1　识字和不识字的世界人口（在 15 岁及以上的人群中）

数据来源：基于经合组织和联合国教科文组织的数据

（2）入学率和出勤率。入学率和出勤率是衡量教育程度的两个重要指标。小学入学率通常通过行政数据来计算，出勤率通常通过家庭调查数据来计算。如图 7.2 可视化显示了 1900～2020 年期间以中国、印度、尼日尔为代表的发展中国家和以阿根廷、匈牙利、日本为代表的发达国家的小学学龄儿童在校比例。英国的情况反映了早期工业化国家的经验，随着 18 世纪末和 19 世纪初义务小学教育的普及，初等教育的入学率迅速增长。哥伦比亚的情况代表了许多发展中国家的模式，这些国家的小学入学率在 20 世纪下半叶增长特别快。发展中国家获得初等教育的机会的增长是通过这些国家政府教育支出的重要增加来实现的。

在许多发展中国家，提高小学入学率仍然是一项挑战。世界各国在获得教育方面取得的重要进展，以入学率衡量。在这里，本书关注的是受教育机会的证据，以入学率来衡量。在大多数发展中国家，净入学率高于出勤率。这反映了许多正式入学的儿童不定期上学的事实。联合国教科文组织报告《衡量初等教育排斥现象》（2005 年）中的可视化显示了这两项措施之间的关系。该消息来源报告称："在有可比数据的 59 个国家中，当使用家庭调查而不是行政数据时，24 个国家的小学学龄组的参与率下降了五个百分点。其中，非洲一些（主要是）低收入和中等收入国家的出勤率和入学率之间的差距最大。低出勤率是撒哈拉以南非洲地区的一个重要问题，比入学人数所显示的要严重得多。在尼日尔、乍得和利比里亚，估计表明，只有不到一半的学龄儿童上小学。

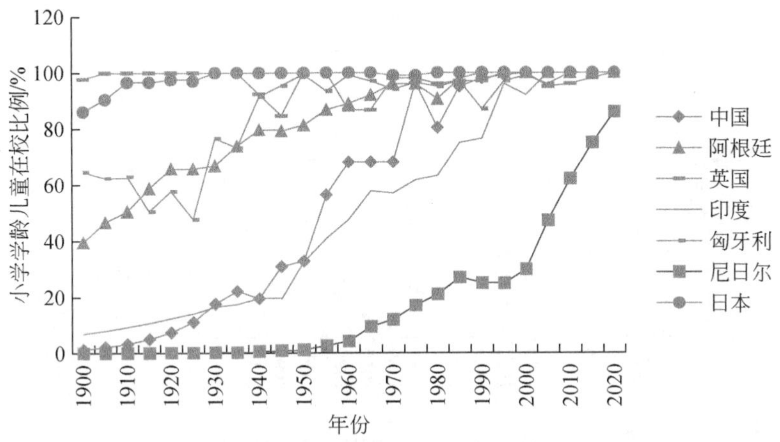

图 7.2　小学学龄儿童在校比例

注：该比例为在校小学生人数与小学学龄组儿童人数之比。入学率考虑了成绩的重复率，并考虑到了各国学龄差异。数据来源：世界银行数据库

另外，对于辍学儿童数量的统计。如图 7.3 显示了辍学儿童数量。1998 年估计有 3.81 亿儿童失学。直到 2014 年，尽管全球年轻人口有所增加，但这一数字仍降至 2.63 亿。2020 年，受疫情影响，全球 2.5 亿儿童正面临失学。

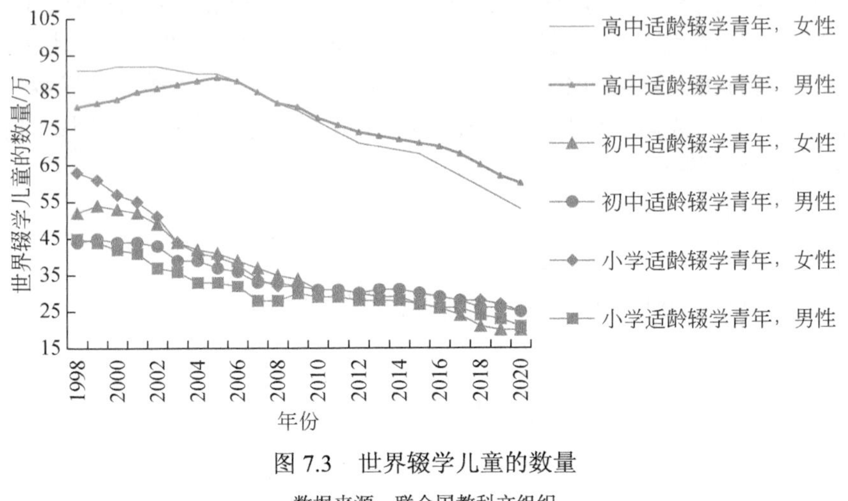

图 7.3　世界辍学儿童的数量

数据来源：联合国教科文组织

（3）受教育年限。受教育年限是衡量人口教育水平的另一个常见指标。该指标可以分析人口在任何给定时间点的“人力资本存量”。人口的平均或平均受教育年限通常根据以下数据计算：按年龄组和某一年所受教育程度分列的人口分布情况；人口在某一年中所受教育程度的分布情况。

在过去两个世纪中，世界经历了教育的巨大扩张。使用平均受教育年限的跨国估计数展示了这一教育扩展过程的证据。如图 7.4 显示了 1870～2020 年四个代表性国家的平均受教育年限。全世界平均受教育年限数已经上升。再次看到了已经讨论过的模式：早

期工业化国家在 19 世纪率先扩大了教育，但这一过程在第二次世界大战后成为一种全球现象。平均受教育年限的增加使人们越来越认识到教育对个人和社会的好处及为政府提供更多的结果。

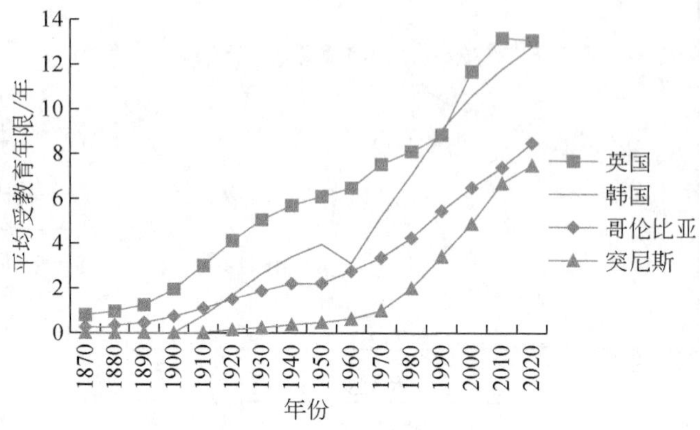

图 7.4　世界人口平均受教育年限

注：该指标为 25 岁以上人口所有教育水平的平均受教育年限。数据来源：联合国开发计划署，《人类发展报告》（2021 年）

另外，教育中性别不平等的演变情况可以根据世界不同地区男女教育程度（平均受教育年限）比例的演变进行可视化显示。其中，图 7.5 中的估计数对应于女性（15～64 岁）受教育总年数的区域平均值，除以男性（15～64 岁）的相应区域平均值。区域平均值是人口加权制的。早在 1870 年，“发达经济体”中男性每受过 1 年的教育，女性只接受 0.75 年的教育。在其他地区，不平等情况更甚，在撒哈拉以南的非洲，男性每接受 1 年的教育，妇女只接受 0.08 年的教育。自那时以来，世界所有区域的性别比例普遍呈强劲上升趋势，这表明男女在受教育机会方面的不平等一直在下降。事实上，拉丁美洲和东欧在 1980 年赶上了“发达经济体”的群体，这些地区的性别差距几乎已经完全弥合（即性别比例接近教育性别平等的 100%基准）。

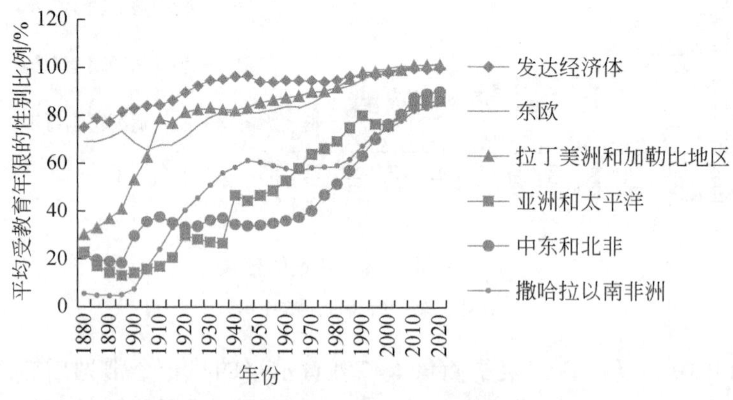

图 7.5　世界平均受教育年限的性别比例

注：图中的估计数对应于女性（15～64 岁）受教育总年数的区域平均值，除以男性（15～64 岁）的相应区域平均值。

数据来源：世界银行数据库

（4）个人完成的最高水平教育。个人完成的最高水平教育是衡量教育程度的另一个常见标准。该衡量标准被用作计算受教育年限的输入，并允许在各个教育水平之间进行清晰比较。世界各地，主要是中学和高等教育等正变得越来越重要。图 7.6 显示了按教育水平分列的世界人口的预测。它表明，世界将居住着越来越多的受过教育的人：1970 年，世界上只有大约 7 亿人接受过中等或高等教育，到 2100 年，这个数字预计将增加 10 倍。来自富裕家庭的学生更有可能接受高等教育，而那些接受高等教育的个人可能会获得巨大的个人收益。

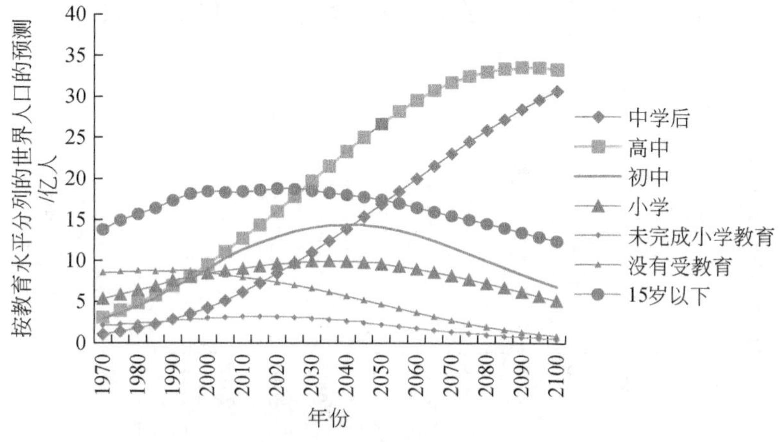

图 7.6　按教育水平分列的世界人口的预测

数据来源：Global Projection，Medium SSP2-IIASA

（5）教育的生产。衡量各国“生产”教育方式差异的最常见方法是分析支出数据。主要分析两个方面，世界各地的教育支出，以及教育支出如何促进教育生产的问题。国际教育支出数据的主要来源是教科文组织统计研究所（UIS），由世界银行和 Gapminder 发布。它也是大多数联合国报告的教育数据的主要来源，如全民教育全球监测报告（联合国教科文组织），人类发展报告（UNDP），世界儿童状况报告（UNICEF）和千年发展目标（UN）。

如今，世界各国政府普遍认为有责任确保提供无障碍的优质教育。19 世纪中叶，大多数工业化国家开始扩大初等教育，为越来越多的儿童提供教育。图 7.7 可视化绘制了一些早期工业化国家公共教育支出占 GDP 的比例，表明这种扩张主要通过公共资金实现。

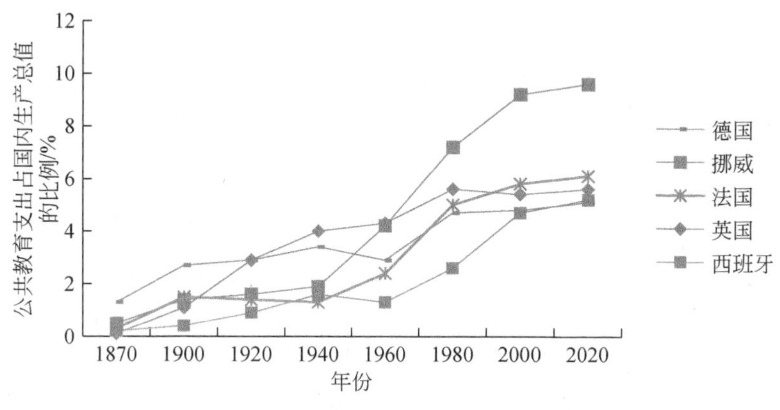

图 7.7　公共教育支出占 GDP 的比例

数据来源：世界银行数据库

当今世界正在扩大教育资金。在过去 20 年中，各国用于教育的收入份额略有增加。图 7.8 绘制了政府教育总支出占 GDP 比重的趋势。选取比较有代表性的英国、韩国等发达国家和中国、印度等发展中国家。由图 7.8 可以看出发达国家政府教育总支出占比远大于发展中国家教育总支出占 GDP 的比重。大多数国家公共教育支出占 GDP 的比例存在广泛的上升趋势。具体而言，在现有数据的 88 个国家中，3/4 的国家在这 10 年内增加了教育支出占 GDP 的比重。由于以人均 GDP 衡量的收入在世界各地普遍增加，这意味着全球教育资源的绝对值也在增加。低收入和高收入国家的每名学生的支出水平差距将持续扩大。

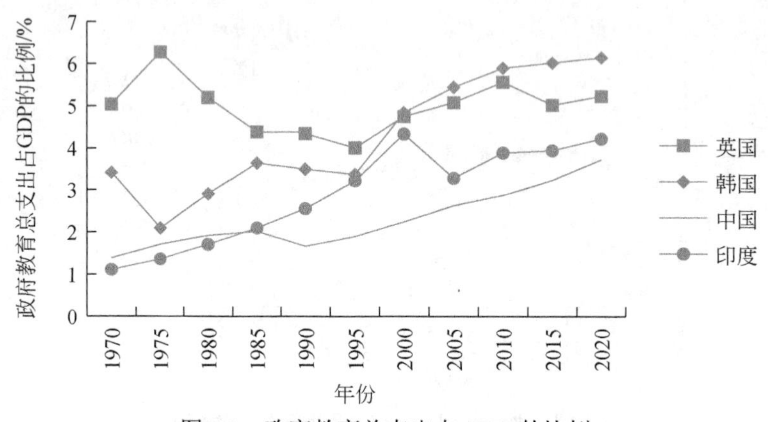

图 7.8　政府教育总支出占 GDP 的比例

数据来源：联合国教科文组织（通过世界银行）

2）初等教育

（1）小学学龄失学儿童。2014 年全世界有 6000 万小学学龄儿童失学。自 20 世纪 90 年代末以来，这个数字已经下降了 5000 万。如图 7.9 所示，按世界区域分列的小学学龄失学儿童，超过一半（57%）的小学未上学儿童在撒哈拉以南非洲。其次是南亚，占 19%。撒哈拉以南非洲自 20 世纪 90 年代末以来，本地区失学的小学生总数下降了 1000 万。2014 年，撒哈拉以南非洲地区每 5 名小学年龄儿童中就有 1 名失学。受疫情影响，2020 年全球 2.5 亿儿童正面临失学。如果不加快基础教育的进展，将远远偏离到 2030 年实现全民免费优质教育的目标。

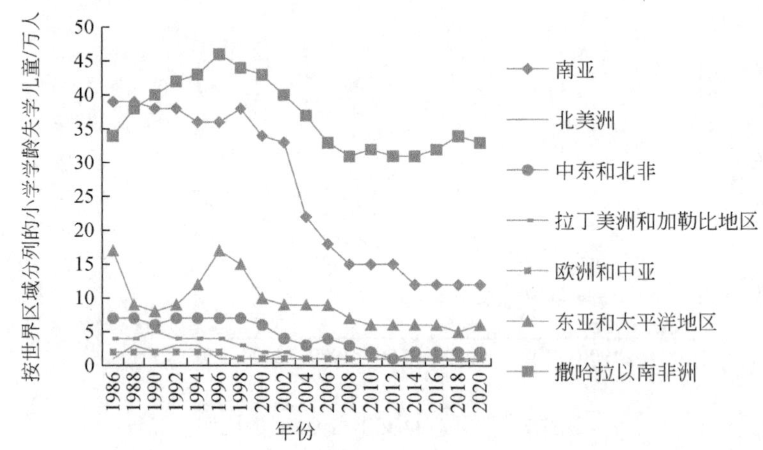

图 7.9　按世界区域分列的小学学龄失学儿童

数据来源：联合国教科文组织（通过世界银行）

（2）中小学学生入学比例性别比。如图 7.10 列出了中小学女生与男生的入学比例，由

图 7.10 可以看出发达国家中小学男生和女生的比例基本一致，为 1∶1。随着年份的增长，其变化不大。发展中国家大致有这样的规律，早些年男生入学比例要高于女生，但随着年份增长，男女生入学比例基本持平，甚至女生入学比例要超过男生入学比例。

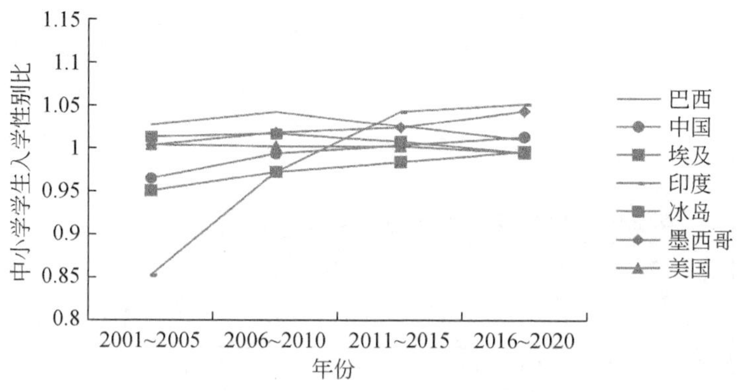

图 7.10　中小学学生入学性别比

数据来源：联合国教科文组织、世界银行

3）中等教育

（1）中学教育学生性别比。如图 7.11 列出了中学教育学生女生所占的百分比，在七个代表国家中，美国和冰岛等发达国家中学教育学生女生所占的百分比在 50%以上，而大部分发展中国家的中学教育学生女生所占的百分比低于 50%，尤其印度的中学教育女生占的比例远低于男生。

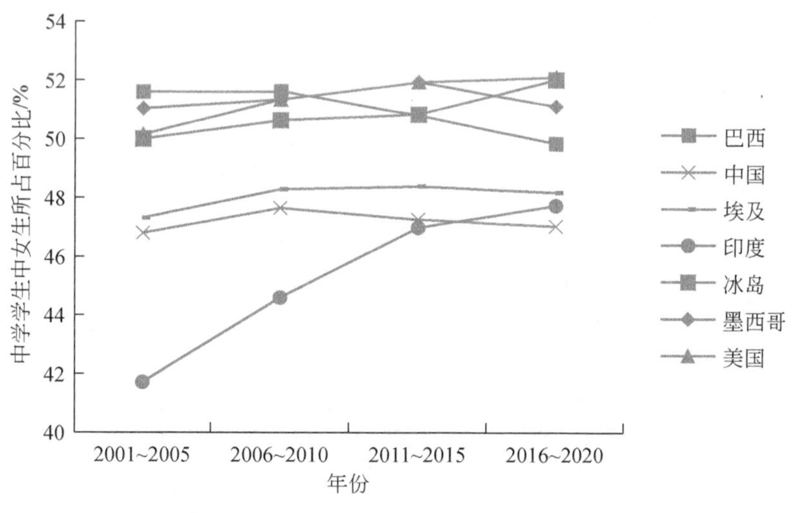

图 7.11　中学学生中女生所占百分比/%

数据来源：联合国教科文组织（通过世界银行）

（2）中学师生比例。如图 7.12 列出了七国的中学师生比例。从图中可以看出，冰岛的师生比最低，其次是美国，然后是巴西，中国，墨西哥等发展中国家，印度的师生比远高于所有国家。总之发达国家的师生比要低于发展中国家的师生比。随着年份的增长，各个国家的师生比都在逐年降低，发展中国家师生比的降速要高于发达国家（Chetty et al.,

2014a，b）。

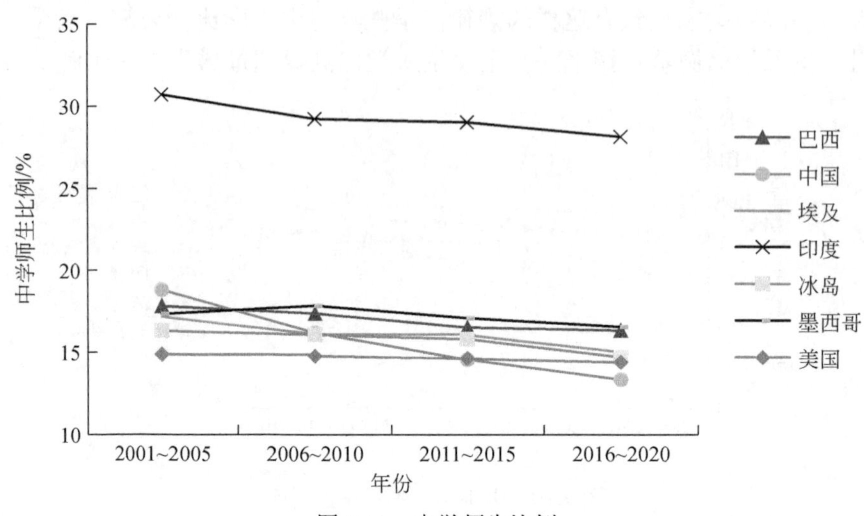

图 7.12　中学师生比例

数据来源：联合国教科文组织（通过世界银行）

（3）基础教育的发展。过去两个世纪，基础教育兴起。对于 15 岁以上的全球人口，没有接受过任何正规教育的比例很大。如今，这种情况完全逆转了，只有不到 1/5 的人没有接受过任何教育（图 7.13）。今天，公共资源仍然主导着这些国家的小学、中学和中学后非高等教育。虽然在过去十年中，这些教育水平的公共资金份额略有下降，但总体格局非常稳定。

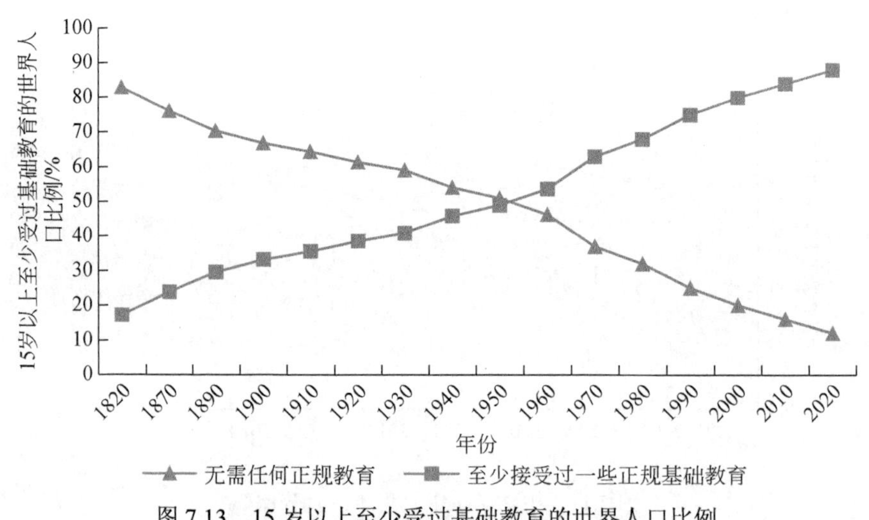

图 7.13　15 岁以上至少受过基础教育的世界人口比例

数据来源：联合国教科文组织（通过世界银行）

4）高等教育

在 56 个人口大国中，低收入国家占 1/3，中等收入国家占 1/2，高收入国家占 1/4，OECD 国家占 1/3。从 56 个人口大国受高等教育人口比例看，中国略高于这些人口大国的平均水平。在表 7.1 中，中国第七次人口普查的数据就清晰地显示出，在 15 岁以上人口中，受高等教育的人口比重仅为 13.2%，25 岁以上人口中，受高等教育的人口比重为 14%。中国在受高等教育人口比重方面明显低于人口大国的平均值，甚至低于中低等收入国家的平均值。

表 7.1　各类型国家的高等教育人口比例

国家类别	国家个数	高等教育人口比例/%	
		15 岁以上	25 岁以上
人口大国平均值	56	36.8	38.5
OECD 国家	19	60.1	62.1
高收入国家	14	61.2	64.7
中等收入国家	24	37.8	39.2
中高收入国家	8	41.3	45.3
中低收入国家	16	35.1	37.8
低收入国家	18	8.2	9.97
中国第七次人口普查		13.2	14

数据来源：世界银行数据库、中国第七次人口普查数据

7.1.3　中国教育与发展

1. 中国人力资源的变化趋势

1）人口红利与人力资源红利

2010～2020 年，中国大学文化程度人数年平均增长率超过了 40%（表 7.2）。大学受教育程度人口规模明显扩大，是第七次普查数据所提供的中国人口国情最大亮点。2020 年受教育程度的人口达到 12 亿人。在考虑到中国劳动生产率与美国劳动生产率水平加速趋同的情况下，这为中国成为世界经济强国、世界人才资源强国、世界创新型国家提供了最丰富、最重要的人力资本基础。

表 7.2　高中、大学文化程度人口统计

项目	2010 年	2020 年	年平均增长率/%
大学（大专以上）文化程度人口/万人	11964	21836	82.5
占总人口比例/%	8.73	15.6	
高中（含中专）文化程度人口/万人	18799	21300	13.3
占总人口比例/%	13.72	15.2	
合计/万人	30763	43136	40.2
占总人口比例/%	22.45	30.8	

数据来源：根据第六次、第七次全国人口普查数据计算

2）人力资源红利

教育红利外溢产生的人力资本红利大幅上升，抵消了人口红利下降的不利影响（表 7.3）。教育水平提高，劳动力素质上升，就业总量规模持续扩大。劳动力素质提高将进一

步扩大就业规模，就业人口与非就业人口之比将基本保持稳定。由于人口结构的变化，中国的劳动年龄人口与非劳动年龄人口之比在 2010～2015 年达到峰值后，出现比较快的下降，但就业人口与非就业人口之比在 1990 年后达到 1.3 倍之后的 40 年里一直保持在 1.4 倍左右，没有出现明显的下降。随着人口平均预期寿命、平均健康预期寿命、人口平均受教育年限不断提高，进一步提高退休年龄，鼓励创业、自主就业，就业人口与非就业人口的比重会有进一步上升，能够使得就业总量红利保持更长的时间。

表 7.3　中国、美国、世界平均受教育年限及中国相对于美国的追赶系数（1950～2030 年）

年份	中国	美国	世界	（中国/美国）/%
1950	1	8.38	3.2	11.9
1960	2	9.15	3.7	21.9
1970	3.2	10.8	4.5	29.7
1980	5.3	12	5.3	44.3
1990	6.4	12.1	6.1	53
2000	7.9	12.7	7	61.8
2010	9	12.2	7.8	73.8
2020	10	12.3	8.5	81.3
2030	12	12.5	9.2	96

数据来源：Barro and Lee，2010

据统计，中国（港澳台地区资料暂缺）15 岁及以上人口的平均受教育年限从 2010 年的 9.08 年提高至 9.91 年，北京、上海、天津、山西、广东、辽宁、陕西、江苏、吉林、新疆、内蒙古、湖北、黑龙江的 15 岁及以上人口平均受教育年限高于全国平均水平，而湖南、河北、宁夏、重庆、浙江等省份的低于全国平均水平，其中青海、云南、贵州的 15 岁及以上人口平均受教育年限低于 9 年，西藏的低于 7 年（图 7.14）。由此可以看出 31 个省份中有一小半的省份是高于全国平均水平，还有一大半低于全国水平，尤其是青海、云南、贵州、西藏的人口受教育年限还比较低。地区间的教育发展差距有所扩大。中国北部地区的教育发展水平明显高于南部地区，教育不公平程度呈现出西高东低的趋势。16～59 岁劳动

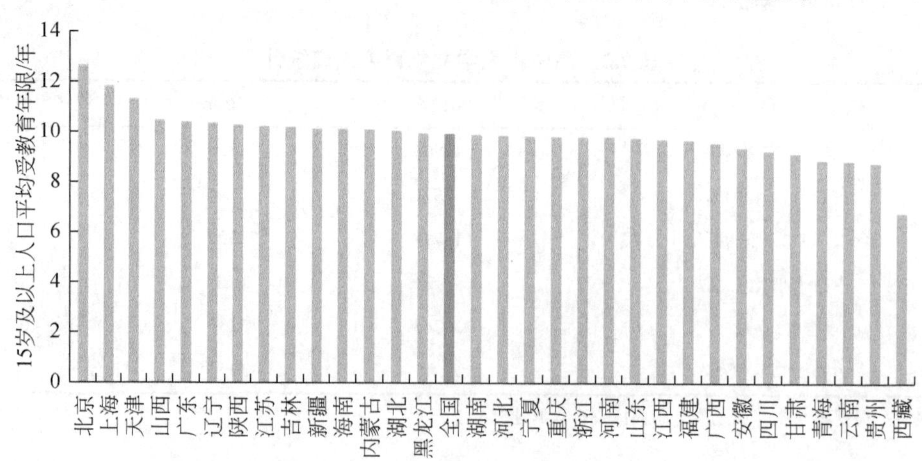

图 7.14　2020 年中国 15 岁及以上人口平均受教育年限（港澳台地区资料暂缺）

数据来源：中国第七次全国人口普查

年龄人口平均受教育年限从 2010 年的 9.67 年提高至 10.75 年。文盲率从 2010 年的 4.08%下降为 2.67%。从人口质量上看，近 10 年来我国人口受教育水平明显提高，人口素质不断提升。

3）人力资源发展的新挑战

少子化趋势对人力资源发展，特别是教育发展产生中长期挑战。从 1990 年以来，由于中国妇女总和生育率不断下降，且大大低于生育更替水平，少儿人口，即 0～14 岁人口绝对数持续下降，从 1990 年的 3.14 亿人降至 2010 年的 2.28 亿人，减少了 27.4%（图 7.15）。1990～2010 年，少儿人口占总人口比重由 27.7%下降至 16.6%。少子化趋势将成为未来 20 年制约中国人力资源发展的新挑战，各级各类学校的入学人数将出现明显的下降，现有教育资源利用效率出现下降。但从教育投入的角度看，生均教育投入不断上升，有助于提高教育质量，有利于解决教育发展不平衡问题。需要强化学前教育，逐步普及学前 1～3 年幼儿园教育；大力发展高中教育，大幅提高高中入学率；继续发展大学教育，特别是扩大研究生教育规模。

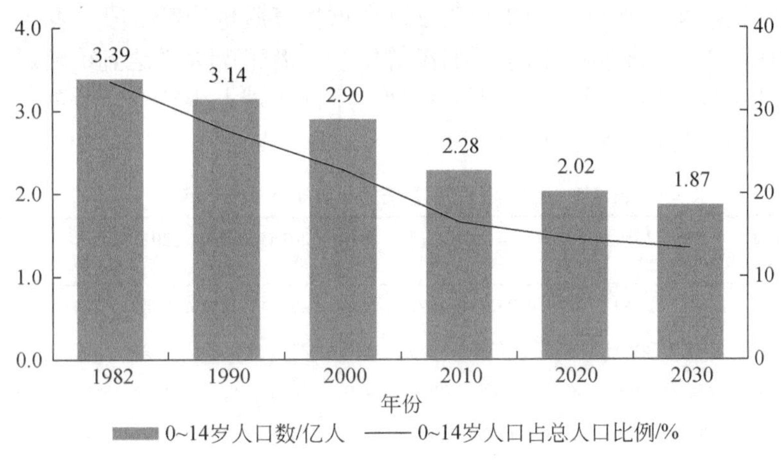

图 7.15　中国 0～14 年龄段少儿人口及占总人口比例

数据来源：联合国秘书处经济和社会事务部人口司，《世界人口展望》

2. 基础教育的发展

1）实施素质教育

实施素质教育的具有极其重要的意义：①作为促进人的全面发展的基础性工作，是落实科学发展观“核心是以人为本”的重要环节之一；②进入国家推进、重点突破、全面展开的过程，是全社会共同的事业；③打造更高质量的教育，高质量教育的关键在高素质的教师；④需要同提高教育现代化水平、构建全民终身学习的学习型社会联系起来部署。

2）普及义务教育

普及义务教育是根据国家法律规定对适龄儿童实施一定年限的普及的、强迫的、免费的学校教育。这种教育要求社会、学校和家庭予以保证，对儿童既是应享受的权利，又是应尽的义务，产生于 16 世纪欧洲宗教改革运动中。新教国家为推行宗教教育，提倡广泛设立学校。1619 年德意志魏玛邦公布学校法令，规定父母应送 6～12 岁的男女儿童入学，否则政府将强迫其履行义务，这被看作义务教育的开端。英、法、美等国家大多在 19 世纪

70 年代后实行。义务教育全面普及后的宏观趋势：促进义务教育均衡发展，提高义务教育质量；依法落实政府责任，强化财政经费保障机制；深化教育教学改革，全面推进素质教育。义务教育具有强制性、免费性、普惠性的原则。目前全球有两大模式，公立学校福利化均衡发展模式——欧洲、阿拉伯国家、日韩；公立学校均衡发展兼顾选择模式——美国、印度、巴西、墨西哥、埃及。

3）发展高等教育

21 世纪新阶段高等教育面临的严峻挑战：①拔尖创新人才培养能力较为薄弱，“钱老之问”需要回答；②部分高校应用学科结构体系仍与行业产业发展需求存在差距；③高等教育持续发展条件不足不稳，地区之间差距十分显著；④毕业生就业竞争压力日趋增大，出现结构性就业矛盾苗头。

推进高等教育现代化，建设高等教育强国，至少有三个切入点：一是需要始终坚持对中华民族传统精神和学术文化的继承性和创新性；二是需要密切关注社会和公民个人谋生需求的职业性和专业性；三是需要积极探索发展方式和培养模式的灵活性和多样性。我国高等教育将进入发展理念战略性转变和全方位注重教育质量的新阶段（表 7.4）。2020 年国家已建成一批国际知名、有特色高水平的高等学校，若干所大学达到或接近世界一流大学水平。而且，要引导其他各类高校在不同层次、不同领域办出特色，争创一流，包括支持地方或行业背景高校建设优势重点学科。

表 7.4　各类院校数量统计（2008～2021 年）

院校类型	2008年	2009年	2010年	2011年	2012年	2013年	2014年	2015年	2016年	2017年	2018年	2019年	2020年	2021年
院校数总计	2341	2380	2440	2479	2521	2592	2687	2744	2952	2889	2905	2935	2996	2980
普通高等学校	1941	1919	2030	2074	2118	2180	2300	2376	2562	2591	2627	2670	2738	2724
本科院校	757	778	799	821	843	867	960	1010	1175	1190	1209	1247	1270	1238
高职/专科院校	1184	1201	1231	1253	1275	1313	1340	1366	1387	1401	1418	1423	1468	1486
成人高校	400	401	410	405	403	412	387	368	390	298	278	265	258	256

注：普通高等学校包括本科院校和高职/专科院校

第七次全国人口普查最新的数据显示，拥有大学（指大专及以上）文化程度的人口为 21836 万人；拥有高中（含中专）文化程度的人口为 21300 万人；拥有初中文化程度的人口为 48716 万人；拥有小学文化程度的人口为 34966 万人（以上各种受教育程度的人包括各类学校的毕业生、肄业生和在校生）。与 2010 年第六次全国人口普查相比，每 10 万人中拥有大学文化程度的由 8930 人上升为 15467 人；拥有高中文化程度的由 14032 人上升为 15088 人；拥有初中文化程度的由 38788 人下降为 34507 人；拥有小学文化程度的由 26779 人下降为 24767 人。同时，2020 年中国各省大专以上学历人口总数差异很大，高学历比例分布也不均衡（图 7.16）。由图 7.16 可以看出大学本科和研究生学历的人口总数基本呈现东部地区要多于西部地区，集中集聚在北上广地区。

3. 教育公平与教育产出

1）教育公平

国外教育公平的第一步：让尽可能多人受到可能多的教育；第二步：让所有人受基本教

育，让更多人受更多教育；第三步：让所有人受到可能多的教育。教育公平是社会公平的重要组成部分，也是教育政策的基本价值取向，政府担负着促进教育公平的重大责任。政府会拿出更多的钱支持教育事业。但是公民一生多样化的学习选择，不可能全由政府包揽，政府既不能推卸法定责任，又要避免承诺没有足够能力保障的教育公平（薛二勇和傅王倩，2018）。

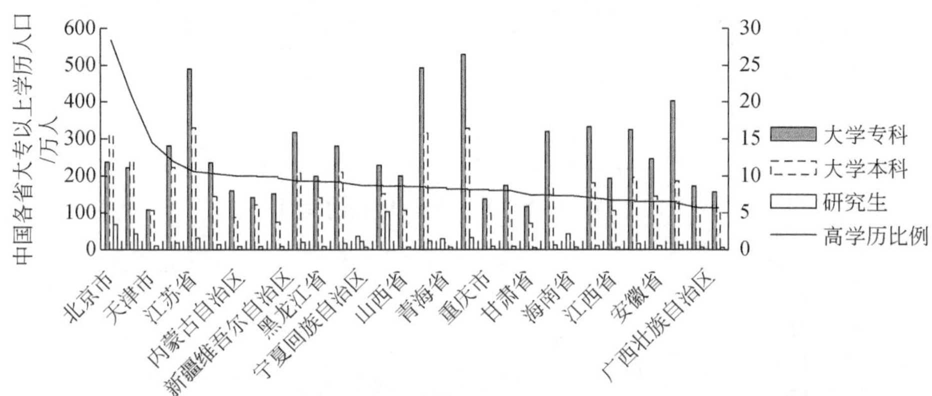

图 7.16　2020 年中国部分省份大专以上学历人口和高学历比例

数据来源：第七次全国人口普查

我国促进教育公平政策的要点：①重视数量发展，扩展教育机会，起点机会公平问题；②调整结构比例，增强外部适应性，缩小发展差距，发展过程公平问题；③增加经费投入，支撑基本质量，资源有限与使用效率，配置规则公平问题；④深化体制改革，克服制度障碍，提高制度普惠性，公众选择公平问题。

当前教育改革发展的重点与难点：①农村义务教育免费程度进一步提升的后续行动（公共财政刚性、分担责任与监管）；②城镇义务教育区域内均衡发展与择校问题（政府主导选择、社会参与认同）；③中–高等职业教育面向就业多样化发展模式（政府、行业企业定位、劳动力市场机制）；④高等教育功能分化后学校自主权与现代大学制度（放权问责、自主创新、国家竞争力）；⑤区域推进教育现代化的战略格局（国家、大区域、主体功能区、省域、地方基层）；⑥逐步改变学前教育薄弱状况（农村短板、政府与社会力量关系、界定早教误区）；⑦教育投入结构优化与公共财政制度健全（教育可持续发展的稳定保障机制）；⑧学习型社会建设进入制度设计阶段（政府、学校、企业、社会责任、信息化）。

就业机会不公平会影响人一时，而受教育机会不公平，会影响人的一生。从这层意义上说，教育公平可以推动社会的进步和协调发展，而社会的协调与进步，是经济平稳发展的重要基础条件。由图 7.17 可以看出公平的教育如何影响经济的增长。教育公平带来高技能人力资本，降低生育成本，从而延迟人口红利，扩大发达城市的增长极。同时，高技能的人力资本和人口红利的延迟又有助于产业升级，促进创新，从而最终促进经济的增长。

2）教育产出

对于中国而言，衡量教育产出最主要分析两个方面，中国的教育支出，以及教育支出如何促进教育生产的问题。根据国家统计局、教育部、财政部综合整理的数据（图 7.18），可以看出无论是普通小学、初中、高中、中等职业学校、普通高等学校的公共教育支出基本都呈增长趋势，可以看出中国对教育的重视程度越来越高，教育支出占 GDP 的比例也越来越高。其中，普通高等学校的公共教育支出要远大于其他学历的教育支出。中等职业学校的教育支出则最低。

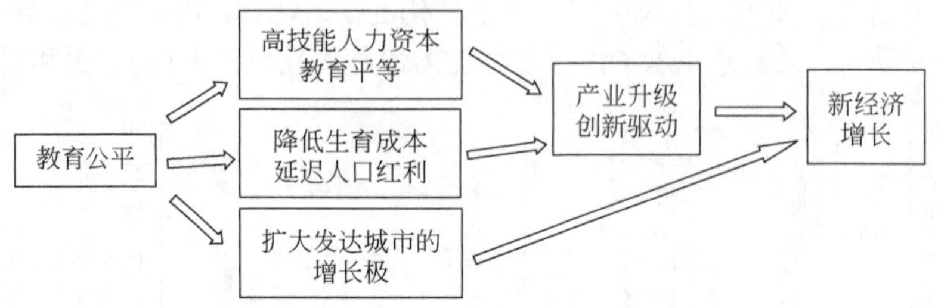

图 7.17　教育公平与经济增长的关系

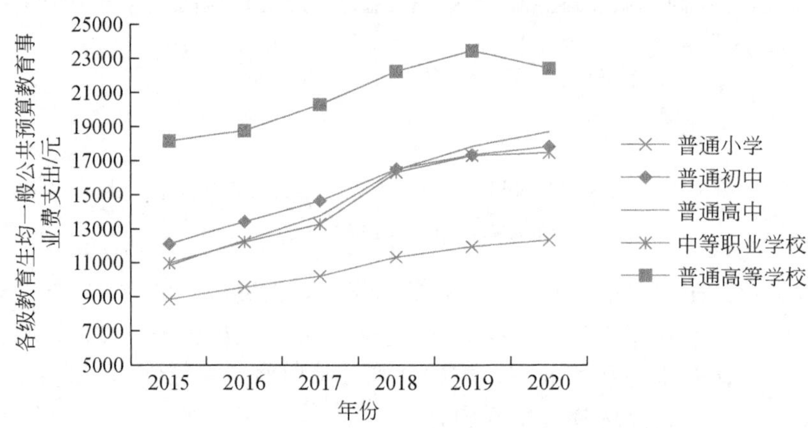

图 7.18　各级教育生均一般公共预算教育事业费支出

数据来源：国家统计局、教育部、财政部数据整理

7.2　科技与发展

7.2.1　科技与发展的关系

从蒸汽时代、电气时代、信息时代到智能时代，科学技术作为第一生产力对经济发展的贡献越来越大。

1. 相关理论

1）手段目的论

手段目的论是在考察科技进步与经济发展交换过程时，把经济增长作为这一交换的目的、把科技进步作为经济增长手段的科技与经济交互作用理论（白敏植，2000）。手段目的论把科技进步与经济增长两大系统放在了不同位置，从两者关系看（图 7.19），经济增长处于主动位置，科技进步处于从动位置，科技进步仅仅是促进经济增长的手段，也就是经济发展才是分析科技与经济交互作用的出发点和落脚点。

2）对立统一论

对立统一论是认为构成科技进步与经济增长这一大系统的两个要素科技和经济，两者之间既存在着相互依存、相互依赖的一面，又存在着相互矛盾的一面的科技进步与经济增长交互作用理论（王宗光，2000），这一理论的作用形式如图 7.20 所示。对立统一论强调发展与科技是不可分割的，一方的发展以另一方的发展为前提，如一方的发展离开对方的发展结果必将受阻，最终使得整个系统的发展停滞或者减速。

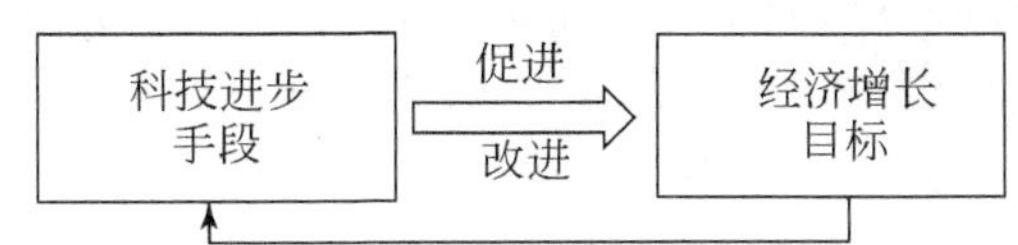

图 7.19　科技进步与经济增长手段目的论

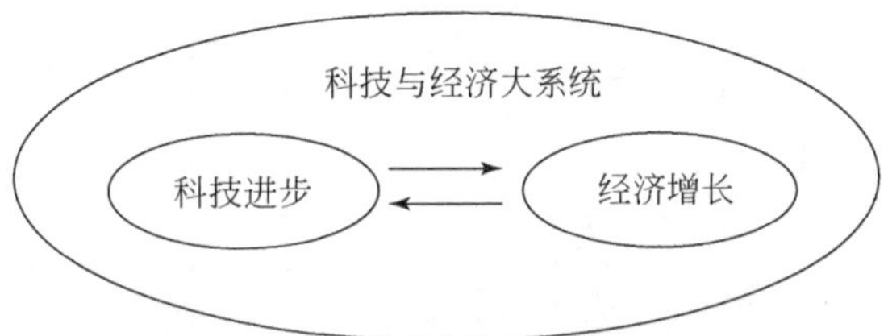

图 7.20　科技进步与经济增长对立统一论

3）供求论

随着科学技术的进步，其对社会、经济等各方面发挥的作用逐渐增强，进而演化成经济发展的内生变量。而科技进步离不开经济的支撑，因此根据供求论，科技进步与经济增长存在供求关系并受到供求规律的影响，这种关系是促进科技与经济共同可持续发展的重要环节。供求论认为，科技进步对经济增长的需求是资金，人、财、物的投入最终都可转化为资金投入，对其供给的是科技成果，经济增长对科技进步的需求便是适合经济发展要求的科技成果，对其供给的是资金（贾玉健，1996），它们之间的关系形成如图 7.21 所示的作用形式。

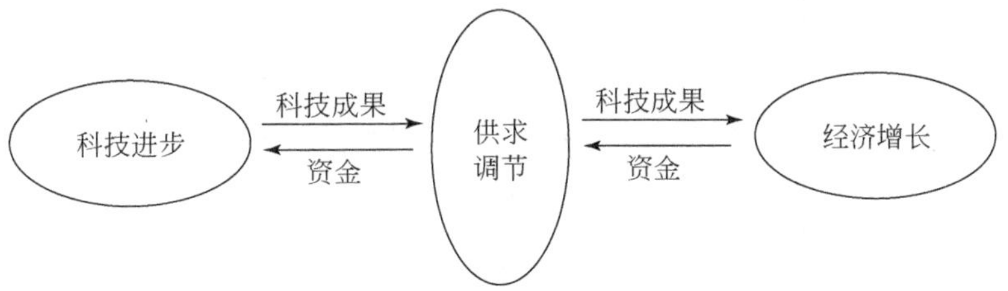

图 7.21　科技进步与经济增长供求论

2. 科技进步与发展的关系

1）科技进步促进经济增长的基本要素

经济发展的基本要素有劳动力、资金和政策等，科技也作为其要素之一在进步的同时已成为经济发展的重要因素（王书林，1998）。科技进步对经济发展的促进作用分为基础性与增效性因素，基础性因素是依靠科技进步提高劳动力投入的质量和水平，进而促进经济增长。增效性因素是依靠科技进步，特别是软科学技术的进步，加强经济增长全过程的科学管理促进经济增长（唐鑫，2002）。

从产品生产的流程来看（图 7.22），产品生产的业务工序分为上、中、下游，上游包括产品研究，中游包括零部件生产、模块零部件生产和组装，下游包括销售和售后服务。产品的附加值与利润空间在整合业务工序中的趋势呈“U”字形变化，其中以上游的产品研究和下游的售后服务为最高，中游的产品组装阶段最低。因此，产品研发作为经济增长的动力之一，是以强大的科技实力与稳定的资金来源为基础。

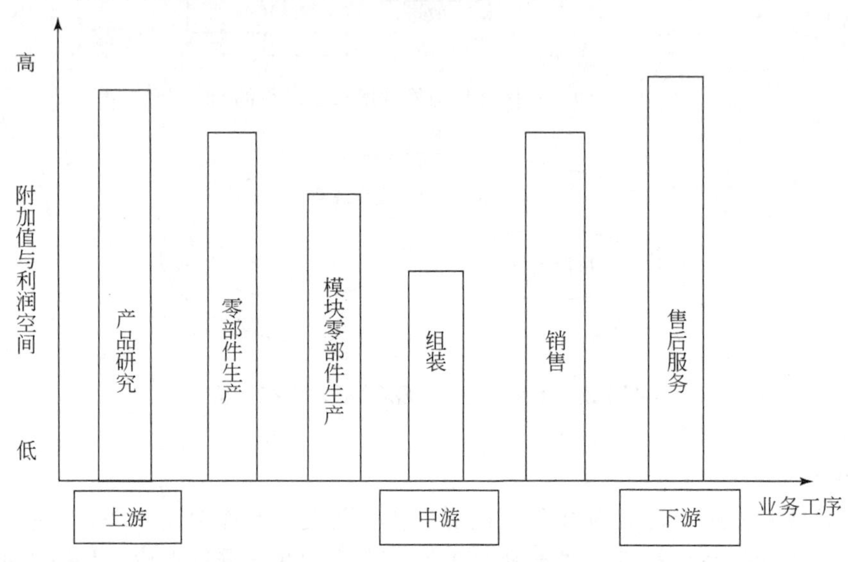

图 7.22　产品生产流程图

云计算作为当今促进经济发展的重要科技成果，为行业数字化转型赋能提供资源支撑（图 7.23）。云计算由计算、储存、网络等基础设施组成，其中云计算基础设施包括容器、微服务、中间件和 DevOps（应用平台）；通信基础设施包括 5G 网络、工业互联网、物联

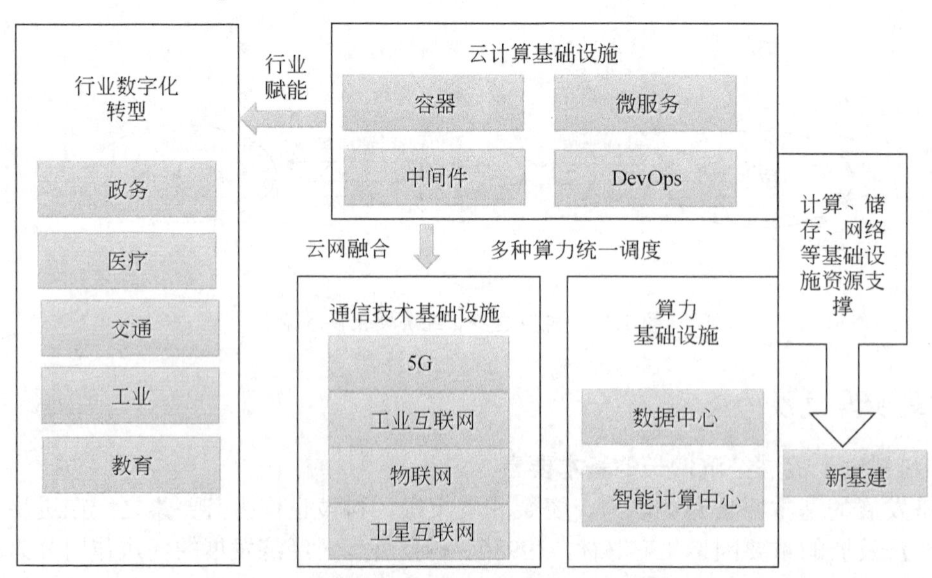

图 7.23　云计算对新基建与行业转型的作用

资料来源：2020 年中国面向人工智能“新基建”的知识图谱行业研究报告

网和卫星互联网；算力基础设施包括数据中心和智能计算中心。云计算基础设施通过与通信基础设施进行云网融合、运用多种算力进行统一调度，最终使云计算对政务、医疗、交通、工业和教育等行业的数字化转型赋能，对新基建项目提供资源支撑。

2）科技进步与经济增长相互促进

科技进步与经济发展存在着互动关系，经济发展的同时伴随着科技进步，科技进步则助力经济发展（张磊，2008）（图 7.24）。经济在稳定高速增长，可以为科技发展提供充分的资金，从而促进科技进步，经济也以更快速度发展，形成科技进步与经济发展的良性循环。反之则形成科技进步与经济发展的恶性循环（任玉珑等，2000）。同时经济发展与科技产出也存在互动关系，一方面，对科技进步的要求会随着经济的发展而提高；另一方面，随着经济存量增加，社会和政府更重视对于科技人员的待遇和社会地位，因而科技人员进行科研活动和科技创新的积极性不断提升，提高了科技成果的数量和质量（陈伟和罗来明，2002）。

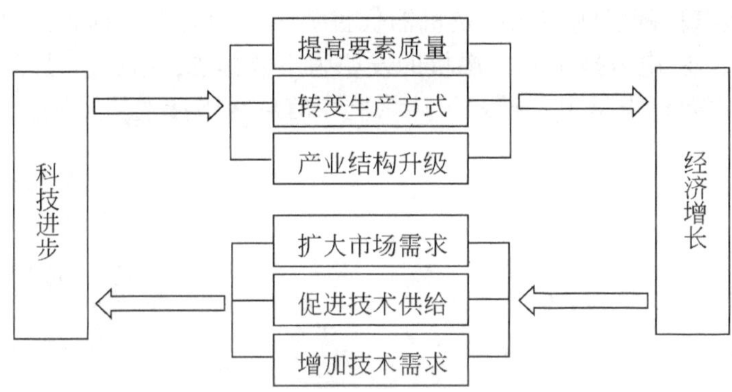

图 7.24　科技进步与发展之间的互动关系

从资本市场与科技创新的关系来看（图 7.25），资本市场是实现科技创新“双循环”的重要抓手，过去资本市场在注册制、信息披露、退市及惩处等方面存在不足，不利于多层

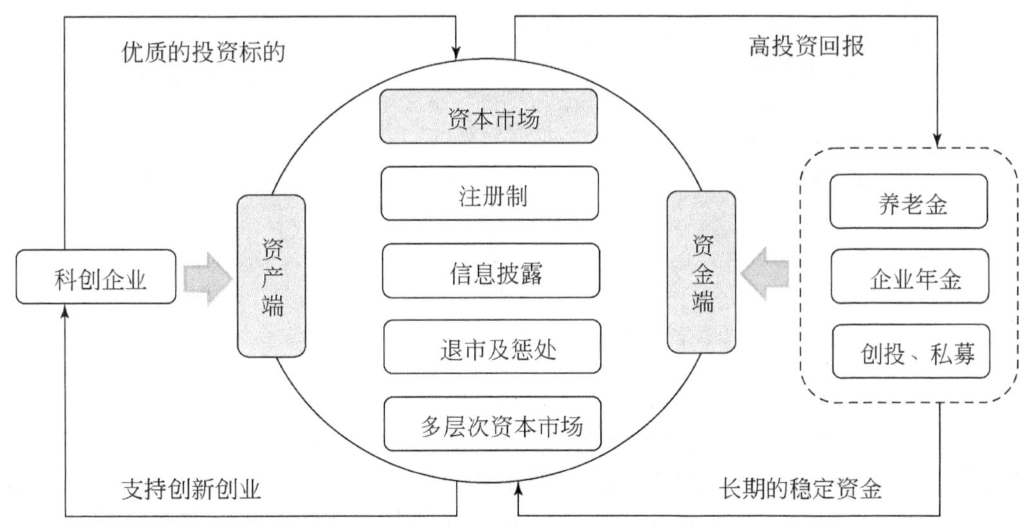

图 7.25　资本市场与科技创新“双循环”

资料来源：任泽平等，2020

次市场的形成。如今资本市场的准入、退市等规则不断完善，注册制、信息披露制度稳步推进，严格违规惩戒，进一步完善多层次资本市场的建设。资金端来源主要是养老金、企业年金和创投、私募资金，资产端为科创企业。资金端的资金长期稳定投入到资本市场，支持科创企业创新创业，得到高质量成果转化为在资本市场招标的优质产品，并以高收益回报资金端，形成资金端和资产端的良性循环和稳定平衡。

7.2.2 世界科技与发展

1. 世界科技发展历程

16 世纪以来发生了两次重大科学革命和三次重大技术革命（图 7.26）。16 世纪中叶到 17 世纪末的第一次科学革命主线为从伽利略到牛顿力学研究，第二次科学革命始于 20 世纪初，以自然科学理论相对论和量子论为标志发生根本变革。第一次技术革命于 18 世纪中叶始于英国，以蒸汽机的发明与应用及机器代替手工劳动为主要标志；第二次技术革命始于 19 世纪 30 年代，以电力技术和内燃机的发明为主要标志；第三次技术革命约始于 20 世纪 30～40 年代，主要标志是电子技术、计算机和信息网络技术的发展。

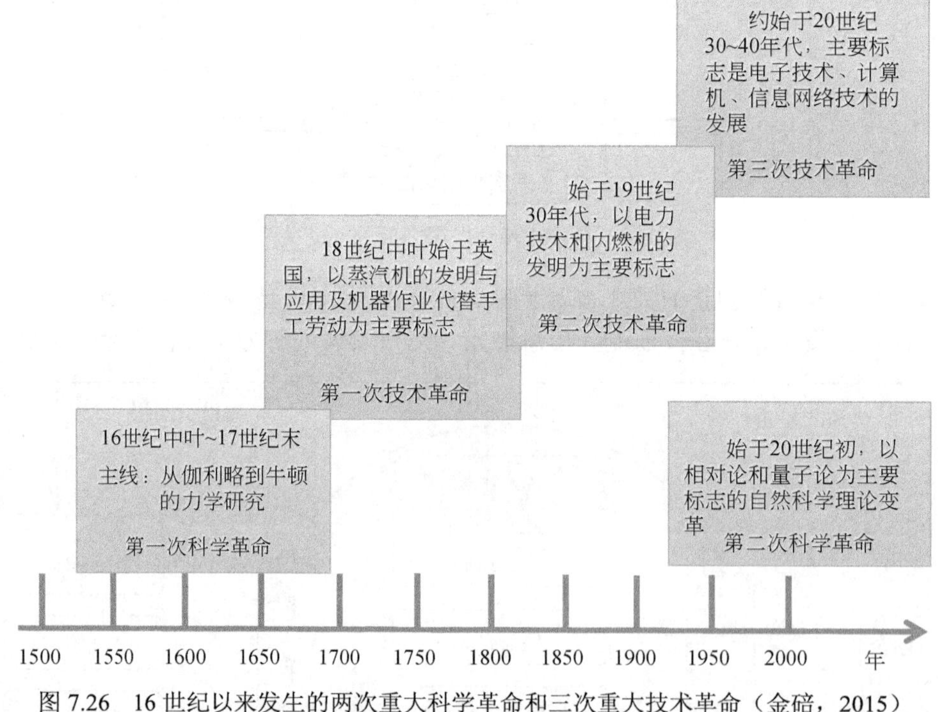

图 7.26 16 世纪以来发生的两次重大科学革命和三次重大技术革命（金碚，2015）

从世界经济发展的角度看科技发展（图7.27和图7.28），世界的经济发展从旧石器时代到如今经历了5次变革，第一次变革为采集经济向狩猎经济变革，生产力水平最低。第二次变革为狩猎经济向农业经济变革，农业生产为铜器和铁器的使用，生产力水平随着生产工具的变化而提高，种植作物为小麦、水稻或棉花，当时中国、印度、埃及处于相对封闭的状态，在一定范围内发展经济，主要是人力生产和手工作坊。信息传播主要通过书信传播的方式。第三次变革为18世纪60年代机械化和电气化的产生促进农业经济向

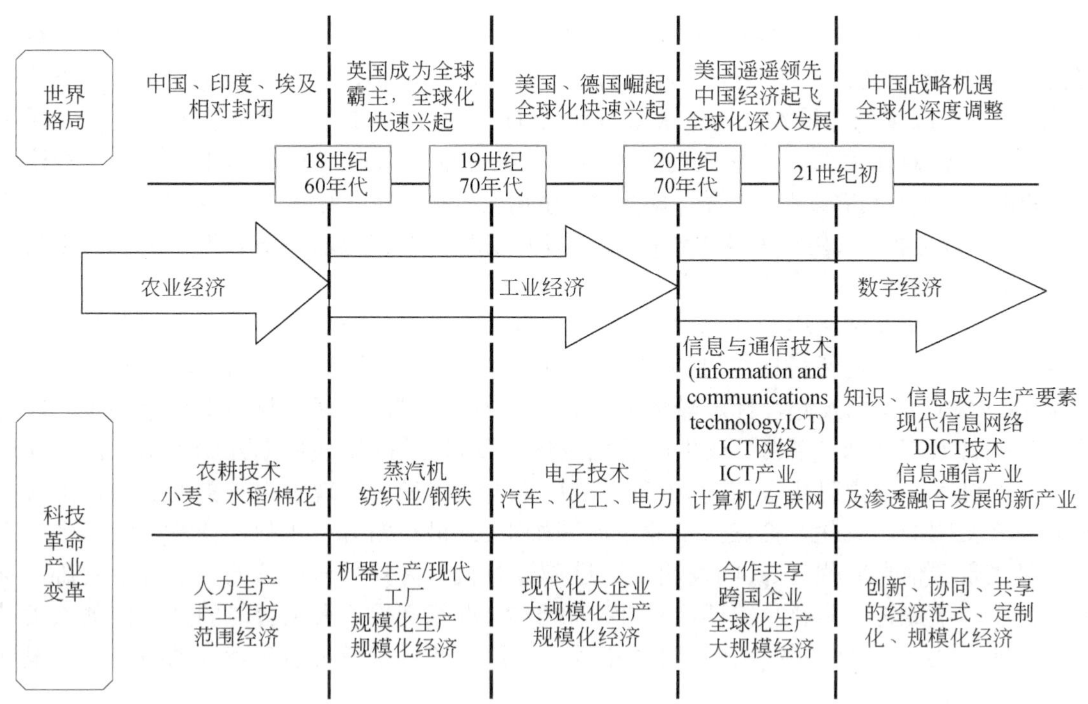

图 7.27　世界经济发展历程及格局变化（金碚，2015）

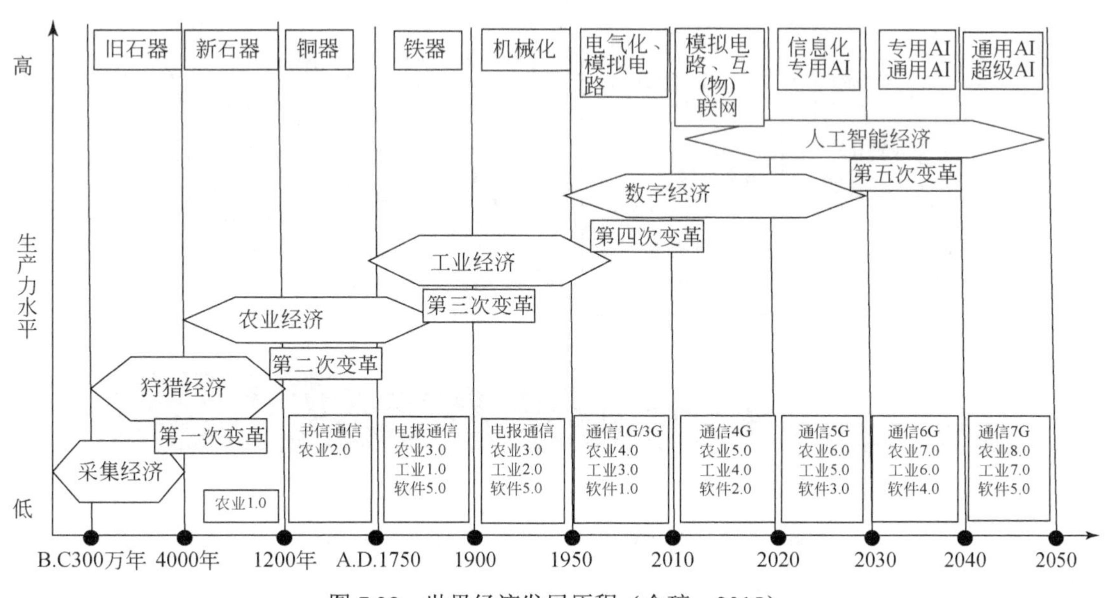

图 7.28　世界经济发展历程（金碚，2015）

工业经济变革，提高工业和农业生产效率，纺织业与钢铁工业大力发展，从范围经济转变为规模生产的规模经济。信息传播从书信转变为电报通信。英国成为全球霸主，美国、德国崛起，全球化快速兴起。到 19 世纪 70 年代，电子技术、汽车、化工和电力发展起来，出现了现代化大企业，生产规模扩张。第四次变革为模拟电路和互（物）联网的使用推动工业经济向数字经济变革，工业、农业随之变革，信息传播通过互联网 4G 网络，应用软件也不断升级。到 20 世纪 70 年代美国发展遥遥领先，中国经济开始起飞，全球化深入发展，计算机的产生推动合作共享与跨国企业的产生，形成全球化生产、大规模经济。到21世纪初，中国赶上战略机遇，全球化深度调整，知识、信息成为生产要素，现代信息网络、DICT技术（指在大数据时代DT与IT、CT的深度融合）衍生了一系列新兴产业如信息通信产业，形成创新、协同、共享的经济范式和定制化、规模化经济。人工智能的发展推动着第五次变革，即数字经济向人工智能经济变革，在此次变革中工农业生产水平和软件更新与应用随着科技水平的提高不断进步，生产力水平随着生产工具的更新而提高，进而使经济发生变革。

从工业革命发展历程看（图7.29），世界从18世纪至今共经历了四次工业革命，工业革命变革的标志是新科技成果的产生与应用。第一次工业革命于18世纪60年代至19世纪40年代在英国发起，标志着世界进入“蒸汽时代”，力学、热力学理论进步，以机器生产代替人工生产，完成工业生产的机械化。19世纪60年代后期开始了第二次工业革命，人类进入“电力时代”，其间电磁学应用于电力领域，发现了电与磁的奥秘，形成推动着人类文明的电气化。第三次工业革命开始于20世纪四五十年代，计算机的产生标志着人类进入“信息时代”，其间发明了二进制计算机，为数学与通信的结合打下基础，进而构建全球产业链信息化。第四次工业革命于21世纪开始，人工智能的产生推动人类进入“智能时代”，其间生物与计算科学相融合，量子计算赋予机器智慧推动新能源的发展与社会智能化。

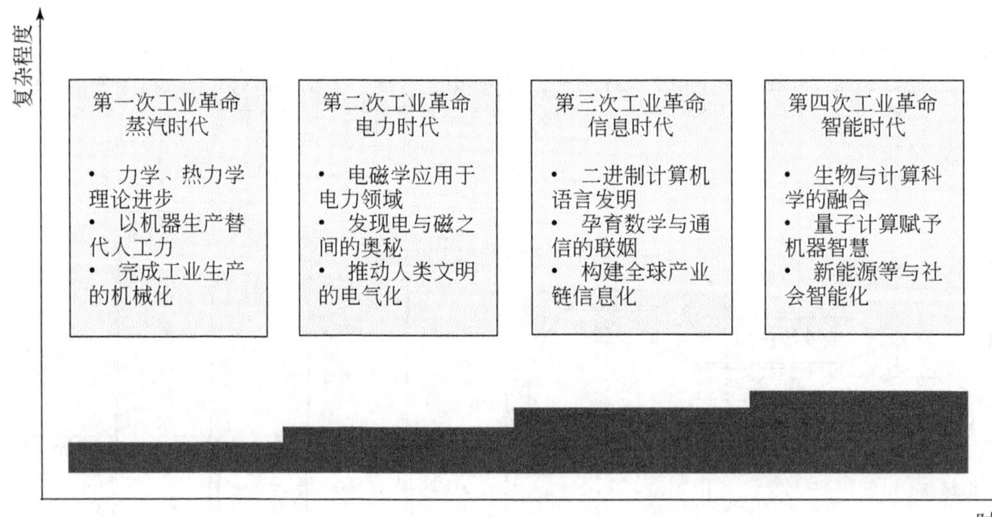

图7.29　四次工业革命发展历程（金碚，2015）

2. 全球科技发展状况

1）主要经济体研发投入状况

全球的科技研发投入呈亚美欧三足鼎立格局。从地区分布看（表7.5），2018～2019年的研发投入变化不大，但是2019年的研发投入相对十年前发生了较大变化。2019年亚洲科技研发投入为1.03万亿美元，占全球研发总投入的44.24%，相比10年前增长10个百分点；北美洲、欧洲地区的研发投入继续保持增长态势，但在总量中所占份额随着亚洲的崛起而逐年萎缩，分别为27.07%和20.31%；全球其他地区研发投入由于疫情对全球经济的影响基本陷入增长停滞状态，南美洲、中东与俄罗斯的全球份额分别为 2.22%、2.50%、2.79%，非洲在全球所占份额最低，为 0.87%。

表 7.5　2018～2019 年全球研发投入地区分布

地区	2018 年研发投入/亿美元	全球份额/%	2019 年研发投入/亿美元	全球份额/%
北美洲	6130.3	27.29	6296.1	27.07
南美洲	510.3	2.27	516.8	2.22
欧洲	4636.3	20.64	4724.7	20.31
亚洲	9778.4	43.53	10291.9	44.24
非洲	197.5	0.88	202.4	0.87
中东	565.4	2.52	580.8	2.50
俄罗斯/独联体	646.1	2.87	648.8	2.79
合计	22464.3	1005	23261.5	100

资料来源：OECD数据库

新兴经济体加强科技创新，研发投入高速增长，但研发强度低于发达经济体。从国别看（表 7.6），美国以 5810.3 亿美元保持全球第一，但占总投入的份额已由 10 年前的 34%缩减至 24.98%；中国的研发投入持续强劲，以 5192.2 亿美元位列第二，其份额由 10 年前的 12.5%增至 22.32%；日本研发投入为 1931.7 亿美元，位列第三；印度研发投入增速最快，同比增长 9.07%，达 940.6 亿美元，首次超越韩国位列第五。韩国研发投入强度居世界之首，高达 4.35%；欧洲数国则由于经济疲软等，研发投入增长乏力，但研发强度总体处于较高水平。

表 7.6　2019 年全球研发投入排名前 10 的国家

排名	国家	研发投入/亿美元	同比/%	研发投入强度/%	全球份额/%
1	美国	5810.3	2.70	2.84	24.98
2	中国	5192.2	6.94	1.98	22.32
3	日本	1931.7	0.90	3.50	8.30
4	德国	1232.2	1.99	2.84	5.30
5	印度	940.6	9.07	0.86	4.04
6	韩国	934.6	3.63	4.35	4.02
7	法国	662.2	2.00	2.25	2.85
8	俄罗斯	619.4	0.18	1.50	2.66
9	英国	513.8	2.09	1.73	2.21
10	巴西	391.5	1.61	1.16	1.68

资料来源：世界银行

产业研发支出稳步增长，已成全球创新的关键力量。在全球范围内，各国产业研发支出占其研发支出总额的 30%～75%不等。其中，美国产业研发支出占总支出的 66%；欧洲和亚洲产业研发支出份额也达到 50%～75%。产业研发支出的具体技术领域中（图 7.30），信息通信技术的产业研发资金最多，其次是生命科学、汽车、化学与先进材料、航空/国防及能源，因此，信息通信技术和生命科学是全球产业研发增长的主要驱动力。

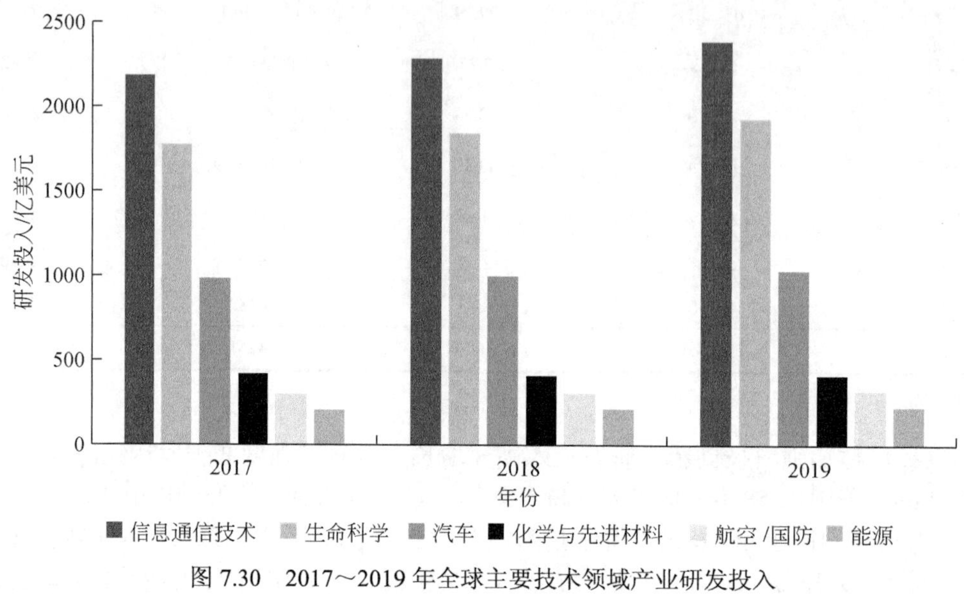

图 7.30　2017～2019 年全球主要技术领域产业研发投入

资料来源：OECD 数据库

2）科技产出状况

2008 年金融危机以来，全球专利合作条约（patent cooperation treaty，PCT）专利申请连续 10 年呈增长态势（图 7.31），2019 年 1～9 月，全球 PCT 专利申请总量达 187544 件，

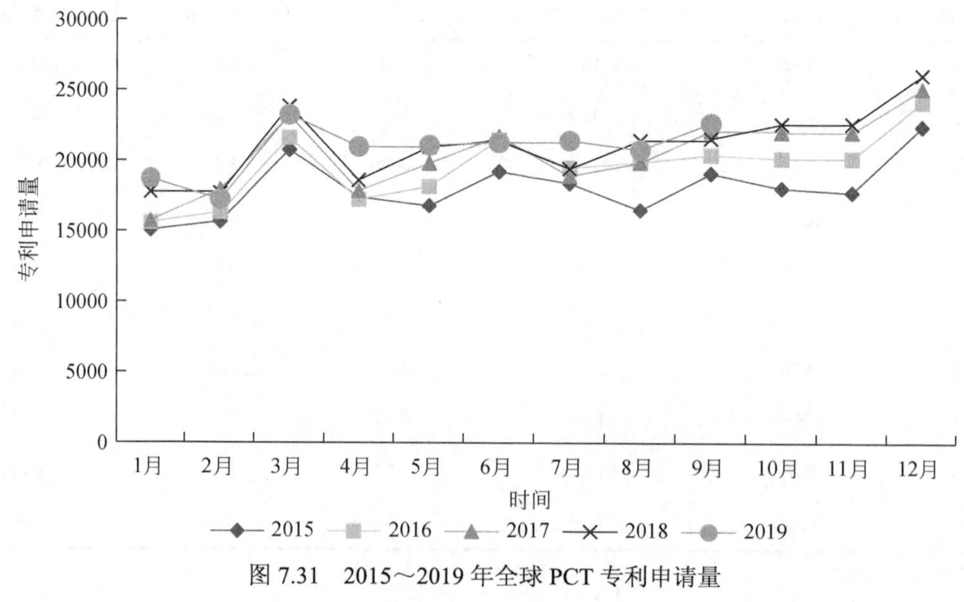

图 7.31　2015～2019 年全球 PCT 专利申请量

资料来源：世界银行

同比增长 2.6%，其中，位列前 10 的国家依次为美国、日本、中国、德国、韩国、法国、英国、瑞士、瑞典和荷兰。

从地区分布和国别看（图 7.32），有超过一半的 PCT 专利申请来自亚洲，占比 52%；欧洲占比 23%；北美占比 23%。PCT 专利申请量前五强国家合计达 146864 件（1～9 月），占全球总量的 78.38%。其中，美国依旧是最大的 PCT 专利申请国，其专利申请量为 41858 件，同比增长 0.17%，约占全球总量 22.34%；第二名是日本，申请量 39449 件，同比增长 5.33%，占全球份额 21.05%；中国排名第三，专利申请量为 38400 件，同比增长 3.84%；德国专利申请总量较去年同期有所下降，为 14218 件，排名第四；韩国 PCT 专利申请总量同比增长 11.7%，以 12939 件位列第五。

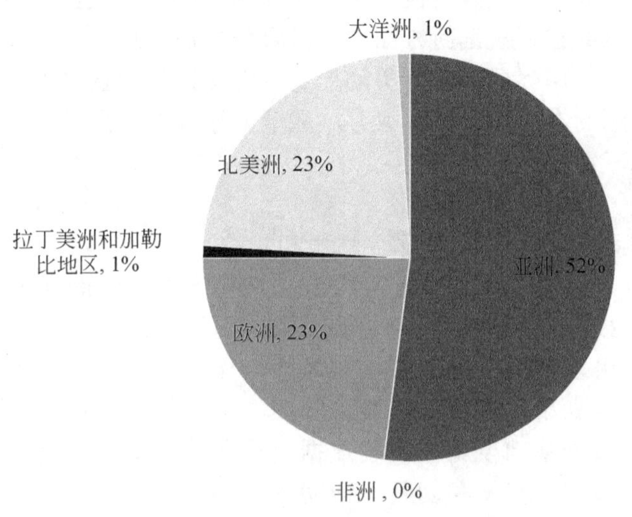

图 7.32　2019 年全球专利申请量地区分布

资料来源：世界银行

3）全球主要经济体科技战略动态

受新冠疫情的影响，全球经济发展遭受重创，而全球科技领域的创新活动却在严峻的市场环境蓬勃发展，科技成为各国从疫情的阴霾中走出来的重要抓手。在此背景下，世界主要经济体继续强化国家科技战略部署（表 7.7），全球科技竞赛也在疫情的推动下持续加速。

表 7.7　2020～2021 年全球主要经济体科技战略

国家/地区	相关政策战略
美国	2020 年 10 月 15 日，美国白宫发布《关键和新兴技术的国家标准战略》，重新定义 20 项关键和新兴技术，提出全力维护美国在量子、人工智能等尖端技术领域的全球领导地位
欧盟	2020～2021 年，欧盟发布《2021—2027 的年度财务框架》《塑造欧洲数字未来》《人工智能白皮书》《欧洲数据战略》等顶级科技战略文件，拟投入巨额资金支持人工智能、超级计算、量子通信、区块链等颠覆性和战略性技术发展
日本	2020 年 12 月，日本发布《第 6 期科学技术创新基本计划要点草案》，提出未来科学技术创新要点是发展数字技术、推动研究系统的数字化升级

续表

国家/地区	相关政策战略
英国	2020年10月19日，英国国防部发布《2020年科技战略》，提出至少将国防预算的1.29%直接投资于科技，着力发展人工智能、数字技术等，将科技融入国防建设发展
韩国	2020年1月，韩国科技部启动《人工智能国家战略》，未来10年将投资1万亿韩元（59.4亿元人民币）研发人工智能（AI）半导体技术
中国	2020年11月，《中共中央关于制定国民经济和社会发展第十四个五年规划和二〇三五年远景目标的建议》提出“十四五”期间要继续强化国家战略科技力量，加强基础研究、注重原始创新，优化学科布局和研发布局，推进学科交叉融合，完善共性基础技术供给体系

全球科技发展总体表现为更加重视科技对发展的作用，科研开发投入不断增加，科技创新的产出持续增长，国家间在科技创新方面的交流合作日益活跃。全球各国的科技创新战略并未因复杂的经济形势与国际局势而有所动摇，依然保持高歌猛进的势头。新兴经济体正成为全球科技创新浪潮的新动力甚至新主力，重塑全球科技创新版图。

3. 科技进步与全球发展

1）科技进步促进国际交流与合作，缓解金融危机

在全球化的大背景下，世界各国加强国际经济、文化方面交流的同时科学技术全球一体化也在快速发展。科技的发展推动着产业的扩大，而规模的扩张需要大量的资金投入，国家间的交流与合作可以降低分摊风险，即风险分摊和利益共享机制。同时当前的重大科研项目大多为跨学科高精尖项目，需要跨国间的学科优势互补，资源的融合与最优配置。跨境互联互通和数据基础设施、跨境数据流动和跨境支付系统方面的区域合作可以扩大市场准入，改善知识、资本和创新，帮助各国实现发展目标。人才国际流动是国际交流与合作的重要表现形式，人才流动分为临时性流动与永久性流动，现代通信和交通的快速更新迭代促进了人才国际的临时性流动，同时还使国际智力快速共享成为现实，加速人、物、信息的快速流动。使发展中国家通过临时性人才流动的方式或网络通信引进发达国家的科技人才和共享最新的动态，以较低的成本引进技术提高生产效率和优化产业结构。

2）科技进步催生科技变革与产业变革

20世纪80年代以计算机为主体的信息产业催生了一系列高新技术产业如信息技术、生物技术、新能源新材料技术、海洋开发技术，并趋向产业化。其中数字化技术是通信与数字的结合，数字技术处于发展的前沿，为各国加速经济增长、将公民与服务和工作联系起来提供了独特的机会。在危机时期，从自然灾害到像新冠病毒感染这样的流行病，数字技术将人们、政府和企业联系在一起。可以为复杂的发展挑战提供创新的解决方案，并帮助各国跳过从数字银行到区块链和远程医疗的传统发展阶段。对企业来说，数字技术将扩大市场准入的范围和机会，科技含量与高营利性于一体，在利益导向机制的作用下会改变投资结构，引起产业结构发生变化。在后新冠病毒感染时代，数字化工作将在全球范围内加速。

3）科技进步缩小全球各地区差距

非洲数字经济倡议（Digital Economy for Africa，DE4A）旨在确保2030年，非洲的每个个人、企业和政府都实现数字化，以支持非洲联盟的“非洲数字化转型战略”。对于非洲大陆的大多数人来说，2017 年只有 22%的人报告可以访问互联网。由于拥有数字身份证或交易账户的公民太少，他们基本无法发展电子商务。同时数字初创公司难以吸引资金，而“传统”企业只是在慢慢采用数字技术和平台来提高生产率和销售额；很少有政府对发展数字基础设施、服务、技能和创业进行战略性和系统性投资。61%的南亚人生活在电信网络的覆盖范围内，但仍然不使用互联网。在尼泊尔这样的内陆国家，国际带宽尤其昂贵。截至 2021 年底，全球仍有近 30 亿人离线，其中绝大多数集中在发展中国家。在全国范围内，城市地区的互联网用户比例是农村地区的两倍。扩大数字技术、数字平台的应用，发展中国家在发挥本国优势同时利用数字商业为经济创造价值，对于弥合全球数字鸿沟，缩小地区间差距有着重要作用。

7.2.3　中国科技与发展

1. 中国科技发展变化状况

新中国科学技术经历 70 年的发展，走出了一条具有特色的创新道路，特别是经过近些年来的飞速发展，已经成为具有全球影响力的科技大国，不断实现科技追赶，多项指标位居世界前列。科技创新是科学创新、技术创新、成果转化和创新扩散等多维度的综合表现（梁炜，2020）。

1）科技创新总体情况

中国科技创新的整体表现在经历了缓慢上升、平稳起飞后快速提升，将 1990 年至今科技创新的情况分为三个阶段，第一阶段（1990～2007 年）为科技创新的缓慢上升期；第二阶段（2008～2012 年）为科技创新的平稳起飞期；第三阶段（2013 年至今）为科技创新的快速提升期。中国早期由于科技存量较低，实行“以市场换技术”战略，采用模仿、购买等方式实现技术进步，发挥了后发优势。然而长期技术引进会形成路径依赖，这是由于一方面发达国家对核心尖端技术进行封锁和保护；另一方面，急功近利思想及本地技术的低水平制约了对新技术的消化吸收能力。由于中国提出科技创新战略并深入实施，科技创新的整体表现迈上新台阶，关键领域不断有新突破，产业竞争力日益增强，表现为从 2013 年以来科技创新表现突飞猛进，较之前有了很大的提升。

2007～2019 年，中国创新指数在全球创新指数的排名中总体呈上升的趋势（图 7.33），从 2007 年的 29 名上升到 2019 年的 14 名，创新能力得到突破性进展，到 2018 年中国创新指数首次进入全球的前 20 名。同时中国科技方面的创新指数，如在本国人专利申请量、本国人实用新型申请量、高技术出口净额在贸易中的占比、本国商标申请、本国工业品外观设计和创意产品出口在贸易总额中的占比 5 个方面均排名世界首位。这与中国将科技创新作为国家发展战略有着密切关系。

科技是第一生产力。我国从 1988 年以来近 40 年间科技迅速发展、科技成果丰硕，多项科技指标居世界前列（表 7.8）。全社会研究与试验发展（R&D）经费从 1988 年的 90 亿元增加到 2020 年的 24393.11 亿元，增加了 270 倍；全社会研究与试验发展（R&D）人员从 1998 年的 75.52 万人增加到 2020 年的 523.45 万人；国内发明专利申请量从 1988 年的 4780 件增加到 501 万件；科学引文索引（science citation index，SCI）论文从 1988 年的 0.56 万篇增加到 2020 年的 49 万篇；国家高新技术企业从 1998 年的 1.52 万家增加到 16.5 万家；国家级高新区从 1988 年的 1 家建设到 2020 年的 166 家。科技进步奉献率随着国家对科技对发展作用的深刻认识及重视，不断加大科研投入而提高，从 2012 年的 52.2%增加到 2020 年的 60%。

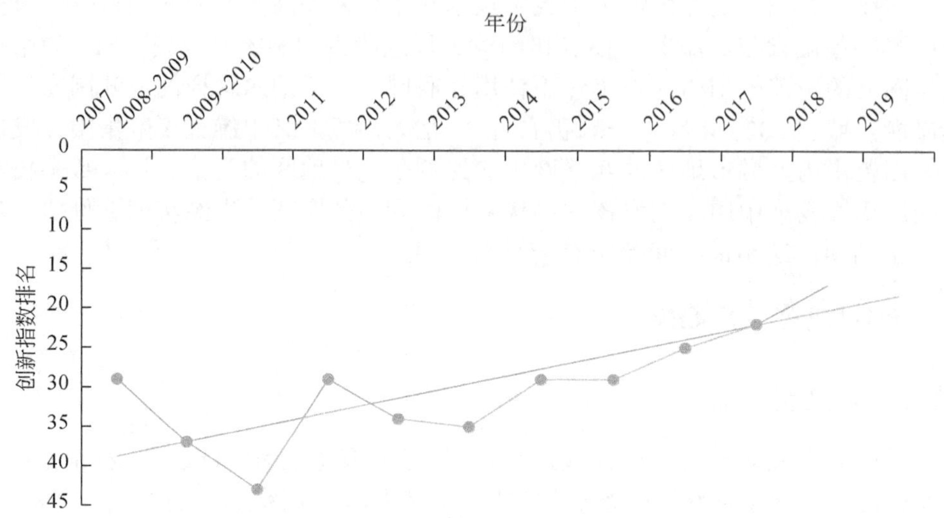

图 7.33　2007～2019 年中国创新指数排名

资料来源：中国统计年鉴

表 7.8　1988～2020 年中国科技发展统计表

科技指标	1988 年	1998 年	2012 年	2017 年	2020 年
全社会研究与试验发展（R&D）经费/亿元	90	551	10298	17606	24393.11
全社会研究与试验发展（R&D）人员/万人	—	75.52	324.68	403.4	523.45
国内发明专利申请量/件	4780	13751	535313	1381594	5016030
科学引文索引（SCI）论文/万篇	0.56	1.98	19.28	32.42	49
科技进步奉献率/%	—	—	52.2	57.5	60
国家高新技术企业/万家	—	1.52	4.53	13.6	16.5
国家级高新区/家	1	53	105	156	166

资料来源：中国统计年鉴

中国科技创新路线规划按目标达成时期分为三个阶段（图 7.34）。在 5 年以内为企业技术路线图，即以现有的技术开展的企业内技术路线图，该时期科学技术的先进性与不确定性较低；在 5～20 年为国家产业技术路线图，具体为中国制造 2025 年十大重点发展领域产业技术路线图，该时期科学技术的先进性与不确定性相对较高；20 年以上为前沿科技路线图，具体为 2025 年中国重要领域科技发展路线图，该时期科学技术的先进性与不确定性最高。

2）R&D 经费支出状况

R&D 经费作为一个地区科技发展的主要投入，R&D 经费投入占 GDP 的比重，不仅体现了一个地区 R&D 经费的投入强度，同时也是评价地区经济增长质量和发展潜力的重要指标。图 7.35 展示了 1995～2020 年我国 R&D 经费投入及其占 GDP 比重，从整体上来看，我国 R&D 经费投入强度整体上呈现逐年上升的趋势，到 2020 年为 2.23%。

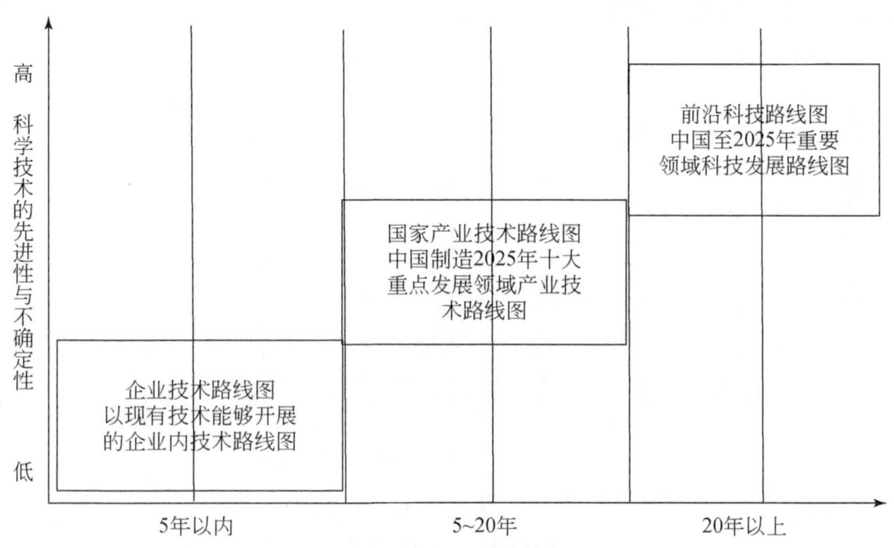

图 7.34　科技创新技术路线图

资料来源：《中国制造 2025》

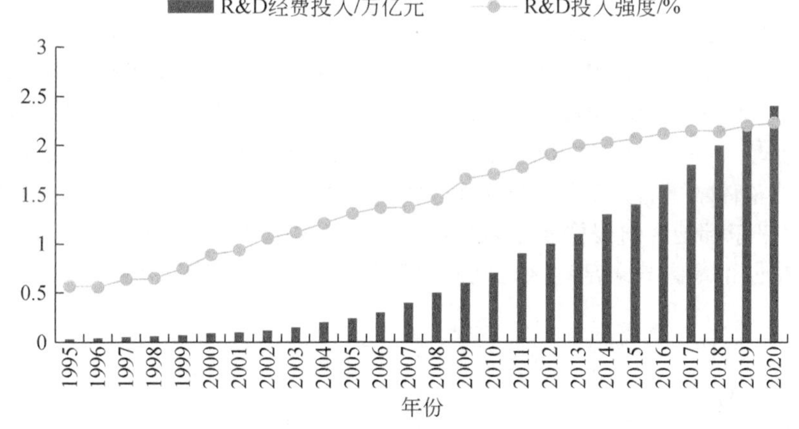

图 7.35　1995～2020 年中国 R&D 经费投入及其占 GDP 比重

资料来源：历年统计年鉴

3）专利产出情况

专利作为科技发展的成果，是科技发展的具体体现，也是衡量科技发展的一个量化的表达方式。发明专利数目越多说明国家地区的科技活动越活跃，尤其以国际标准分类的发明和实用新型专利数的多少也能够代表一个国家的科技发展水平。

2014～2020 年，我国每年的专利授权数与专利申请数之比除 2015～2017 年略微出现了下滑，但是其余各年都是上涨的情况（图 7.36），说明我国对科技研发尤其专利的申请方面比较重视，也代表着我国科技水平的不断提升。其中授权数与申请数的比例波动较大，但是总体保持在 50%以上，在 2020 年达到 70.12%，我国专利授权占专利申请比例较高，符合技术进步与科技创新的要求。授权专利中分为发明和实用新型专利数，在 2014～2019 年实用专利数都保持一个稳定的增长状态，2019～2020 年中国实用专利数增幅最大。至

2020 年实用授权专利数已达到 1124 万件，超过 2014 年的两倍，说明我国授权的专利中以实用和发明为主，实用专利的比例不断增加，侧面反映了我国科技水平的不断提高。

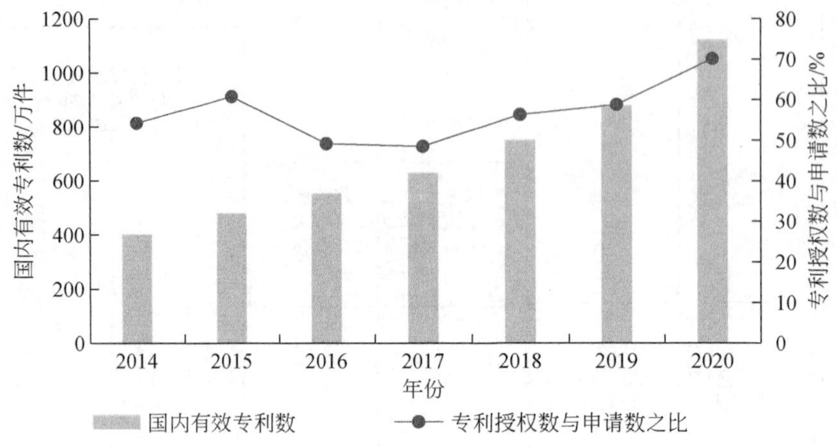

图 7.36　2014～2020 年我国专利授权情况

资料来源：历年统计年鉴

4）省级研发投入特征

2020 年中国 31 个省份 R&D 经费内部支出，从图 7.37 可以看出，中国省级研发投入存在非常明显的不均衡现象，经济发展水平较为发达的东部地区的 R&D 经费投入较多，如上海、浙江、山东、北京、江苏和广东等；而在经济发展水平相对较低的西部地区的 R&D 经费投入相对较少，如青海、海南、宁夏、新疆等。由此可以看出，省际研发经费投入与省级经济发展水平较为符合。图 7.38 展示了 2004～2020 年全国及三大地区 R&D 经费内部支出的变化趋势，从整体水平看，东部地区 R&D 资本投入水平明显高于中部地区和西部地区，并且自 2008 年以来东部地区研发资本投入量明显增加，而中西部地区投入量的增长速度相对缓慢，因此导致中西部地区与东部地区之间研发资本投入的差距越来越大。

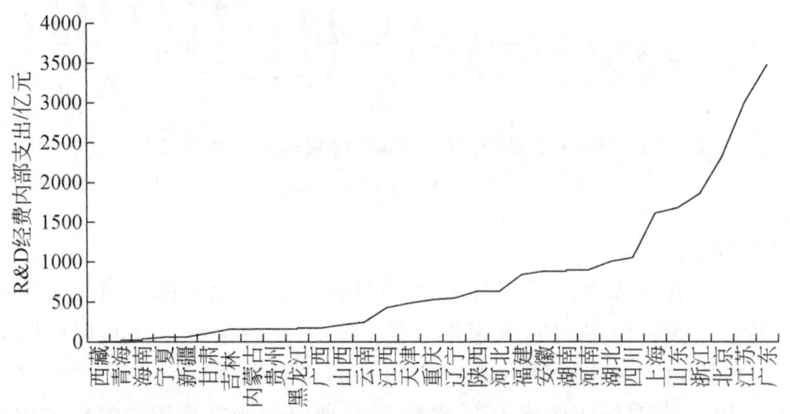

图 7.37　2020 年中国 31 个省份 R&D 经费内部支出

资料来源：历年统计年鉴

5）数字经济发展状况

我国产业数字化发展呈逐年加快的趋势（图 7.39），产业数字化增加值规模从 2005 年 2.6 万亿元上升到 2016 年的 17.5 万亿元，到 2020 年已经达到 31.2 万亿元。受疫情影响，数字产业增长有所波动，但仍保持上升趋势，同比增长了 9.5%。同时产业数字化增加值规模占 GDP 比重稳定上升，2016～2020 年，占 GDP 比重由 23.3%增加到 31.2%，增加了 7.9 个百分点。说明数字化产业在国家经济发展中的作用日益突出。

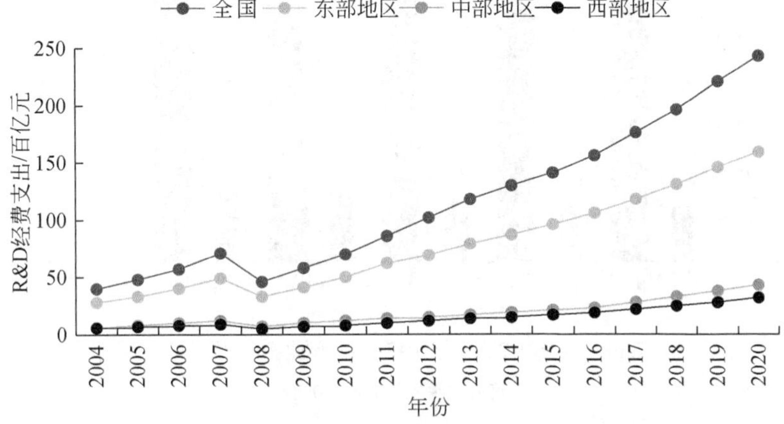

图 7.38　2004～2020 年全国及三大地区 R&D 经费支出

资料来源：历年统计年鉴

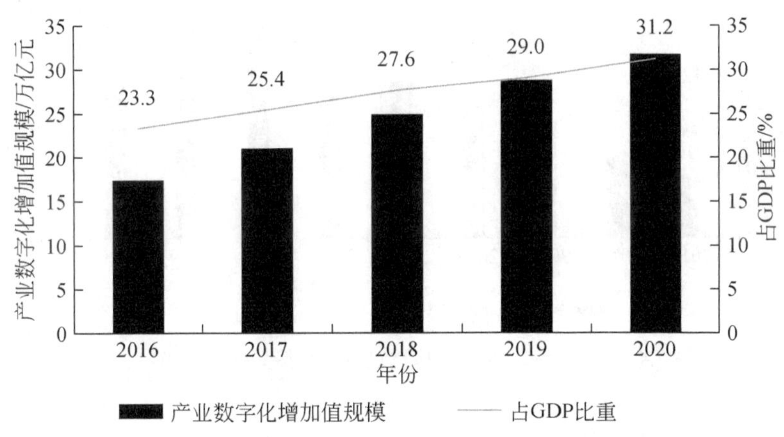

图 7.39　2016～2020 年中国产业数字化发展情况

资料来源：历年统计年鉴

我国三次产业农业、工业、服务业在国家政策、经济发展水平的影响下正不断深入发展，随着科技发展水平的提高，数字经济渗透到三次产业中去，并促进它们的高质量发展。2016～2020 年，数字经济在第一产业的渗透率由 6.2%增加到 8.9%，同比增加了 2.7%；在第二产业的渗透率由 16.8%增加到 21.0%，同比增加了 4.2%；第三产业的渗透率由 29.6%增加到 40.7%，同比增加了 11.1%（图 7.40）。

我国数字经济正蓬勃发展，从 2012 年到 2020 年数字经济规模稳定增长，由 9 万亿元增加到 39 万亿元，增加近 4.5 倍；数字经济规模占 GDP 的比重也不断提高，从 2012 年的 17.0%增加到 2020 年的 38.6%，同比增加 21.6%，其中 2013～2014 年的增长波动较大，增加 6.2%（图 7.41）。

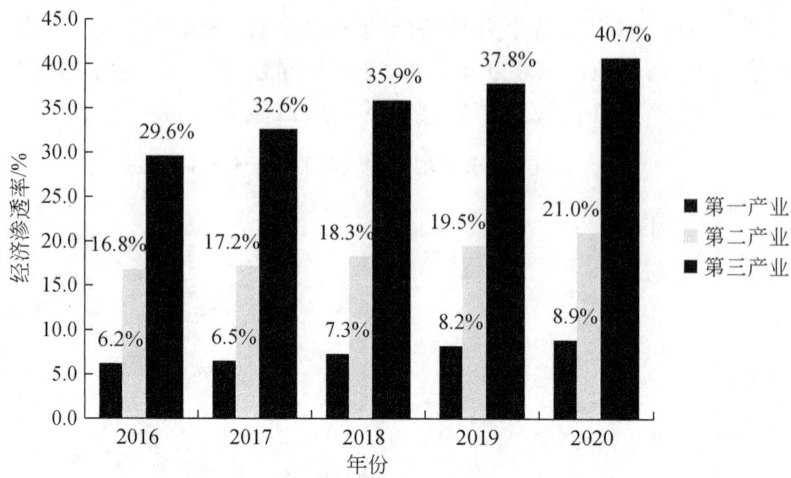

图 7.40　2016～2020 年中国三次产业数字经济渗透率

资料来源：历年统计年鉴

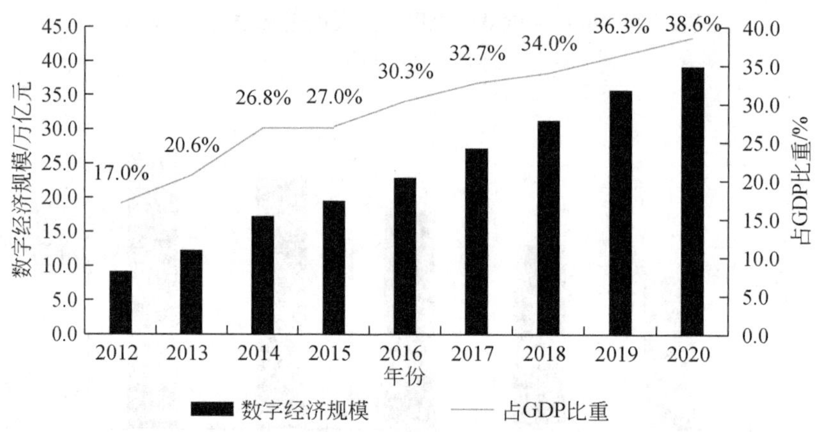

图 7.41　2012～2020 年中国数字经济规模及占 GDP 比重

资料来源：历年统计年鉴

互联网、大数据、云计算、物联网等技术迅猛发展，并且社会经济发展对这些技术的需求加大。从 2021 年人工智能未来企业排行榜来看（表 7.9），华为、百度、阿里巴巴和腾讯涉猎人工智能的各个领域并位列前茅，华为以人工智能自动化服务与智能芯片为主，百度以开发开放的人工智能服务平台为主，阿里巴巴和腾讯以互联网综合服务为主，其主要以大数据平台应用为优势，商汤科技以机器视觉开发为主。这些企业以人工智能技术及其应用开发产品和服务，提升经济实力，在人工智能行业中脱颖而出。

表 7.9　2021 年人工智能未来企业排行榜

排名	企业名称	所属领域
1	华为	综合
2	百度	综合
3	阿里巴巴	综合
4	腾讯	综合

续表

排名	企业名称	所属领域
5	商汤科技	机器视觉
6	旷视科技	机器视觉
7	云从科技	机器视觉
8	小米	综合
9	第四范式	AI 芯片
10	依图科技	AI 行业解决方案
11	科大讯飞	语音识别
12	字节跳动	综合
13	平安科技	智慧金融
14	网易	综合
15	比亚迪	智能网联汽车
16	紫光集团	AI 芯片、智能云
17	特斯联	智慧城市
18	拓邦集团	智能家居
19	中科创达	综合
20	优必选	无人机

资料来源：《人工智能前沿研究与产业发展报告 2021》

2. 科技进步与减贫

1）科技进步与经济发展呈正相关

2004 年我国 GDP 为 16.2 万亿元，同期 R&D 经费投入为 4004 亿元，R&D 投入强度是 1.21%，而 2020 年我国 GDP 为 101.6 万亿元，同期 R&D 经费投入为 2.4 万亿元，R&D 投入强度为 2.23%。由此可见，改革开放后随着中国 R&D 内部经费投入的不断增加，中国经济发展水平也得到了显著提高。图 7.42 报告了中国 2004～2020 年 R&D 投入与 GDP 的变动趋势，从图中可以看出，我国科技投入与 GDP 之间具有相同的变化趋势。2004～2020 年 R&D 经费投入增长速度相对比较稳定，而在 2008～2018 年增长速度明显增加。

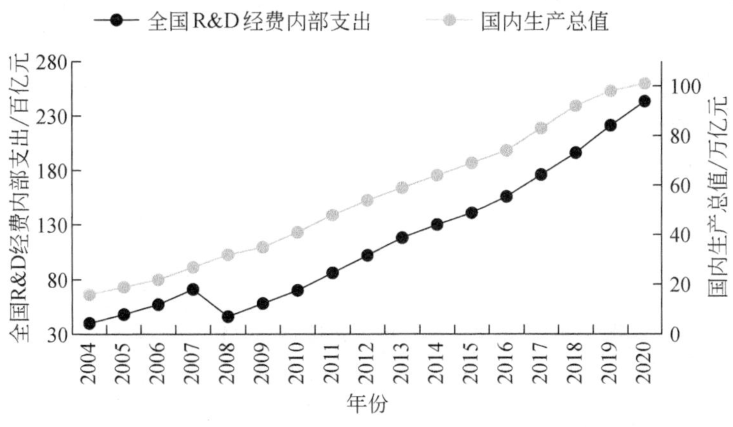

图 7.42　2004～2020 年 R&D 投入与 GDP 的变动趋势

资料来源：历年统计年鉴

经济增长中科技进步贡献份额的大小直接关系到一个国家经济运行质量的高低和经济增长潜力的大小（张月池，2020）。经济增长依赖于资本、劳动力、人力资本、资本和科技进步，在这几个因素中科技进步对经济增长的贡献度达到了50%以上。2002～2020年科技进步奉献率呈稳定上升趋势（图7.43）。其中高新技术产业对经济快速增长发挥着重要作用。高新技术产业化是把高新技术研究出来的成果作为起点，把市场当成终点，是一个将科技方面的成果通过某些方式转化到规模化的具有市场价值的产品的过程，主要由高技术产业主营业务收入和高技术产业利润额体现，如图7.44所示。从图中可以看出，整体上不论是高技术产业主营业务收入还是利润额都保持良好的增长趋势。我国高技术产业主营业务收入，由2015年的139969亿元增加到2020年的峰值174613亿元，在2017年涨幅也达到近几年最高，达到159376亿元；高技术产业利润额保持稳定增长，由8986亿元增加到12394亿元，由千亿元增长到万亿元，其中在2019～2020年增长幅度最明显，达到1800亿元。

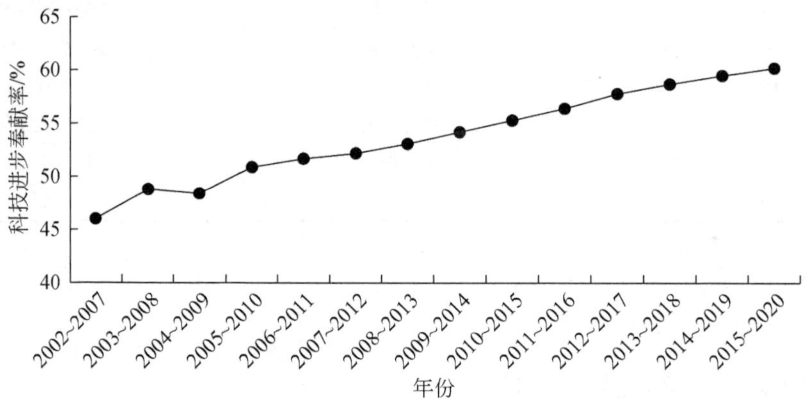

图7.43　2002～2020年每五年科技进步奉献率

资料来源：历年统计年鉴

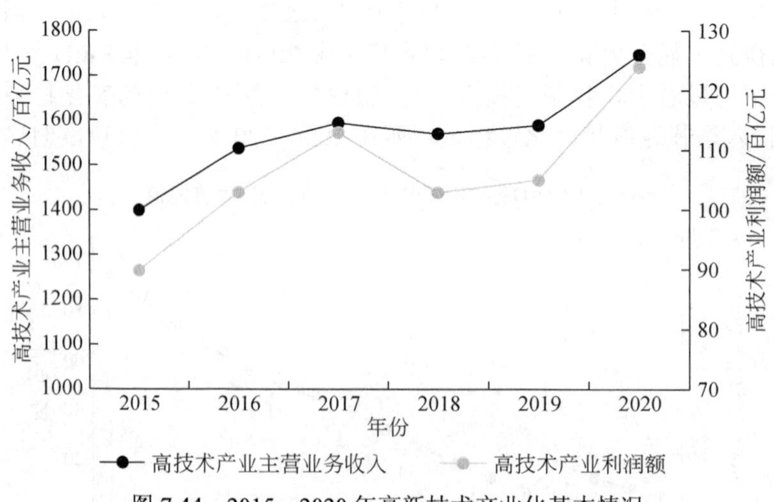

图7.44　2015～2020年高新技术产业化基本情况

资料来源：历年统计年鉴

2）科技进步推动城镇化

城镇化发展是随着科技生产力的发展，农业活动逐步向非农业活动转化，农业活动在社会生产活动中的比重逐渐下降；各种生产要素、产业活动、生活方式及价值观念等一切先进要素向乡镇扩散集聚的过程。由于历史发展的多种因素，我国近代城镇化水平低于西方发达国家，我国城镇化的发展未与三次技术革新同步发展，推动我国城镇化发展的科技因素主要是科技政策、主要技术引进及技术重组再创新。改革开放后，我国城镇化率呈稳步上升态势，城镇体系逐步优化。三次技术革命成果的应用和创新几乎同时进行，大量外资和新技术引入、新技术的发展再创造、技术成果的转化和扩散、国家科技政策的推进等科技创新要素推动我国城镇化快速发展，尤其是江浙沪等省市的大中小城市和小城镇快速发展（田逸飘等，2016）。

（1）科技创新因素交互进行，推动城镇化加速稳步发展。20 世纪 80 年代，乡镇企业蓬勃发展。尤其是沿海东部地区出现了大批新型的小城镇，1984 年 5 月，据统计，浙江省兴办起 2 万多个乡镇企业，直接带动大量农民就近就业；1988 年，乡镇企业拉动当地农民就业达到 48.73%，使很多农民落户城镇。这一时期出现了苏南模式、温州模式、珠江模式、沪郊模式及晋江模式等的多种小城镇发展模式。乡镇企业蓬勃发展，与国家科技发展政策是分不开的，如重点科技攻关、重点工业性实验、“863”、星火、火炬、重点产品试验、重点科技成果、重点新技术推广等技术开发和推广的计划，还有“3000 项计划”和“12 条龙计划”引进先进技术对现有企业进行技术改造，主要包括数控机床、电力机车、服装食品生产加工线等重大项目，这些为乡镇企业和下一发展阶段几大城市群的发展提供了技术支撑。除政府大力扶持外，还得益于重视科技的投入（符田风，2018）。小型乡镇企业对科技的投入占总投资的 50%左右，据农业农村部乡镇企业局对 1000 家大型乡镇企业的调查，这些企业的 R&D 投入平均占到总收入的 4%。合理利用就近资源，实现大小企业配套生产，形成产业链。城镇化从 1978 年的 17.92%达到 1992 年的 27.46%。

（2）科技成果推动新型城镇化发展。工业和服务业为主的大中小型企业在大城市群集聚，充分的就业机会，吸引大量农民进城。2002 年，城镇化率达到 39.09%。由此出现了农工问题、区域城乡差距、“城市病”、“空心村”等问题。为解决这些问题，政府提出新型城镇化理念，为发展和落实这一理念，明确新型城镇化的发展目标，政府先后出台相关政策为新型城镇化发展创造有利的发展环境，城镇化发展取得一定成果，城镇化率从 2002 年的 39.09%提升到 2020 年的 63.89%。解决阻碍新型城镇化发展要求的问题，需要依靠新技术的开发、普及和应用，例如，绿色技术的开发和利用，有助于解决生态赤字，改善人居环境；乡镇已有企业应用绿色技术新成果进行转型升级，根据发展需要开发新技术，摆脱技术外生供给。根据产业间发展需求，完善产业链，实现城镇就近就业；应用智能化技术完善基础设施，实现管理的高效性等，现代化带来了农业人口生活和精神的富裕。

7.3　文化与发展

7.3.1　文化与发展的关系

文化不仅具备一些基本特征和社会功能，作为推动经济发展、增加财富及创造就业机会的重要的经济手段，它还具有一定的经济属性。全球化的发展使得国家（地区）间的文化交流与融合日益深入。从地区发展理论的观点来看，世界在走向全球化与一体化的同时，虽然落后国家（地区）的本土文化不断遭受冲击，但其对语言、文化、地理位置、部族、种族及宗教等因素的归属感依然表现得很强烈，甚至在某些情况下出现强化趋势，这些“软文化”因素对各国各地区的经济政策取向及地区发展计划造成极大影响（张生祥，2009）。马克斯·韦伯对新教伦理在现代西方资本主义崛起中的作用分析使人们认识到，文化在各国经济发展中起着重大作用，任何一种经济的发展都离不开相应的文化参照，经济学的发展其实是一种文化过程。文化是一个国家综合实力的重要基础，文化实力与经济实力、政治实力同等重要（徐照林等，2016）。

1. 概念界定

1）文化

1982 年，联合国教科文组织在墨西哥世界文化政策会议上对文化概念进行了界定：“当今，可将文化视为某一个社会或社会群体在精神与物质、知识与情感等方面具有区别于其他社会或群体的各种鲜明特征的整体反映。它不仅包括艺术形态与语音字母，而且还涵盖各种生活方式、基本人权、社会价值体系、传统及各种信仰等内容。”这个“文化”定义涉及的范围相当宽泛，凸显了对全球多样化文化的包容与认可，它第一次在全球层面上与地区发展紧密地联系在一起。

2）文化产业

目前国际上还没有对文化产业进行统一定义，联合国教科文组织关于文化产业的定义在国际上引用较为普遍，其定义为：文化产业是指按照工业标准生产、再生产、储存及分配文化产品和服务的一系列活动，包括印刷、出版和多媒体，视听、唱片和电影的生产，以及工艺和设计等。中国对文化产业的定义是：文化产业是指为社会公众提供文化产品和文化相关产品的生产活动的集合，包括以文化为核心内容，为直接满足人们的精神需要而进行的创作、制造、传播、展示等文化产品（包括货物和服务）的生产活动，以及为实现文化产品的生产活动所需的文化辅助生产和中介服务、文化装备生产和文化消费终端生产（包括制造和销售）等活动①。

2. 文化促进可持续发展

文化既是一个活动部门，同时也是其他部门固有的组成部分，文化的贡献就是源于这两种形式。保护和促进文化是目的，但这种保护和促进也通过横向方式推动了多项可持续发展目标，包括建设可持续的城市、体面工作和经济增长、减少不平等、环境、促进性别平等、创新、和平与包容的社会等目标。谈到文化的作用，它既是直接有助于实现经济和社会效益的驱动因素，同时也是提升发展干预措施有效性的推进手段。

2013 年 6 月，联合国秘书长潘基文在纽约召开的关于文化与发展问题的联大专题辩论会上致开幕词。他承认，“有着良好初衷的发展方案纷纷失败，是因为这些方案没有考虑到文化背景……发展工作对于人的关注时有缺失。要动员人们，我们就需要了解和接纳他们的文化。这意味着要鼓励对话，倾听个人意见，确保文化和人权支持新的可持续发展进程。”自那时起，世界各地的专家和从业者协力证明了文化作为发展驱动力的潜力。然而在 2000 年，联合国大会决议通过千年发展目标时，人们还没有明确认识到文化对于发展的重要意义。

① 国家统计局. 2018. 文化及相关产业分类.

2016 年 1 月 1 日，“联合国 2030 可持续发展议程”（以下简称“2030 议程”）正式生效。议程注重可持续发展的三个层面——人、环境和经济，承诺要采取大胆和变革的措施，将世界转向可持续和弹性发展的路径上，并且“一个人都不落下”。这项议程最值得关注的一点，用联合国教科文组织总干事伊琳娜 • 博科娃（Irina Bokova）的话来说，就是“第一次在全球层面承认了文化、创意和文化多样性在应对可持续发展挑战中的关键角色”，文化创意产业将在全球范围内，尤其是发展中国家得到政策层面的进一步支持，世界各国都将根据网络和数字时代的新特征（如“互联网＋”等）调整自己的相关文化创意产业政策（意娜，2016）。

2017～2019 年，联合国教科文组织制定了“2030 议程”文化专题指标（图 7.45），旨在衡量和监测文化对于国家和地方落实“2030 议程”中的可持续发展目标及其具体目标作出的贡献。其中包含 22 项指标，分为四个专题，即环境和复原力、繁荣和生计、知识和技能、包容和参与，分别对应可持续发展的三个支柱——经济、社会和环境，第四个专题涉及文化领域的教育、知识和技能。其制定与实施确保并延续了文化在促进可持续发展方面的变革力量。

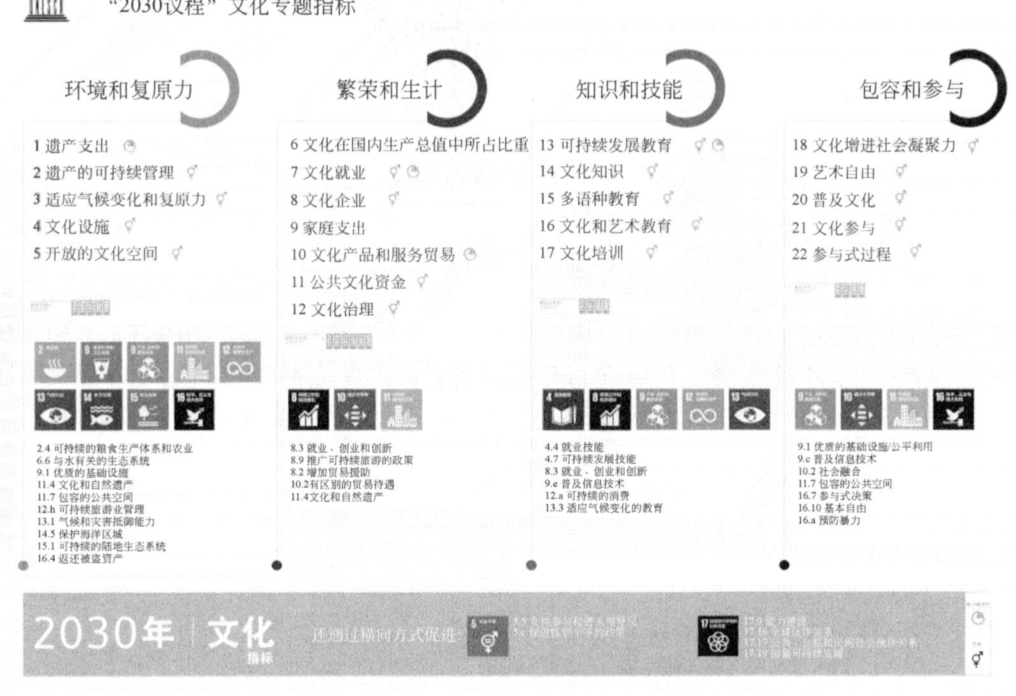

图 7.45　联合国教科文组织“2030 议程”文化专题指标

7.3.2　世界文化与发展

1. 世界文化格局

国际力量消长变化是世界文化格局调整的基本动力。伴随两次世界大战，世界文化格局已经完成了两次历史性的大调整：第一次调整是世界文化中心从东方转向欧洲，第二次调整是从欧洲转向美国。进入 21 世纪，尤其是 2010 年以来，世界文化格局进入了全球化时代以来的第三个大调整时期（颜旭，2019）。一方面，西方文化特别是西方价值观的影响力和吸引力呈现下降趋势；另一方面，新兴国家尤其是中国的发展模式影响力剧增，新兴市场国家和发展中大国的文化影响力正呈上升趋势。

联合国教科文组织统计数据显示，2019 年世界文化产品进出口贸易总额达到 5041.9 亿美元，是 2013 年的 1.21 倍，年均增长 3.47%。其中，文化产品出口和进口额分别达到 2717.1 亿美元和 2324.8 亿美元，分别是 2013 年的 1.19 倍和 1.23 倍，分别年均增长 3.4%和 3.7%。分区域看（图 7.46），亚洲市场份额最高，达到 47.20%；欧洲占 33.60%；北美占 16.30%；拉丁美洲、大洋洲和非洲各占 1.60%、0.80%和 0.50%。

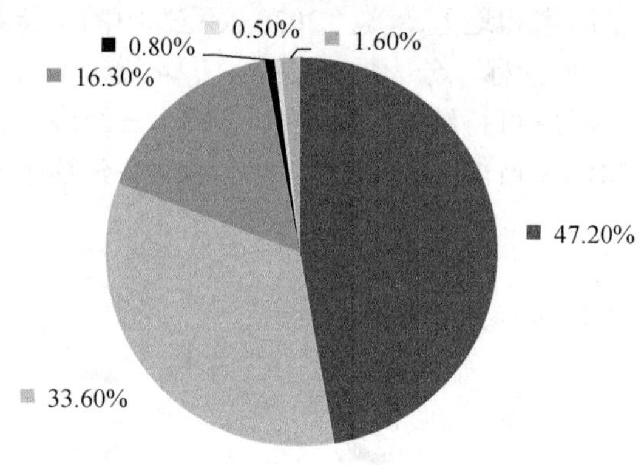

图 7.46　2019 年世界文化产品进出口分区域市场份额

数据来源：联合国教科文组织

从各经济体文化产品出口占全球市场份额的情况来看（图 7.47），2019 年，欧盟的出口份额为 17.69%，比 2013 年降低 0.44 个百分点；北美自由贸易区的美国、加拿大和墨西哥 3 国出口份额为 12.54%，比 2013 年降低 0.37 个百分点；而东盟、南方共同市场和印度等发展

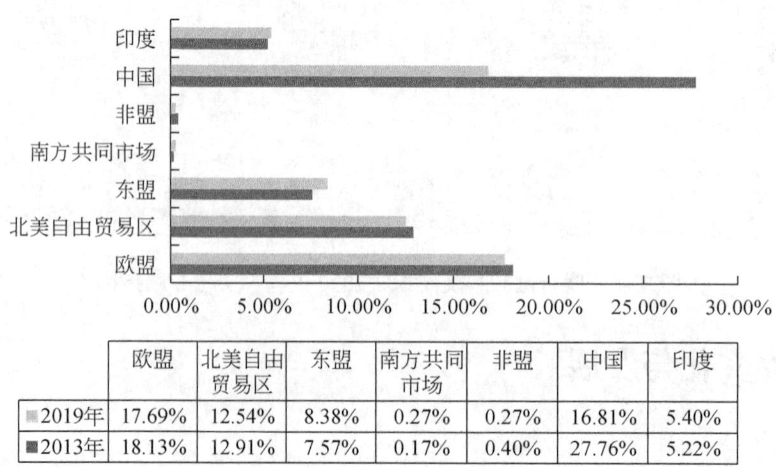

	欧盟	北美自由贸易区	东盟	南方共同市场	非盟	中国	印度
2019年	17.69%	12.54%	8.38%	0.27%	0.27%	16.81%	5.40%
2013年	18.13%	12.91%	7.57%	0.17%	0.40%	27.76%	5.22%

图 7.47　2013～2019 年各经济体文化产品出口占全球市场份额

数据来源：联合国教科文组织

中国家的份额相比 2013 年皆有所上升；中国出于扩大内需和产业结构调整需要，2019 年的文化产品出口占全球市场份额相比 2013 年有所下降，但 2013～2019 年，中国始终保持着世界第一文化产品出口国的地位。这是对第三次世界文化格局大调整最直观的反映。

2. 全球创意经济与可持续发展

创意经济（creative economy）也称为创意产业、创意工业、创造性产业等，广义上，创意经济指一切以通过知识产权的运用，实现财富和就业增长的创新型经济形态；狭义上，创意经济是在知识经济时代，以人的创造力、智慧和技能，生产、分配、交换和消费高技术和高文化附加值产品和服务的城市经济新形态（尹宏，2008）。创意经济是当前世界文化经济发展的最新趋势之一，创新创意已经成为推进全球经济与文化实践的核心动力（孙晓红，2020）。

据联合国统计，全球文化创意产业创造产值 2.25 万亿美元，超过电信业全球产值（1.57 万亿美元）。从业人数 2950 万，占世界总人口的 1%。文化创意产业占全球 GDP 的 7%，并以每年 10%的速度增长，大大高于全球 GDP 的增长速度。从全球文化创意产业布局来看，主要集中在以美国为核心的北美地区，以英国为核心的欧洲地区和以中国、日本、韩国为核心的亚洲地区。联合国贸易和发展组织 2019 年 1 月发布的《创意经济展望：创意产业国际贸易趋势》①数据显示，2002～2015 年，全球创意产品的出口年均增长率超过 7%，是经济增长最快的部门之一，其中文化创意产业增长尤为显著。报告显示，发展中经济体对创意产品贸易的参与度明显高于发达经济体。其中，中国内地（大陆）、中国香港、印度、新加坡、中国台湾、土耳其、泰国、马来西亚、墨西哥和菲律宾是创意产品出口的前十大发展中经济体，美国、法国、意大利、英国、德国、瑞士、波兰、荷兰、比利时和日本则是发达经济体中排前 10 名的创意产品出口国。亚洲国家在前 10 名中的统治地位清楚表明了这一地区在刺激和促进全球创意经济方面发挥的重要作用。另据联合国贸易和发展会议 2022 年 4 月发布的《创意产业 4.0：迈向新的全球化创意经济》②数据显示，2019 年亚洲创意产品出口额占比高达 58.1%，超越了全球所有地区（表 7.10）。以上数据皆表明，创意经济已经迎来了亚洲时代。

表 7.10　2019 年世界各地区创意产品出口统计

地区	出口额/百万美元	增长率/%	占比/%
非洲	2702.5	−0.9	0.5
亚洲	318232.7	2.9	58.1
欧洲	181778.2	2.2	33.2
拉丁美洲和加勒比地区	10193.6	3.8	1.9
北美洲	33682.9	−0.1	6.1
大洋洲	1362.2	−1.5	0.2
世界	547952.1	2.4	—

注：增长率为 2010～2019 年期间的复合平均年增长率；数据来源为 cepii-baci 数据库

① UNWTO.2019.Creative Economy Outlook：Trends in international trade in creative industries.

② UNWTO.2022.Creative Industry 4.0：Towards a new globalized creative economy.

2021 年 8 月，联合国教科文组织国际创意与可持续发展中心发布了阶段性研究报告①，该报告以全球 31 个重点创意城市（如悉尼、阿德莱德、北京、深圳、爱丁堡、里昂、西雅图等）2019～2020 年的数据为样本进行定量研究，对创意经济推动城市实现 SDG 8 体面就业和经济增长的贡献度进行了评估。报告表明，在经济增长方面，创意城市是所在国创意经济的核心集聚点，超六成创意城市的创意经济直接贡献度超过 GDP 的 10%，且超七成创意城市中创意经济贡献度高于其所在国的平均水平。其中，澳大利亚的悉尼和阿德莱德优势明显，创意经济贡献度高达 50.5%和 43.6%。在中国的 14 个创意城市中，北京、上海创意经济对经济的直接贡献超过国际平均水平。在体面就业方面，近半数创意城市创意产业从业者占总体就业人口比重超 10%，超七成创意城市创意产业就业比重高于所在国平均水平。

尽管创意城市人口规模、经济规模与创意经济规模呈正相关趋势，但创意经济对 GDP 的贡献率与城市规模无明显关联。无论在大城市还是小城市都可以通过鼓励、支持和引导发展创意经济来推动城市经济增长和经济可持续发展，从这一角度而言，创意经济对推动城市经济发展具有一定的普适性。大多数创意城市人均 GDP 与就业贡献度成正比（图 7.48），在一定程度上反映出社会发展水平和社会公平程度对创意产业就业的影响。创意经济就业弹性较大，发展创意产业就业有利于城市经济、社会可持续发展。

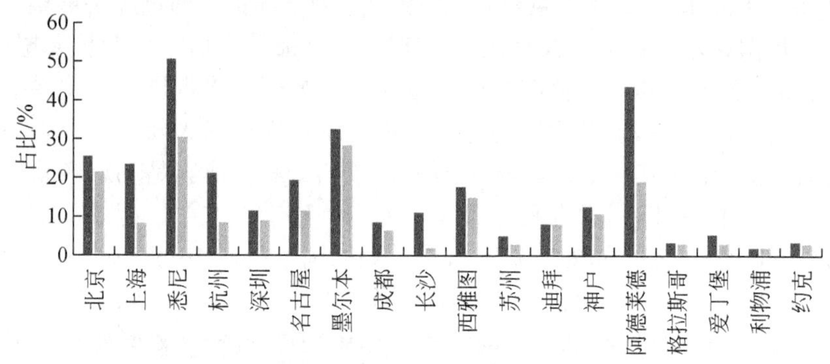

图 7.48　2019～2020 年部分创意城市创意经济产值与就业情况

数据来源：根据各城市及所属国家/地区官方统计网站公开数据计算

3. 数字时代与文化多样性保护

当前人们已经生活在数字时代。在过去的几年里，改变了人们日常生活许多方面的数字技术也开始对文化领域产生深远的影响。越来越多的文化爱好者可以在家中观看国内外戏剧作品、音乐会或探索其他文化财富；数字平台的出现促使文化机构改变了档案管理员和策展人的工作方式，社交媒体为其接触新受众提供了机会；文化价值链的转变改变了手工艺者、艺术家和众多其他文化专业人士的日常活动。这种“文化数字化”并不仅止于网络平台和社交媒体等较为熟悉的技术，还延伸到人工智能、虚拟现实和增强现实及机器人技术等迅速兴起的技术，这些技术都具有变革的潜力，预计 5G、人工智能和大数据的部署

① 创意与可持续发展研究报告 No.1：创意经济与城市更新（2019-2020）.

将在未来 5 年引发比过去 30 年任何其他技术更大的变化①。对于文化多样性保护来说，数字时代充满机遇，也面临诸多挑战。

1）机遇

数字技术在保护文化遗产方面发挥着重要作用，包括在冲突、自然灾害和其他紧急情况之后。例如，在叙利亚，联合国教科文组织与 UNITAR-UNOSAT 合作，利用卫星图像和法国初创公司 Iconem 开发的城堡详细 SD 模型，对阿勒颇古城的破坏进行评估；2018 年里约热内卢巴西国家博物馆发生的毁灭性火灾，摧毁了博物馆 2000 万件藏品中的 80%～90%。数字化在部分藏品的恢复过程中发挥了重要作用，越来越多的世界文化遗产正在以数字形式制作和发布，如电子期刊、网页或在线数据库，构成了人类知识的重要存储库。除此之外，数字技术还可用于记录、传播和振兴非物质文化遗产。

数字技术为创意行业带来了新兴机会。许多艺术家和创意从业者改变了他们的工作方式，通过数字技术开辟新的合作机会并寻找新的受众；文化创意产业和分销文化产品和服务的部门开始生产新产品、进入新市场和建立创新商业模式；除文化表现形式的多样性外，语言多样性也受到数字技术的影响——人工智能的发展为自动翻译提供了机会，扩大了互联网的语言范围。数字技术极大地推动了文化创意产业的发展，以数字音乐为例，2019 年全球音乐产业收入中，实体音乐收入仅占收入的 1/4，而各种网络与数字音乐相关的收入占到 3/4（图 7.49）；2020 年受 COVID-19 大流行影响，全球实体收入下降了 4.7%，表演权收入下降了 10.1%，但流媒体（包括付费订阅和广告支持）总额增长了 19.9%，达到 134 亿美元，占全球录制音乐总收入的 62.1%，抵消了其他收入方式的下降。

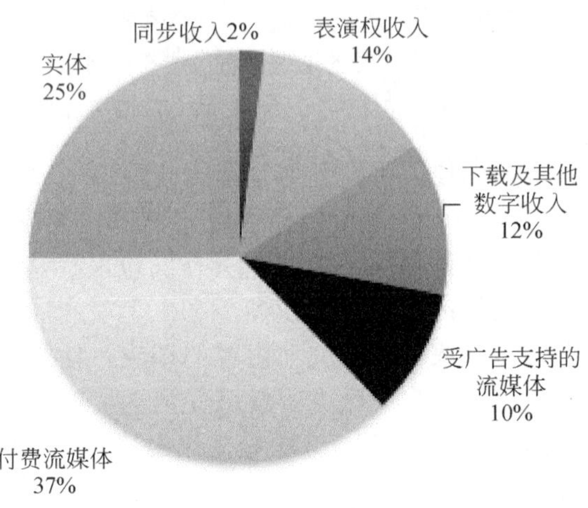

图 7.49　2019 年全球音乐产业收入结构

数据来源：IFPI，Global Music Report 2019，https://www.ifpi.org/ifpi-global-music-report-2019/

数字技术促进了文化和教育的交汇。在 COVID-19 大流行的全球封锁高峰期，全球数亿学生被限制在家中，线上授课形式广受欢迎。同时，各类文化组织和机构提供的在线资源被凸显出来。此外，数字技术也被证明是促进以社区为基础的非物质文化遗产教育的关键。例如，菲律宾的一个创新项目记录了 Subanen 社区用于药用、农业、经济和宗教用途的植物的土著知识，确保这种传统知识以多媒体形式提供给当代和后代。

① UNESCO. 2020. Cutting Edge——Protecting and preserving cultural diversity in the digital era.

2）挑战

数字创意产业的生产和发行越来越集中在全球北方，损害了全球“南方”利益，不利于全球文化表现形式多样性的发展。据统计，2021 年全球 100 大数字平台中有 53 个集中在欧洲和美国，而这 53 个数字平台的市值占全球 100 大数字平台市值的 70%；2019 年，在美国工作的人工智能研究人员占 59%，中国占 11%，剩下的 30%在世界其他地区工作（图 7.50），就研究人员的原籍国而言，中国占 29%，美国占 20%，印度和伊朗也是这类人才的重要来源。这种不平衡带来了全球文化同质化的风险，同时国家内部的数字鸿沟可能导致某些文化实践或表达方式占主导地位，从而损害了文化多样性发展。

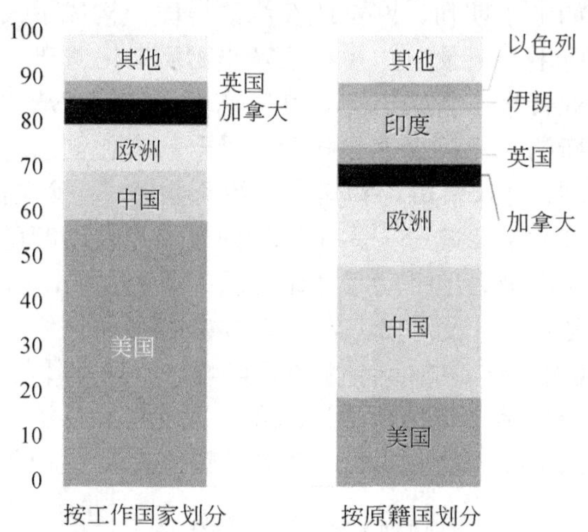

图 7.50　2019 年人工智能研究人员的地理分布（按工作国家和原籍国划分，%）

图片来源：联合国贸易与发展会议 2021 年数字经济报告

人工智能的兴起和大数据的使用引发了更复杂的问题①：①人工智能（AI）具有创造音乐等文化内容的能力，并且在 2018 年，由人工智能创作的第一件艺术品在拍卖会上以 43.25 万美元的价格售出，这引发了文化界关于版权和所有权问题，以及人工智能伦理问题的激烈讨论。②生产者和消费者之间的界限变得模糊，产生了“产消者”的概念。内容可用性不断变化的性质提高了人们以低成本获取文化内容的期望，使得艺术家和创意专业人士的生计面临风险。③互联网上流通的大量数据容易遭受泄漏，网民的个人信息可能被滥用。④虚拟社区创造了扭曲认知的“回音室”，算法对文化内容进行了调整，以至于破坏了文化作为一种共同利益的概念。

4. 世界文化旅游

文化旅游是旅游业中增长最快的部分之一，估计占全球所有旅游业的 40%。文化旅游日益成为国家和地区保护传统文化、吸引人才、开发新的文化资源和产品、打造创意集群、促进文化创意产业发展的战略。

世界各国都将文化旅游作为实现一系列战略目标的工具。在巴拿马，文化旅游是该国最近通过的 2020～2025 年可持续旅游总体规划的关键组成部分，该规划旨在通过开发独特

① UNESCO. 2020. Cutting Edge——Protecting and preserving cultural diversity in the digital era.

的遗产路线将巴拿马定位为可持续旅游的全球基准；在非洲，受文化遗产、手工艺及国家和地区文化活动的推动，文化旅游是一个不断增长的市场；文化旅游在中亚和东欧国家的政策中日益突出，这些国家试图将振兴非物质遗产并促进创意经济作为加强国家文化认同和向国际社会开放的战略的一部分。

在COVID-19大流行之前，全球旅游业在过去几十年中经历了强劲增长。自1990年代后期以来，从国际旅游中赚取10亿美元或更多收入的目的地数量几乎翻了一番。旅游业已成为国际商务的关键参与者，其增长速度超过了全球经济增长速度，并在2019年为全球经济注入了8.9万亿美元，占全球GDP的10.3%①。整个文化部门在很大程度上依赖于旅游业。据世界旅行和旅游理事会（World Travel & Tourism Council，WTTC）估计，整个旅游业将贡献3.3亿个工作岗位，相当于全世界工作岗位的十分之一，而仅文化旅游业就能创造其中40%的全球旅游业就业机会。

随着COVID-19大流行，全球经济受到巨大的影响，文化和旅游市场也未能幸免。李怀亮（2021）在《国际文化和旅游市场报告2020》中指出，全球演出、电影和旅游市场市值在2020年上半年遭遇断崖式的下跌，整个文化产业和旅游市场遭遇前所未有的挑战。世界旅游组织数据显示，2020年1～6月国际旅行需求大幅下降，国际游客人数减少4.4亿人次，与2019年同期相比下降了65%。国际旅游业出口收入损失约为4600亿美元（约合3.1万元亿人民币），是2009年全球经济和金融危机期间同类损失的5倍左右。欧洲是全球受疫情影响最严重的地区，2020年上半年游客人数下降66%；美洲（下降55%）、非洲和中东（下降57%）也遭受了打击。受新冠疫情影响最早的亚太地区受到的打击最大，在6个月的时间内游客人数下降了72%。

由于旅游业本质上依赖于人们的流动和互动，它一直是受疫情影响最严重的行业之一，并且可能是最后恢复的行业之一。文化旅游，以及更广泛的旅游业，与2030年可持续发展及其17项可持续发展目标高度相关，然而，文化旅游促进经济、社会和环境发展的潜力仍未完全开发。今后的开发应更加注重文化旅游模式的多样性，并支持和发展地方主体在文化旅游中的关键作用。

7.3.3 中国文化与发展

1. 中国文化产业市场规模与区域竞争格局

据国家统计局数据显示，2020年，全国规模以上文化及相关产业企业实现营业收入98515亿元，比2019年增长2.2%（图7.51）。分区域看，2020年西部地区实现营业收入9044亿元；东部地区营业收入为73943亿元；中部地区营业收入为14656亿元；东北地区营业收入为872亿元。东部、中部地区规模以上文化及相关产业企业营业收入分别增长2.3%、1.4%；西部地区增长4.1%；东北地区仍处于下降区间，增速为−8.6%。

东南沿海地区文化产业百强县较密集。根据数据显示，中国文化产业百强县主要分布在东部地区，西部地区几乎没有，此外南强北弱特征明显，文化产业地区间不平衡现象仍然突出。东南沿海地区分布较为密集，广东、浙江、江苏三省囊括了近一半的文化产业百强县，文化产业发展达到较高水平。

① UNESCO. 2021. Cutting Edge——Bringing cultural tourism back in the game.

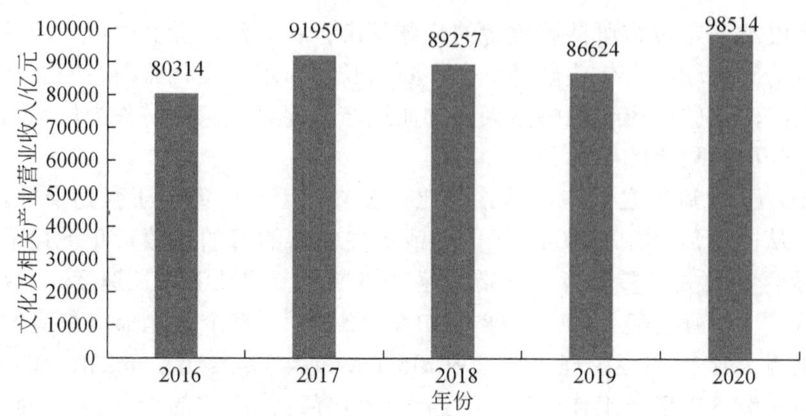

图 7.51　2016～2020 年中国规模以上文化及相关产业营业收入

数据来源：国家统计局

文化产业资本活跃度黑龙江第一（图 7.52）。资本活跃度指数，是指该省市 2020 年文化企业注册资本净流入量与现存注册资本总量的比值，经过标准化处理，并选择 2015 年作为基期得出的指数。2020 年文化产业资本活跃度指数排名前十的省市分别是：黑龙江、重庆、江苏、山东、海南、陕西、广西、山西、天津、湖南。

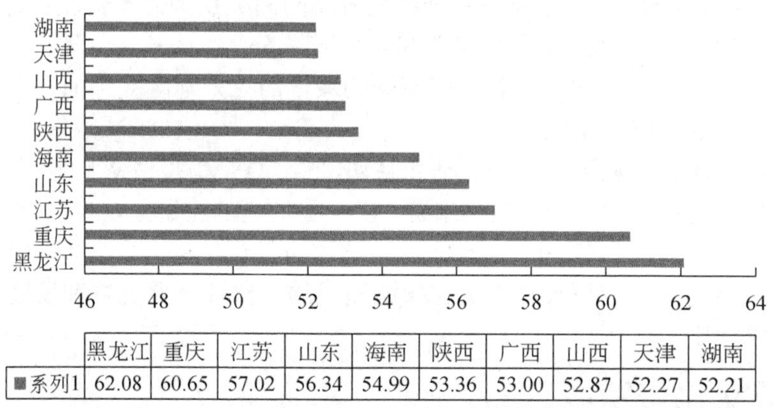

	黑龙江	重庆	江苏	山东	海南	陕西	广西	山西	天津	湖南
■系列1	62.08	60.65	57.02	56.34	54.99	53.36	53.00	52.87	52.27	52.21

图 7.52　2020 年中国省市文化产业资本活跃度指数

数据来源：中国人民大学

文化产业投资吸引力广东夺魁（图 7.53）。投资吸引力指数综合考虑了省市文化企业吸纳投资总次数及总数量，该指数可以反映一定时期内投资者对该地区文化产业的青睐程度，并体现跨省的投资吸引情况。2020 年，投资吸引力指数排名前十的省市分别是：广东、上海、浙江、福建、北京、西藏、江西、山东、四川、湖北。

北京文化产业发展综合指数连续五年排名第一（图 7.54）。2020 年度综合指数前十的省市分别是：北京、浙江、广东、上海、山东、江苏、湖北、河南、四川、安徽。北京在“十三五”期间连续 5 年保持第一，浙江连续三年位列第二。

综合来看，中国东南沿海地区文化产业发展较好。其中北京、上海、广东、浙江等省市文化产业发展位于全国前列。这与这些地区经济发展水平，以及长三角一体化、粤港澳大湾区等国家重大区域发展战略都是密切相关的，这也说明中西部地区还需进一步加强文化产业发展和区域协同。

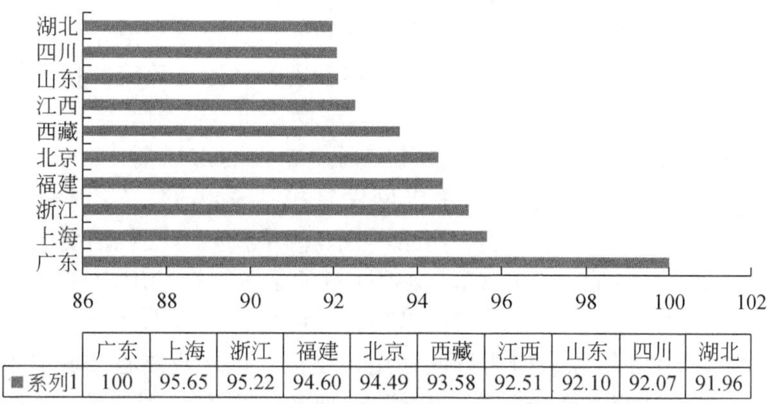

	广东	上海	浙江	福建	北京	西藏	江西	山东	四川	湖北
■系列1	100	95.65	95.22	94.60	94.49	93.58	92.51	92.10	92.07	91.96

图 7.53　2020 年中国省市文化产业投资吸引力指数

数据来源：中国人民大学

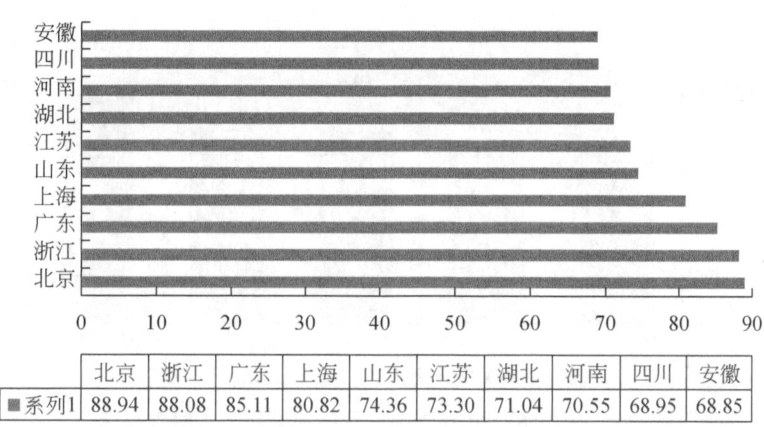

	北京	浙江	广东	上海	山东	江苏	湖北	河南	四川	安徽
■系列1	88.94	88.08	85.11	80.82	74.36	73.30	71.04	70.55	68.95	68.85

图 7.54　2020 年中国省市文化产业发展综合指数排名（前十名）

数据来源：中国人民大学

2. 中国数字文化产业的蓬勃发展

数字文化产业以文化创意内容为核心，依托数字技术进行创作、生产、传播和服务，呈现技术更迭快、生产数字化、传播网络化、消费个性化等特点，有利于培育新供给、促进新消费①。随着 5G、人工智能、大数据、云计算等新一代新兴信息技术在文化领域的应用不断扩大，数字文化产业已成为促进文化产业转型和经济高质量发展的新动能，代表了中国文化产业发展的新方向。

我国文化产业繁荣发展，文化产业增加值由 2017 年的 3.47 万亿元增至 2020 年的 4.50 万亿元，占 2020 年国内生产总值的 15.22%。其中数字文化产业作为文化产业的重要发展方向，同样也实现了快速发展，2017 年产业总产值 2.85 万亿～3.26 万亿元，2020 年总产值达 8 万亿元。我国数字文化产业总量已趋高位，数字文化产业成为引领经济增长的重要引擎。

数字文化产业驱动因素涉及资源、市场、政策等诸多因素，这也导致全球数字文化产

① 国务院. 2017. 文化和旅游部关于推动数字文化产业创新发展的指导意见.

业发展模式多样化。国外发展模式主要以市场驱动型、资源驱动型、政策驱动型、优势产业驱动型为代表，而我国数字文化产业模式是集市场、资源、政策、技术等于一体的发展模式（余钧，2019）。

（1）市场需求。数字文化产业市场前景广阔，庞大的市场需求拉动了我国数字文化产业的巨大发展。截至 2020 年 12 月，中国网民规模达 9.89 亿，互联网普及率达 70.4%[①]（图 7.55）。其中网络音乐、网络文学、网络游戏、网络视频等文化消费的用户规模分别达到了 6.58 亿、4.6 亿、5.18 亿、9.27 亿，值得注意的是，短视频用户规模达到了 8.73 亿，用户数在 9 个月时间内增长了 1 亿，增长迅猛。除此之外，资本加持也大力推动了中国数字文化产业的发展。2020 年以政府为导向作用，支持文化产业核心领域但不限于旅游、体育、电影等的中国文化产业投资母基金正式成立，吸引了多方资本驻足，含虚拟现实（virtual reality，VR）、增强现实（augment reality，AR）、AI、3D 等词的数字文化项目融资次数增速均高于 50%，数字文化市场投融资活跃度明显。

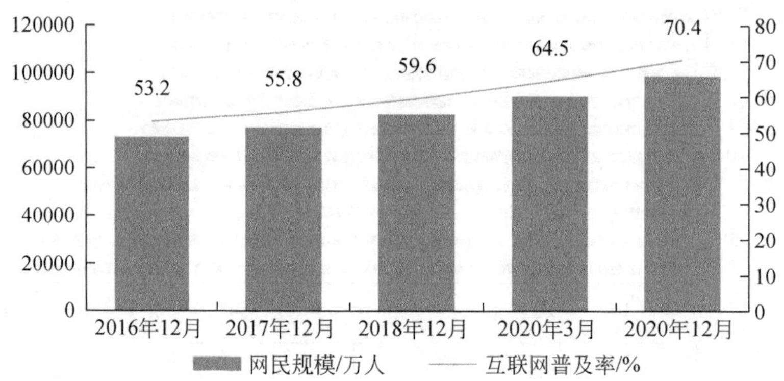

图 7.55　2016～2020 年国内网民规模和互联网普及率

数据来源：中国互联网络信息中心（CNNIC）

（2）资源驱动。我国文化资源丰富。目前共有 42 个世界非物质文化遗产，数量之多和质量之优，居世界第一。至 2021 年国家级非遗代表项目 1557 项，有古文化遗址类 193282 处，这些是文化遗产的重要组成部分，具有重要文化价值。除此之外，大量的博物馆、文化馆等场所为群众的文娱活动提供有利资源，驱动了数字文化产业的发展。近年来我国博物馆数量逐年递增，2020 年达到 5788 家，在文化事业发展中发挥了应有的作用。

（3）政策红利。国务院、文化和旅游部等相继制定和出台相关政策，如《文化和旅游部关于推动数字文化产业高质量发展的意见》《关于进一步加大开发性金融支持文化产业和旅游产业高质量发展的意见》《“十四五”文化发展规划》等。数字文化作为新兴业态，得到了国家和各级政府部门的重视和支持。

（4）技术支撑。大数据、人工智能、VR、AR、5G、区块链、视频云技术等加速创新升级，完善软件生态环境，拓宽数字文化应用场景，极大克服疫情对线下文化的影响。5G 网络的深入建设，进一步推进网络提速提质和物联网全面发展。至 2021 年全国累计建成 142.5 万个 5G 基站，是 2020 年的两倍。此外云演出、云影院等云端业务借助多种视听技术让用户在线获得文化的高质量视听享受、沉浸式体验需求，以及 3D 化实景、虚拟偶像等技术让用

① 中国互联网络信息中心（CNNIC）. 2021. 第 47 次《中国互联网络发展状况统计报告》.

户有身临其境之感，在文创领域创造了更大的价值。

3. 中国文化创意产业空间格局

文化创意产业是新经济的重要抓手。从《中华人民共和国国民经济和社会发展第十四个五年规划和 2035 年远景目标纲要》《“十四五”文化和旅游发展规划》，到 2021 年 6 月 7 日发布的《“十四五”文化产业发展规划》，文化创意产业都是其中重要组成部分。

中国在《全球创新指数》报告中的排名节节攀升。2016 年第一次进入前 25 名，成为中等收入经济体中唯一进入前 30 名的国家。2019 年排名 14。在 2020 年 9 月 2 日发布的报告中，中国仍然保持了亮眼的成绩，中国多项指标排名世界首位，如专利、商标、外观设计等，创意产品出口指标也是世界第一。

从区域分布来看，我国文创产业主要分布在六大区域（表 7.11），由此形成了中国六大文化创意产业集群：以北京为中心的环渤海文化创意产业集群；以上海为核心的长三角文化创意产业集群；以广州、深圳为核心的珠三角文化创意产业集群；以昆明、丽江、海口、三亚为核心的滇海文化创意产业集群；以重庆、成都、西安为中心的西三角文化创意产业集群；以长沙、武汉、南昌为核心中三角文化创意产业集群。另外，山东、安徽、福建、天津、河北和河南等地文创产业发展布局较快。

表 7.11　我国文化创意产业六大集群

集群名称	核心区域	主要特点
环渤海文化创意产业集群	以北京为核心，延伸至天津、济南、青岛、沈阳、大连、秦皇岛、唐山等地	北京和天津两大直辖市作为全国的文化中心，拥有其他城市不可比拟的人才资源和文化资源优势，在文艺演出、广播影视、出版发行、艺术品交易等行业具有雄厚的产业基础，并已形成产业优势
长三角文化创意产业集群	以上海为核心，连接江苏、浙江两省的大城市	形成创意设计、数字媒体、广告会展等行业为主题，建设一批创意产业园区
珠三角文化创意产业集群	以广州、深圳为龙头所形成的创意产业聚集区	成为全国唯一的“双核模式”其动漫游戏、出版印刷、影视音像、广告会展等行业的发展水平居全国前列
西三角文化创意产业集群	由重庆、成都、西安三个西部大城市构成的经济区	在工业设计、动漫、网络游戏产业等具有一定优势
中三角文化创意产业集群	以长沙、武汉、南昌为核心，依托长株潭城市群、武汉城市群和环鄱阳湖经济带三大区域经济体	形成中部地区规模最大、最具代表性的创意产业集聚区，其中湖南的影视与动漫业、湖北的工业设计与信息产业、江西的数字出版与陶瓷艺术已形成独特的创意产业链
滇海文化创意产业集群	昆明、丽江、海口、三亚等地	在影视、会展、艺术表演及文化旅游等行业独具特色。这些创意产业集聚区的出现极大带动了周边乃至全国创意产业的发展

数据来源：公开资料整理

从区域文化创意产业总产值占第三产业总产值比重情况来看（表 7.12），占比较高的区域主要集中在东部及东南部沿海，而深处西北内陆的宁夏、甘肃、青海，以及海拔最高的西藏则占比偏低（曾涛和刘红升，2020）。文化创意产业不仅是经济社会发展的重要支撑，而且是吸纳就业、保障民生的重要途径。因此，文化创意产业行业竞争状况对社会发展影响十分重大，良性行业竞争有利于社会经济的发展，恶性竞争则会起阻碍作用。因地制宜，研究适合区域的发展模式及战略规划显得尤为关键。

表 7.12　2014～2019 年中国区域文化创意产业总产值占第三产业总产值比重情况　（单位：%）

年份	均值	最大值	最大值对应区域	最小值	最小值对应区域
2014	13.71	24.97	江苏	5.82	宁夏
2015	13.82	25.77	广东	5.39	西藏
2016	13.97	25.93	江苏	5.33	青海
2017	14.06	27.02	广东	5.11	西藏
2018	13.72	26.61	浙江	5.47	甘肃
2019	14.11	27.75	浙江	4.92	青海

数据来源：根据统计年鉴数据整理

4. “一带一路”与中国文化旅游发展

文化旅游产业是社会发展中深具活力的产业，有着巨大的经济效益和社会效益，我国政府对这一产业的发展给予了高度重视。2009 年以来，国务院相继出台了《文化产业振兴规划》和《关于加快发展旅游业的意见》，标志着文化旅游产业成为国家战略性产业（侯爽等，2018）。2021 年 5 月，文化和旅游部印发的《“十四五”文化产业发展规划》更明确指出：“坚持以文塑旅、以旅彰文，积极寻找产业链条各环节的对接点，以文化提升旅游的内涵品质，以旅游促进文化的传播消费，实现文化产业和旅游产业双向融合、相互促进”[①]。

1）中国文化旅游发展现状

据国家统计局数据，2020 年我国文化及相关产业增加值为 44945 亿元，比上年增长 1.3%，占国内生产总值（GDP）的比重为 4.43%，比上年下降 0.07 个百分点。其中文化服务业增加值为 28874 亿元，占文化及相关产业增加值的比重为 64.2%，比上年提高 0.9 个百分点。

COVID-19 疫情之前，我国旅游业经历了较长时期的强劲增长，伴随 COVID-19 疫情，旅游业受到影响（图 7.56 和图 7.57）。2020 年全国旅游及相关产业增加值为 40628 亿元，比上年下降 9.7%，占国内生产总值（GDP）的比重为 4.01%，比上年下降 0.55 个百分点。其中，旅游住宿下降幅度最大，比上年下降 28.8%；旅游出行、旅游餐饮分别下降 12.1% 和 10.8%，2021 年旅游业发展状况略有好转。根据文化和旅游部发布的国内旅游抽样调查统计结果，2021 年，我国国内旅游总人次 32.46 亿，比上年同期增加 3.67 亿，增长 12.8%（恢复到 2019 年的 54.0%）；国内旅游收入（旅游总消费）2.92 万亿元，比上年同期增加 0.69 万亿元，增长 31.0%（恢复到 2019 年的 51.0%）。随着生活水平的提高，人们的精神文化消费需求不断提升，出行意愿强烈，COVID-19 疫情对旅游业的负面影响只是暂时的，疫情过后，我国的文化旅游业能够快速恢复甚至超过之前的发展水平。

2）“一带一路”与中国文化旅游发展

“一带一路”倡议为中国与“一带一路”共建国家发展文化旅游提供了巨大机遇。文化旅游是文明交流的重要组成部分，也是促进民心相通的重要方式和载体。现阶段，中国与

① 文化和旅游部. 2021. “十四五”文化产业发展规划.

“一带一路”国家之间的文化旅游合作取得了明显成效，互联互通机制不断健全、合作持续深入。中国旅游研究院数据显示，“十三五”期间我国在共建“一带一路”国家旅游消费超过 2000 亿美元，共建“一带一路”共建国家已成为我国最大的海外旅游目的地。

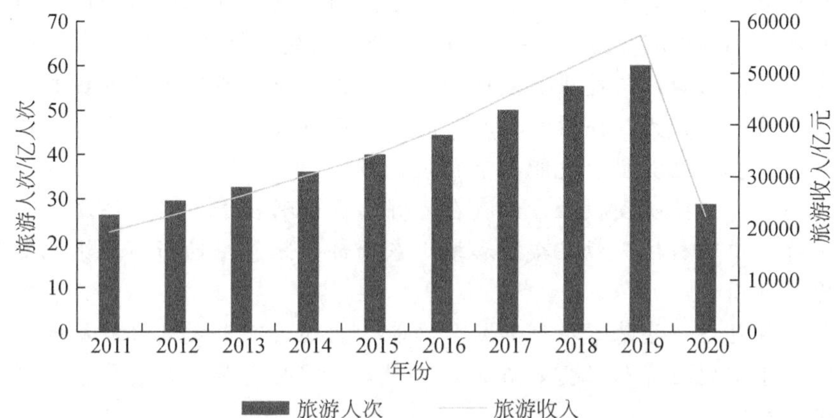

图 7.56　2011～2020 年国内旅游发展情况

数据来源：国家统计局

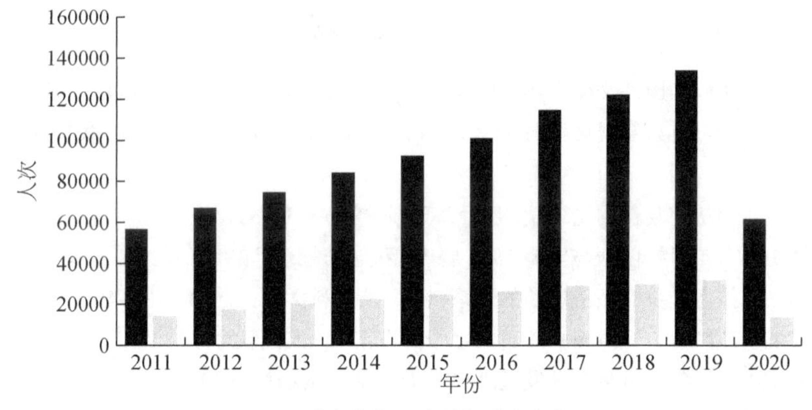

图 7.57　2011～2020 年全国文物机构接待观众人次

数据来源：2020 年文化和旅游发展统计公报

在“一带一路”框架下，文化旅游发展的重要障碍被一一排除。交通互联互通是“一带一路”建设的基础支撑、重要保障，扮演着“先行官”的关键角色。共建“一带一路”倡议提出以来，“六廊六路多国多港”互联互通架构不断完善，为“一带一路”建设发挥了重要的基础和先行作用。中欧班列已成为贯穿欧亚大陆的国际贸易大通道。截至 2021 年 10 月底，中欧班列已铺画 73 条运行线路，通达欧洲 23 个国家的 175 个城市，累计开行超 4.6 万列。交通的连通直接带动了基于“一带一路”的文化旅游发展，成为我国文化与旅游融合发展的新亮点。

在全球疫情反复的背景下，数字经济大放异彩，智慧旅游、线上旅游、线上演出、云端展会等文化和旅游新模式方兴未艾，为“一带一路”文旅产业赋予了新的发展动能。在未来，借助国家公共文化云、智慧图书馆等平台，实现公共文化资源数字化、传播途径网络化，将成为推动我国“一带一路”数字文化产业进一步发展的有效途径①。

本章小结

- 教育对生产发挥着重要的促进作用，已成为与物力资本相对应的人力资本。
- 教育现代化可以减少贫困。一般而言，教育与绝对贫困呈负相关，教育程度越高，绝对贫困的人口比例越少。发展中国家越来越重视教育水平的提高。
- 科技是第一生产力，同时科技与发展之间还存在一种互动关系。科技进步能够促进经济增长，经济增长也能拉动科技进步。
- 不同国家在科技研发投入方面存在差异，因此科技进步对经济发展的贡献率也存在差异。中国科技进步在减贫和缩小东西部差距、推动新型城镇化发展方面发挥着重要作用。
- 文化不仅具备一些基本特征和社会功能，它还具有一定的经济属性。文化既是直接有助于实现经济和社会效益的驱动因素，同时也是提升发展干预措施有效性的推进手段。
- 知识经济时代的文化产业特征显著，数字文化产业、文化创意产业和文化旅游业是当今全球文化产业发展的三大重点领域。

参考文献

安宇，田广增，沈山. 2004. 国外文化产业：概念界定与产业政策. 世界经济与政治论坛，(6)：6-9
巴莫曲布嫫. 2021. 全球可持续发展议程与国际文化政策之演进：事件史循证研究. 民族文学研究，39 (6)：114-125
白敏植. 2000. 科技与经济交互作用论. 石家庄经济学院学报，23 (3)：217-222
陈劲，尹丙明. 2019. 中国科技创新与发展 2035 展望. 科学与管理，39 (1)：1-7
陈伟，罗来明. 2002. 技术进步与经济增长的关系研究. 社会科学研究，(4)：44-46
成尚荣. 2018. 发展素质教育，提供教育改革的“中国方案”. 人民教育，(8)：35-39
杜红亮，冯楚建. 2010. 近年来世界科技发展趋势分析. 科技与法律，(1)：6-10
符田风. 2018. 科技发展对我国劳动力供求的影响研究. 蚌埠：安徽财经大学硕士学位论文
侯爽，刘爱利，黄鸿. 2019. 中国文化旅游产业的发展趋势探讨. 首都师范大学学报（自然科学版），40 (4)：58-66
胡钦太，林晓凡，张彦. 2021. 信息化何以促进基础教育的结果公平——基于中国教育追踪调查数据的分析. 教育研究，42 (9)：142-153
贾玉健，周永惠，陈金贤. 1996. 科技与经济相互作用的动态模型. 西安交通大学学报，(8)：112-116
金碚. 2015. 世界工业革命的缘起、历程与趋势. 南京政治学院学报，31 (1)：41-49，140-141
李怀亮. 2021. 国际文化和旅游市场报告：2020. 北京：首都经济贸易大学出版社
李政涛. 2020. 中国教育公平的新阶段：公平与质量的互释互构. 中国教育学刊，(10)：47-52
梁炜. 2020. 科技创新支撑中国经济高质量发展的理论与实证研究. 西安：西北大学博士学位论文
任玉珑，蒲勇健，屈腾龙. 2000. 科技与经济增长相互拉动的实证研究. 科技与管理，(3)：19-21
任泽平，黄斯佳，梁颖. 2020. 打通资本市场与科技创新的“双循环”. 卫星与网络，209 (10)：18-27

① 文化和旅游部. 2021. “十四五”“一带一路”文化和旅游发展行动计划.

芮国星. 2022. 论新时代中国高等教育的现代化发展. 延安大学学报（社会科学版），44（2）：110-117，129

孙晓红. 2020. 我国创意经济发展趋势研究——评经济管理出版社《创意经济新思维：面向价值思考》. 价格理论与实践，（4）：184

唐鑫. 2002. 科技进步对世界经济的决定作用. 瞭望新闻周刊，（3）：52-54

田逸飘，许秀川，辛旅洁，等. 2016. 科技创新与新型城镇化发展的动态关联及其区域差异——省际面板数据的 PVAR 分析. 科技进步与对策，33（18）：42-50

王书林，王树恩，陈士俊. 1998. 当代科技进步促进经济增长的内在机制与对策选择——从“知识经济”的角度谈起. 自然辩证法研究，（9）：57-61

王宗光. 2000. 关于科技与经济结合的几点思考. 上海交通大学学报（社会科学版），（1）：10-14

徐照林. 朴钟恩. 王竞楠. 2016. “一带一路”建设与全球贸易及文化交流. 南京：东南大学出版社

薛二勇，傅王倩. 2018. 发展公平而有质量的教育——中国教育改革和发展的形势与政策分析. 中国青年社会科学，37（3）：22-30

颜旭. 2019. 百年大变局：世界文化格局的解构与重塑. 前线，（12）：29-32

意娜. 2016. “联合国 2030 可持续发展议程”下的国际文化创意产业发展趋势. 广东社会科学，（4）：70-75

尹宏. 2008. 创意经济城市经济可持续发展的高级形态. 中国城市经济，（10）：6-11

余钧. 2019. 数字文化产业发展的驱动因素及趋势研究. 经济论坛，（2）：38-42

原新，金牛. 2021. 中国人口红利的动态转变——基于人力资源和人力资本视角的解读. 南开大学学报（哲学社会科学版），（2）：31-40

曾涛，刘红升. 2021. 中国文化创意产业区域发展水平测度. 统计与决策，37（1）：55-59

张磊. 2008. 科技进步与经济增长的互动性. 科技管理研究，（9）：68-70

张生祥. 2009. 地区发展理论、文化因素与区域一体化——以欧盟为例的研究. 河南社会科学，17（2）：61-65，219

张月池. 2020. 中国科技进步贡献率的统计测度研究. 开封：河南大学硕士学位论文

郑旭. 2015. 论科技进步与世界经济发展. 黑龙江科技信息，（26）：94-95

Altbach P G .1982.Reform and Innovation in Higher Education. Educational Documentation & Information

Barro R J , Lee J W .2012. A New Data Set of Educational Attainment in the World, 1950-2010.North-Holland, 2010

Chetty R , Friedman J N , Rockoff J E .2014a. Measuring the impacts of teachers Ⅱ: teacher value-added and student outcomes in adulthood.American Economic Review, 104（9）：2633-2644

Chetty R，Friedman J，Rockoff J. 2014b. Measuring the impacts of teachers I：Evaluating bias in teacher value-added estimates. American Economic Review，104（9）：2593-2632

Lee J W，Lee H. 2016. Human capital in the long run. Journal of Development Economics，122：147-169

Lutz W，Cuaresma J C，Sanderson W. 2008. The demography of educational attainment and economic growth. Science，319（5866）：1047-1048

Smith K. 2015. Financing education：Opportunities for global action. Center for Universal Education at the Brookings Institution

Schultz T W .1968.The rate of return in allocating investment resources to education_super-1.Economic Papers：A Journal of Applied Economics and Policy, E1(27):40-55

第 8 章　产业、贸易与发展

8.1　产业升级转移和经济地理格局

8.1.1　产业转移基本内涵

1. 产业转移的概念

广义上，产业转移是产品的简单扩张或迁移。这是一个经济过程，在这个过程中，根据产品的需求和资源供应的条件，产业从一个地区和国家转移到其他地区和国家。狭义上，产业转移侧重于工业设施的空间扩展和运动。产业转移的概念包括成长型企业和衰退型企业的空间移动。产业转移的主体结构是微观企业，实质是企业的空间扩张过程。在区位调整的过程中不断拓宽利润空间（杨秀云和袁晓燕，2012）。

产业转移的宏观实现形式包括两个部分：贸易和投资。当贸易与投资积累到一定程度时，产业转移才可能发生。事实上，这是一个生产要素在地理空间进行重新配置的过程，这将导致转移地区与承接地区之间形成相对稳定的产业分工关系。同时，累积的国际或区域间贸易和投资也有助于工产业成长和产业分工，这将引起产业结构的转变，最终助推承接地和转移地的产业升级（邹积亮，2004）（图 8.1）。

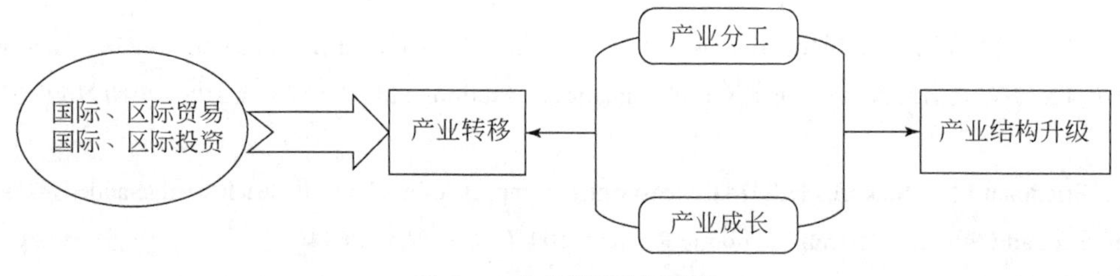

图 8.1　产业转移过程图

2. 产业转移的分类

产业转移可划分为区际产业转移、城乡产业转移、国际产业转移三类。区际产业转移是指在某个国家内部不同经济发展水平的地区之间，一些产业由于产品需求或资源供给条件发生变化而产生的地区间的转移。经济发达地区可以把一些落后的部门转移到欠发达地区。在这个过程中，欠发达地区可以充分利用自身廉价的劳动力优势来推动当地的经济发展。城乡产业转移发生在同一地区的城市和乡村之间，这种产业转移是顺应城乡间人口流动和资源配置的要求而进行。在城市工业走上高级化的过程中，需要将原有的劳动力密集、附加值低的传统产业转移至农村。国际产业转移是国家之间的一种活动，一些产业从一些国家或地区转移到其他国家或地区。国际工业运动的典型现象发生在 20 世纪下半叶。发达国家通过不断将一些传统产业转移至发展中国家，形成了一个连绵的国际产业转移浪潮（叶超，2015）。

3. 产业转移的演进

19 世纪以来，国际上已发生五次产业转移。第一次是传统机械产业从欧美国家转移到日本，第二次是传统消费品产业从日本转移到亚洲的“四小龙”，第三次是全球制造业向中国的全面转移，第四次是中低端产业从中国转移到东盟及其他低收入经济体，同时承接全球中高端产业，第五次产业转移分为两部分：一部分是我国将劳动、资本密集型产业转移至东南亚国家，另一部分是发达国家为缓解“产业空心化”将高端产业回迁（图 8.2）。根据瑞银集团（UBS）的调查，自 2020 年 9 月以来计划把部分生产移出中国的跨国公司比例高达 71%，仅有 18%的跨国公司完全没有将生产移出中国的计划。每一次国际产业转移都将对有关国家的国际资本流动和贸易结构产生深刻影响，促进经济发展模式升级。

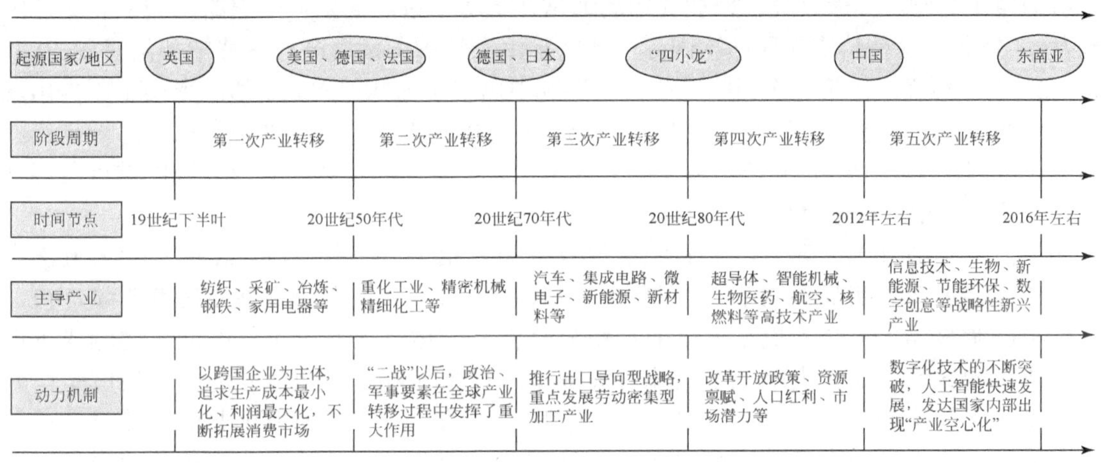

图 8.2　全球产业转移演进历程

4. 产业转移的特征

1）产业转移具有综合性

产业转移是指除单一生产要素外，具有其他特征和功能的综合性生产转移。产业转移创造了资本、技术、劳动力等多种生产要素的集体流动（俞国琴，2005）。虽然五次产业转移技术、主导产业和发展战略存在明显差异，但受益国家和地区的要素配置最初占比较大的都是劳动力、土地和自然资源等初级生产要素，之后通过引入资本因素和领先国家的技术、知识、信息和管理等先进因素，不断模仿和创新，提高其在世界产业链、价值链和供应链中的地位（韩江波和李超，2013）。同时，产业转移也包括多层次的生产转移，不仅整个产业的生产都可以发生转移，而且同一产业内部的不同方式、不同规模、不同层次、不同阶段的生产也都可以发生转移。大多数产业转移都是局部转移，它们倾向于将低附加值的生产环节转移到低生产成本的地区，例如，在产业转移浪潮中，许多发达国家将组装和加工生产环节转移到中国，而研发等包含核心技术的环节则会继续留在本国。

2）产业转移具有阶段性

产业转移是分层次渐进式实施的。从宏观角度看，产业转入和转出同区域产业结构的演进具有很强的一致性。在总结五次国际产业转移的浪潮规律的基础上，发现产业转移从以劳动密集型产业为主，逐步向着以资本密集、技术和知识为内容的方向演化（邹积亮，2004）。同时，单个产业的转移过程同样具有阶段性特征：相对产业转移与绝对产业转移。从微观企业的角度来看，同样可以发现产业转移的阶段性特征。目前，跨国公司是产业升级转移的重要推动者，在向多国扩展的扩展过程中需要跨过三道门槛（T1、T2 和 T3），依次为活动空间（物质联系空间）、信息空间（信息联系空间）和决策空间，每跨越一次便引起一次组织上的变形。产业转移能够实现生产力空间布局的优化，并且促进合理产业分工体系的形成，在推进产业结构调整及转变经济发展方式的过程中，需要通过产业转移来发挥产业要素的地理空间再配置效应。

3）产业转移具有梯度性

不同地区之间的经济发展水平存在较大差异，形成不同的发展梯度，这是跨地区产业转移的现实基础。一般来说，产业的运动通常伴随着一条从高到低的道路，即从发达地区到发展中地区。这些特点在前四次国际产业转移浪潮和中国国内产业转移中都是明显的（叶超，2015）。然而，在第五次国际产业转移浪潮中出现了一些差异。发达国家由于国内出现“产业空心化”现象而开始将高端产业回迁。但从整体上来看，发展中国家或区域承接的绝大多数都是低附加值、低技术水平的劳动密集型产业，而发达国家或区域则重点发展技术和知识密集型，这也符合产业转移的周期理论。

目前不同细分生产环节依托的要素优势更加多元化，使得当前正在进行的第五次全球产业转移形成了明显不同于以往四次的模式和特点。一是产业转移的速度明显加快，转移范围明显加大。技术更新速度的加快显著提高了运输效率，不仅降低了运输成本占产品成本的比例，还大大缩减了运输时间成本，极大地降低了全球经济活动的成本，并促进了产业转移的加速。与此同时，数字信息技术的快速发展使得企业信息搜寻、迁移成本大幅度降低，增强了跨国公司在全球分散布局的动力。全球产业转移的壁垒呈现出一种降低趋势，让更多后发国家能够以较低的要素成本参与其中。后发的工业化国家工业体系不断完善，整体收入水平不断提升，进一步增强了其参与全球产业升级转移的浪潮的能力，经济活动的活跃度明显提高。二是转移产业链细分化，分工格局网格化。伴随着全球产业转移而兴起的全球外包、海外组装、海外外包、转包等新业态直接推动了全球产业间分工、产业内分工向产品内分工不断演进并日益趋于网络化和复杂化。单一产业价值链的细化分解，促进不同产业之间整合相同要素，加强纵向分工链条之间的横向联系，形成更加复杂的网格化分工格局。独立生产环节规模经济的优势随之升级为整体配套能力，形成更具体系性特征的综合优势。三是跨国产业转移推动形成亚洲区域产业分工网络。近年来，一批后起的亚洲国家对中国产业转移的承接能力快速提升，未来将可能形成以中国为核心、覆盖南亚和东南亚区域的全球制造业生产体系。同时，《区域全面经济伙伴关系协定》（Regional Comprehensive Economic Partnership，RCEP）的生效意味着全球最大的自贸区正式开始运行，有利于亚太地区资源进一步整合，助推中国加强与日本、韩国等处于价值链相对高端国家产业分工合作关系，为在区域性的国际空间层面进一步细化价值链分工创造条件。

5. 产业转移动因分析

从理论上讲，产业转移动因存在诸多学说，包括折衷理论、产品生命周期论、新经济地理学理论。英国著名跨国公司学者邓宁将公司优势、内部化优势和区位优势相结合提出了折衷理论。跨国投资公司在选择产业转移升级地点时，应考虑上述三个因素。从产品贸易的角度来看，产品生命周期理论将分为新产品阶段、成熟产品阶段和标准化产品阶段，这些阶段与区位选择密切相关（Vernon，1979）。在新产品阶段会该选择技术发达的地区，成熟产品阶段则更多地关注成本因素，在标准化产品阶段，产品完全定型，生产技术标准化，生产地点的选择基于最低的生产成本点，此时，产品市场正逐步向发展中国家转移。

新经济地理学中基于集聚力和扩散力的相互作用进一步研究产业的微观运行机制，主要包括三种模型：区域要素模型、产业垂直关联模型与要素累积驱动模型。其中，区域要素模型将产业转移的影响因素归结为要素的大规模迁移，认为产业转移的核心是产业空间布局的变化。产业垂直关联模型认为产业转移的主要原因是前后关系，随着运输成本的不断降低和工业产品需求的长期增加，核心和外围的工资差距不断拉大，原有的核心-边缘结构难以维系，从而产生了产业扩散的现象。要素累积驱动模型将产业转移定义为不同地区产业份额此消彼长的过程，资本收益率高、知识溢出强度大的区域能够占有更大的生产份额（丁建军，2011）。从微观层面上看，国际产业转移都是跨国企业追逐利润最大化的自发行为，是产业在国际范围内实现专业化分工以降低成本的必然产物。

在实践层面，抛开四次产业转移的共同因素，本轮产业转移具有自身独特的动因，主要原因是劳动力、土地和资源等综合成本的增加，中国传统的制造业比较优势正在下降，而东南亚等劳动力资源丰富、价格低廉的国家对外国投资的吸引力越来越大。与此同时，这些国家对外开放水平不断提高，实施优惠政策，吸引劳动密集型产业大量从中国外迁。其次，数字时代全球化背景下，中美贸易冲突具有特殊复杂性。贸易战以来中美科技合作降温，美国主导的产业链进行区域重组，生产网络呈现出向北美地区收缩的趋势。此外，自动化、人工智能和机器人的使用不断降低了劳动力成本和生产成本的比例。一些科技含量高的中高端产业开始回流到欧美等国家。在本次疫情的催化之下，产业链搬迁趋势将会放慢。根据摩根士丹利（Morgan Stanley）的调查和研究发现，一些公司原本在疫情前打算在中国以外投资设厂或者在本国的自动化投入，但这些计划一直被推迟，同时疫情促使下一阶段的产业更重视数字基建。

6. 产业转移的定量测算

全面测算区域间的产业转移需要应用区域间投入产出表，以度量中间投入与最终需求之间的依存关系，较好地识别区域间最终使用引起的生产格局变化，适于定量分析广义层面的产业转移（刘红光等，2019）。

首先，设定一个区域的总产出为 X，最终需求为 Y，直接消耗系数矩阵为 A，根据投入产出理论，其均衡关系可以表示为

$$X = (I - A)^{-1} Y \tag{8.1}$$

假设有两个区域分别为区域 1 和区域 2，区域间投入产出表如表 8.1 所示。根据投入产出理论，可得

$$\begin{bmatrix} X_{11} & X_{12} \\ X_{21} & X_{22} \end{bmatrix} = \begin{bmatrix} I - A_{11} & -A_{12} \\ -A_{21} & I - A_{22} \end{bmatrix}^{-1} \begin{bmatrix} Y_{11} & Y_{12} \\ Y_{21} & Y_{22} \end{bmatrix} \tag{8.2}$$

表 8.1　区域间投入产出表（以区域 1 和区域 2 为例）

投入/产出		中间使用		最终需求		总产出
		区域 1	区域 2	区域 1	区域 2	
中间投入	区域 1	$A_{11}X_1$	$A_{12}X_2$	Y_{11}	Y_{12}	X_1
	区域 2	$A_{21}X_1$	$A_{22}X_2$	Y_{21}	Y_{22}	X_2
增加值		V_1	V_2	—	—	—
总投入		X_1	X_2	—	—	—

注：A_{ij} 为 j 区域生产对 i 区域产品的直接消耗系数矩阵；$A_{ij}X_j$ 为 j 区域生产对 i 区域产品的直接消耗流量矩阵；Y_{ij} 为 j 区域对 i 区域产品的最终需求矩阵；X_i 为 i 区域的总产出矩阵；V_i 为 i 区域的增加值矩阵，X_{ij} 为 j 区域的最终需求引起的 i 区域总产出，并且 $X_1=X_{11}+X_{12}$，$X_2=X_{21}+X_{22}$

假设存在时间 t 和 $t+1$，则两个区域总产出的变化可以表示为

$$\Delta X = \begin{bmatrix} \Delta X_{11} & \Delta X_{12} \\ \Delta X_{21} & \Delta X_{22} \end{bmatrix} = \begin{bmatrix} X_{11}^{t+1} - X_{11}^{t} & X_{12}^{t+1} - X_{12}^{t} \\ X_{21}^{t+1} - X_{21}^{t} & X_{22}^{t+1} - X_{22}^{t} \end{bmatrix} \tag{8.3}$$

式中，ΔX_{ij} 为 j 区域最终需求变化所引致的 i 区域总产出的改变，根据产业转移的广义含义，可以认为 ΔX_{ij}（$i \neq j$）是时期 t 和 $t+1$ 之间 j 区域向 i 区域的产业转移量（刘红光等，2011）。

那么，除了区域 1 和区域 2 之间的产业转移外，还可能存在世界范围内更多地区之间的产业转移。假设区域 1 和区域 2 之间向其他区域的出口分别为 E_1 和 E_2，则式（8.2）中的矩阵 $\begin{bmatrix} Y_{11} & Y_{12} \\ Y_{21} & Y_{22} \end{bmatrix}$ 可以表示为 $\begin{bmatrix} E_1 & 0 \\ 0 & E_2 \end{bmatrix}$，即

$$\begin{bmatrix} X'_{11} & X'_{12} \\ X'_{21} & X'_{21} \end{bmatrix} = \begin{bmatrix} I - A_{11} & -A_{12} \\ -A_{21} & I - A_{22} \end{bmatrix}^{-1} \begin{bmatrix} E_1 & 0 \\ 0 & E_2 \end{bmatrix} \tag{8.4}$$

相应地，X'_{ij} 即为 j 区域出口引起的 i 区域总产出的变化。那么时期 t 与 $t+1$ 之间 j 区域向 i 区域的产业转移量为

$$\Delta X' = \begin{bmatrix} \Delta X'_{11} & \Delta X'_{12} \\ \Delta X'_{21} & \Delta X'_{22} \end{bmatrix} = \begin{bmatrix} X_{11}^{t+1'} - X_{11}^{t'} & X_{12}^{t+1'} - X_{12}^{t'} \\ X_{21}^{t+1'} - X_{21}^{t'} & X_{22}^{t+1'} - X_{22}^{t'} \end{bmatrix} \tag{8.5}$$

式中，$\Delta X'_{ij}$ 为 j 区域出口变化引致的 i 区域总产出的改变。同样地，可以认为 $\Delta X'_{ij}$（$i \neq j$）是时期 t 与 $t+1$ 之间的 j 区域向 i 区域的产业转移量①。

8.1.2　世界经济地理格局与趋势

1. 世界经济地理格局基本内涵

经济地理格局可以理解为劳动力、企业等经济主体在经济空间中集聚与分散的动态演化。全球经济结构是基于国际分工的区域间和多层次的相对经济实力分析（原嫄等，2014）。

① 实际上，为规避进口的影响，需将区域间的投入产出表中的进口部分按比例从中间使用与最终使用中进行扣除，本节中所展示的为简化的两区域投入产出框架。

全球经济地理的发展影响许多因素，其核心驱动力是经济全球化。伴随着全球化的深入发展，产品价值创造体系各个环节分布于各个区域，发达国家和发展中国家企业嵌入价值链的不同环节，发挥各自要素禀赋的比较优势，不断重塑经济地理格局（原嫄等，2014）。生产全球化的出现使得基于“价值链”的工业分配体系的生产全球化将逐步取代基于“工业类别”的工业分配体系，世界经济地理格局的新特征。

三次全球化浪潮对世界经济结构产生了重大影响。在经济全球化的第一波浪潮中，全球形成了一个“核心-边缘”格局，在这种格局下发达国家承担着核心角色，负责生产工业制成品，而发展中国家则主要提供原材料和初级工业品。为在第二次工业革命的推动下，经济全球化第二次浪潮到来，美国的崛起使其跻身经济全球化主导力量阵营。而两次世界大战的爆发严重减缓了经济全球化的进程，战后全球的经济地理格局呈现出“链式重构”的特征，不同国家在全球产业链、贸易链中的地位发生了巨大变化。21 世纪以来，长时间的网络不均衡下，经济全球化第三次浪潮中存在的问题也逐渐暴露出来。发达国家劳动密集型产业的迁出造成内部制造业的“空心化”，而发展中国家变得更加积极主动地寻求参与经济全球化的新可能。

2. 世界经济地理格局演化趋势

1）整体趋势：从“核心-边缘”到多极化世界

全球经济结构的全球发展趋势是从“核心-边缘”走向多极化。从不同收入水平划分的国家集团国内生产总值中的份额来看，高收入国家集团在全球经济中具有绝对优势，但其份额呈现出明显的下降趋势，1970 年占比为 86.95%，2012 年下降至 74.58%，2020 年继续下降至 73.13%，与此同时，中高收入国家和中低收入国家所占份额出现一定程度的上升，这表明世界经济的地理结构正在发生变化，即全球化中心集聚度下降，“核心-边缘”的单极结构特征正在弱化。在过去 20 年中，全球贸易区域化不断发展，形成了东亚、欧洲、北美三大区域性生产网络体系，区域内部贸易依赖度不断提升，世界三大地区的内部经济循环逐步加强。受“一带一路”、RCEP 的影响，未来的世界经济地理格局在多极化之外，还将呈现出区域合作更为紧密的特征。

2）区域动力：东亚崛起和欧洲衰弱

通过比较和分析区域经济能力的变化，可以更好地探索从“核心-边缘”到多极化的经济地理格局。图 8.3 分析了自 1975～2020 年世界主要区域占全球经济份额的变化，研究发现，中东与北非地区、撒哈拉以南非洲地区和拉丁美洲及加勒比地区份额长期处于低水平，而东亚地区则增长迅速，从 1975 年的 14.78%增长到 2020 年的 33.44%，而欧洲、中亚地区和北美地区均出现不同程度的下降。欧洲与中亚地区份额占比下降速度最快，从 1975 年的 42.96%下降至 2020 年的 26.89%。全球经济地理格局发生了重大变化，经济中心逐渐从北美洲和环绕大西洋的欧洲洋转移到环太平洋地区，多极化趋势日益明显，形成了北美地区、东亚地区与欧洲地区三足鼎立的局面。《区域全面经济伙伴关系协定》（RCEP）于 2020 年 11 月 15 日在东亚合作领导人系列会议期间正式签署，它创建了世界上人口最多、参与结构最大、发展潜力最大的自由贸易区。这是东亚经济一体化进程中的重要一步，将为区域乃至全球经济复苏带来新的动力，并将对未来世界经济地理格局产生深远影响。

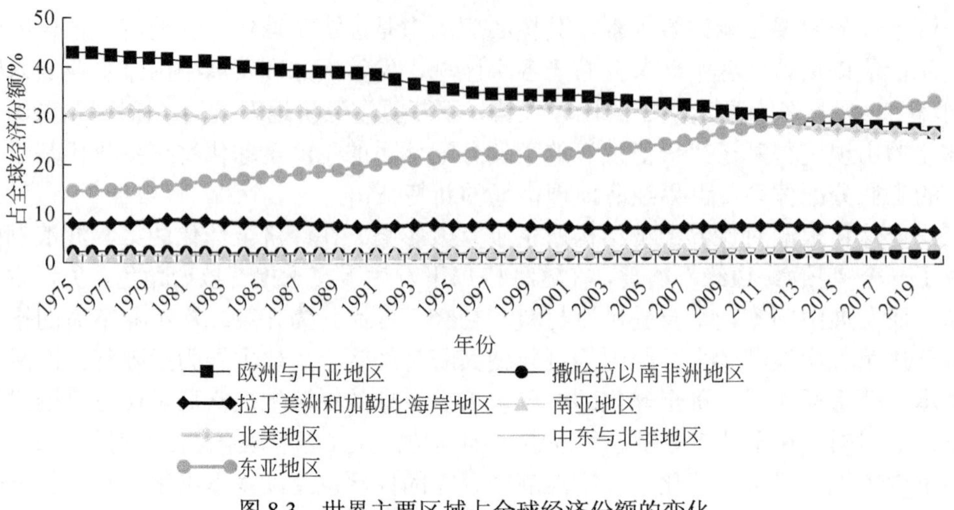

图 8.3 世界主要区域占全球经济份额的变化

数据来源：世界银行数据库，1975～2020 年

3）国家动力：新兴经济体快速发展

从本质上讲，当前世界经济地理结构的发展是由国家经济力量推动的。21 世纪以来新兴经济体快速发展，成为全球经济发展的重要助推力量，尤其是中国和印度的发展最为瞩目，经济总体规模在全球的位序快速上升（图 8.4）。中国从 1990 年的第 11 位上升至 2020 年的第 2 位，占全球 GDP 的份额从 1.59%上升至 17.38%；印度也从 1990 年的第 12 位上升至 2020 年的第 6 位，占全球 GDP 的份额从 1.41%上升至 3.09%。中国和印度的经济增长为东亚和南亚的发展做出了贡献。德国、法国、西班牙和其他国家经济力量的下降显然是欧洲经济衰退的一个重要原因。新兴经济体的崛起和部分传统资本主义大国的相对衰落共同促进了全球经济地理格局的变化，而多极化趋势正变得越来越明显。

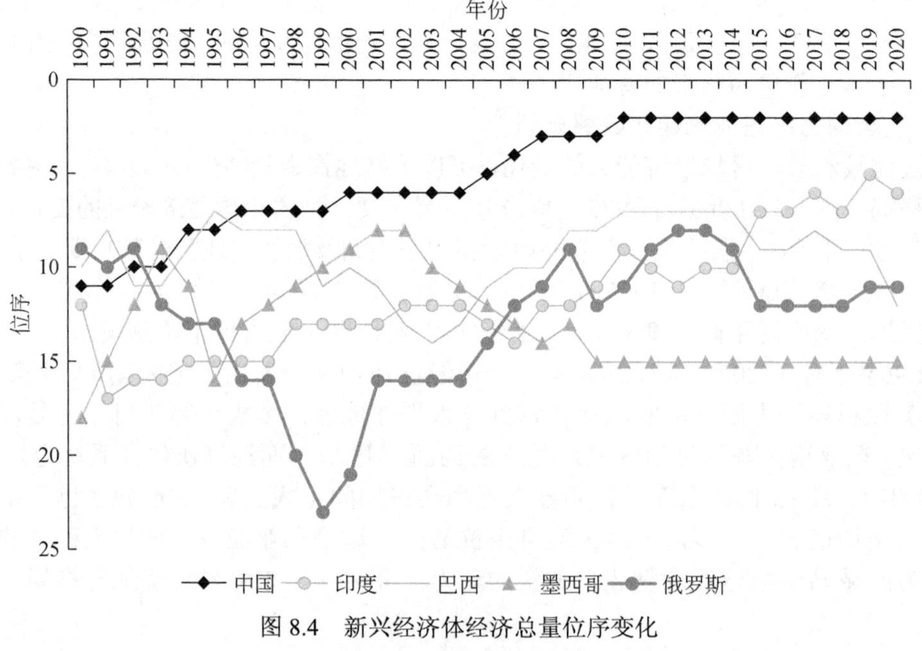

图 8.4 新兴经济体经济总量位序变化

数据来源：世界银行数据库，1990～2020 年

4）产业层面：不同产业类型优势分散化

国家层面上的相对优势演变成为区域经济份额此消彼长的基础，从而促使全球尺度下的经济地理格局的发展（原嫄等，2014）。新兴经济体实力跃升的深层因素，是这类国家的产业发展状况和结构升级速度。在分析世界经济格局发展趋势的过程中，不仅需要从宏观层面掌握总体发展态势，同样需要从产业结构视角去剖析不同类型国家产业结构的变化。在步入新世纪以来，对全球制造业来说，最显著的变动是新兴市场国家的崛起和发达国家的相对衰落。从表 8.2 可以看到，从 2005～2019 年，高收入国家制造业增加值占全球比重已经由 74.5%下降至 54.3%，而中等收入国家提升 46.7%，其中尤以中等偏上收入国家的变化最大，上升了将近 20 个百分点。低收入国家、最不发达国家制造业增加值比重分别提高 0.2 个百分点和 0.6 个百分点。在 2015 年之后，不论是发达国家比重的下降幅度还是中等收入国家比重的提高均大幅放缓。

表 8.2　不同收入分组国家的制造业增加值占比　　（单位：%）

国家类型	2005	2008	2010	2015	2016	2017	2018	2019
高收入	74.5	65.8	61.4	54.9	55.6	54.4	53.8	54.3
中等收入	25.3	34.0	38.3	44.8	44.1	45.3	45.7	46.7
中等偏上收入	20.8	28.6	32.4	38.5	37.7	38.9	39.5	40.2
中等偏下收入	4.4	5.4	5.9	6.2	6.4	6.4	6.2	6.6
低收入	0.2	0.2	0.3	0.4	0.4	0.4	0.4	0.4
最不发达国家	0.4	0.5	0.7	0.9	0.9	1.0	1.0	1.0

数据来源：世界银行国民账户数据，2005～2019 年

从制造业的地域分布来看（表 8.3），呈现出由北美、欧盟、东亚和太平洋三足鼎立到东亚和太平洋明显占优的变化趋势（李晓华，2021）。从表 8.2 和表 8.3 可以发现产业在全球性区域间转移和扩散速度不断加快，不同产业优势分化趋势日渐明显，这也与世界经济地理格局呈现多极化特点相呼应。

表 8.3　不同地区分组国家的制造业增加值占比　　（单位：%）

地区	2005	2008	2010	2015	2016	2017	2018	2019
东亚和太平洋	31.5	33.8	39.1	43.5	44.0	44.4	45.1	45.6
东亚和太平洋（不包括高收入国家）	12.2	17.9	22.1	30.1	29.8	30.5	31.7	32.4
欧盟	24.3	24.3	19.9	17.0	17.5	17.3	17.4	16.8
拉美和加勒比	5.9	6.8	7.2	6.2	6.0	6.1	5.4	5.3
拉美和加勒比（不包括高收入国家）	5.2	6.1	6.4	5.4	5.2	5.4	4.7	4.7
中东和北非	3.1	3.5	3.6	3.2	3.2	3.1	3.2	—
北美	23.8	19.3	18.5	18.6	18.3	17.8	—	—
南亚	2.1	2.5	3.2	3.4	3.6	3.8	3.6	3.7
撒哈拉以南非洲	1.2	1.2	1.3	1.3	1.2	1.2	1.2	1.3

数据来源：世界银行国民账户数据，2005～2019 年

8.1.3　产业升级转移重塑经济地理格局

产业升级转移会产生要素再配置效应与知识溢出效应，进而对世界经济地理格局产生深刻影响。要素再分配效应是指在产业改善和转移过程中重组当地的各类生产要素，在重组的过程中，如果资源配置合理，可以促进当地的经济发展，但如果要素错配严重则会阻碍当地发展。知识溢出效应表示产业升级转移的过程中会产生知识、技术的外溢，一方面承接产业转移的落后国家能够通过吸纳相对先进的知识技术水平实现经济跃升，但另一方面发达国家强大的产业控制力在某种程度上可能会在主观层面限制知识溢出的深度和广度。

1. 要素再配置效应

产业升级转移实质上是要素在空间上重新配置的过程，生产要素的流动影响着产业空间的分布和移动，“第一优势”区域构成了产业集群。同时，集聚力和扩散力会在整个工业生命周期中出现，但这两种力量在不同时期的强弱程度不同。具体而言，规模报酬递增、外部性、产品多样性、消费市场邻近性和基础设施完善性均能在局部产生聚集力，而异质性偏好、劳动力成本提升、竞争加剧等因素则会产生扩散力，这两种力量的综合作用使得各产业在区域间不断调整布局。这两种动力随着市场开放度提高而衰减的过程中有一个交点，当扩散力大于聚集力，非均衡力表现为扩散力，扰动并不能导致循环累积因果链的产生，而当聚集力大于扩散力，非均衡力则表现为聚集力，此时扰动会造成循环累积因果链的形成。经济系统的循环累积因果关系决定经济活动的空间格局。

产业升级转移与要素配置结构的改革与发展密切相关。即要素再分配以主导产业的更替、发展战略的转变为具体表现形式，进而带动产业升级形态的变化。按照要素配置结构的构成中初级要素、高级要素所占比重的差异，产业升级转移可以分为产业初级升级转移、产业资本升级转移和产业高级转移，这三种产业转移类型的主要表现为再配置的要素是初级生产要素、资本要素与高级生产要素（韩江波和李超，2013）。三类产业升级转移形式分别属于低层次、中层次和高层次的产业升级转移形式。产业初级升级转移要素配置结构由简单劳动力、土地和自然资源等初级要素组成，而初级生产要素的重要特征是边际收益递减，难以带来高附加值。在初始阶段，利用高级要素的渗透与辐射，延缓边际收益递减转折点的到来，但并未从根本上改变边际收益不断下降的态势，承接此类产业升级转移的国家在短期内可以获得一定的经济收益，但无法实现经济的高质量和可持续发展。产业资本升级转移的要素配置结构主要为资本要素，相对于初级生产要素而言，它更能发挥产业结构升级带动和经济结构调整的作用，但它不能从根本上解决边际收入递减的困境，因而在竞争力和附加值方面远远小于高级要素。产业高级升级转移的要素配置结构主要为技术、信息、知识等边际收益递增的高级要素，在产业内部形成“技术流”、“信息流”和“知识流”等，充分发挥高级要素的“自我增值”与“自我升级”能力，增强产业的核心竞争力，在全球价值链中处于较高地位（韩江波和李超，2013）。

具体来看，各国在产业升级转移过程中承担着不同的角色。各国可以通过利用比较优势，在生产中采用相对丰富和廉价的生产要素，但其高度的经济依赖性限制了经济发展的总体潜力。而基于竞争优势的发展中国家则注重利用科学技术，增强自身实力，以进一步提升其在国际产业链、价值链和分工链中的战略影响力，实现高质量发展。在短期内，后发国家可以通过全面的产业转移来重组要素，从而实现快速的经济增长。然而，后发国家在资本、技术和监管方面被发达国家限制，面临着严重的资源成本、环境约束和环境约束，长期以来一直被锁定在低端技术依赖的贫困陷阱之中（韩江波和李超，2013）。比较优势和后发优势主要集中在劳动密集型和资本密集型的产业之中，例如，东南亚国家利用丰富廉价的劳动力和政策吸引大量外国投资。而竞争优势和先发优势集中在技术、知识和信息密集型产业之中，发达国家一直严格管理着这些产业。这意味着短期的产业转移促进了发展中国家经济的迅速发展，但这些国家如果不能摆脱低端锁定的局面，就会使得世界经济格局持续失衡。但伴随着一系列区域战略协议的实施，发展中国家将力争在核心技术等重要领域取得突破性进展，并致力于提高自身在世界价值链中的地位，这一趋势将使世界经济地理格局不断向多极化发展（图 8.5）。

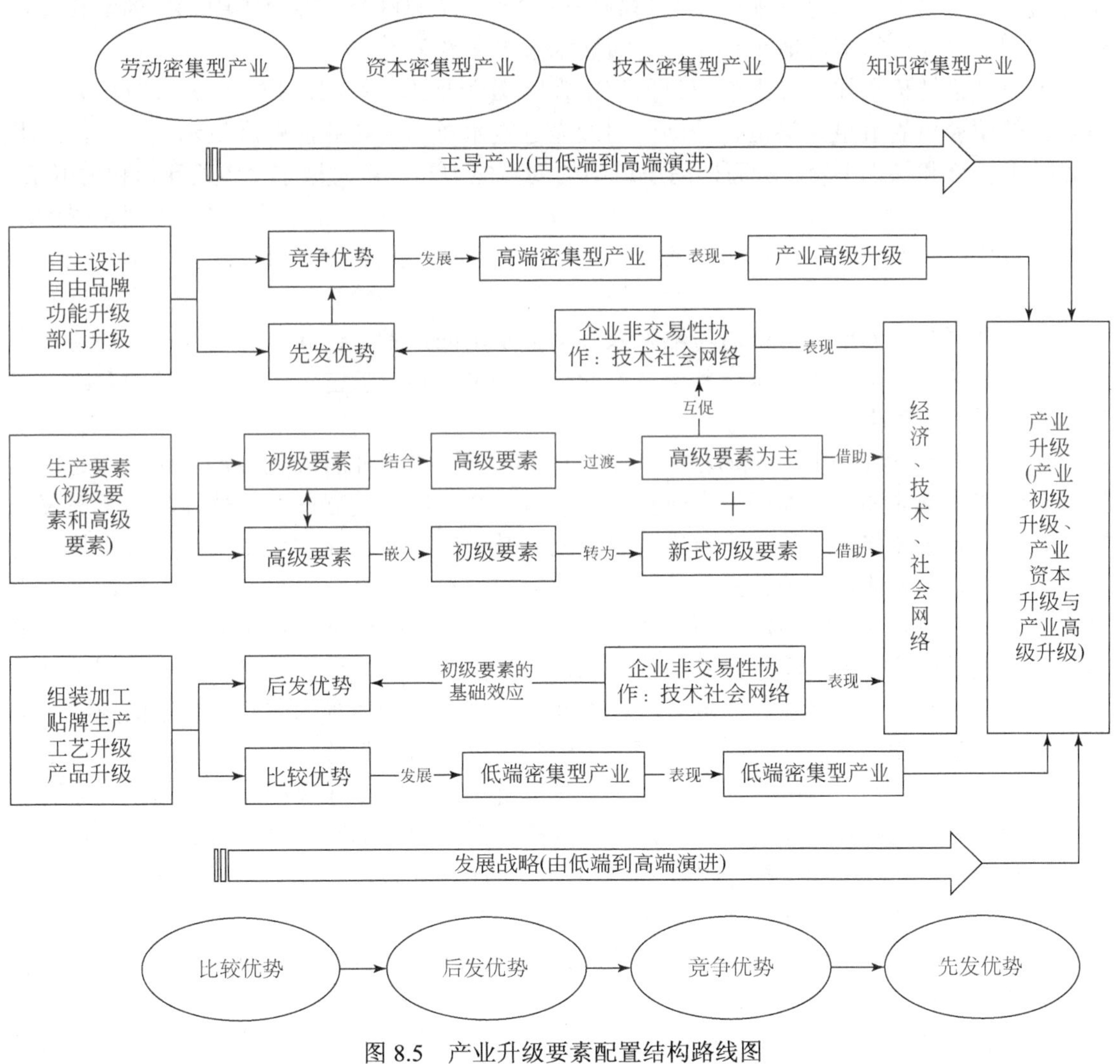

图 8.5　产业升级要素配置结构路线图

2. 知识溢出效应

知识溢出是知识扩散的一种方式，一些学者将其定义为一种知识传播状态，由跨国企业人才的流进和流出进行传播。知识溢出会影响产业空间的分布，而反过来产业空间分布也会影响知识溢出，二者互为因果相互影响。目前，产业升级转移过程中所引发的知识溢出机制，主要涉及知识人才流动、研发合作与贸易融资。其中，知识型人才的流动被认为是知识溢出机制的主要途径。产业升级转移的过程中伴随着知识人才空间流动，会导致新知识的创造和知识在不同群体中的传播加快（赵勇和白永秀，2009）。社会网络和社会资本对知识溢出的效率有重大影响，在经济全球化的背景下，产业转移升级可以扩大社会网络，加强社会资本联系，加强不同国家和地区之间的产业联系。第二类是基于研发合作的知识溢出机制。在产业转移升级过程中，跨国企业的一些研发中心也可会外迁，能够通过产学研模式加强知识溢出效应，并提升东道国的技术创新能力。第三类是通过国际贸易和投资的技术知识溢出效应，国际贸易是技术知识溢出的重要途径。大量内嵌了先进科学技术的国际贸易商品给予技术落后地区企业仿制先进技术产品的机会，在“干中学”的实践过程中，有利于提高技术落后地区企业自身的技术水平和竞争力。

产业升级转移和知识溢出效应目前集中在跨国产业转移领域，产品贸易和外国直接投资等是知识溢出的最重要渠道，跨国公司的先进技术对当地企业能够产生示范效应，或者通过技术转移和知识创新，从而提高东道国的创新能力和经济发展水平（王春杨和孟卫东，2019）。日本、德国和亚洲“四小龙”的工业化时间比英国和美国要短得多，主要是受到产业升级转移产生的技术、知识溢出的影响。这些国家的产业初级升级—产业资本升级—产业高级升级是以领先国家的资本要素和技术、知识、管理经验等高级生产要素为基础的，充分发挥高级要素的扩散、渗透与辐射效应增强本国的技术、创新、管理能力，快速将本国产业链的关键、核心环节镶嵌到全球产业链、分工链和价值链之中，实现高效升级，重塑了世界经济地理格局。

然而，技术知识、技术创新从根本上存在“黏性”，甚至在全球化经济下也依然是地方性的。这些特殊的知识传播渠道有一种趋势，就是企业通过建立产业集群而趋向于集聚。同时，产业升级转移带来的知识溢出具有空间衰减效应，并且在地理距离和经济主体之间的中间阻力有明显的正相关关系。从中观层次分析，在全球分工日趋精细的当今，基于生产成本下降、地方政策逐步放开而导致的生产性地域性分散促使产业集群和产业集团以更为广阔的视野统筹全球资源。随着价值链的进一步扩展，一些产业集群和产业集团可以借助地方政府扶持、资源禀赋、市场开放程度及核心产业控制力等的宏微观因素的影响，形成全球或局部产业控制能力。拥有资源优势的一方可以通过其整体实力迅速进行价值链环节的垄断和国际影响力的提升，从而发展主价值链中的重点产业集群和产业集团。然而，对于有形和无形资源相对缺乏的一方来说，其控制能力和影响范围往往只是价值链环节组成的一部分，且高度依赖于核心产业集群和产业集团的联系，完成价值创造与累积。宏观与中观层面紧密联系，一般而言发达国家掌握着核心产业集群与产业集团，产业领导力影响着知识溢出的广度与深度，核心技术并不会随着产业升级转移而外溢。在产品研发和技术创新部门等科学技术和资金的密集生产阶段，跨国公司必须牢牢地留在母国产业核心区。只有在需要满足市场需求的情形下，才会转移一些研发机构，并在东道国设立分支机构，主要为技术飞地，而不与当地经济共享核心技术。因此落后地区技术体系的突破不是产业升级转移而产生的知识溢出效应，而是自主创新。自2020年以来美国和日本政府大力支持核心制造业回迁，一方面是改善供应链，减少疫情冲击，另一方面则是为了阻碍中国发展。在这个例子中，产业升级转移带来的知识效应固然可以帮助发展中国家发展经济，但也会增加对发达国家的依赖。

8.2　商品链和贸易链与营商环境

8.2.1　全球商品链与贸易链内涵

1. 全球商品链的含义

美国杜克大学格里芬教授（Gereffi，1994）在对美国零售业价值链进行了研究后，将价值链分析方法与产业组织研究相结合，提出了“全球商品链理论”（global commodity chain，GCC）。随着全球经济一体化，商品的生产过程被划分为不同的阶段，不同规模的公司和机构散布在世界范围内，并围绕着商品生产的各个环节形成一个综合一体化的生产网络：全球商品供应链。格里芬等人提出全球商品供应链是由以下内容构成：企业及政府等围绕某一特定商品或产品所形成的各种网络关系通过一系列国际网络紧密地联系在世界经济体系中，这些网络关系普遍具有社会结构性，特殊适配性和地方集聚性的特性。更具体地，全球商品链包括：一是生产要素，它将复杂的生产链中的零部件和商品联系起来，是企业进行生产活动的后盾；二是价值要素，它注重捕捉和反映商品链中不同环节所产生的差异性附加值，可以反映跨国企业之间和企业内部的价值转移；三是垄断因素，表明跨国垄断企业的总部通过对商品链的控制可以获得丰厚的利益。

2. 全球商品链的两种形态

同一产品的生产环节、生产工序可以分解，在不同的地理空间范围进行生产，并将其组装成制成品，从而形成一个跨国生产体系。这一体系将不同规模及地区的企业组织系统化为生产网络，形成了具有社会结构性、特殊适配性和区域集聚性的全球产业链。全球商品链使不同地理位置的企业能够参与全球生产网络，进而获得新技术、知识和领先的生产商（图 8.6）。全球商品链区分为两种形态：“生产者导向”（producer-driven）商品链和“购买者导向”（buyer-driven）商品链。

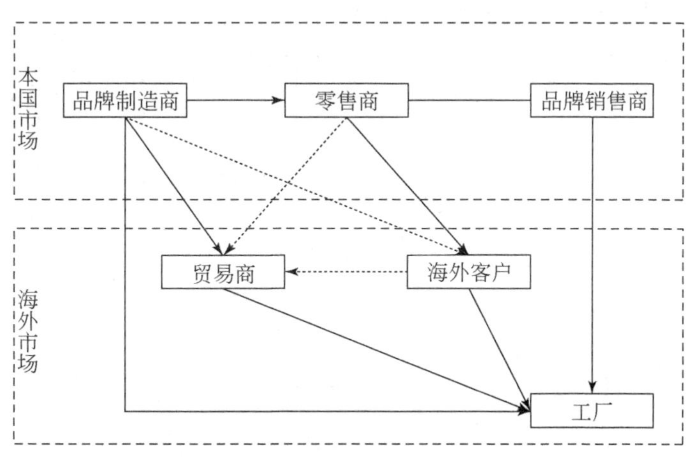

图 8.6　商品链组织流程图

“生产者导向”商品链（producer-driven chain），是指通过制造商投资以刺激市场需求，形成的全球生产供应链的垂直分工系统。这类商品链大多分布于资本和技术密集型产业，由具有技术优势和谋求扩张的跨国企业及寻求发展和创建自主工业体系的地方政府主导。一般而言，汽车、半导体、航空航天等产业大多都属于具有跨国地理特征的“生产者导向”商品链组成，但在不同的国家之间及其发展水平之间存在差异（冯轶凌，2013）。原组件的国际外包，是许多国家用来进行国际竞争的常见策略，特别是在劳动密集型的制造业部门。负责生产和销售环节的企业管理部门所实施的控制机制突显出“生产者导向”的生产系统，其中许多环节是由其他独立公司来执行的。以生产者为导向的商品链所生产的商品是在由核心生产者的经济实力支配的产品领域生产的（罗加德，2004）。

“购买者导向”商品链（buyer-driven chain），是指由国际品牌制造商及国际零售商所组成的买方通过采购等方式组成的商品流通网络。劳动密集型的传统产业（如服装、鞋业等），以及手工业（如家具、饰品等）大多是购买者驱动的商品链的重要组成部分，而发展中国家主要参与以大型零售商和贸易公司为中心的这类商品链。制造生产环节通常由第三世界国家的工厂生产商应国外买家的要求完成。遵循购买者导向模式的公司往往不是依靠工厂的生产设备，而是复杂多样的外包网络，这些公司通常提供设计、制造、包装、运输甚至从世界各地收款等专精服务。而核心公司的主营业务则是管理这个复杂的外包服务网络，并确保网络中的各个环节都是相互贯通的。

以上两种类型的商品链的主要区别在于生产者驱动模式的企业倾向于复制母国在不同市场的业务流程（罗加德，2004），而购买者驱动模式的企业则倾向于在世界范围内的不同国家发包工作，在不同国家设置不同的职能，仅在母国保留部分职能，主要是品牌营销和销售职能。

3. 全球贸易链的内涵

贸易供应链是近年来随着全球化生产背景下的劳动分工而发展起来的一类产业组织模式。国际贸易供应链涉及许多流程和参与者，即使是最简单的国际贸易交易也涉及许多中间商。就商品而言，供应链将其与生产商、分销商和消费者联系在一起，形成网络链，从购买原材料开始，继而生产和制造产品，然后通过分销渠道到达消费者。随着国际贸易和信息技术的发展，跨国企业的扩张和全球化产品部门分工格局的形成，使得网络逐渐跨越国界，搭建出国际贸易供应链（林瑾，2011）（图 8.7）。

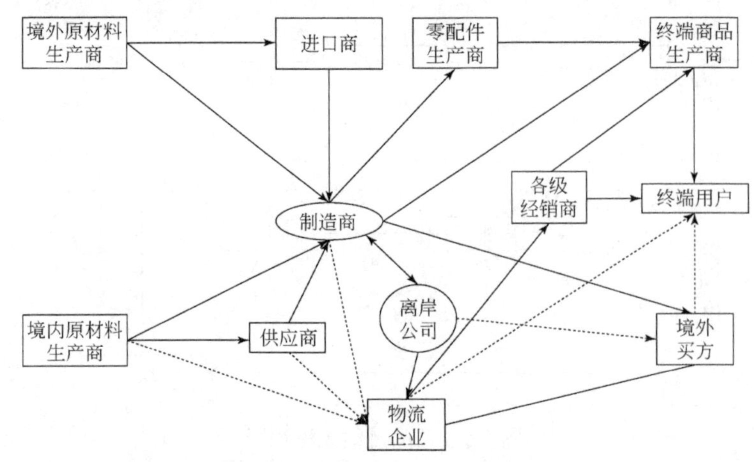

图 8.7　国际贸易供应链全景图

8.2.2　营商环境新变化

1. 营商环境的基本概念

营商环境（business climate），包括涉及社会、经济、政治、法律等要素的一般发展环境，以及由政企关系、劳动力市场和金融机构等组成的具体发展环境。营商环境反映了一个国家或地区的经济发展软实力，是一个国家或地区参与国际竞争的重要环境因素。

2. 营商环境评价指标体系

地区营商环境的质量直接影响着招商引资的数额和该地区的企业经营状况，最终对经济发展、税收、社会就业等产生重大影响。目前有诸多机构对全球营商环境进行评估，表 8.4 中列出了权威营商环境评价报告。

表 8.4　权威营商环境评价报告

序号	主要营商环境评价报告	样本范围	主要评估指标
1	世界银行《营商环境报告》	对全球 190 个经济体的营商环境进行打分排序	10 项一级指标（开办企业、办理施工许可证、获得电力、登记财产、获得信贷、保护中小投资者、纳税、跨境贸易、执行合同和办理破产），二级指标 41 项
2	经济学人智库（EIU）《营商环境排行榜》	对全球 82 个经济体营商环境的吸引力进行打分排名，每五年发布一次	涵盖政治环境、宏观经济环境、市场机会、自由竞争政策、外商投资政策、国际贸易及外汇管制、纳税、金融、劳动力市场、基础设施等领域的 91 项指标
3	《最适合经商的国家和地区》	对全球 161 个经济体的营商环境进行排名	贸易自由、货币自由、产权、创新、技术、程序烦琐程度、投资者保护、腐败、个人自由、税负
4	粤港澳大湾区研究院《世界城市营商环境评价报告》	世界人均 GDP 及 GDP 总量排名靠前和经济总量靠前国家的 25 个城市、另外加上中国香港、北京、上海、广州、深圳，共 30 座城市	软环境（权重 20%）、生态环境（权重 15%）、市场环境（权重 20%）、商务成本环境（权重 10%）、社会服务环境（权重 15%）、基础设施环境（权重 20%）
5	粤港澳大湾区研究院《中国城市营商环境评价报告》	选取中国直辖市、副省级城市、省会城市共 35 个城市	软环境（权重 25%）、生态环境（权重 15%）、市场环境（权重 20%）、商务成本环境（权重 15%）、社会服务环境（权重 10%）、基础设施环境（权重 15%）
6	中国经济改革研究基金会国民经济研究所《中国分省企业经营环境指数》	中国的 30 个省、自治区、直辖市（不包括台湾、香港、澳门、西藏、青海）	政府行政管理、企业经营的法制环境、企业税负负担、金融服务、人力资源供应、基础设施条件、中介组织和技术服务、企业经营的社会环境
7	第一财经研究院《全球经济总量前 100 城市营商环境指数排名》	对中国经济总量前 100 城市营商环境指数排名、软环境指数 TOP10 排名，硬环境指数 TOP10 排名	硬环境指数（权重 40%，包括自然环境和基础设施环境）、软环境指数（权重 60%，包括技术创新环境、人才环境、金融环境、文化环境和生活环境）
8	中央广播电视总台《中国城市营商环境报告 2018》	中国城市营商环境综合排名前十位城市榜单和 7 个评价纬度排名前十位榜单	基础设施、人力资源、金融服务、政务环境、法制环境、创新环境、社会环境
9	上海市人民政府发展研究中心、上海发展战略研究所《全球城市营商环境评估研究》	以 10 座国际城市、10 座国内中心城市为样本	按照企业准入前、准入中、准入后发展阶段，包括 12 个一级指标、36 个二级指标

世界银行的《营商环境报告》作为比较有代表性的从成本角度度量的报告，将营商环境定义为一个经济体中的企业在申请设立、经营运作、贸易交易、纳税、关闭和履行合约等方面遵循政策法规所需要的时间和成本总和，并针对这一概念提出了一种由 11 项一级指

标、43 项二级指标所构成的营商环境评价框架（李志军等，2021）。

3. 营商环境的发展变化

2010～2020 年报告的结果显示，在全球营商环境中具有明显优势的国家或地区相对稳定，主要集中于新加坡、新西兰、丹麦、英国、中国香港、美国（表 8.5）。拥有高质量营商环境的地区通常具备高端资源要素配置、科技创新策源、投资和贸易枢纽、文化融汇引领、信息网络中心和人才流动集聚这六大功能。

表 8.5　2010～2020 年全球营商环境排名前五的国家或地区

等级	2010 年	2011 年	2012 年	2013 年	2014 年	2015 年	2016 年	2017 年	2018 年	2019 年	2020 年
1	新加坡	新加坡	新加坡	新加坡	新加坡	新西兰	新西兰	新西兰	新西兰	新西兰	新西兰
2	新西兰	新西兰	新西兰	新西兰	新西兰	新加坡	美国	新加坡	新加坡	新加坡	新加坡
3	美国	中国香港	中国香港	中国香港	中国香港	丹麦	新加坡	美国	中国香港	丹麦	中国香港
4	中国香港	美国	美国	美国	美国	美国	丹麦	中国香港	美国	中国香港	丹麦
5	英国	丹麦	丹麦	丹麦	英国	中国香港	中国香港	丹麦	丹麦	美国	美国

资料来源：2010～2020 年世界银行发布的《营商环境报告》

良好的营商环境有助于各类经济主体公平地获取生产要素，同时进一步降低经营过程中的交易成本，这是经济高质量发展的重要驱动力量（杜运周等，2020）。图 8.8 显示，我国在营商环境方面取得了显著突破，中国香港在世界排名中长期位于前列，而中国大陆地区在全球的排位也在上升，发展速度不断加快。在世界银行 10 项评估指标中，中国大陆地区有 8 项指标排名上升[①]。然而，中国大陆地区在纳税（排名第 105）、获得信贷（排名第 80）和跨境贸易（排名第 56）等领域仍然比较滞后。中国的出口边境合规耗时为 21h，成本为 256 美元，比高收入的经合组织国家耗时更长，成本更高，导致中国融入全球贸易链与产业链的低效率局面。未来还需要进一步深化改革，大力优化营商环境，以提高对外资的吸引力（朱思翘和尹政平，2021）。

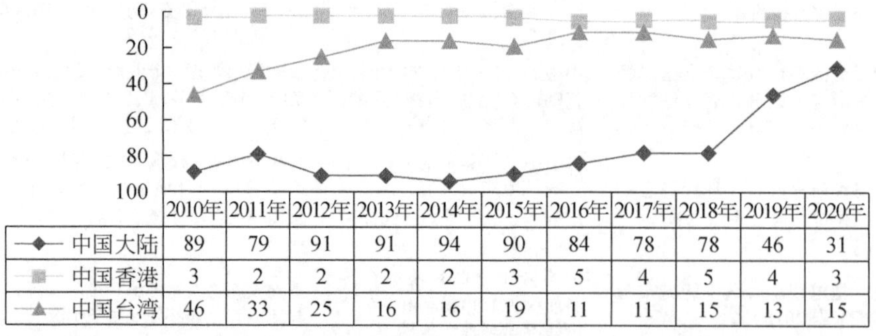

	2010年	2011年	2012年	2013年	2014年	2015年	2016年	2017年	2018年	2019年	2020年
中国大陆	89	79	91	91	94	90	84	78	78	46	31
中国香港	3	2	2	2	2	3	5	4	5	4	3
中国台湾	46	33	25	16	16	19	11	11	15	13	15

图 8.8　2010～2020 年我国营商环境的排名变化

资料来源：2010～2020 年世界银行发布的《营商环境报告》

① 具体包括办理建筑许可排名、保护中小投资者排名、办理破产排名、跨境贸易排名、纳税排名、获得电力供应、履行合同排名，以及开办企业排名。

8.2.3　优化营商环境助推“双链融合”发展

优化营商环境是确保产业链和供应链安全稳定，维护国家产业和经济安全，提升国际竞争力的必要条件（李志起，2021）。良好的营商环境应该具备便利、公平、透明、法制和国际五大特征，能够有效地激发市场主体活力与内生发展动力。国际生产网络和全球价值链贸易是 21 世纪全球分工和贸易的典型特征，提升出口附加值与价值链嵌入位置将成为各国提高国际竞争力的关键挑战。

在全球价值链分工背景下，优化营商环境具有重要意义，一方面，可以最大限度降低商品交易成本，加强跨国贸易联系，构建完整的商品贸易链条，优化区域内的商品、技术、服务和资本的流动，打造出强有力的贸易创造效应，另一方面，通过刺激企业加大研发力度，提升企业自主创新精神，促进企业的自我驱动，帮助企业提高出口附加值水平，实现价值链位置的攀升（卢万青和陈万灵，2018）。

总体而言，营商环境的优化不仅能够促进全球贸易的发展，提升企业在贸易链中的参与度，还可以充分发挥商品链中价值要素作用，提高出口企业在全球价值链中的地位，最终促进“双链融合”，增强国际竞争力与全球经济韧性。而面对疫情的冲击，全球供应链出现脱节的现象，制造业回流增强全球经济发展的不确定性，这不利于营商环境的进一步优化。在此背景下，我国需要因势利导构建数字供应链和产业链体系，提升参与全球供应链和产业链治理的广度和深度。

8.3　贸易与全球价值链

8.3.1　贸易与全球价值链概述

1. 贸易基本内涵

贸易（trade），是指在市场中主动进行商品或劳务的交换。最初的贸易形式是以物易物，即商品或劳动的直接交换。伴随着时代的进步，贸易往往以金钱等为媒介进行讨价还价。国际贸易（international trade）是国与国之间的商品、劳务等跨国交易活动，一般包含进口贸易和出口贸易，也称为进出口贸易或世界贸易，可以调节要素配置效率，改善国际供需问题等，反映出世界各国在经济上的依存关系（表 8.6）。国际贸易地理方向，也可以称为“国际贸易地区分布”（international trade by region），用以表明全球各洲、各国或不同区域集团在贸易中所占据的地位（党军和冯宗宪，2007）。

表 8.6　国际贸易分类

划分条件	贸易类别
统计标准	总贸易、专门贸易
商品形态	有形贸易、无形贸易
交易性质	一般贸易、加工贸易
经济发展水平	水平贸易、垂直贸易
参与国家数量	双边贸易、多边贸易

续表

划分条件	贸易类别
区域经济一体化格局	区域内贸易、区域外贸易
有无第三方参与	直接贸易、间接贸易、转口贸易
清偿工具	现汇贸易、记账贸易、易货贸易
贸易地区	南南贸易、南北贸易、北北贸易
货物移动方向	进口贸易、出口贸易、过境贸易
货物运输方式	陆路贸易、海路贸易、空运贸易、邮购贸易
交易内容	货物贸易、劳务贸易、技术贸易、金融贸易、旅游贸易、运输贸易、文化贸易

2. 全球贸易发展特点

从全球范围来看，全球商品和服务出口平均增速（图 8.9）在各大经济周期均趋于低迷或初期上升阶段，国际贸易增长内生动力不足，缺乏强有力的增长点。具体而言，2008 年金融危机对世界贸易体系和经济发展产生强烈冲击，在各国共同努力下，2010 年全球商品和服务出口增速在 2009 年大幅下滑基础上呈现超出 11%的增幅，短暂反弹之后便进入中低速增长的新常态并连续五年呈现低迷增长态势。2012～2016 年，全球商品和服务出口平均增速分别为 2.47%、2.43%、3.61%、1.17%、2.41%，远低于从 2001 年到 2008 年的平均增速，其中，2015 年出现较大幅度下跌，这在很大程度上反映了发达经济体的经济活动减弱态势，人口老龄化和投资不振难以扭转需求疲软态势。2020 年全球商品和贸易出口增速暴跌超出 14%，这一态势远比 20 世纪 30 年代的全球经济大萧条要严峻。可见，世界经济体系遭受疫情冲击，选择降低全球价值链参与水平，全球价值链急速收缩。

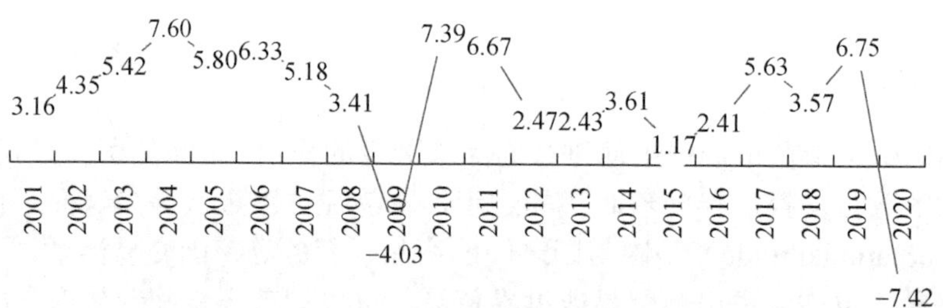

图 8.9　2001～2020 年全球商品和服务出口平均增速

数据来源：世界银行国民账户数据和经合组织国民账户数据文件，2001～2020 年（单位：%）

经济全球化背景下的全球贸易在波动中前进，但各国经济水平呈现出差异化发展趋势，对外贸易水平各不相同。根据世界贸易组织数据库来看，贸易水平稳居于全球前五位的有中国、美国、德国和日本（表 8.7）。2015 年之后，中国贸易总额超越美国，稳居世界第一水平。经济体系对外贸易表现出较大起伏的结果与全球大宗商品价格前期暴跌后期低迷的关联度较强。面临暗流涌动的全球贸易及诸多不确定性因素，经济结构不合理矛盾日益凸显，经济增速下降。2020 年全球商品贸易发展表现出空间不均衡特征，且各国之间的贸易发展存在明显差异，同时，全球贸易形势的不稳定性特征也给各国的贸易发展带来全方位多维度的影响。

表 8.7　全球主要国家贸易总额排名表

排名	2005 年		2010 年		2015 年		2020 年	
	国别	贸易总额	国别	贸易总额	国别	贸易总额	国别	贸易总额
1	美国	2.63	美国	3.25	中国	3.95	中国	4.65
2	德国	1.75	中国	2.97	美国	3.82	美国	3.84
3	中国	1.42	德国	2.31	德国	2.38	德国	2.55
4	日本	1.11	日本	1.46	日本	1.27	日本	1.28
5	法国	0.97	法国	1.13	英国	1.10	法国	1.07

数据来源：世界贸易组织数据库（单位：万亿美元），2005～2020 年

在经济全球化的背景下，出现了新的贸易保护主义形式，如绿色壁垒、技术壁垒和区域主义等，加之多边自由贸易体系在 WTO 框架下难以维持，因此催生了区域化和集团化。根据国际经济相关理论，经济和贸易的区域化更可能发生在经济发展水平相近的相邻国家和地区之间。随着各国之间在经济上更加相互依存，共同的区域间的联合外贸政策（如欧盟-亚太贸易协定等）对消除贸易壁垒有积极作用。根据图 8.10，欧洲区域化贸易更为发达，同时，亚洲的区域贸易呈现飞速增加的趋势。由此可见，以中国、印度等发展中国家主导的区域全面经济伙伴关系协定（Regional Comprehensive Economic Partnership，RCEP）、亚太自由贸易区（Free Trade Area of the Asia-Pacific，FTAAP）和“一带一路”建设等区域经贸与投资安排兼顾到发展中国家利益诉求。

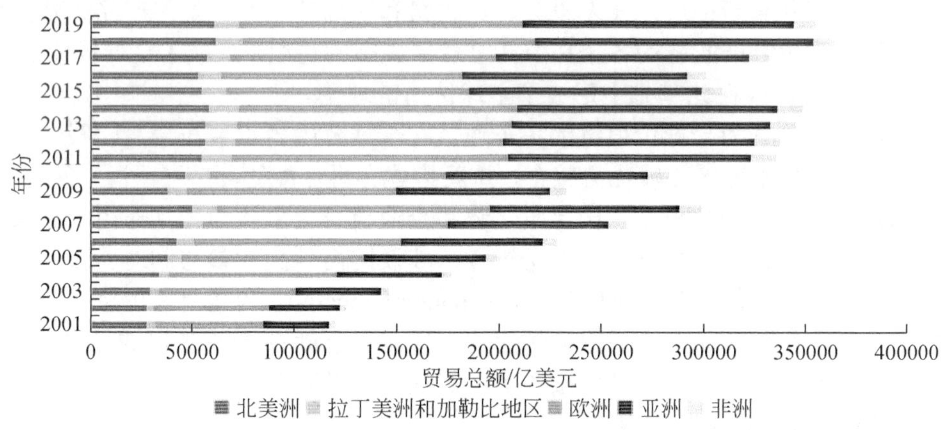

图 8.10　世界区域化贸易总额

数据来源：世界贸易组织数据库，2001～2019 年

3. 价值链理论起源与演进

1）价值链

价值链（Value Chain）最初由波特（Porter，2011）在其著作《竞争优势》中所提及。波特指出，企业的竞争策略概括起来可分为低成本战略和差异化战略。竞争优势主要来源于企业在产品设计、制造、销售和交货等主要流程中所开展的战略相关活动。价值链是企业用于评定竞争优势和寻找解决方案以增强竞争力的基本工具。企业正是通过比其竞争对

手更加廉价或更加出色地开展这些重要的战略活动来赢得竞争优势的。20 世纪 80 年代开始，价值链理论作为一种帮助企业开展战略分析的重要方法而被广泛提及。随后，不断产生“供应链”“产业链”等概念，历经三十余年的发展，整个价值链理论体系终于得以完善（图 8.11）。

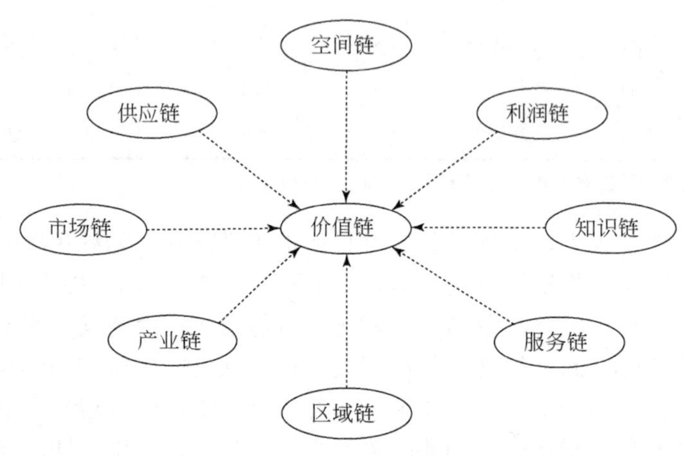

图 8.11　价值链体系

2）全球价值链

在经济全球化的背景下，产业分工不断国际化和专业化，产业链按照各国或各地区的比较优势不断分解和重新构造，研发设计、原材料和零部件生产、最终产品或整机组装、最终销售和售后服务等产业链的各个环节在全球区域空间重组，形成了全球价值链（global value chain，GVC），并在此基础上形成了全球价值链理论。

全球价值链理论认为全球价值链的各个环节在全球范围内重新布局，一般包括各个产业环节垂直分离、与东道国比较优势整合、重新构建和再分配等环节（于瀚，2016）。企业在全球范围内的战略格局是根据各国比较优势和企业自身竞争能力相互作用的结果。全球价值链涵盖了从商品概念到最终使用的全过程，涉及国内外企业参与制造、营销的全部活动。全球价值链，也被称为全球供应链（global supply chain），包含持续的资金投入、科学技术、技术专家、组装商品及商务服务的流动。目前，全世界 50%的制成品进口、70%的服务进口都是中间品，大部分产品和服务实际都是“世界制造”。

3）全球价值链的驱动力比较

在全球商品链研究中，全球商品链运行包括了生产者驱动型和购买者驱动型两个模式。也就是说，全球价值链各个环节在空间上的分割、重构和正常运营是在生产者和购买者的驱动下进行的。两种类型的价值链在动力根源、核心能力、进入障碍和产业分类等维度互为区别（表 8.8）。

生产者驱动价值链，是指通过生产者投资带动市场需求，由生产者在价值链中起核心作用的垂直分工体系。在生产者驱动型价值链中，龙头制造商就是主要生产商，他们通过掌握生产加工的关键环节，从而获得整个产业链的高附加值收益，同时掌控产业上游的原材料和零部件供应商、下游的销售渠道。购买者驱动型价值链是指以渠道商，如大中型零售商，以及品牌制造商起核心作用的组织形态。大中型零售商、经销商和品牌管理商掌握了销售渠道，了解国际商场需求，利用全球采购、外包生产等方式管理产业链的各个环节（于瀚，2016）。

表 8.8　生产者和购买者驱动的全球价值链比较

项目	生产者驱动的价值链	购买者驱动的价值链
动力根源	产业资本	商业资本
核心能力	研究与发展、生产能力	设计、市场营销
进入障碍	规模经济	范围经济
产业分类	耐用消费品、中间商品、资本商品等	非耐用消费品
典型产业部门	汽车、计算机、航空器等	服装、鞋、玩具等
制造企业的业主	跨国企业，主要位于发达国家	地方企业，主要在发展中国家
主要产业联系	以投资为主线	以贸易为主线
主导产业联系	垂直一体化	水平一体化
辅助支撑体系	重硬环境轻软环境	重软环境轻硬环境

资料来源：在格里芬（Gereffi，1994）基础上编制

4. 全球价值链相关指标

针对全球价值链相关指标的测度，借鉴 Koopman 等（2010）提出的方法（简称“KPWW 方法”）。

1）全球价值链参与度指数

全球价值链参与度指数（GVC participation），指的是在全球价值链背景下，按照增加值的不同来源，一国的经济部门在国际分工中的参与程度，其计算公式为

$$\text{Participation}_{\text{GVC}}=\frac{\text{IV+FV}}{\text{EX}} \tag{8.6}$$

式中，IV、FV 和 EX 分别为间接形式的出口国内增加值、最终产品出口和出口增加值总额。该指数反映的是在全球价值链背景中，一国经济部门对国外增加值及间接国内增加值的拉动作用。指数值域为［0，1］，数值大小代表价值链的延伸程度。

2）全球价值链前后关联度

全球价值链前后向关联度（GVC correlation），指的是一国某部门作为中间产品出口（进口）至其他国家而对全球价值链参与的贡献程度，是对全球价值链参与度的进一步分解为两部分，即全球价值链的前向关联度与后向关联度，其计算公式为

$$\text{Correlation}_{\text{GVC}}=\frac{\text{IV}}{\text{EX}}+\frac{\text{FV}}{\text{EX}} \tag{8.7}$$

3）全球价值链地位指数

全球价值链地位指数（GVC position），指的是一国在全球价值链中的位置，测量的是一国出口至进口国用于生产第三国所需产品的间接出口附加值和一国出口中的国外附加值的比例差异，其计算公式为

$$\text{Position}_{\text{GVC}}=\ln\left(1+\frac{\text{IV}}{\text{EX}}\right)-\ln\left(1+\frac{\text{FV}}{\text{EX}}\right) \tag{8.8}$$

5. 全球价值链重构

全球价值链重构主要是既定的贸易比较优势发生了重大变化，导致产品在生产的国际分工环节在不同地区间出现收缩与转移，从而引致全球价值链的震荡。全球价值链的重构可以分为以下几个阶段：

第一阶段，新一代信息技术革命给人类的生产和生活带来极大便利，也大大缩短了新技术的代际更迭周期，给技术研发投资与回报带来极大不确定性。市场预期因此受到严重影响，对技术扩散和要素跨境流动产生阻力。在这样的背景下，低收入国家的比较优势被削弱，国际贸易收益大大降低，此外，低收入国家用低技能劳动力替代其他生产要素投入的能力也被大幅削弱，使其更难利用劳动力成本优势来抵消技术劣势。

第二阶段，国际金融危机持续时间长、损害范围大，改变了贸易政策环境，进一步助长贸易保护主义的兴起。由此产生的贸易壁垒对于各国的全球价值链延伸产生负面影响。贸易环境的恶化使以美国为首的西方主要贸易国降低了全球价值链参与意愿，其国家中间产品和最终产品进口在国内消费和工业增加值的份额下降，相应地，中间产品供应和最终产品消费的本地偏好逐渐增强。

第三阶段，新冠疫情对全球价值链产生短期外生冲击。供应链安全形势严峻，一些国家和地区在全球价值链的参与程度大幅下降，全球供应链出现断裂点，这揭示了现有国际分工形式的结构脆弱性及稳定供应链的迫切需求。高度的贸易集聚并不利于跨国公司维护供应链稳定，但过于分散的供应链体系也会增加安全风险。

8.3.2　全球价值链背景下增加值贸易

1. 全球价值链背景下增加值贸易核算

2011 年 6 月，帕斯卡尔·拉米（Pascal Lamy）指出，同传统国际贸易核算相比较而言，增加值贸易（trade in value added）核算方式可以更好地测算和表征全球国际贸易的新特点，是衡量世界贸易运行的一种更好的方式。增加值贸易核算方法系统考察了以全球价值链为主要特征的当今世界经济发展情况。现有增加值贸易测度办法的基本原理离不开列昂惕夫于 1936 年提出的经典方程。

以生产 1 美元出口商品为例，将国内投资的生产要素（即劳动力和资本）可以产生的第一轮增加值，称为出口商品的直接国内附加值；而制造 1 美元出口商品还必须利用一些国内中间投入品，生产这些中间投入品的过程中所投入的生产要素可以产生第二轮本国增加值，即为出口商品的间接国内增加值；而中间投入品的生产又必须用到其他中间投入品。这一过程的进行，能够追溯到整个经济系统的不同生产阶段（王直等，2015；林斐婷和张伟，2017）。因此，可以描述为：以 1 美元出口商品所创造的国内增加值总额=国内生产中的直接增加值+所有间接增加值。

以上仅是计算一国总出口的国内增加值的基本思路，考虑到实际中，涉及多个层面的出口中的国内增加值与其他部分的价值及其结构，且中间品贸易比重持续上涨。结合 8.1.1 节投入产出基本框架（表 8.1），基于投入产出理论的均衡关系，进行矩阵运算，可以得到

$$X = (I - A)^{-1} Y = BY \tag{8.9}$$

在式（8.9）中，$B=(I-A)^{-1}$，即列昂惕夫逆矩阵，矩阵形式表示为

$$\begin{bmatrix} B^{11} & B^{12} \\ B^{21} & B^{22} \end{bmatrix} = \begin{bmatrix} I-A^{11} & -A^{12} \\ -A^{21} & I-A^{22} \end{bmatrix}^{-1} \tag{8.10}$$

定义增加值率系数行向量 V，进一步可定义增加值贸易核算系数矩阵为

$$\hat{V}B = \begin{bmatrix} v_1^1 b_{11}^{11} & v_1^1 b_{12}^{11} & v_1^1 b_{11}^{12} & v_1^1 b_{12}^{12} \\ v_2^1 b_{21}^{11} & v_2^1 b_{22}^{11} & v_2^1 b_{21}^{12} & v_2^1 b_{22}^{12} \\ v_1^2 b_{11}^{21} & v_1^2 b_{12}^{21} & v_1^2 b_{11}^{22} & v_1^2 b_{12}^{22} \\ v_2^2 b_{21}^{21} & v_2^2 b_{22}^{21} & v_2^2 b_{21}^{22} & v_2^2 b_{22}^{22} \end{bmatrix} \tag{8.11}$$

式中，X 为总产出列向量；A 为直接消耗系数矩阵；Y 为最终需求列向量，表示对对应产品的最终需求合计。

这里，增加值贸易核算系数矩阵表征了在最终产品的生产过程中，各产业部门的直接与间接增加值。矩阵中的元素以 $v_1^2 b_{11}^{21}$ 为例，描述的是生产区域 2 的 1 部门 1 单位价值的最终产品，来自区域 2 的 1 部门的直接与间接增加值。在该核算矩阵中，沿行方向显示了其他部门生产 1 单位最终产品来自于相应产品部门的增加值，而沿列方向则显示的是其他各产业部门对生产 1 单位价值列于相应产品部门最终产品的增加值贡献，且列向的和为 1（倪红福，2019）。

2. 全球价值链贸易发展本质

1）优化资源配置，推动要素全球化

在最初的以产品为基础的劳动分工模式中，生产要素无法跨境流动，引致资源的优化配置只能在国内发展的层面进行。而新的国际分工模式对这一定义提出挑战，生产要素跨境流动使商品的生产状态由封闭转为开放，使得更多国家展开要素生产合作。相比之下，资源优化配置程度更高，意味着参与国际分工和正在进行贸易的每个国家都有巨大的潜在贸易收益。同时，资源专用性约束问题也被进一步克服，进而充分利用本不具备跨国流动条件的“闲置”要素（戴翔和张二震，2016）。

2）增强技术溢出，实现创新全球化

全球价值链背景下的贸易本质上是“生产全球化”，贸易往来为技术的传播和扩散提供了新的形式和渠道。一方面，知识技术资源也被视为生产要素，通过跨国被动外溢为流入国带来直接与间接的“存量增加”；另一方面，跨国公司也会采取对不同国家和地区的相关企业提供技术指导等主动外溢行为以实现生产环节的顺利对接。这意味着全球价值链背景下的贸易价值正逐渐从以前的“量的增长”转向“质的发展”。

3）实现包容发展，助力新型全球化

跨国价值链贸易的主要目标并非为了实现“比较利益”，而是为了合作生产产品，保证“共同生产”的正常运作。国际分工的细化不仅体现为在不同国家和地区进行专业化生产的环节和阶段分解，还表现为本不具备比较优势的国家和地区在这一过程中具备了比较优势。换句话说，贸易使得这些国家获得了参与国际分工的机会，并充分发挥其潜在的比较优势。以全球价值链为主导的新国际分工模式进一步扩大了贸易利益。因此，国际贸易不仅具有互惠互利性，更重要的是体现出利益上的相互依存，即一国在国际分工中的获益程度取决于合作国家从国际分工中的获益程度。任何一个国家和地区的贸易参与变动对价值

链造成的破坏，都会影响到全球价值链的整体运转。

8.3.3 贸易全球化“逆行”与新型全球化

1. 贸易逆全球化

1）贸易逆全球化思潮

2008 年的金融危机导致全球经济复苏长期疲软、跨国贸易投资下降，西方一些发达国家甚至表现出由政府或政治人物主导为特征的极端政治倾向，其主要原因是在经济全球化发展进程中，新自由主义一直是金融垄断资本主义制定贸易经济政策的重要理论基础和政策工具。金融危机的爆发使新自由主义褪去了“全球化、自由化、私有化、市场化”的光环，面对日益加剧的社会矛盾，一些发达国家就利用政府权力来对资本流动加以限制（丁源，2020）。其中，英国“脱欧公投”的成功被视为是“逆全球化”思潮的一个分水岭式的政治事件，标志着区域一体化的倒退，甚至是全球化的倒退。

2）贸易逆全球化重要表现：中美贸易战

2017 年 8 月 19 日，美国总统唐纳德·特朗普签署了一份备忘录，命令美国贸易代表办公室（Office of the United States Trade Representative，USTR）对中国进行 301 调查。2018 年 3 月 23 日，美国贸易代表办公室发布了《基于 1974 年贸易法 301 条款对中国关于技术转移、知识产权和创新的相关法律、政策和实践的调查结果》，并宣布对我国部分商品加征 25%的贸易关税。同日，中国商务部就美国进口钢铁与铝产品的 232 调查及中国政府应对措施发布公开征求意见的通知，拟中止对美国实行互惠减让措施和其他义务，对部分自美进口的产品加征关税（万广华和朱美华，2020）。随后，美国与中国之间的经贸紧张局势逐渐升级，由经济领域扩大至科技领域，美国对中兴、华为企业实施制裁。在此之后，美国联邦当局又多次宣布对从中国进口的商品加征关税（成飞，2018）。

当今全球价值链面临着新一轮的贸易保护主义，它增加了贸易成本，增加了企业在贸易政策方面的不确定性，并对现有的供应链联系产生了严重影响，进一步损害了全球投资和生产。在短期内，中美贸易战不仅会对两国所有关税商品产生直接影响，对两国的出口贸易产生负面影响，而且还会对供应链的参与者及中间商品的进出口产生影响。从长远来看，如果贸易冲突持续升级，投资者信心减弱，这将对世界经济的走向和发展产生极大的负面影响。除中国外的大多数中低收入国家将会面临全球收入减少困境，全球价值链的重组也将带来相应的贸易转移成本。美国和中国之间的贸易战不仅会影响两国的双边贸易关系，而且在全球价值链紧密相连的时代，也会对上下游的国家经济体和企业产生深远影响。

2. 新冠疫情对世界经济地理格局及全球贸易趋势的影响

新冠疫情对全球供应链、经济全球化和世界经济的地理结构产生了重大影响。在短期内，疫情的暴发导致了订单交付的延迟，产量急剧下降，整体利润率下降。从长远来看，它深层次重组了制造商、买家、零售商和消费者之间的供应链网络结构关系，对全球产业链和供应链产生了重大影响（Miroudot，2020）。

“全球化三角结构”指出，推动经济全球化的三股力量主要是资本的“空间出路”、技术的“时空压缩”和世界各国的对外开放程度（刘卫东，2020）。从该框架来看，疫情并不直接影响国际化资本和技术驱动力，但影响着各国的对外开放水平。随着疫情蔓延及逆全球化和民粹主义浪潮兴起，世界主要资本主义国家都采取了贸易保护主义和制造业回流政策，美国和日本为了使其国内供应链多样化，对本国企业所有回迁成本进行补偿。总体来看，新冠疫情阻碍了货物、资本和技术的流动，各国采取的“封城”、限制旅行等各类出行活动、关闭边界的措施大大降低了开放程度，减缓了全球化趋势，加剧了贸易失衡现状。

3. 新型全球化助推力：中国“一带一路”倡议

中国的“一带一路”倡议是新型全球化的重要组成部分，为全球贸易公平提供了中国方案。2013 年中国提出了“一带一路”倡议规划构想，具体包括建立“新丝绸之路经济带”和“21 世纪海上丝绸之路”。“一带一路”这一新型发展倡议，为国际贸易合作搭建了一个开放合作的国际平台。这一发展倡议既有力地推动了中国经济贸易发展，还为全球经济复苏、国家合作与发展、全球治理变革贡献了中国智慧。

“一带一路”建设重点面向亚洲、欧洲和非洲，以古丝绸之路沿线国家为基础，提倡开放和包容的区域合作精神。不同的是，西方国家倡导的全球化是少数特定国家和地区内的全球化，具有不平衡的本质特征。放眼世界，北美、西欧和东亚等沿海和海洋地区是全球化的活跃地带，而曾创造过辉煌文明的欧洲和亚洲的内陆国家缺乏发展机会，成为全球化的“洼地”（张伟杰，2018）。因此，“一带一路”建设的重点是欧亚大陆的新繁荣。非洲和拉丁美洲虽然融入了国际分工，但仍处于原材料供给和市场供应者的地位，尚未实现充分的发展。“一带一路”沿线互利合作的新全球化进程必将延伸到非洲和拉丁美洲，形成一个开放的全球发展伙伴网络，进而塑造出海陆均衡和区域协调发展的世界经济版图。“一带一路”沿线有许多相对不发达的地区，如中亚、西亚和南亚等。在全球化的“洼地”开展“一带一路”建设，旨在促进这些地区的发展，改善当地人民的生活，推动全球贸易公平。

因此，“一带一路”倡议远非传统意义上的全球经贸合作，它有效地规避了跨国资本“唯利是图”的本质，积极回应人民对美好生活的向往，有利于各国达成共享、协调、包容的发展局面。“一带一路”倡议是国际社会解决人类社会面临的深层次问题的新途径，倡导以“共商、共建、共享”为原则的全球治理理念，旨在打造一条通往和平、繁荣、创新、开放、文明的道路，可以说是新全球化的重大实践。随着“一带一路”建设的顺利推进，全球化将呈现出新面貌，推进世界共同繁荣。

本章小结

- 产业升级转移的本质是将产业要素在地理空间上实现重新配置的过程，促进着产业结构调整，影响着国际资本流向与相关国家的经济发展模式，改变着贸易国在全球产业链、价值链、贸易供应链中的地位。
- 营造良好的营商环境有助于参与全球商品链与贸易链的主体更公平地获取生产要素，这对于促进经济高质量发展具有重要意义。
- 产业分工在不同环节发生收缩和转移，一国参与到全球价值链的比较优势在空间上会被分解与重组，引发全球价值链重构。
- 贸易逆全球化对世界经济的走向和发展产生极大的负面影响。以中美贸易战为例，这对全球经济的走向和进程及新经济地理格局的发展带来多维度的冲击。新冠疫情也加剧了全球贸易失衡现状。

- 作为新型全球化的重要组成部分，中国“一带一路”倡议为全球贸易公平提供了中国方案。

参考文献

成飞. 2018. 中美贸易战：一场没有硝烟的较量. 企业研究，（7）：10-13

戴翔，张二震. 2016. 全球价值链分工演进与中国外贸失速之“谜”. 经济学家，（1）：75-82

党军，冯宗宪. 2007. 对华贸易摩擦与我国对外贸易地理方向调整——基于收入需求偏好相似理论的分析. 人文地理，（5）：66-68，93

丁建军. 2011. 产业转移的新经济地理学解释. 财经科学，（1）：35-42

丁源. 2020. “逆全球化”探究与中国应对. 石家庄：河北经贸大学硕士学位论文

杜运周，刘秋辰，程建青. 2020. 什么样的营商环境生态产生城市高创业活跃度？——基于制度组态的分析. 管理世界，36（9）：141-155

冯轶凌. 2013. 全球价值链变动特征与机制研究. 上海：上海社会科学院硕士学位论文

韩江波，李超. 2013. 产业演化路径的要素配置效应：国际案例与中国选择. 经济学家，（5）：39-49

李晓华. 2021. 制造业全球产业格局演变趋势与中国应对策略. 财经问题研究，（1）：31-42

李志军，张世国，牛志伟，等. 2021. 中国城市营商环境评价的理论逻辑、比较分析及对策建议. 管理世界，37（5）：98-112，8

李志起. 2021. 让“企业体验”评价营商环境. 经济，（2）：98-100

林斐婷，张伟. 2017. 全球价值链视角下中美制造业贸易失衡与美国贸易保护主义. 现代经济探讨，（8）：49-58

林瑾. 2011. 国际贸易供应链融资法律问题研究. 成都：西南财经大学硕士学位论文

刘红光，刘卫东，刘志高. 2011. 区域间产业转移定量测度研究——基于区域间投入产出表分析. 中国工业经济，（6）：79-88

刘红光，张婕，朱忠翔，等. 2019. 金融危机前后全球产业贸易转移定量测度分析. 经济地理，39（1）：96-103

刘卫东. 2020. 新冠肺炎疫情对经济全球化的影响分析. 地理研究，39（7）：1439-1449

卢万青，陈万灵. 2018. 营商环境、技术创新与比较优势的动态变化. 国际经贸探索，34（11）：61-77

罗加德. 2004. 两岸垂直分工抑或水平分工？——一个全球商品链分析之观点. 公共管理评论，（2）：135-148

倪红福. 2019. 全球价值链位置测度理论的回顾和展望. 中南财经政法大学学报，（3）：105-117，160

万广华，朱美华. 2020. “逆全球化”：特征、起因与前瞻. 学术月刊，52（7）：33-47

王春杨，孟卫东. 2019. 制造业转移、知识溢出与区域创新空间演进. 科研管理，40（9）：75-84

王直，魏尚进，祝坤福. 2015. 总贸易核算法：官方贸易统计与全球价值链的度量. 中国社会科学，（9）：108-127，205-206

杨秀云，袁晓燕. 2012. 产业结构升级和产业转移中的产业空洞化问题. 西安交通大学学报（社会科学版），32（2）：1-6

叶超. 2015. 产业转移背景下宜宾海关管理服务优化研究. 成都：西南交通大学硕士学位论文

于瀚，肖玲诺. 2013. 加工贸易“贫困化增长”倾向的实证及其对策研究. 中国软科学，270（6）：134-141

于瀚. 2016. 基于全球价值链的我国加工贸易转型升级研究. 哈尔滨：哈尔滨工业大学博士论文

俞国琴. 2005. 我国地区产业转移的系统优化分析. 上海：上海社会科学院博士学位论文

原嫄，孙铁山，李国平. 2014. 近五十年全球经济地理格局的演化特征与趋势. 世界地理研究，23（3）：12-21

张伟杰. 2018. "一带一路"：新型全球化的探索与实践. 当代世界，（3）：56-59

赵勇，白永秀. 2009. 知识溢出：一个文献综述. 经济研究，44（1）：144-156

朱思翘，尹政平. 2021. 海南自由贸易港制度创新与前景展望. 清华金融评论，（8）：52-54

邹积亮. 2004. 产业地区转移的理论研究与实证分析. 武汉：武汉大学硕士学位论文

Gereffi G. 1994. The Organization of Buyer-Driven Global Commodity Chains：How U. S. Retailers Shape Overseas Production Networks. Westport：Praeger

Gereffi G. 1999. International trade and industrial upgrading in the apparel commodity chain. Journal of International Economics，48（1）：37-70

Grossman G M, Rossi-Hansberg E. 2008. Trading tasks: A simple theory of offshoring. American Economic Review，98（5）：1978-1997

Koopman R，Powers W，Wang Z，et al. 2010. Give credit where credit is due：tracing value added in global production chains. NBER Working Papers

Miroudot S. 2020. Reshaping the policy debate on the implications of COVID-19 for global supply chains. Journal of International Business Policy，3（4）：430-442

Porter M E. 2011. Competitive Advantage. Beijing：Peking University Press

Vernon R. 1979. The product cycle hypothesis in a new international environment. Oxford Bulletin of Economics and Statistics，41（4）：255-267

第 9 章　资源、环境与发展

9.1　气候、生物多样性和污染危机

全球环境变化和可持续发展是 21 世纪的两大重要科学议题和挑战，而气候变化、生物多样性下降和环境污染已成为妨碍人类可持续发展的三个主要风险来源（尹彩春和赵文武，2021）。2021 年 2 月，联合国环境规划署（UNEP）发布了其首份综合报告《与自然和谐共处：应对气候、生物多样性和污染危机的科学蓝图》（UNEP，2021）。该报告包含政府间气候变化专门委员会（IPCC）、生物多样性和生态系统服务政府间科学-政策平台（The Intergovernmental Science-Policy Platform on Biodiversity and Ecosystem Services，IPBES）、地球观测组织（Group on Earth Observations，GEO）等机构对近期的国际环境评估结果，系统分析了当前人与自然关系的基本现状与挑战，并提出了相应策略，以期有效协同应对气候变化、生物多样性下降和环境污染三个重大危机，促进实现 2030 年议程及 17 项可持续发展目标（SDGs）（United Nations，2015）（图 9.1）。

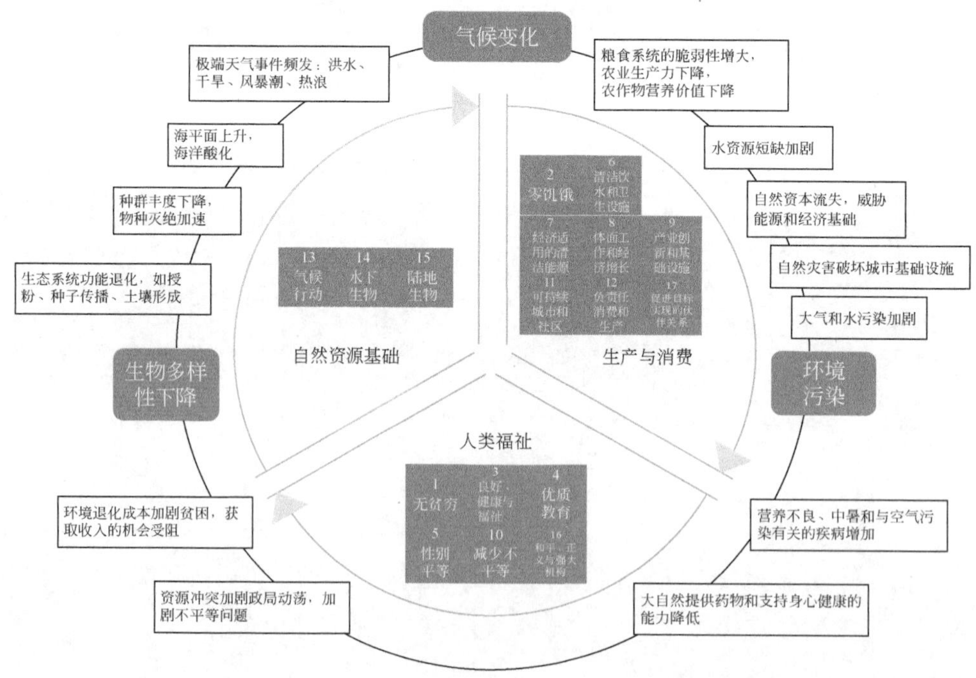

图 9.1　环境风险对可持续发展目标的影响（尹彩春和赵文武，2021）

9.1.1　气候

1. 全球气候变化新形势

气候变化已成为人类社会所面临的最严峻的国际性挑战（IPCC WGI，2021）。《巴黎协定》提出，21 世纪末全球地表平均气温比工业化之前温度升高应低于 2℃，并且努力将升高的温度控制在 1.5℃内，并于 21 世纪后半叶达到 CO_2 净零排放。但当前国际减排承诺和达成《巴黎协定》提出的长远目标还存在较大差距。2018 年 IPCC 发布《IPCC 全球升温 1.5℃特别报告》指出实现温度上升 1.5℃目标在技术上是可行的，但需要更为迫切的碳减排进程，且各国自主贡献能力和减排承诺严重不足，预计 21 世纪末全球温度将上升 2.9～3.4℃。由气候系统的综合观测及各项关键指标分析可以看出，全球变暖的势头仍然在持续加速。2019 年，全球平均气温比工业化前的水平高出约 1.1℃，成为有完整气象观测记录以来的第 2 暖年，而过去 5 年是有完整气象观测记录以来最暖的 5 年（IPCC，2019）。1960～2019 年，全球山地冰川整体呈现消融后退的态势。所以，到 21 世纪中叶全球实现 CO_2 净零排放是全世界的共同利益所在，已经刻不容缓。

世界银行发布的《2021～2025 年气候变化行动计划》主题为“促进绿色、有弹性和包容性的发展”，提出气候变化行动三个原则。第一，人们必须从向低碳和弹性未来的转型中受益。以人为本的方法对于气候行动的政治可行性，以及确保向低碳、有韧性的经济过渡过程中公平分享至关重要，并将加大帮助人们适应气候变化的职业培训、再培训和教育等社会保护项目的支持。第二，保护生物多样性和生态系统服务等自然资本，可大大促进减缓和适应气候变化。扩大对新兴市场的投资，以加强和扩大废物价值链，对实现可持续循环经济至关重要。第三，伙伴是成功的关键。加强与国际货币基金组织（International Monetary Fund，IMF）、开发银行、其他国际组织、货币和金融机构（包括央行、机构投资者、私营部门、智库和民间社会组织）的合作。

对于碳中和目标的实现，国家大多采用法律规定和提交协定方式。瑞典、德国、丹麦、法国、英国、西班牙（尚为法律草案）、匈牙利，以及大洋洲的新西兰将碳中和目标写入立法中，瑞典在立法中也明确提出要在 2045 年实现温室气体净零排放的目标，法国和西班牙则成立了气候委员会，以促进实施碳中和目标（邓旭等，2021；潘家华等，2021）。我国作为负责任的大国，在积极应对气候变化方面在全球起到了表率和榜样作用。

将发展中国家与发达国家碳排放作比较分析发现（图 9.2 中数据为用于能源和水泥生产的化石燃料燃烧产生的二氧化碳排放，不包括土地利用变化），中国和印度在 1960～2020 年间碳排放总量持续增长，美国、英国和日本同期碳排放略有下降。在人均碳排放方面，发展中国家少于发达国家，中国和印度远远少于美国和日本（图 9.3 中数据为用于能源和水泥生产的化石燃料燃烧产生的二氧化碳排放，不包括土地利用变化）。总体来看，发达国家的人均碳排放量在降低，发展中国家的人均碳排放量在增长，但增长趋势在减缓。日本能源资源禀赋较差，还处于人均碳排放量高位期。美国碳排放总量和人均碳排放量都居于高位。碳中和的挑战十分艰巨，发达国家的零碳之路很漫长，发展中国家更是任重道远。

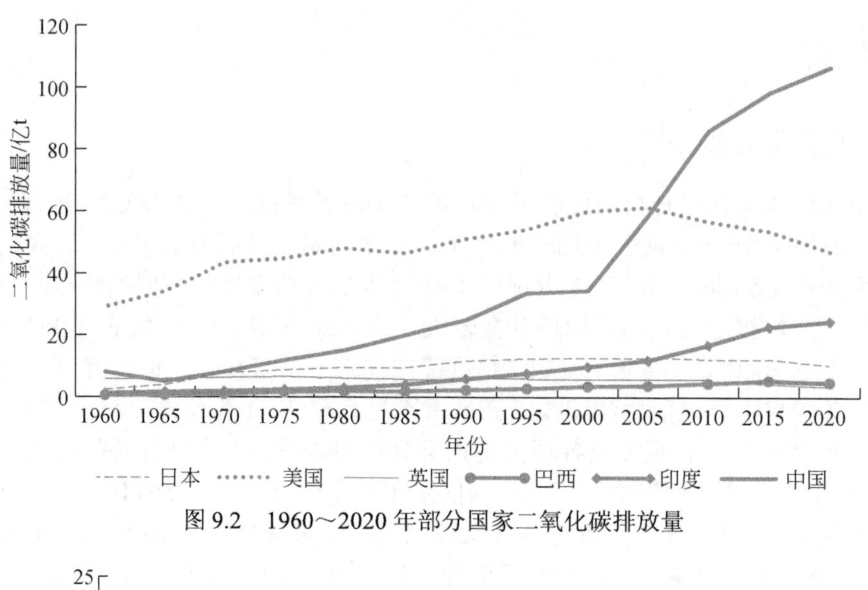

图 9.2　1960～2020 年部分国家二氧化碳排放量

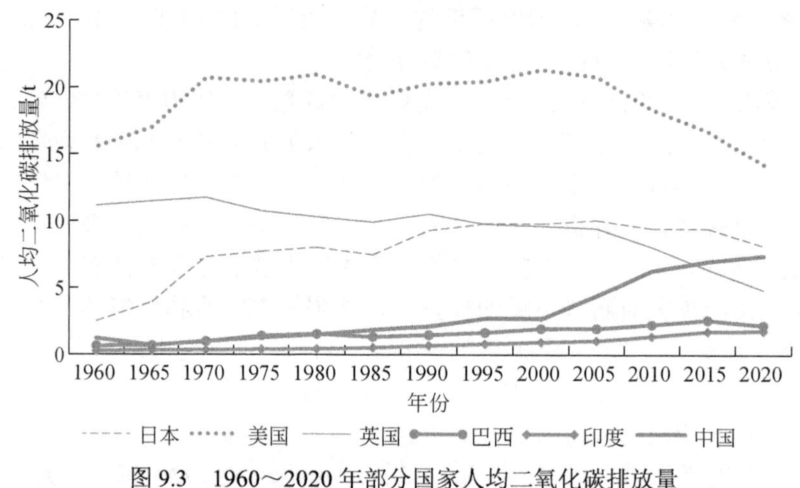

图 9.3　1960～2020 年部分国家人均二氧化碳排放量

数据来源：Our World in Data based on the Global Carbon Project

2. 发展中国家面临的挑战

1）从碳达峰向碳中和跨越的减排挑战

根据政府间气候变化专门委员会（IPCC）第六次评估第 I 工作组报告，实现 2℃温度升高控制目标，2020 年后全球剩余的碳排放空间仅有 1150Gt CO_2，若是要实现 1.5℃目标，碳排放空间将仅有 400Gt CO_2。那么在全球碳排放空间严重不足的局势下，世界各国应如何大幅提高减排目标，实现 1.5℃目标？

南非和巴西提出 2050 年（前）实现碳中和，印度提出 2070 年实现碳中和。但发展中国家在面对发展经济、消除贫困、改善民生等一系列重大问题的同时实现从碳达峰向碳中和的跨越，减排挑战巨大。欧盟和美国分别在 1980 年左右和 21 世纪初就已经实现了碳达峰，从碳达峰到 2050 年碳中和的时间跨度分别为 70 年和 50 年，减排挑战远低于中国。

2）缺乏技术支持的挑战

在全球碳中和转型变革大趋势下，各国越发重视先进低碳技术研发和产业化，将其视为新竞争格局下的新发展机遇和核心竞争力。例如，美国将氢能、储能及先进核能视为本国重点研发领域，目的是大幅降低氢能生产、电网级化学储能和小型模块化核反应堆建设成本，从而继续引领全球技术的发展。与此同时，新冠疫情在全球范围呈现出常态化趋势，先进低碳技术的国际转移与共享或将面临更多壁垒。发展中国家应对气候变化的能力和技术均落后于发达国家，现有技术和基础设施的碳锁定效应较高，快速深度脱碳将面临更高沉没成本代价。

3. 气候变化与发展

气候变化给发展造成了附加成本。温度和雨量的多变性和更加多变的、不可预测的或极端的气候可能改变今天的生产效益、收入、健康和人身安全，并最终改变未来发展的道路和水平，其中包括发展中国家和发达国家的农业、林业、能源。发展中国家适应能力较低，更容易遭遇气候冲击。但是没有国家能够独善其身，例如，暖冬在某种程度上造成了加拿大西部山区森林松毛虫的流行，偏远社区居民的生计和健康受到威胁。气候变化影响经济发展。对气温年度变化的审视（相对于国家平均值）表明，在异常温暖的年度，发展中国家国内生产总值的水平及随后的增长率都将降低。气候灾害每年导致非洲经济收入损失 1050 亿美元，2018 年非洲因气候灾害造成的经济损失占当年非洲国内生产总值的 3%～6%。农业生产率是脆弱性的众多因素之一，例如，在小幅度气候变暖和二氧化碳施肥水平较低的情况下，北欧和北美的谷物产量和森林生长有可能实现增加，但主要的全球稻米大宗生产国——中国和日本的稻米产量极有可能下降，而中亚和南亚的小麦、玉米和大米生产尤其可能遭遇沉重打击。气候变化影响健康，气温上升造成受到疟疾和登革热威胁的人口数量增加，发展中国家的负担尤其沉重，例如，撒哈拉沙漠以南非洲脑膜炎与荒漠草原和其他地区干旱面积扩大密切相关。一些地区农业产量的降低将加剧营养不良问题，降低人们的疾病抵抗力。温度升高可能增加心血管疾病，这在热带地区尤其明显，高纬度地区和高收入国家也不能例外，高温引发病例的增加量已超过了低温导致死亡的减少量。

9.1.2　生物多样性

1. 生物多样性现状

2019 年 5 月联合国发布的《生物多样性和生态系统服务全球评估报告》指出，在全世界 800 万个物种中，就有 100 万个物种正在因人类活动的加剧而面临灭绝的威胁。保护生物多样性已经成为全世界关注的热点领域问题。

20 世纪 60 年代生物多样性（biodiversity）概念被提出，1992 年举行的里约地球峰会正式推广了生物多样性概念。1993 年，《生物多样性公约》确立了三大目标：保护生物多样性、可持续利用生物多样性组成部分及公平合理分享利用遗传资源而产生的惠益。生物多样性是由动物、植物、微生物等生物与环境形成的生态复合体以及与此相关的各种生态过程的总和，由生态系统、物种和基因三个层次组成（丛晓男，2021）。生物多样性能够为人类提供富足的自然资源，维持生态系统中的信息传递、能量流动及物质循环，同时有效调节气候、涵养水源，对保持土壤肥力和净化环境也有裨益，继而支持社会生产生活活动。

目前全世界大部分地区的生物多样性保护效果欠佳，形势严峻，不容乐观。2020 年 9 月，联合国发布的《全球生物多样性展望 5》（GBO-5）中指出，2010 年《生物多样性公约》

设定的“爱知生物多样性目标”部分实现了20个纲要目标中的6个，这也意味着20个纲要目标均没有完全实现（王思丹，2021；张敏等，2020），维持生物多样性目标的实现之路漫长。2020年《地球生命力报告》由世界自然基金会（WWF）发布，由来自世界各地的134名专家编写完成，监测了全球20811个种群的4392种脊椎动物。报告指出，自1970年以来，由于人类活动的不断加剧、生态系统的过度开发，栖息地破碎，全球监测到的哺乳类、两栖类、鸟类、爬行类等种群规模平均下降68%，其中加勒比地区和拉丁美洲和降幅最大，达94%。非洲和亚太地区的哺乳动物、鱼类、鸟类、两栖动物和爬行动物的种群数量下降了65%和45%，欧洲和中亚的种群数量平均下降了24%，北美平均下降了33%。2020年《地球生命力报告》中指出，自从18世纪以来，全球近90%的湿地已然消失。第七届世界自然保护大会于2021年9月在法国马赛举行，会议公布有38543个物种处于濒临灭绝的状态，占到评估物种中受到威胁物种的27.9%。其中，两栖动物占41%、哺乳动物占26%、针叶树占34%、鸟类占14%、甲壳类动物占28%、鲨鱼和鳐鱼占37%、造礁珊瑚占33%（丛晓男，2021）。

2. 生物多样性保护面临的主要挑战

2017年11月和2018年3月，《生物多样性公约》秘书处在瑞士博吉博塞举行了两次国际生物多样性对话会，会议认为，2011～2020年《生物多样性战略计划》及其爱知目标的最终实现情况与原定目标存较大差距，主要原因包括：生物多样性目标计划与2030年可持续发展目标有所脱节；相关行业可持续发展与利用及生产创新技术有待提升；领导决策者、企业、消费者的生物多样性保护意识较为淡薄，执行《生物多样性公约》的意愿不强，制定并实施政策的动力不足。

土地/海洋利用变化、资源过度利用、气候变化、环境污染和外来物种入侵是生物多样性丧失的直接因素，其中土地/海洋利用变化是最主要原因（张敏等，2020）。尽管在不同地区和不同生态系统这五种因素所占比重有所不同，但从全球范围来看，土地/海洋利用变化对生物多样性丧失的贡献为30%，是全球环境恶化最重要的驱动因素，资源过度利用、气候变化、环境污染和外来物种入侵，其对生物多样性丧失的贡献分别为23%、14%、14%、11%。其他因素如火灾、旅游、娱乐活动等影响因素共占8%。从不同地区来看，非洲资源过度利用是当地环境恶化和生物多样性丧失的最主要因素；美洲资源过度利用和土地/海洋利用变化影响程度相当，是生物多样性丧失的两大主要挑战；亚太和欧洲地区土地/海洋利用变化是导致生物多样性丧失的主要因素。从生物多样性核心变量来看，土地/海洋利用变化是导致物种数量、群落构成变化和生态系统功能变化的最主要因素，尤其是对物种数量的影响占比高达31.5%；环境污染对基因构成和生态系统结构的影响最大；土地/海洋利用变化次之。资源过度利用对物种特性的影响达23.5%。气候变化是种群构成和生态系统功能变化的第二大影响因素。

3. 中国生物多样性保护

世界可持续发展领域的核心议题中包括消除贫困和保护生物多样性。中国曾经的深度脱贫地区，如集中连片特困地区与生物多样性丰富聚集区及生态环境脆弱地区有高度重合。《中国生物多样性保护与行动计划》（2011～2030年）中明确提出要“强化生物多样性就地保护”，“促进生物资源可持续开发利用”，其划定了中国32个内陆陆域及水域生物多样性保护优先区域，其中曾经的国家级贫困县占比约 40%，更是约有 76%的“国家级贫困县”位于生态脆弱带内。

中国海陆兼备，地貌和气候类型复杂多样，生态系统、物种和遗传多样性丰富而又有其独特性，是世界上生物多样性最丰富的国家之一。“万物平等”“天人合一”“道法自然”等中国的思想和理念体现了朴素的生物多样性保护意识。此外，中国是最早签署和批准《生物多样性公约》的缔约方之一，表明中国高度重视生物多样性保护的贯彻和实施，坚持不懈推进生物多样性保护和创新发展，并取得了显著的成效（表 9.1）。

表 9.1　中国的生物多样性保护的成功经验

举措	内容
优化就地保护体系	构建以国家公园为主体的自然保护地体系 划定并严守生态保护红线 确定中国生物多样性保护优先区域
完善迁地保护体系	逐步完善迁地保护体系 加快重要生物遗传资源收集保存和利用 系统实施濒危物种拯救工程
加强生物安全管理	严密防控外来物种入侵 完善转基因生物安全管理 强化生物遗传资源监管
改善生态环境质量	实施系列生态保护修复工程 坚决打赢污染防治攻坚战
协同推进绿色发展	加快行业产业绿色转型 推进城乡建设绿色发展进程 探索生态产品价值实现路径
积极履行国际公约	积极履行《生物多样性公约》及其议定书 促进生物多样性相关公约协同增效 推动履约取得明显成效
增进国际交流合作	建立“一带一路”绿色发展多边合作机制 深化生物多样性保护“南南合作” 广泛开展双多边合作

资料来源：《中国的生物多样性保护》白皮书，2021 年 10 月

9.1.3　污染危机

1. 全球环境污染状况

如果各国按照《蒙特利尔议定书》继续对消耗臭氧层的化学品进行生产和消费上的限制，到 21 世纪中叶，臭氧层就可能恢复到 1980 年前的水平（WMO，2018）。然而，目前的环境污染治理依旧面临众多挑战。全球每年有多达 4 亿 t 的重金属、有毒污泥和其他工业废物排入水域；海洋塑料污染自 1980 年以来增加了 10 倍（UNEP，2019）；近几十年来大气污染问题在高收入国家有所改善，但大多低收入国家的情况继续恶化，全球一半以上的人口仍暴露于严重的大气污染环境中。全球急需加快减轻环境污染和安全管理废弃物的行动（尹彩春和赵文武，2021）。以空气污染为例，《2021 年全球空气质量报告》指出（表 9.2 整理 2021 年部分发达国家与发展中国家 $PM_{2.5}$ 平均浓度及排名），东亚、东南亚和南亚

的国家和地区的年平均 $PM_{2.5}$ 浓度最高。目前空气污染主要集中在亚洲和非洲，东地中海区域、欧洲和美洲次之。世界卫生组织的数据表明，与空气污染有关的死亡 90%以上发生在低收入和中等收入国家（Shaddick et al.，2020）。

表 9.2　2021 年部分发达国家与发展中国家 $PM_{2.5}$ 平均浓度及排名　（单位：$\mu g/m^3$）

国家	排名	$PM_{2.5}$浓度	国家	排名	$PM_{2.5}$浓度
巴基斯坦	3	66.8	德国	89	10.6
印度	5	58.1	美国	90	10.3
阿富汗	14	37.5	日本	92	9.1
尼日利亚	18	34	英国	94	8.8
中国	22	32.6	加拿大	95	8.5
越南	36	24.7	冰岛	107	6.1
南非	39	22.7	澳大利亚	109	5.7
巴西	75	13.6	芬兰	112	5.5

数据来源：《2021 年全球空气质量报告》

《2021 年全球空气质量报告》中东亚地区统计包括了来自 1347 个城市的数据，其中 143 个城市（约 11%）的 $PM_{2.5}$ 年平均浓度超过世界卫生组织 $PM_{2.5}$ 标准 $5\mu g/m^3$ 的 7 倍。就 $PM_{2.5}$ 浓度而言，日本仍是东亚地区空气质量最好的国家，其 $PM_{2.5}$ 浓度下降了 7%。除了日本，蒙古国的萨姆伯镇和天奴谷镇也是该地区污染最少的地区。在韩国，2020 年和 2021 年报告数据中 60%城市的空气质量都有所改善。

2021 年，中亚和南亚 15 个污染最严重的城市中，有 11 个位于印度，印度的年均 $PM_{2.5}$ 水平在 2021 年达到了 $58.1\mu g/m^3$，德里的 $PM_{2.5}$ 浓度在 2021 年增加了 14.6%，从 2020 年的 $84\mu g/m^3$ 上升到 $96.4\mu g/m^3$。印度没有城市达到世界卫生组织的空气质量标准 $5\mu g/m^3$，48%的印度城市超过了 $50\mu g/m^3$，是世界卫生组织指南的 10 倍以上。

2021 年，美国和加拿大 96%的城市 $PM_{2.5}$ 水平未能低于世界卫生组织的年度 $PM_{2.5}$ 标准 $5\mu g/m^3$，主要的污染来源是以气体和柴油为动力的运输、以煤为基础的能源生产、工业排放。据估计，美国的 $PM_{2.5}$ 颗粒约为 20 万个，加拿大约为 1.5 万个。北美 2021 年的野火季是导致地球大气中野火产生的二氧化碳水平创纪录的一个重要因素。据估计，在 $PM_{2.5}$ 超过国家标准的日子里，森林大火产生的 $PM_{2.5}$ 占环境 $PM_{2.5}$ 的 70%。

2021 年，欧洲地区 14 个国家的空气质量有所改善，25 个国家的空气质量有所下降。在整个地区，只有 55 个城市的 $PM_{2.5}$ 浓度达到世界卫生组织推荐的 $5\mu g/m^3$ 年度空气质量指南。英国有 10 个城市实现了该指导方针，比该地区的任何其他国家都多，其次是芬兰，有 8 个城市实现了该指导方针。欧洲北部和西部拥有漫长寒冷冬季的国家燃烧煤炭和生物质取暖，$PM_{2.5}$ 水平高于南欧和东欧。

2. 环境污染与减贫发展

尽管我国已消除绝对贫困，但脱贫户可能转换为相对贫困户，贫困主体的人口结构并未发生根本转变，脱贫人口依然是相对弱势群体，返贫风险依然较大。以空气污染为例，温饱需求这一基本需要满足后，居民就逐渐有了对空气质量、健康保障等高质量生活的追求。《2020 中国生态环境状况公报》指出，全国 337 个地级市及以上城市中，环境空气质量超标的城市占比达 44.1%；累计 345 天发生严重污染的城市有 337 个，以 $PM_{2.5}$ 为主要污染物的天数占到重度及以上污染天数的 77.7%。另外，$PM_{2.5}$ 的年平均浓度为 33μg/m^3，远高于世界卫生组织《空气质量准则值》规定的 5μg/m^3 标准。这些问题都会对人民生活产生负面影响，从而威胁经济发展质量及居民生活的幸福感。学者普遍得出了空气污染会扩大城乡收入差距的结论，其作用渠道主要有以下几个方面：一是空气污染对人体健康有害，且对不同群体有害程度不同，从而加大了收入差距；二是污染会使劳动者的劳动意愿或者劳动生产率降低；三是污染不利于人的认知能力。严重的环境污染可能会导致农民牺牲的健康成本大于所获得的经济收入，最终致贫或者返贫（周安华，2020；曾永明等，2021）。

9.2　环境效益与发展

环境效益是对人类社会活动包括生产活动和生活活动引起的各种环境变化及其后果的衡量（丁松传，1994）（图 9.4）。

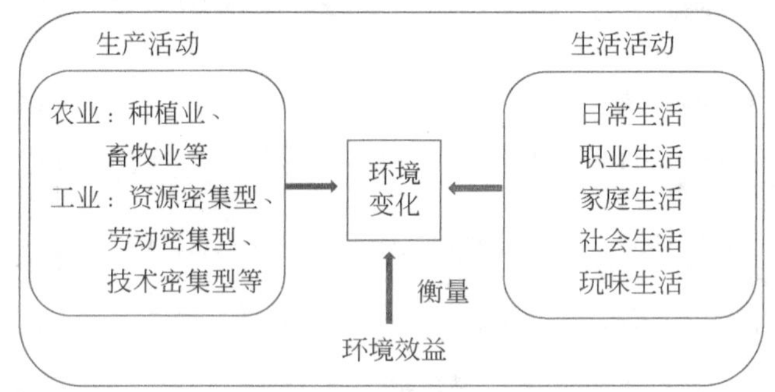

图 9.4　环境效益内涵图

土地利用变化是环境变化的重要类型之一，土地利用的变化会改变大气中温室气体的含量及组成成分，继而影响大气质量，特别是不合理的土地利用方式会造成环境的恶化。全世界每年有 1/3 的 CO_2、70%的 CH_4、90%的 N_2O 的排放来自土壤和土地利用/覆被变化。不同的土地利用方式改变了地表植被和土壤的分布，导致 CO_2 释放量与吸收量的变化（表 9.3）。土地利用变化还通过改变下垫面性质，引起局地与区域气候变化，如城市热岛效应。土地利用变化同样造成土壤理化性质变化、土壤污染及土壤养分迁移，使土壤质量产生变化从而导致土地有所退化（表 9.4）。

表 9.3　土地利用变化对碳收支平衡的影响（张新荣等，2014）

土地利用变化类别	地区	碳收支量	变化趋势
原始森林砍伐	低纬度森林区域	（1.65±0.4）PgC/a	+
森林恢复和再生	中高纬度森林区域	（0.7±0.2）PgC/a	−
热带森林转化为草地	南美亚马孙地区（十年间）	12.0MgC	+
森林转化为永久农田	热带亚洲地区（1850～1995）	33.5PgC	+

续表

土地利用变化类别	地区	碳收支量	变化趋势
林地转换为其他地类	中国区域	0.081～0.13PgC/a	−
森林和草地的转化	中国区域	0.023PgC/a	+
耕地、林地、草地的相互转化	中国区域 1990～2000 年	53.7TgC（0～30cm 土壤）	+
森林、农田面积变化	中国过去 300 年（1700～2000 年）	4.5～9.54PgC	+
6 大类土地利用类别的面积变化	中国区域	0.24～0.61PgC/a	−
耕地转移	中国新疆	31.2TgC	+

表 9.4　土地利用变化对土壤质量的影响（张新荣等，2014）

土地利用变化类型	影响	典型地区
森林破坏	土壤中的营养元素大量流失，土壤贫瘠化	尤卡坦半岛岩溶区 澳大利亚塔斯马尼亚 贵州省织金地区
森林转为耕地、农田	土壤有机质、全氮、全磷、碱解氮等土壤养分呈下降趋势，加速土壤质量的退化	河北遵化低山丘陵区 卧龙自然保护区
林地转为草地	土壤质量明显改善	河南省平顶山低山丘陵区
旱地转为水浇地和菜地、果园	除速效钾含量降低，其他养分（有机质、速效磷、全氮、碱解氮）含量都不同程度提高	城乡交错带分析样区——北京市大兴区
耕地原生生态系统为人工生态系统	土地利用变化对土壤养分影响程度总体呈上升趋势，也影响到土壤重金属污染状况	经济发达区（江苏省昆山市）
植被恢复	壤物理性状明显改善，土壤质量提高	黄土高原丘陵沟壑区燕沟流域
退耕还林（草）	改善土壤的理化性质，提高土壤质量 土壤抗蚀能力增强，遏制水土流失	南方红壤侵蚀区 黄土丘陵区

土地利用变化与社会经济发展之间有着复杂的相互作用、相互影响机制（图 9.5）。随着社会经济的发展，城市化水平的提升，城镇人口不断增加，城镇用地面积逐渐不足，促使城镇用地扩张，逐渐占用农用地、林地、草地及其他未利用土地，从而导致土地利用方式发生明显变化。同时随着工业化的发展、产业结构升级，第二与第三产业单位土地面积产出水平更高，促使地区内的建设用地面积不断扩大。

1994 年联合国荒漠化防治公约将荒漠化定义为“气候变化和人类活动导致的全球干旱、半干旱和干旱半湿润区土地退化的现象（UNCCD，1994）”。气候变化是引起荒漠化的一大因素，除此之外，人类的生产生活活动对荒漠化进程也会产生重大影响。研究表明，2000～2014 年，在土地贫瘠、居住人口较多及干旱半干旱的地区分布着更多的荒漠化高风险区域，如美国西部、中亚、中国北方及萨赫勒地区，华北平原和印度次大陆地区则由于人类活动强度较高，存在中等到高等级的荒漠化发生风险。在欧洲平原也呈现出中等荒漠化风险，中国北部荒漠化主要是干燥气候及土地利用管理造成的，其中社会经济因素是主要的原因（张国龙，2020）。

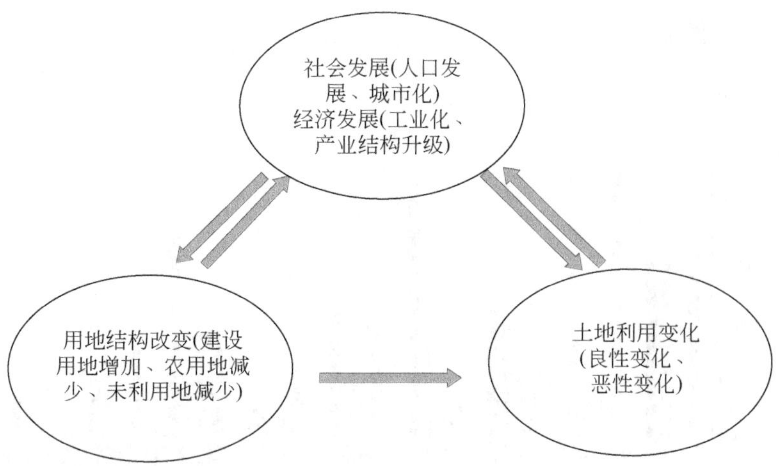

图 9.5　土地利用变化和社会经济发展相互作用示意图（程飞，2018）

在发展中国家，荒漠化低风险等级面积占比达 63%，中等风险等级占比 17%，高风险等级占比 9%，极高风险等级占比达 11%，而荒漠化低、中、高、极高风险等级在发达国家面积占比分别 58%、27%、11%和 4%（图 9.6）。综合来看，低风险和中等风险荒漠化在发展中国家面积占比为 80%，发达国家 85%，可见发达国家低风险和中等风险荒漠化要高于发展中国家；而高风险和极高风险在发展中国家面积占比为 20%，发达国家为 15%，可见发展中国家高风险和极高风险荒漠化面积占比高于发达国家，尤其是极高荒漠化风险面积占比和发达国家差距较大，发展中国家和发达国家在中风险等级占比方面差距也较大。可见发展中国家不仅经济发展较发达国家落后，而且还面临更严峻的荒漠化风险局势和生态环境恶化等环境问题。

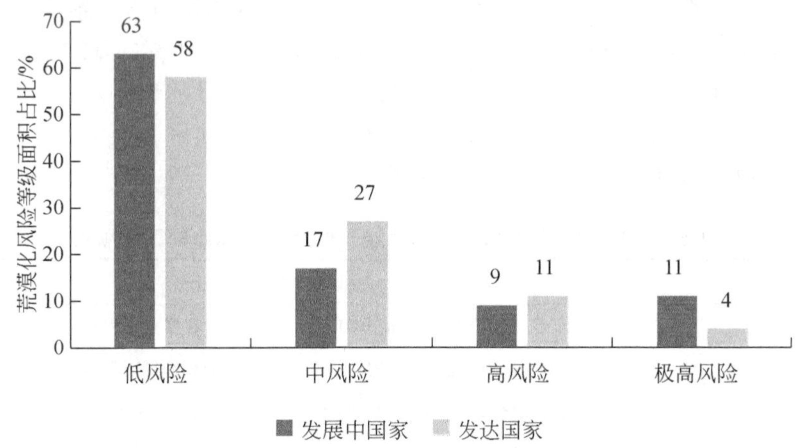

图 9.6　发展中国家和发达国家不同荒漠化风险等级面积占比（张国龙，2020）

除此之外，荒漠化风险呈现显著的空间异质性（图 9.7），区域分布差异显著。中亚和非洲北部高和极高荒漠化风险面积占比极高，改善区域生态环境、降低荒漠化风险迫在眉睫。南美洲、南亚和欧洲地区整体荒漠化风险较小，但部分地区如印度、欧洲南部和智利等地荒漠化风险较高，应立足于区域特征，因地施策，努力降低荒漠化发生风险。东亚地区整体以中等荒漠化风险为主，但高和极高荒漠化风险等级占比较大，同样要做好环境监测与保护，做到防患于未然（张国龙，2020）。

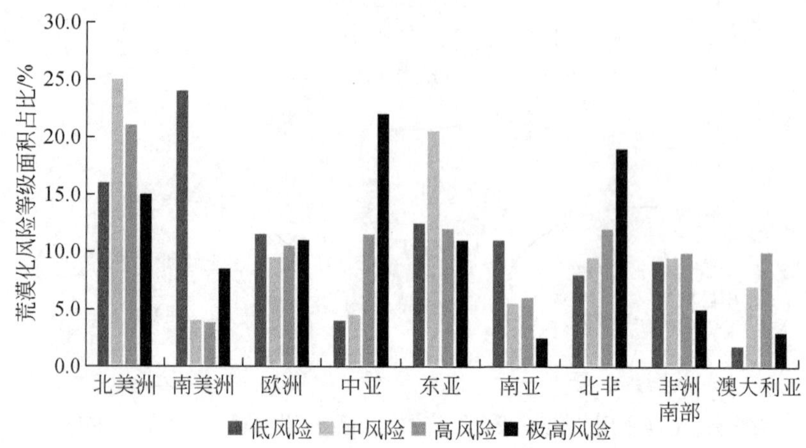

图 9.7　全球九个子区域分区不同荒漠化风险等级面积占比（张国龙，2020）

9.3　山水林田湖草沙系统治理

《变革我们的世界——2030 年可持续发展议程》在联合国发展峰会通过，其中明确提出“保护、恢复和促进可持续利用陆地生态系统”，生态环境保护和修复与社会经济协同发展已成为迫切需要解决的热点问题。

党的十八大提出了建设生态文明的战略任务，形成了习近平生态文明思想。习近平生态文明思想为推进美丽中国建设、实现人与自然和谐共生的现代化提供了方向指引与根本遵循。从“山水林田湖”到“山水林田湖草”，再到“山水林田湖草沙”系统治理，是习近平生态文明思想的生动践行。《财政部办公厅 自然资源部办公厅 生态环境部办公厅关于组织申报中央财政支持山水林田湖草沙一体化保护和修复工程项目的通知》（财办资环〔2021〕8 号）确定了第一批山水林田湖草沙一体化保护和修复工程项目（表 9.5），旨在将“山水林田湖草沙”系统治理落实落地。

表 9.5　全国第一批山水林田湖草沙一体化保护和修复工程项目

序号	项目名称
1	辽宁辽河流域山水林田湖草沙一体化保护和修复工程项目
2	贵州武陵山区山水林田湖草沙一体化保护和修复工程项目
3	广东南岭山区韩江中上游山水林田湖草沙一体化保护和修复工程项目
4	内蒙古科尔沁草原山水林田湖草沙一体化保护和修复工程项目
5	福建九龙江流域山水林田湖草沙一体化保护和修复工程项目
6	浙江瓯江源头区域山水林田湖草沙一体化保护和修复工程项目
7	安徽巢湖流域山水林田湖草沙一体化保护和修复工程项目
8	山东沂蒙山区区域山水林田湖草沙一体化保护和修复工程项目
9	新疆塔里木河重要源流区
10	甘肃甘南黄河上游水源涵养区山水林田湖草沙一体化保护和修复工程项目

“山水林田湖草沙生命共同体”的基础理论是以生态系统生态学为支撑，基于流域生态学、恢复生态学、景观生态学和地理学的理论共同诠释“山水林田湖草沙生命共同体”的时空区域尺度及流域内部各生态系统之间的耦合机制，通过复合生态系统理论构建山水林田湖草沙生命共同体的社会、经济、自然生态系统的“架构”体系，明确可持续发展是山水林田湖草沙生命共同体的最终发展目标（吴钢等，2019）（图9.8）。

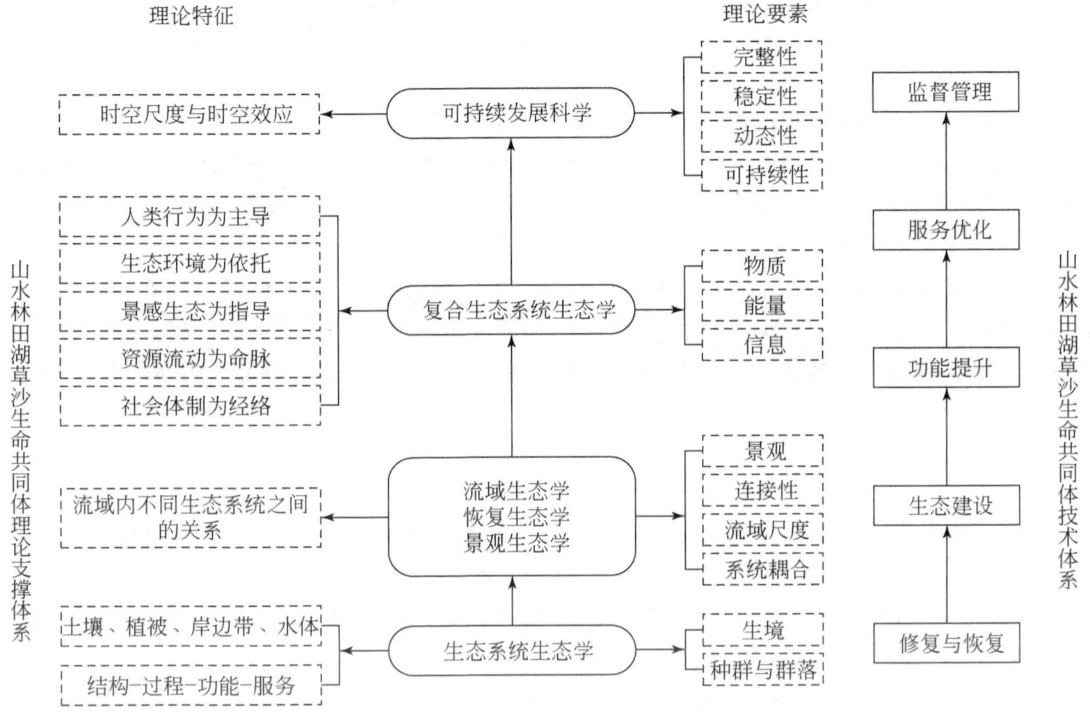

图9.8 山水林田湖草沙生命共同体理论支撑体系和技术体系（吴钢等，2019）

本章小结

- 未来气候变化、生物多样性下降和环境污染使SDGs的进展面临巨大阻碍。
- 与发达国家相比，发展中国家在应对气候变化、生物多样性下降和环境污染三大危机下面临更严峻的形势。
- 环境效益是对人类社会活动包括生产活动和生活活动引起的各种环境变化及其后果的衡量，环境效益与发展密不可分。
- “山水林田湖草沙”是一个生命共同体，这是从生态文明建设的宏观视角提出的重要理念。
- 开展山水林田湖草沙生态保护修复是生态文明建设的重要内容，是贯彻绿色发展理念的有力举措，也是破解当前生态环境与经济发展之间难题的必然要求。

参考文献

程飞. 2018. 基于分区的土地利用变化和社会经济发展的耦合协调研究—以江西省临川区为例. 南昌：东华理工大学硕士学位论文

丛晓男. 2021. 全球生物多样性保护：进展、挑战与中国担当. 世界知识，（19）：13-16
邓明君，罗文兵，尹立娟. 2013. 国外碳中和理论研究与实践发展述评. 资源科学，35（5）：1084-1094
邓旭，谢俊，滕飞. 2021. 何谓“碳中和”？气候变化研究进展，17（1）：107-113
丁松传. 1994. 环境效益的价值分析. 价值工程，（1）：34-36
马涛，陈家宽. 2007. 全球化背景下的生物多样性国际合作. 复旦国际关系评论，（2）：59-74
潘家华，廖茂林，陈素梅. 2021. 碳中和：中国能走多快？改革：1-13
王海林，刘滨，潘勋章. 2021. 基础四国参与全球气候治理：历史贡献、新挑战与对策. 环境经济研究，6（4）：126-136
王思丹. 2021. 全球生物多样性治理升级：困境、动能和前景. 阅江学刊，13（5）：15-28，120
吴钢，赵萌，王辰星. 2019. 山水林田湖草生态保护修复的理论支撑体系研究. 生态学报，39(23)：8685-8691
尹彩春，赵文武. 2021. 应对气候和生态环境危机，促进全球可持续发展——UNEP 与自然和谐共处报告简述. 生态学报，41（23）：9536-9542
曾永明，汪瑶瑶，张利国. 2021. 空气污染加剧了流动人口的贫困脆弱性吗？环境经济研究，6（4）：65-84
张国龙. 2020. 人类活动与气候变化影响下全球荒漠化风险研究. 兰州：兰州大学博士学位论文
张敏，杨晓华，蓝艳，等. 2020. 爱知生物多样性目标实施进展评估与对策建议. 环境保护，48（19）：60-63
张新荣，刘林萍，方石，等. 2014. 土地利用、覆被变化（LUCC）与环境变化关系研究进展. 生态环境学报，23（12）：2013-2021.
张雅欣，罗荟霖，王灿. 2021. 碳中和行动的国际趋势分析. 气候变化研究进展，17（1）：88-97
中共中央文献研究室. 2017. 习近平关于社会主义生态文明建设论述摘编. 北京：中央文献出版社
周安华. 2020. 环境污染对收入不平等的影响研究. 长沙：湖南师范大学硕士学位论文
周忠学，任志远. 2009. 土地利用变化与经济发展关系的理论探讨——以陕北黄土高原为例. 干旱区资源与环境，23（4）：36-42
IPCC. 2019. Climate change and land：an IPCC special report on climate change，desertification，land degradation，sustainable land management，food security，and greenhouse gas fluxes in terrestrial ecosystems
IPCC WGI. 2021. Climate change 2021：The physical science basis. Chemistry International，43（4）：22-23
Shaddick G，Thomas M L，Mudu P，et al. 2020. Half the worlds population are exposed to increasing air pollution. Climate and Atmospheric Sciences，3（1）：23
UNEP. 2019. Global Environment Outlook-GEO-6：Summary for Policymakers
UNEP. 2021. Making Peace with Nature：A Scientific Blueprint to Tackle the Climate，Biodiversity and Pollution Emergencies
United Nations. 2015. Transforming our world：The 2030 agenda for sustainable development

第 10 章　千年发展目标

10.1　千年发展目标和可持续发展目标概念

10.1.1　千年发展目标背景

20 世纪下半叶，环境问题开始受到关注（WBCSD，1998）。1972 年联合国召开“人类环境会议”并成立环境规划署，“可持续发展”概念开始兴起，即在满足经济发展的同时，也应注重保护环境和自然资源（UNEP，2017）。此后联合国分别于 2000 年和 2015 年发起千年发展目标（MDGs）和可持续发展目标（SDGs），涵盖人类、生态、生产、减贫等多个方面（图 10.1）。

图 10.1　千年发展计划标志

注：联合国正式启用“我们能够消除贫穷！”的千年发展目标新标志，标志分别由“我们能够”“消除贫穷”“2015”“千年发展目标”4 部分组成，其中 2015 中的“0”用一个类似旋转的地球来表达

2000 年 9 月，在联合国千年首脑会议上，世界各国领导人就消除贫穷、饥饿、疾病、文盲、环境恶化和对妇女的歧视，商定了一套有时限的目标和指标。即消灭极端贫穷和饥饿；普及小学教育；促进男女平等并赋予妇女权利；降低儿童死亡率；改善产妇保健；对抗艾滋病毒及其他疾病；确保环境可持续能力；全球合作促进发展。这些目标和指标被置于全球议程的核心，统称为千年发展目标（millennium development goals，MDGs）。千年发展目标——从极端贫穷人口比例减半，遏制艾滋病毒/艾滋病的蔓延到普及小学教育，所有目标完成时间是 2015 年——这是一幅由全世界所有国家和主要发展机构共同展现的蓝图。这些国家和机构已全力以赴来满足全世界最穷人的需求。

10.1.2　千年发展目标介绍

千年项目研究集中在查明各国实现 MDGs 的优先事项、实施的组织手段和必要的筹集资金的组织等方面的内容。该项目以主题导向为主设立了 10 个研究组，以此来开展主要的研究工作。这 10 个研究组是：①贫穷和经济发展研究组；②饥饿研究组；③教育和性别平等研究组；④儿童和产妇健康研究组；⑤艾滋病毒/艾滋病、疟疾、结核及得到基本药物研究组；⑥环境的可持续性研究组；⑦水和卫生设施研究组；⑧改进贫民区居民生活研究组；⑨以开发规则为基础的贸易体系研究组；⑩科学技术和创新研究组。每个研究组由来自学术界、公共和私有部门、民间团体及联合国各机构的代表组成，大部分代表来自联合国机构之外。每个研究组由 15～20 名成员组成，他们都是本领域的全球带头人，是根据他们的技术专业技能和实践经验挑选的。

目标一：消灭极端贫穷和饥饿

该目标的主要三个方面有：一是靠每日不到 1 美元维生的人口比例减半；二是使所有人包括妇女和青年人都享有充分的生产就业和体面工作；三是挨饿的人口比例减半。当今世界存在粮食鸿沟。一方面，在拥有先进技术和丰富自然资源的发达国家，粮食过剩导致劳动力和土地资源的大量闲置，农业补贴负担沉重，粮食增长的动力明显不足，粮食生产体系不稳定；技术先进但自然资源匮乏的发达国家（如日本），在工业化过程中大量占用耕地，通过大量进口粮食转移本国农业自然资源危机，进一步加剧了发展中国家的资源短缺问题。另一方面，一些发展中国家（如中国、印度等）经济迅速发展，但由于受到人口众多和农业资源紧缺等诸多因素的制约，本国粮食自给问题和压力很多，无暇旁顾；大多数发展中国家粮食仍然不能自给自足，仍然面临粮食生产不足和缺乏足够的粮食进口能力的双重制约。

联合国人口司估计，世界人口 2050 年将达到 90 亿，2083 年将达到 100 亿，与 2019 年的 77 亿人口相比，未来世界将新增 23 亿左右的人口。77 亿人中 6.9 亿人还没有吃饱，未来新增 23 亿人吃什么？这是保障人类粮食安全必须回答的第一个问题。2018 年世界人均谷物产量 380kg，发达国家人均谷物产量为 650kg 以上，发展中国家人均谷物产量的平均值仅 250kg。世界粮食安全数量整体没有达到人均 400kg 的粮食安全线，尤其是发展中国家的人均粮食占有量离安全线尚有很大的差距。由于缺乏获取粮食和营养的有效途径，全球约 20 亿人口经历着中度或重度的粮食安全风险。从经历粮食风险（中度或重度）总人数的分布来看，处于饥饿状态的人口主要集中在中等和低收入国家，其中亚洲有 10.3 亿人，非洲有 6.75 亿人，拉丁美洲及加勒比地区有 2.05 亿人，北美洲和欧洲有 8800 万人，大洋洲有 590 万人。由于粮食生产不平衡，仍有超过 15 亿人无法负担满足人体必需营养素的膳食，超过 30 亿人无法负担哪怕是最低价的健康膳食。新增的 23 亿人分布在世界各个区域，因此，粮食安全是影响人类的全球性问题之一。

目标二：普及小学教育

该目标的主要任务为确保不论男童或女童都能完成全部初等教育课程。1980 年 12 月 3 日，中共中央、国务院作出《关于普及小学教育若干问题的决定》，要求在 20 世纪 80 年代全国基本实现普及小学教育，有条件的地方进而普及初中教育。提出应当提高教师的社会地位，建设一支稳定、合格的教师队伍；必须切实改革普通教育和领导管理体制，大力加强对基础教育事业的统一领导的要求。教育对一个国家的发展尤为重要。教育是提高人民综合素质、促进人的全面发展的重要途径，是民族振兴、社会进步的重要基石，是对中华民族伟大复兴具有决定性意义的事业。长期以来，中国共产党非常重视教育事业的发展，为此投入了大量的资源，并且取得了举世瞩目的伟大成就。

目标三：促进男女平等并赋予妇女权利

该目标的主要内容为最好到 2005 年在小学教育和中学教育中消除两性差距，至迟于 2015 年在各级教育中消除此种差距。性别平等并不意味着男女将会变得一样，而是他们的权利、责任和机会不会取决于他们是男性还是女性。赋予妇女和男子权能并使他们能够更有效地参与农业，还能改善他们的孩子的福康，进而为未来积累人力资本。正因如此，实现两性平等并赋予农村妇女、男子、女孩和男孩权能不仅将改善营养、健康和教育成果，还将为家庭、社区和国家带来近期和长期的经济和社会惠益。对性别平等和妇女赋权的注重明确贯穿于全部可持续发展目标中，既作为独立的性别平等目标（SDG 5），也以跨领域主题的形式体现在其他可持续发展目标的 30 多个相关具体目标中。在性别平等和赋予农村妇女和女孩权能方面，粮农组织工作的每一方面都与可持续发展目标国际框架保持一致，并根据“2030 年议程”的核心承诺——不让任何人掉队，为 17 个可持续发展目标作出贡献。

“中国将更加积极贯彻男女平等基本国策，发挥妇女‘半边天’作用，支持妇女建功立业、实现人生理想和梦想。”党的十八大以来，以习近平同志为核心的党中央高度重视妇女事业，习近平总书记在不同场合多次强调发展妇女事业的重要意义，为妇女工作的开展指明了方向。联合国粮农组织认识到，农村妇女和男子是消除饥饿和极端贫困的关键，特别是农村妇女和女孩被认为是变革的主要推动者。在发展中国家，妇女占农业劳动力的 48%。她们中有农民、农场工人、园艺师、市场销售员、商人、企业家和社区领导人，妇女们在整个农产品价值链上，以及在土地和水资源等自然资源的管理中发挥了重要作用。然而，粮食和农业中的性别差距相当大。作为消费者，世界上每个地区的女性都比男性更容易遭受粮食不安全，而作为生产者，农村妇女在获得基本生产资源及服务、技术、市场信息和金融资产等方面也受到比男性更大的限制。她们在地方机构和治理机制中的代表性不足，往往决策权较小。除了这些制约因素，普遍存在的性别规范和歧视常常意味着妇女面临过重的劳动负担，而她们大部分的劳动却仍是无偿的且是不被承认的。

目标四：降低儿童死亡率

降低儿童死亡率主要指五岁以下儿童的死亡率降低三分之二。2013 年，有 630 万五岁以下儿童死亡。这些早期儿童死亡一半以上是由一些通过负担得起的简单干预措施可以预防或治疗的病症所导致。五岁以下儿童死亡的主要原因是早产并发症、肺炎、出生窒息、腹泻和疟疾。所有儿童死亡中约有 45%与营养不良有关。撒哈拉以南非洲儿童在五岁以前死亡的可能性是发达地区儿童的 15 倍以上。每年约有 300 万婴儿在生命第一个月中死亡，死产婴儿数量与此类似。在这第一个月中，高达二分之一死亡发生在出生后最初 24h 内，75%发生在第一周内。出生后最初 48h 对于新生儿的存活最为关键，在此期间应为母婴提供后续护理以预防和治疗疾病。当儿童出生在农村地区、贫困家庭或者属于没有接受基本教育的母亲所生，他们在五岁之前死亡的危险更大。五岁以下儿童死者中有半数以上是由那些通过可负担得起的简单干预措施可以得到预防和治疗的疾病所致。加强卫生系统，向所有儿童提供这类干预措施，就能拯救许多幼小的生命。营养不良儿童，尤其是那些存在严重急性营养不良的儿童，死于如腹泻、肺炎和疟疾等常见儿童病症的危险更高。

目标五：改善产妇保健

改善产妇保健主要包含两个方面，一方面是产妇死亡率降低四分之三；另一方面是到 2015 年实现普遍享有生殖保健。关于改善产妇保健，一个具体指标是“1990～2015 年，产妇死亡率降低四分之三”，这个目标最终也没有达到，降低的幅度约为一半。另一个指标是“2015年实现产妇普遍享有生殖保健”，但目前也只有约一半的孕妇接受了足够的产前护理。

全球治理是当今人类社会带有战略性和关乎全局的核心问题，人类命运共同体是中国提出的解决全球治理的重要方案，同时这一构想也是新时代妇女发展的根本遵循。这一构想将妇女发展与女性自身解放、家庭和国家治理相联系，通过将性别平等纳入公共政策层面，将妇女发展提升到全球治理的战略高度，是具有世界情怀的宏大时代课题。

妇女发展仍面临一些挑战。随着时代发展，两性在教育、卫生、经济和政治方面的差距和机会正在逐渐缩小，然而两性之间的差异仍是巨大的，特别是在南亚和中东地区，妇女在获得经济、政治和环境资源方面仍处于弱势地位。第一，在经济资源获取方面女性仍处于弱势地位，集中体现在性别收入差异、职业性别隔离、职业性别歧视、职业女性家庭和事业平衡等问题上；第二，全球范围内女性参与政治程度仍有待提升，即使是在丹麦、芬兰、冰岛、挪威、瑞典等性别平等的典范国家，女性的政治参与率仍处于较低水平；第三，女性在家庭环境中，仍受到不公平的待遇，其中家庭暴力和亲密关系暴力问题最为凸显。关注家庭和女性就业是当今时代妇女发展的重要内容。近几十年来，关注妇女发展已经成为国际社会的共识，将性别平等纳入公共政策层面是国际社会为可持续发展目标提供的建议。联合国千年发展目标设计的基本逻辑是通过提高妇女教育水平改善女性在就业市场受到歧视的现状，通过赋权改变基于性别歧视背后的权力格局，鉴于此将性别平等纳入公共政策范围被广泛视为妇女发展的关键。联合国关于妇女发展这一倡议得到了国际社会的广泛支持。

目标六：对抗艾滋病及其他疾病

该目标主要有三个方面的内容：一是遏制并开始扭转艾滋病毒/艾滋病的蔓延；二是到2010年向所有需要者普遍提供艾滋病毒/艾滋病治疗；三是遏制并开始扭转疟疾和其他主要疾病的发病率增长。

艾滋病是人类免疫缺陷病毒（HIV）引起的一种危害性极大的，可能导致死亡的疾病。HIV以人体免疫系统中最重要的T淋巴细胞为主要攻击靶标，大量破坏免疫细胞，导致机体免疫功能损害，从而继发各种疾病，甚至发生恶性肿瘤，直至死亡。到目前为止，还没有开发出可以治愈艾滋病的特效药，也没有有效的预防疫苗，因此，很多人把艾滋病等同于绝症和死亡。

目标七：确保环境可持续能力

该目标主要有四个方面的内容：一是将可持续发展原则纳入国家政策和方案，扭转环境资源的流失；二是减少生物多样性的丧失，到2010年显著降低丧失率；三是到2015年将无法持续获得安全饮用水和基本卫生设施的人口比例减半；四是到2020年使至少1亿贫民窟居民的生活有明显改善。

1990～2012年，有约20亿人获得了改善的卫生设施，即将人与粪便卫生地分隔开的设施。尽管在卫生覆盖范围方面取得了很大的提高，从1990年的49%提高到2012年的64%，但似乎仍然不可能在2015年实现千年发展目标的75%覆盖率的具体目标。2012年，25亿人没有使用改善的卫生设施。

2012年，全球仍有10亿人露天便溺，这种行为需要禁止，因为它给贫困和脆弱的社区带来了巨大的风险。露天便溺在南亚、大洋洲和撒哈拉以南非洲很普遍。现在绝大多数（82%）的露天便溺者住在中等收入、人口众多的国家，如印度和尼日利亚。

目标八：全球合作促进发展

全球合作原则是指全球各类国家，不管是南南之间，还是南北之间，都应开展全面合作，以谋求共同发展和普遍繁荣。在 MDGs 的背景下，确立了以下七条具体措施：

（1）进一步发展开放的、遵循规则的、可预测的、非歧视性的贸易和金融体制。包括在国家和国际两级致力于善政、发展和减轻贫穷。

（2）满足最不发达国家的特殊需要。这包括对其出口免征关税、不实行配额；加强重债穷国的减债方案，注销官方双边债务；向致力于减贫的国家提供更为慷慨的官方发展援助。

（3）满足内陆国和小岛屿发展中国家的特殊需要。

（4）通过国家和国际措施全面处理发展中国家的债务问题，使债务可以长期持续承受。

（5）与发展中国家合作，为青年创造体面的生产性就业机会。

（6）与制药公司合作，在发展中国家提供负担得起的基本药物。

（7）与私营部门合作，提供新技术，特别是信息和通信技术。

10.1.3　可持续发展目标背景

可持续发展概念的起源可追溯至 20 世纪 60 年代。1972 年，罗马俱乐部发表了关于未来人口、食物、工业生产、污染和不可再生自然资源消耗之间相互关系的研究报告——《增长的极限》。1987 年，联合国委托世界环境与发展委员会提交了《我们共同的未来》的研究报告，该报告系统阐述了可持续发展思想，首次将可持续发展定义为："既能满足当代人的需要，又不对后代人满足其需要的能力构成危害的发展"（Travis et al.，2004；Sachs and Mcarthur，2005）。1992 年，联合国在里约热内卢召开"环境与发展大会"，通过了以可持续发展理念为核心的《里约环境与发展宣言》《21 世纪议程》等文件（Cash et al.，2003）。"可持续发展"的概念是逐步发展和完善起来的，体现了全人类对经济、环境、社会协调发展的愿景。2012 年联合国可持续发展大会把"可持续发展和消除贫困背景下的绿色经济""促进可持续发展的机制框架"作为两大主题，将"评估可持续发展取得的进展存在的差距""积极应对新问题，新挑战""作出新的政治承诺"作为三大目标，进一步推进全球、区域和国家的可持续发展（陈迎，2014；Stanton，2004）。

10.1.4　可持续发展目标介绍

2015 年 9 月 25 日至 27 日举行的 2015 年后发展议程的联合国首脑会议审议通过"改变我们的世界：2030 年可持续发展议程"，明确提出了到 2030 年全球可持续发展的 17 个目标和 169 个子目标，即联合国可持续发展目标（Sustainable Development Goals，SDGs）（图 10.2）。

目标 1：在世界各地消除一切形式的贫困

消除一切形式的贫困仍然是人类面临的最为艰巨的挑战。尽管生活在极度贫困中的人口已经从 1990 年的 19 亿下降到 2015 年的 8.36 亿，减少了超过一半，但是仍然有成百上千万人最基本的生存需求得不到满足。

目前，全球仍有超过 8 亿人每日生活费不足 1.25 美元。许多人缺乏粮食、清洁饮用水及卫生设施。中国、印度等国的快速经济发展帮助数十亿人脱离贫困，但是发展情况仍很不平衡。女性相比男性更难获得有偿工作、教育及产权，因此女性贫困率更高。

图 10.2　可持续发展目标的概述图

南亚及撒哈拉以南的非洲等地区的发展情况不容乐观，全球 80%的极度贫困人口生活在这两个地区。而且由于气候变化、冲突与粮食不安全等因素带来的新威胁，这一比例仍在上升。可持续发展目标将承接千年发展目标，到 2030 年消除一切形式的贫困。

目标 2：零饥饿

过去 20 年，经济迅速发展，农业生产力提高，营养不良人口比例下降了近一半。许多曾经饱受饥荒折磨的发展中国家如今可以满足最弱势的人群的营养需求。中亚、东亚、拉丁美洲及加勒比地区均在消除极度饥饿方面取得了极大进展。

这些进展都是落实千年发展目标的成果。但是，极度饥饿和营养不良仍然是阻碍许多国家发展的巨大障碍。据估计，2014 年全球长期营养不良人口达 7.95 亿，而长期营养不良往往是由于环境退化、干旱及生物多样性的减少。超过 9000 万五岁以下儿童发育不良，体重过轻。非洲 1/4 的人口仍在挨饿。

可持续发展目标 2 旨在到 2030 年消除一切形式的饥饿和营养不良，保证所有人——尤其是儿童及弱势群体享有充足且营养的食物。这一目标包括推广可持续的农业模式，如改善小农业生产者的生计和生产能力，确保农业生产者平等获得土地、技术及市场准入。要实现目标 2，还必须进行国际合作，保障基础设施和技术领域的投资，以提高农业生产力。人们有能力在 2030 年消除饥饿，同时实现其他目标。

目标 3：良好健康与福祉

自千年发展目标通过以来，全球在降低儿童死亡率、改善孕产妇健康及抗击艾滋方面取得了历史性进展。1990 年以来，全球可预防的儿童死亡率降低了超过一半。全球孕产妇死亡率下降了 45%。2000～2013 年，新增艾滋病感染病例减少 30%，超过 620 万人从疟疾中康复。

尽管成果显著，五岁以下儿童死亡人数仍超过 600 万。平均每天有 1.6 万名儿童死于麻疹、肺炎等可以预防的疾病。每一天，数以百计的孕产妇死于怀孕或生产引起的并发症。在发展中国家，农村地区仅有 56%的产妇在生产时能获得专业医务人员协助。如今，艾滋病已经成为撒哈拉以南非洲青少年的第一大死因，由于艾滋病疫情的蔓延，该地区受到重创。

预防和治疗、健康教育、接种疫苗、生殖健康相关的医疗服务等措施可以预防以上导致的死亡。可持续发展目标作出历史性承诺：到 2030 年，结束艾滋病、肺炎、疟疾及其他传染性疾病的蔓延。目标 3 旨在普及医疗服务，为所有人提供安全有效的药物和疫苗。其中，支持疫苗研究及开发工作并提供廉价药物是工作重点。

目标 4：优质教育

自 2000 年后，普及初等教育取得了极大进展。2015 年，发展中国家小学总入学率达 91%，全球儿童辍学率下降近一半。文盲率显著降低，女学童比例达到历史新高，成果举世瞩目。但是，由于严重的贫困现象、武装冲突及其他紧急情况，发展中国家的教育事业面临严峻挑战：西亚和北非持续的武装冲突导致儿童辍学率持续上升，情况堪忧。撒哈拉以南非洲在提高小学入学率方面取得的进展超过了其他发展中地区——从 1990 年的 52%上升到 2012 年的 78%，但是教育的发展仍然十分不平衡：贫困家庭儿童的辍学概率是富裕家庭儿童的四倍之多；城乡教育发展严重失衡。目标 4 旨在到 2030 年确保所有男女学童完成免费的初等及中等教育，并提供平等、廉价的职业培训，消除教育的性别差距和贫富差距，实现人人有机会接受优质高等教育。

目标 5：性别平等

为女性赋权及促进性别平等对推动可持续发展至关重要。消除所有针对女性的歧视不仅是一项基本人权，也会在不同的发展领域产生乘数效应。

自 2000 年来，联合国开发计划署与各合作伙伴将性别平等作为工作重点，取得了巨大成果。女童入学人数相比 2000 年大大提高，大部分地区在初等教育中已经实现性别平等。除农业部门外，女性占有偿劳动力比例的 41%，1990 年这一数字仅为 35%。

可持续发展目标将再接再厉，确保在每一处消除针对女性的歧视。在一些地区的有偿工作中仍存在男性和女性的机会不平等现象，男性和女性在劳动力市场上存在显著差距。当前仍面临重大阻碍，如性暴力和性剥削、无偿家务劳动中的不公平分工、公共决策领域的歧视等。保障人人享有生殖健康，并给予女性享有土地等经济资源的平等权利，对实现目标 5 至关重要。尽管公共事务领域从业女性人数已达历史新高，仍应鼓励各地区的女性领导人，从而增强性别平等的政策和立法工作。

目标 6：清洁饮水和卫生设施

水资源匮乏影响着全球超过 40%的人口，应当引起警惕，并且随着气候变化、全球升温，这一数字仍会上升。尽管自 1990 年以来，已有 21 亿人的饮用水和卫生条件得到改善，但是不断萎缩的安全饮用水供应是全球共同面临的重大挑战。

2011 年，41 个国家水资源紧张，其中 10 个国家的可再生淡水资源几近枯竭，不得不依赖非常规水资源。日益严重的干旱和荒漠化也在加重水资源匮乏的趋势。到 2050 年，预计至少 1/4 的世界人口将受到长期缺水的影响。

保障 2030 年人人享有安全廉价的饮用水，这一目标要求投资建设足够的基础设施及卫生设施，鼓励各级卫生建设。应对水资源短缺问题，保护并恢复森林、山川、湿地、河流等与水资源相关的生态系统十分关键。应增强国际合作，在发展中国家提高水资源利用效率及推广水处理技术。

目标 7：经济适用的清洁能源

1990～2010 年，能用上电的人口增加了 17 亿。世界人口不断增长，对于可负担能源的需求也日益增多。全球经济依赖化石燃料，温室气体排放量不断增加，引发了大幅气候变化，这将对地球的每个角落产生切实可见的影响。鼓励替代性能源的趋势已经出现。2011 年，全球能源生产总量超过 20%是可再生能源。仍然有 1/5 的世界人口尚未用上电。随着能源需求不断增长，全球可再生能源产量需要大幅提高。

要保障到 2030 年人人享有可负担的电力，就要投资太阳能、风能、地热能等清洁能源。对一系列技术采取节能标准，可将全球建筑和工业用电量减少约 14%。这意味着少建约 1300 座中型发电站。要实现目标7，增加基础设施建设，促进技术升级换代，为所有发展中国家提供清洁能源来源十分重要。目标 7 的实现将同时推动经济增长并保护环境。

目标 8：体面工作和经济增长

尽管受 2008～2009 年经济危机的长期影响，生活在极度贫困中的工人数量在过去 25 年中仍大幅减少。在发展中国家，中产阶级占就业总人口的 34%——这一数字在 1991～2015 年增长了三倍。

在全球经济复苏的同时，经济增长放缓、不平等加剧、劳动力人口不断增加但就业疲软等问题涌现。世界劳工组织数据显示，2015 年失业人口超过 2.04 亿。

可持续发展目标旨在促进技术创新，提高生产力水平，从而驱动可持续的经济增长。推动鼓励创业及刺激就业的政策是实现目标的关键，也是消除强迫劳动、奴役与人口走私的有效措施。目标 8 旨在到 2030 年实现充分和生产性就业，保障人人拥有体面工作。

目标 9：产业、创新和基础设施

基础设施和创新领域的持续投资是经济增长及社会发展的重要推动力。世界人口半数以上生活在城市，因此公共交通、可再生能源、新产业及信息通信技术的发展日益重要。

技术进步是寻求解决经济和环境问题长久之计的关键，如创造新岗位、提高能效等。推动可持续工业、投资科研创新都对可持续发展有推动作用。

目前还有 40 多亿人无法使用互联网，其中 90%在发展中国家。弥合这一数字鸿沟是确保平等获取信息和知识的关键，能够促进创新和创业。

投资基础设施和创新是 2030 可持续发展议程涵盖的 17 个可持续发展目标之一。要保证 17 个目标都得以实现，必须采取综合方式。

目标 10：减少不平等

数据显示，收入不平等正在加剧，世界最富裕的 10%人群的收入占世界总收入的 40%；最贫困的 10%人群的收入仅占总收入 2%～7%。在发展中国家，如果考虑人口增长，不平等程度已经增长了 11%。差距加剧要求采取行动，落实政策，帮助收入最低人群，促进经济的包容发展，无论性别、种族、民族。

收入不平等是一项全球问题，需要全球解决方案，包括改善金融市场和机构的规范与监管，并鼓励发展援助和外国直接投资流向最需要资金的地区。推动安全的人口迁徙及流动同样是缩小差距的关键。

目标 11：可持续城市和社区

当前，过半世界人口都居住在城镇地区。到 2050 年，这一数字将增至 65 亿人，即世界总人口的 2/3。实现可持续发展，离不开城市建造和管理方式的重大转变。

发展中国家城市迅速发展，农村人口不断流入城市，由此形成一批特大城市。1990 年，全球有 10 个 1000 万以上居住人口的特大城市，2014 年增长至 28 个，人口总数达 4.53 亿。

城市区域内的极度贫困人口往往非常集中，各国中央及地方政府正在竭力应对城市贫民区的人口增长。建造安全、可持续发展的城市，就要确保人人享有安全、廉价的住房，并改造棚户区。目标 11 还包括投资公共交通，开辟公共绿化空间，推动城市规划和管理更具有参与性与包容性。

目标 12：负责任消费和生产

要实现经济增长和可持续发展，必须立刻改变生产和消费模式，减少生态足迹。农业是全世界最大的用水部门，农业灌溉占人类淡水消耗总量的近 70%。

有效地管理共同自然资源、有毒废物及污染物处理方式对实现目标 12 非常关键。鼓励产业、企业和消费者循环利用、减少废物，并支持发展中国家在 2030 年前转向可持续的消费模式也很重要。

一方面，世界人口的一大部分的生存基本需求仍未得到满足，另一方面，仍存在严重的浪费现象。从零售商和消费者层面来看，将全球人均食物浪费量减半有助于提高生产和供应链效率，同时能增强粮食安全，让经济体系更有效地利用资源。

目标 13：气候行动

全球所有国家都已亲身体会到气候变化带来的巨大影响。温室气体排放量持续上升，比 1990 年水平增加了超过 50%。此外，全球变暖正对气候系统造成长远影响。如果现在不采取行动，那么气候变化将造成不可挽回的后果。

每年，地震、海啸、热带气旋及洪水带来数千亿美元的损失。每年，灾害管理方面的投资就高达 60 亿美元。目标 13 旨在到 2020 年，每年募集 1000 亿美元资金，满足发展中国家需要，减缓气候相关的灾害。

增强内陆国家及岛国等易受影响地区的抵御风险能力和适应能力，同时必须致力于提高公众意识，将能力建设措施纳入国家政策和战略。只要有坚定的政治意愿并采取技术措施，仍有可能将全球升温控制在比工业化前水平高 2℃以内，这需要采取紧急集体行动。

目标 14：水下生物

海洋的温度、化学变化、洋流和海洋生物驱动着全球生态系统，正是海洋让地球变得适宜人类居住。如何管理海洋这一重要资源对人类来说非常关键，并有助于抵消气候变化带来的影响。

海洋及沿海地带的生物多样性是全球 30 多亿人赖以生存的基础。但是，目前世界鱼类资源的 30%遭到过度捕捞，数量远远低于可支撑持续产出的水平。

海洋还吸收了人类产生二氧化碳的 30%，海洋酸化比工业革命之初的水平上升了 26%。海洋污染主要来自陆地，污染程度已经到达警戒值——平均每平方公里海域中就有 1.3 万件塑料垃圾。

可持续发展目标设立了一套框架持续管理海洋和沿海生态系统，保护其免受陆地污染影响，同时应对海洋酸化带来的影响。加强对话交流，并通过国际法对海洋资源进行可持续管理，将有助于应对海洋挑战。

目标 15：陆地生物

除了依赖海洋，人类还依赖陆地提供生存延续的基础。人类 80%的食物来自植物，农业是重要的经济部门和发展手段。全球森林覆盖率约为 30%，森林为数以百万计的物种提供栖息地，也是清洁空气和水资源的来源，对应对气候变化也有关键作用。

目前，土地退化严重，耕地损失速度是历史速度的 30～35 倍。旱灾和荒漠化也越发频繁，导致 1200 万 hm^2 耕地损失，影响着全球的贫困地区。

可持续发展目标旨在到 2020 年保护及恢复森林、湿地、旱地及山川等陆地生态系统。推动森林可持续管理、停止乱砍滥伐对减缓气候变化的影响有关键作用。必须采取紧急行动，减少自然栖息地及生物多样性的丧失，二者都是人类共同的遗产。

目标 16：和平、正义和强大机构

和平、稳定、人权和基于法治的有效治理是实现可持续发展的重要渠道。当今世界日益分化。一些地区享受着长治久安与繁荣发展，而一些地区却陷入看似无止境的冲突与暴力之中。这种情况并不是不可避免的，必须着手应对（Group，2003）。

大规模武装暴力和不安定局面将对国家发展造成毁灭性打击，影响经济增长，往往导致不同地区之间长达几代人的对立。在失去法治的冲突地区，性暴力、犯罪、剥削和酷刑十分普遍。各国必须采取措施保护最弱势的群体。

可持续发展目标旨在显著减少一切形式的暴力行为，与政府和社区合作寻求解决冲突与不安定局面的长久之计。加强法治和人权、减少非法武器流动、加强发展中国家在全球治理机制中的参与程度是落实目标 16 的关键。

目标 17：促进目标实现的伙伴关系

一项成功的可持续发展议程要求政府、私营部门与民间社会建立伙伴关系。这些包容性伙伴关系基于原则和价值观、共同的愿景和共同的目标：把人民和地球放在中心位置。不论在全球层面，地区层面抑或国家层面、地方层面，这些包容性伙伴关系都不可或缺。

迫切需要采取行动，调动、转移并释放数万亿美元私人资源的变革力量，以实现可持续发展目标。特别是发展中国家的关键部门需要包括外国直接投资在内的长期投资，其中包括可持续能源、基础设施和运输及信息和通信技术。

10.2 千年发展目标和可持续发展目标实现情况

2015 年是千年发展目标的收官之年。2015 年 7 月 24 日，中国政府与联合国驻华系统共同发布了《中国实施千年发展目标报告（2000～2015 年）》。这份报告是关于中国实施千年发展目标进展情况的最终报告。

《中国实施千年发展目标报告（2000～2015 年）》总结了中国在过去 15 年中落实千年发展目标上取得的卓越成就，主要包括：从 1990 年到 2011 年，帮助 4.39 亿人摆脱贫困，五岁以下儿童死亡率降低了三分之二，孕产妇死亡率降低了四分之三，将无法持续获得安全饮用水及基本卫生设施的人口比例降低了一半。同时，中国积极参与南南合作，并协助 120 多个发展中国家实施千年发展目标（郭亮，2015；Hulme and Fukuda-Parr，2009）。

10.2.1 中国贡献

中国始终高度重视落实千年发展目标（表 10.1）。在中国政府坚持不懈的努力下，在社会各界的广泛参与下，在国际社会的大力支持下，中国在消除贫困与饥饿、普及初等教育、促进性别平等、保障妇幼健康、疾病防控、环境保护等许多方面取得了巨大进展，为其他发展中国家实现千年发展目标积极提供支持和帮助。在推动实现千年发展目标的进程中，中国政府和人民立足国情，积极探索，勇于实践，积累了丰富的发展经验，走出了一条具有中国特色的发展道路（联合国开发计划署，2003）。

中国已提前完成千年发展目标提出的实现减贫、饥饿人口减半、普及初级教育、消除中小学教育性别歧视、降低五岁以下儿童死亡率、防控结核病和疟疾、提供安全饮用水和基本环卫设施等七个发展指标，在促进充分就业、防治艾滋病等目标上取得积极进展，并在南南合作框架下向其他发展中国家提供了力所能及的帮助。报告同时也指出，中国仍然是发展中国家，发展不平衡、不协调、不可持续问题依然突出，还有近亿贫困人口，全面实现千年发展目标仍需付出艰苦不懈努力。中国政府已制定全面建成小康社会的宏伟目标，提出生态文明建设和“美丽中国”理念，正努力实现中国梦。

表 10.1　中国执行千年发展目标取得进展判断

具体目标	目标是否可以实现	国家支持力度
目标一：消除和饥饿		
目标 1A：每日收入在 1 美元以下的人口比例减半	已经实现	很好
目标 1B：实现充分和有效的就业，使所有人包括妇女和年轻人有体面的工作	有可能	很好
目标 1C：挨饿的人口比例减半	已经实现	很好
目标二：到 2015 年前普及小学教育		
目标 2A：到 2015 年前确保各地儿童能完成全部初等教育课程	已经实现	很好
目标三：促进两性平等和赋予妇女权利		
目标 3A：争取到 2005 年在小学教育和中学教育中消除两性差距：至迟于 2015 年在各级教育中消除此种差距	很有可能	很好
目标四：降低儿童死亡率		
目标 4A：五岁以下儿童的死亡率降低三分之二	已经实现	很好
目标五：改善孕产妇保健		
目标 5A：到 2015 年孕产妇死亡率降低四分之三	很有可能	很好
目标 5B：到 2015 年人人享受生殖健康	有可能	好
目标六：与艾滋病病毒/艾滋病、疟疾和其他疾病斗争		
目标 6A：遏制并开始扭转艾滋病毒/艾滋病的蔓延	很有可能	很好
目标 6B：到 2010 年实现艾滋病治疗的全面普及	有可能	好
目标 6C：遏制并开始扭转疟疾和其他主要疾病的发病率增长	很有可能	好
目标七：确保环境的可续性		
目标 7A：将可持续发展原则纳入国家政策和方案：扭转环境资源的流失	很有可能	很好
目标 7B：降低生物多样性的丧失。到 2010 年显著减少丧失速度	有可能	好
目标 7C：无法持续获得安全饮用和基本环境卫生的人口比例减半	很有可能	很好
目标八：建立全球发展伙伴关系		

总体而言，中国在实施千年发展目标方面取得了巨大进展，已提前 7 年大部分完成甚至超越了消除贫困、饥饿、文盲、降低婴儿和五岁以下儿童死亡率等目标。与此同时，中国在南南合作中发挥了积极作用，向其他发展中国家提供了各类援助（Haines，2004）。

不容忽视的是，中国在实现可持续发展方面也面临重大挑战，包括环境压力较大、城乡区域不平衡等。另外一些由发展带来的问题包括：人口数量控制和提高预期寿命方面取得的成绩带来人口老龄化问题（孙新章，2016）。到 2035 年，每四个中国人里就有一个是 60 岁以上的老人。快速发展的城市化带来了科技、交通和通信上的发展，也使人们的身体活动减少，并且减少了许多体力劳动的工作岗位。在大部分传染病发病减少的同时，由生活方式改变带来的非传染性疾病正在增多。但中国并没有避讳这些问题，而是将这些问题公布出来。中国设立了更宏伟的目标，大大超越了同期千年发展目标的规划。其中最重要的是要减少由发展产生的差距，特别是收入差距，以及享受高质量医疗和教育服务的差距。基于以往的成功及近30年来中国在快速发展中积累的经验、资金和人力资源，中国现正推动社会更快地发展，并超越千年发展目标的规划，面向先进的中等收入国家这一宏伟目标努力（祁怀高，2017）。

目标一：消除极端贫困和饥饿

中国贫困人口从1990年的6.89亿下降到2011年的2.5亿，减少了4.39亿，为全球减贫事业作出了巨大贡献。

2003～2014年全国城镇新增就业累计达1.37亿人。

中国营养不良人口占总人口比例由1990～1992年的23.9%下降至2012～2014年的10.6%。

中国5岁以下儿童低体重率由1990年的19.1%下降至2010年的3.6%，下降幅度为81.2%。

5岁以下儿童生长迟缓率由1990年的33.4%下降至2010年的9.9%，下降幅度为70.4%。

目标二：普及初等教育

中国全面实现了免费九年义务教育，小学学龄儿童净入学率由2000年的99.1%上升至2014年的99.8%。

文盲率由2000年的6.7%下降至2014年的4.1%。

目标三：促进两性平等和赋予妇女权利

2008年以来，中国男、女童小学净入学率均保持在99%以上。

中国第十二届全国人大代表（2013年）、第十二届全国政协委员（2013年）、中国共产党十八大代表（2012年）中女性所占比例分别为23.4%、17.8%和22.95%，均比上届有所提高。

目标四：降低儿童死亡率

2013年，中国5岁以下儿童死亡率为12.0‰，较1991年下降了80.3%。

2013年，新生儿死亡率为6.9‰，较1991年下降了79.2%。

2013年，婴儿死亡率为9.5‰，较1991年下降了81.1%。

目标五：改善孕产妇保健

中国孕产妇死亡率已从1990年的88.8/10万下降为2013年的23.2/10万，降低了73.9%。

城乡之间孕产妇死亡率由1991年的1∶2.2缩减为2013年的1∶1.1。

中国孕产妇系统管理率在2013年达89.5%，产前检查率、产后访视率在2012年分别达95%和92.6%。

截至2014年底，中国累计为3882万农村妇女进行宫颈癌免费检查，为562万农村妇女进行了乳腺癌免费检查，救助贫困患病妇女3万多名。

目标六：与艾滋病毒/艾滋病、疟疾和其他疾病作斗争

中国已经基本建立起了覆盖城乡、功能完善的艾滋病防治服务网络。

2014年中国新报告艾滋病感染者和病人10.4万例，符合治疗标准的感染者和病人接受规范抗艾滋病病毒治疗比例达到80%以上，病死率降至6.6%。

2014年中国共报告肺结核发病人数88.94万人，自2008年以来连续6年下降。

2014年中国共报告疟疾病例3149例，97.7%为输入性病例。

目标七：确保环境的可持续性

中国基本建立了功能比较健全的自然保护区群或网络，自然保护区保护了中国 90%的陆地生态系统类型、85%的野生动物种群和 65%的高等植物群落。

到 2012 年，中国获得改进后的安全饮用水源的人口比例达到 92%，使用改进厕所的人口比例达到 84%。

目标八：建立促进发展的全球伙伴关系

中国积极开展南南合作，高度重视最不发达国家、内陆发展中国家和重债穷国的特殊需要，先后 6 次宣布无条件免除对华到期政府无息贷款债务，累计金额约 300 亿元人民币。

2015 年 1 月 1 日，中国政府正式实施给予与中国建交的最不发达国家 97%税目产品零关税待遇措施。

中国积极开展对外医疗援助，向亚洲、非洲、欧洲、拉丁美洲、加勒比和大洋洲 69 个国家派遣了援助医疗队，累计对外派遣 21000 多名援外医疗队员，经中国医生诊治的受援国患者达 2.6 亿人次。

中国与国际社会共同维护多边贸易体制和金融体制，先后发起或共同发起成立了金砖国家新开发银行和丝路基金、倡议筹建亚洲基础设施投资银行。

中国提出共建“丝绸之路经济带”和“21 世纪海上丝绸之路”的重大倡议，“一带一路”倡议是中国在国际合作及全球治理新模式上的积极探索。

10.2.2　千年发展目标进展

在 2000 年 9 月的联合国千年首脑会议上，各国代表通过了著名的《千年宣言》，承诺帮助全世界的贫穷人群在 2015 年前改善生存和发展条件，并就此提出了一系列具体目标。联合国千年发展目标在全球，尤其是在发展中地区的实施，给全世界贫困人口的生活带来了极大的改变。2015 年是千年发展目标到期的一年，通过审视全球和中国实施目标的进展情况，对世界和中国的贫困问题都将有更清晰的认识。

2014 年 7 月 7 日，联合国发布《2014 年联合国千年发展目标报告》（以下简称联合国报告）。联合国报告以 1990 年为基准年份，根据截至 2014 年 6 月的数据（通常是截至 2012 年或 2013 年的数据），通过 21 个具体目标和 60 个官方指标，来评估全球和各地区的 8 项千年发展目标的最新进展。

1. 全球取得的重要进展

8 项千年发展目标都已取得重要进展，其中一些具体目标已早于 2015 年得以提前实现：全球的日生活费不足 1.25 美元的极度贫困人口比例已减半，由 1990 年的 36%降至 2010 年的 18%；水源无法获得改善的人口比例也已减半，且比计划提前 5 年实现；所有的发展中地区都已实现或接近实现小学教育的性别均等。但仍有一些具体目标进展缓慢：2012 年全世界 5 岁以下儿童死亡率比 1990 年降低几近一半，但与将该死亡率降低三分之二的指标相比，仍有很大差距；2013 年孕产妇死亡率比 1990 年降低不到一半，若按照此趋势，很难完成在 2015 年将孕产妇死亡率降低四分之三的目标；全球仍有太多的新感染艾滋病病毒病例，未能遏制并开始扭转艾滋病的蔓延；在改善基本卫生设施方面，仍有 10 亿人露天便溺。环保问题备受全球关注，而这方面的情况也是喜忧参半。联合国报告指出，全球基本消除了臭氧物质消耗；虽然受保护的地区在增加，但是许多物种都因种群的数量和分布的范围在缩小而濒临灭绝；每年全球仍有上百万公顷的森林消失；全球温室气体排放继续呈上升趋势；可再生水资源越来越稀缺。

2. 区域层面取得的重要进展

从地区层面来看，各发展中地区所取得的进展很不平衡，东亚地区的目标完成情况最佳，而撒哈拉以南非洲和南亚的情况却不容乐观。

东亚地区几乎在每项目标上都取得很大进展，在《千年发展目标：2014 年进度表》中的 16 个有明确数字规定的具体目标中，有 13 个具体目标已经实现或将在 2015 年实现。其中，2011～2013 年营养不足人口的比例降至 11%，比 2015 年目标中确定的 15.5%还低。2012 年 5 岁以下儿童体重轻度或严重不达标的比例已降至 3%，该比例在所有发展中地区中是最低的。值得一提的是，东亚地区在减少早育方面的表现甚至超过发达地区，2011 年东亚地区每千名分娩女性中只有 6 个 15～19 岁的女性，而发达地区每千名分娩女性中就有 21 个 15～19 岁的女性。

在《千年发展目标：2014 年进度表》中的 16 个有明确数字规定的具体目标中，撒哈拉以南非洲地区在 15 个具体目标上的进展不足以实现 2015 年的目标，尤其是在减少极端贫困人口方面，撒哈拉以南非洲地区的极端贫穷率仍高达 48%，按世界银行的预测该地区不可能在 2015 年完成减贫目标。在降低儿童死亡率方面，撒哈拉以南非洲和南亚地区都面临巨大的挑战。2012 年，撒哈拉以南非洲地区有 320 万 5 岁以下儿童死亡，约占全球儿童死亡总数的一半，该地区每 10 个儿童中就有一个没有活过 5 岁。2012 年，印度有 140 万 5 岁以下儿童死亡。因此，降低这两个地区的儿童死亡人数至关重要。在改善孕产妇保健方面，撒哈拉以南非洲和南亚地区的表现最差。2013 年，大多数的孕产妇死亡发生在撒哈拉以南非洲（62%）和南亚（24%）地区，其中，撒哈拉以南非洲地区的孕产妇死亡率最高，每 10 万活产婴儿有 510 例孕产妇死亡，随后是南亚，该地区每 10 万活产婴儿有 190 例孕产妇死亡。

面对如此严峻的全球贫困现状和地区间发展不平衡问题，联合国呼吁全球合作促进发展，尤其是发达国家和欠发达国家之间建立合作伙伴关系。然而，这方面的进展不容乐观。联合国报告显示，最不发达国家得到的援助呈下降趋势。近几年，仅有三分之一的援助总额流入最不发达国家；2012 年，发展援助委员会捐助国对最不发达国家的援助额为国民总收入之和的 0.09%，为 2008 年以来的最低比率；而对于集中了 34 个最不发达国家的非洲，2013 年它得到的双边援助净额下降了 5.6%。此外，南北合作没有明显推进。发达国家对发展中国家和最不发达国家出口的关键产品征收的平均关税下降幅度不大；发展中国家的债务负担也没有进一步下降。

3. 贫困问题之源

通过对比不同地区的千年发展目标的进展情况，可以发现撒哈拉以南非洲和南亚地区的贫困问题尤为严重。造成发展中地区贫困问题的原因主要有三点。

首先是经济因素。一些国家经济落后，政府在改善人民生活条件方面进展缓慢。像非洲的很多极不发达国家，极其糟糕的经济状况使政府无力应对严重的粮食危机，很多民众的基本生存依赖于国际社会的粮食援助，更谈不上政府投入很多资金去提高教育水平和改善医疗条件了。

其次是社会因素。收入分配多寡悬殊造成贫困恶性循环。与富人子女享受优质高等教育相比，极端贫困家庭的子女则很少能完成整个周期的中学教育，而教育水平又往往决定收入水平，于是，受教育程度低的年轻人就陷入了再贫困循环。在一些贫富差距悬殊的国家，不公平的社会政策也使穷人难以摆脱贫困。掌握财富的少数人往往控制着资源的分配及政策的制定，穷人很难从中获益，这进一步加剧了相对贫困，即富人越来越富而穷人越来越穷。

最后是安全因素。这些国家和地区的军事冲突不仅严重损毁大量的房屋、道路等基础设施，更直接降低了民众的生活水平，同时还威胁着当地民众的生命安全，使很多民众流离失所。中东地区频频爆发的武装冲突产生了大量的难民，根据联合国的统计，巴勒斯坦难民达 500 万。此外，接管难民也加剧了难民流入国的贫困问题，因为有很多接管国家本身也非常贫穷，而难民流入所导致的一系列新的经济和社会问题，则更加重了这些国家的负担。

4. 中国的“成绩单”与启示

改革开放以来，中国在经济与社会建设等各个领域取得了全面发展。得益于持续快速的经济增长，中国解决贫困问题获得了强有力的保障，取得了显著的成效。中国政府与联合国驻华系统联合颁布了 2013 年版《中国实施千年发展目标进展情况报告》，通过分析截至 2012 年的数据评估了中国实施千年发展目标的最新进展。从报告中可以看出，中国在此方面交出了一份漂亮的“成绩单”：在明确规定的 15 个子目标中，已经提前实现的有 7 个，尚未实现的有 8 个；而在尚未实现的 8 个当中，7 个子目标若保持现有趋势，将极有可能在 2015 年得以实现。

中国在消除贫困和饥饿方面所取得的成就超过了其他任何国家。中国绝大部分极端贫困人口分布在农村，而中国政府一向高度重视农村问题，以巨额财政资金优先支持农村农业发展，推行大规模的扶贫开发项目，不但基本解决了温饱问题，将农村绝对贫困人口由 2.5 亿人减少到 3200 万人，还进一步改善了几亿农民的生活水平。中国大规模减贫不仅使其成为第一个提前实现贫困人口减半的国家，也为全球的减贫事业作出了重大贡献。根据相关数据，从 1990～2005 年，中国贫困人口减少的数量占同期全世界贫困人口减少总数的 76.09%。另外，作为世界上人口最多的国家，中国能提前实现初等教育的普及相当不易，而这傲人的成就也备受国际社会称赞。早在 2000 年底，全国基本普及了九年义务教育并基本扫除了青壮年文盲。此后，中国政府继续加大对教育的财政投入力度，从 2006 年开始逐步推行免费九年义务教育。有数据显示，2011 年，中国小学学龄儿童净入学率达到 99.8%，提前完成了到 2015 年前普及初等教育的目标。

根据报告，中国在以下目标没有取得很大进展：让所有人包括妇女和年轻人实现充分的生产性就业，获得体面工作、人人享有生殖保健、遏制艾滋病的蔓延和确保环境可持续性。当然，中国政府在这些方面作出了很大的努力，尽管面临一些挑战，这些目标的实现还是有可能的。但目前最令人担忧的是城市空气质量问题。2012 年的监测结果表明，依据《环境空气质量标准》（GB 3095—2012），325 个地级及以上城市环境空气质量达标率仅为 40.9%，113 个环保重点城市的达标比例也仅为 23.9%。在全国各省市中，河北省和山西省的空气质量严重不达标的城市数量最多。

总的来说，中国在 8 项千年发展目标上都取得了傲人的进展，并推动了千年发展目标在全球的实现，这体现在两方面：首先，中国作为世界上人口最多的国家，中国实施目标的进展情况对全世界的总体进展水平有着直接且巨大的影响，因此，中国自身情况的极大改善便是对世界的突出贡献；其次，作为发展中国家，中国在致力于实现本国千年发展目标的同时，还通过 700 多个各类援外工程项目帮助了 120 多个发展中国家改善人民的生活质量，近年来还加大了对最不发达国家和其他低收入国家的援助力度，为这些国家实施千年发展目标的进展作出了重大贡献。

10.2.3　新冠疫情对可持续发展目标进展的影响

2020 年 5 月 19 日，国际可持续发展研究院（The International Institute for Sustainable Development，IISD）发布题为《联合国秘书长发布〈2020 年可持续发展目标进展报告〉》（UN Secretary-General Releases 2020 SDG Progress Report）的报道，提出联合国秘书长关于 17 个可持续发展目标的年度报告，并在 2020 年高级别政治论坛之前发布。报告利用了 2020 年 4 月之前可持续发展目标指标框架所包含的最新可用数据，列举了 COVID-19 疫情对可持续发展目标进展的影响。

目标 1：消除世界各地各种形式的贫困

COVID-19 疫情之前，全球减排的步伐就在减缓，预计到 2030 年消除贫困的全球目标将无法实现。COVID-19 疫情导致数千万人重新陷入极端贫困，这使多年的发展处于危机之中。尽管疫情期间着重强调需要加强社会保护和应急准备与响应，但这些措施不足以保护最需要保护的穷人和弱势群体。

目标 2：消除饥饿，实现粮食安全和改善营养，促进可持续农业

自 2015 年以来，遭受严重粮食不安全困扰的人数总量不断增加，仍有数百万营养不良的儿童。疫情造成的经济减速和粮食价值链中断加剧了饥饿和粮食不安全。此外，东非和也门的沙漠蝗虫激增仍然令人震惊，那里已有 3500 万人遭受严重的粮食不安全状况。受 COVID-19 疫情的硬性影响，约有 3.7 亿小学生失去了他们赖以生存的免费学校餐。必须立即采取措施加强粮食生产和分配，以减轻和尽量减少受疫情的影响。

目标 3：确保所有年龄段所有人的健康生活并促进福祉

许多卫生领域的进展仍在继续，但其改善速度已经放慢，不足以实现大多数 SDG3 的目标。COVID-19 疫情正在破坏全球卫生系统，并威胁到已经取得的健康成果。大多数国家，特别是贫穷国家，没有足够的卫生设施、医疗用品和医护人员来应对激增的需求。各国需要综合的卫生战略并增加卫生系统支出，以满足紧急需要和保护卫生工作者，同时需要全球协调努力来支持有需要的国家。

目标 4：确保包容性和公平的素质教育，并为所有人提供终身学习机会

截至 2019 年底，仍有数百万儿童和青年失学，其中一半以上的儿童没有达到最低阅读和计算能力标准。关闭学校以阻止 COVID-19 疫情扩散，这对儿童和青年的学习成绩及社会和行为发展产生了不利影响，影响了全球 90%以上的学生人口。即使向许多学生提供了远程学习，但生活在偏远地区、赤贫、脆弱国家和难民营等弱势环境中的儿童和青年却没有同样的机会。数字鸿沟将扩大现有的教育平等差距。

目标 5：实现性别平等并赋予所有妇女和女孩权利

促进两性平等的承诺在某些领域带来了改善，但是，每个妇女和女孩都享有充分的性别平等，消除赋予她们权力的所有法律、社会和经济障碍这一承诺仍然没有实现。目前受疫情影响，也给妇女和女孩带来沉重打击。全球范围内，医生和护理人员人数的 3/4 为女性。妇女在家从事无偿照料工作的时间是男性的 3 倍。关闭学校和日托所需要父母，特别是妇女，更多地照顾孩子并促进他们在家学习。一些国家的报告表明，全球封锁期间，针对妇女和儿童的家庭暴力也在增加。

目标 6：确保所有人用水和卫生设施的可用性和可持续管理

全球仍有数十亿人无法获得安全管理的水和卫生服务及家中使用的基本洗漱设施（WASH），这对于防止 COVID-19 疫情传播至关重要。立即采取行动改善 WASH 服务对于预防感染和遏制 COVID-19 疫情传播至关重要。

目标 7：确保所有人获得负担得起、可靠、可持续和现代化的能源

世界在增加电力供应和提高能源效率方面取得了良好进展。然而，全球仍有数百万人无法获得电力，清洁烹饪燃料和技术的进展也很慢。COVID-19 疫情凸显了对医疗中心提供可靠和负担得起的电力的需要。然而，在选定的发展中国家进行的一项调查显示，被调查的卫生设施中有 1/4 没有通电，还有 1/4 的计划外停电影响了它们提供基本卫生服务的能力。

目标 8：促进持续、包容和可持续的经济增长、充分就业和生产性就业及人人享有体面工作

即使在当前危机之前，尽管劳动生产率和失业率有所提高，但全球经济增长速度仍低于前几年。受 COVID-19 疫情的影响，更是破坏了全球经济，使世界陷入衰退。全球劳动力市场受到前所未有的冲击，预计将导致 2020 年第二季度总工作时间减少约 10.5%，相当于 3.05 亿全职工人。中小型企业、非正规就业工人、自营职业者、日薪工人及处于风险最高部门的工人受到的影响最大。

目标 9：建设有弹性的基础设施，促进包容性和可持续工业化及创新

在 COVID-19 疫情之前，全球制造业增长就已经稳步下降。疫情更是对制造业造成沉重打击，并导致全球价值链和产品供应中断。

目标 10：减少国家内部和国家之间的不平等

尽管在某些方面出现了一些减少不平等现象的积极迹象，例如，一些国家减少了相对收入不平等，优惠贸易地位使低收入国家受益，但不平等现象仍然以各种形式存在。COVID-19 危机正对最贫穷和最脆弱的人造成最严重打击，并有可能对最贫穷的国家产生严重影响。这暴露了国家内部和国家之间存在的严重不平等，并加剧了这些不平等。

目标 11：使城市和人类住区具有包容性、安全性、弹性和可持续性

快速城市化正在导致贫民窟居民数量增加、基础设施和服务不足和负担过重，以及空气污染恶化。COVID-19 疫情将对全球 10 亿以上的贫民窟居民造成最严重打击，这些人缺乏适当的住房，家中没有自来水，共用厕所、废物管理系统很少或根本没有，公共交通拥挤，无法获得正规卫生设施。其中许多人在非正规部门工作，随着城市限行，他们很有可能失去生计。

目标 12：确保可持续消费和生产模式

全球消费和生产取决于自然环境和资源的利用，其模式继续对地球造成破坏性影响。COVID-19 疫情为各国提供了制定恢复计划的机会，该计划将扭转当前趋势并改变人们的消费和生产方式，使其走向可持续的未来。

目标 13：采取紧急行动应对气候变化及其影响

2019 年是最热十年（2010～2019 年）的结束。由于全球平均气温比工业化前估计的水平高出 1.1℃，全球社会无法实现《巴黎协定》所要求的 1.5℃或 2℃目标。尽管旅行禁令和 COVID-19 疫情导致的经济放缓，空气质量有所改善，但这种改善只是暂时的。各国政府和企业应吸取经验教训，以加快实现《巴黎协定》所需的转型，重新定义与环境的关系，并对低温室气体排放和具有气候适应力的经济体和社会进行系统性转型。

目标 14：保护和可持续利用海洋与海洋资源以促进可持续发展

海洋和渔业继续支持着全球人口的经济、社会和环境需求，同时承受着不可持续的消耗、环境恶化及二氧化碳饱和与酸化。目前保护关键海洋环境、小型渔民和海洋科学投资的努力尚未满足保护这一庞大而脆弱的资源的迫切需求。

目标 15：保护、恢复和促进陆地生态系统的可持续利用，可持续管理森林，防治荒漠化，制止和扭转土地退化，制止生物多样性丧失

森林面积继续减少，保护区没有集中在关键的生物多样性地区，物种仍然面临灭绝的威胁。然而，仍有一些努力正在引起人们注意并产生积极的影响，有助于扭转这些结果，例如，在可持续森林管理方面，在陆地、淡水和山区保护区覆盖率方面，以及在实施保护生物多样性和生态系统的方案、立法和会计原则方面都取得了进展。

目标 16：促进和平和包容性社会，促进可持续发展，为所有人提供诉诸司法的机会，并在各级建立有效、负责任和包容性的机构

冲突、不安全、体制薄弱和司法渠道有限仍然是对可持续发展的巨大威胁。数百万人被剥夺了安全、人权和伸张正义的机会。COVID-19 疫情可能导致社会动荡和暴力的增加，这将极大地削弱实现可持续发展目标的能力。

目标 17：加强执行手段，振兴全球可持续发展伙伴关系

由于资金短缺、贸易紧张、技术障碍和数据缺乏，加强全球伙伴关系和加强落实可持续发展目标的手段仍然具有挑战性。COVID-19 继续蔓延给可持续发展目标的实施增加了更多困难，导致全球金融市场出现重大损失和震荡，超过 1000 亿美元的资本流出新兴市场，是有记录以来流出资金最多的一次。加强多边主义和全球伙伴关系比以往任何时候都更加重要。

10.3　可持续发展目标实现的困境和挑战

10.3.1　疫情下可持续发展目标面临的严峻挑战

2021 年 6 月 14 日，联合国可持续发展解决方案网络（sustainable development solutions network，SDSN）正式发布涵盖可持续发展目标指数和指示板的《可持续发展报告 2021》（SDR 2021）（以下简称《报告》）。自全部 193 个联合国成员国的国家元首在 2015 年的历史性峰会上就可持续发展目标（SDGs）达成一致以来，《报告》首次显示可持续发展目标进展出现倒退（图 10.3）。《报告》由联合国可持续发展解决方案网络主办，哥伦比亚大学教授杰弗里 · 萨克斯（Jeffrey Sachs）领导的专家团队撰写完成，由剑桥大学出版社出版。《报告》概述了新冠疫情对 SDGs 的短期影响，并描述了在 SDGs 的框架下如何实现经济复苏（魏彦强，2018；Sachs et al.，2021）。

随着新冠疫情在全球范围内流行，这场突发的公共卫生事件正在逐步演化为金融危机、经济危机乃至社会危机。疫情不仅让世界遭受创伤，代表世界明天的联合国 2030 年可持续发展目标也面临严峻挑战。

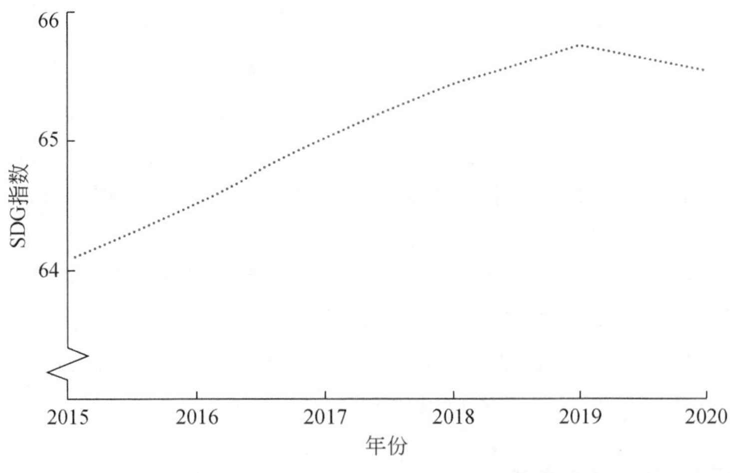

图 10.3　世界平均 SDG 指数的演变过程

图片来源：《可持续发展报告 2021》

1. 全球可持续发展目标指数首次出现下降

新冠疫情造成了世界各地可持续发展的倒退，这一下降在很大程度上是新冠疫情暴发后贫困率和失业率的上升造成的。2021 年的报告可能低估了全球可持续发展目标表现的下降程度，由于国际统计数据的时间滞后，2020 年的许多指标当时尚未公布。新冠疫情影响了可持续发展的三个方面：经济、社会和环境。未来一段时期内，各国政府的最高优先事项仍然是通过非药物干预措施和全球获得疫苗来阻止新冠肺炎的进一步蔓延。当时在新冠疫情肆虐的情况下，很难实现可持续发展和经济复苏。

综合来看，芬兰位居 2021 年可持续发展目标指数榜首，瑞典和丹麦紧随其后。有趣的是，根据盖洛普世界民意调查（Gallup World Poll）的数据，芬兰也被评为世界上最幸福的国家。这项调查数据发表在 2021 年 3 月公布的《世界幸福报告》（*World Happiness Report*）上。然而，即使是这些北欧国家，在几个可持续发展目标上也面临着重大挑战（尤其是可持续发展目标 13），并没有回归到 2030 年实现所有可持续发展目标的既定轨道。

2. 发展中国家迫切需要增加财政空间

低收入发展中国家缺乏财政空间，无法为应急响应及与可持续发展目标相一致的投资性复苏计划提供资金。新冠疫情凸显了低收入发展中国家有限的市场开拓能力。当高收入国家政府为应对这一流行病而大量举债的时候，低收入发展中国家由于其较低的市场信誉而无法做到这一点。高收入国家和低收入国家财政空间差异的短期影响主要在于，高收入国家可能很快会从新冠肺炎疫情中恢复。

富裕国家会产生负面的国际溢出效应，削弱其他国家实现可持续发展目标的能力。2021 年的可持续发展目标指数由三个北欧国家芬兰、瑞典和丹麦高居榜首，但即便是这些国家在实现几个可持续发展目标方面也面临着重大挑战。这份报告中包含的 2021 年国际溢出指数强调了富裕国家如何产生负面的社会经济和环境溢出效应，包括通过不可持续的贸易和供应链。许多富裕国家的避税天堂和利润转移削弱了其他国家动员必要的财政资源实现可持续发展目标的能力。各种类型的全球税收改革可以显著增加发展中国家的政府收入。

官方统计中的数据差距和时间滞后突出表明，需要进一步投资于统计能力和新方法，以监测各国在关键的可持续发展目标转变方面的承诺和进展。需要可靠和及时的数据来监测可持续发展目标的进展，这一大流行病突出了及时和分类数据为有针对性的行动提供信息和拯救生命的价值。在通过可持续发展目标五年多之后，在许多有可持续发展目标的国家，覆盖面和及时性方面仍然存在着相当大的差距（图 10.4），特别是在 SDG 4（质量教育）、SDG 5（两性平等）、SDG 12（负责任的消费和生产）、SDG 13（气候行动）和 SDG 14（水下生命）方面仍然存在相当大的差距。尽管自 2015 年以来全球统计绩效指数取得了进展，但仍需要进一步投资，以加强许多低收入国家和小岛屿发展中国家的统计能力，还需要更多的前瞻性政策“跟踪器”，以评估实施可持续发展目标所付出的努力，特别是监测各国在可持续土地利用、饮食和应对生物多样性危机方面的行动。

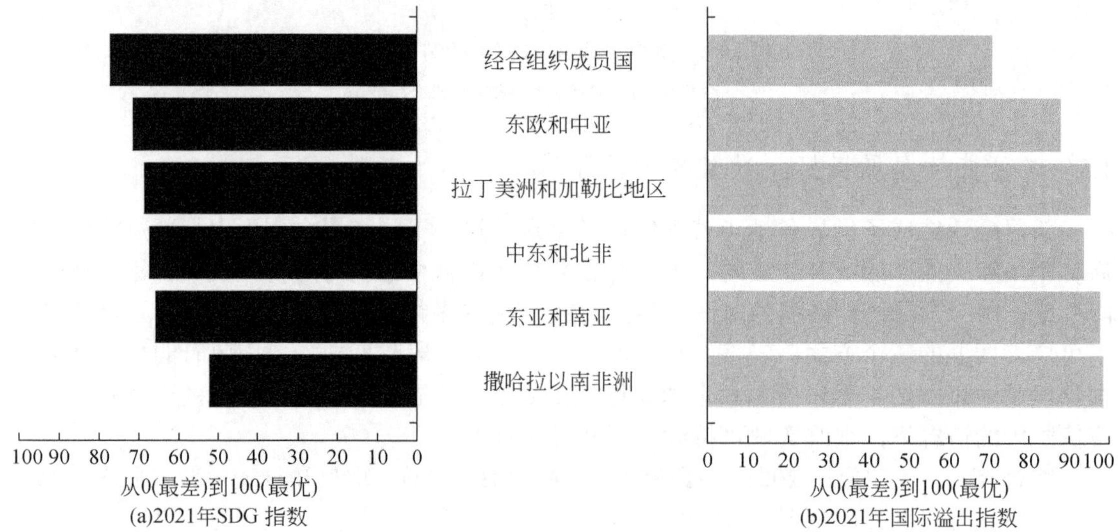

图 10.4 地区平均 SDG 指数得分与国际溢出指数得分

图片来源：《可持续发展报告 2021》

《报告》建议至少从四个方面来增加低收入发展中国家的财政空间：

（1）改善全球货币管理，低收入发展中国家的流动性需要增强；

（2）通过几项全球税收改革改善税收征管；

（3）多边开发银行增加金融中介，以支持长期发展筹资；

（4）债务减免。

3. 行动十年需要一个强有力的多边体系

全球挑战，包括流行病、气候变化和生物多样性危机等，需要一个强有力的多边体系。现在比以往任何时候都必须更加支持多边体系的有效运作。可持续发展目标 17（促进目标实现的伙伴关系）所涵盖的国际合作可以更好应对新冠疫情及加速实现可持续的、包容的和有弹性的复苏。从疫情中吸取的经验教训将是提升国际社会准备、应对和从其他重大风险中快速恢复等能力的关键。

实现可持续发展目标是一项全球责任。国家层面的战略必须注重避免对其他国家产生负面影响或“溢出效应”。报告显示，高收入国家和经合组织国家往往会产生最大的负面溢出效应，特别是通过不可持续的供应链、税基侵蚀和利润转移。溢出效应必须得到理解、衡量和谨慎管理。

新冠疫情表明，必须加快实现全民医保和普及关键基础设施，特别是数字基础设施的进程。可持续发展目标呼吁各国加强其社会安全网，向主要医疗服务普及医疗保险。数字技术在维持社会服务、支付、学校教育和保健方面发挥了关键作用，并使在家工作对许多职业有效。数字应用的重要性突出了普及宽带服务作为社会包容、经济机会和公共卫生的关键。

10.3.2　中国实施可持续发展目标的机遇与挑战

中国始终坚持发展为第一要务，高度重视联合国“2030 年可持续发展议程”，国家主席习近平出席联合国可持续发展峰会，代表中国政府签署了“2030 年议程”。2016 年 3 月，全国人大审议通过的“十三五”规划中实现了 17 项 SDGs 与中国中长期发展规划和战略的有机融合。2016 年 4 月，中国发布了《落实 2030 年可持续发展议程中方立场文件》。2016 年 9 月，国务院总理李克强在纽约联合国总部主持召开“可持续发展目标：共同努力改变我们的世界——中国主张”座谈会，宣布发布《中国落实 2030 年可持续发展议程国别方案》，将 2030 可持续发展议程与中国中长期发展规划有机结合，确定了中国落实 17 项可持续发展目标及其 169 个具体目标的基本方案，促进 2030 年议程在全国各地的贯彻落实。同年国务院发布《中国落实 2030 年可持续发展议程创新示范区建设方案》，提出了中国落实“2030 年议程”的任务和建设创新示范区的具体要求，并先后于 2018 年 2 月和 2019 年 5 月两批次批复深圳市、太原市、桂林市、郴州市、临沧市和承德市 6 个城市创建国家可持续发展议程创新示范区，对照 SDGs 关键目标和指标，设定了地方可持续发展指标体系，以期为全球可持续发展提供中国经验。

作为世界上最大的发展中国家，中国在落实“2030 年可持续发展议程”的过程中，既面临难得的机遇，也面临诸多新挑战。从 UNSDSN 和贝塔斯曼基金会（Bertelsmann Stiftung）动态发布的《可持续发展目标指数和指示板报告》评估结果来看，中国是全球评分和排名增长较快的国家之一，得分由 2016 年的 59.1 分增长为 2020 年的 73.89 分，排名相应由 76 位上升为 48 位。在 17 项 SDGs 中，SDG1（消除贫困）、SDG6（清洁饮水与卫生设施）、SDG8（体面工作和经济增长）、SDG9（工业、创新和基础设施）4 项目标快速增长。这主要是与其中的贫困发生率、基本饮用水服务、GDP 增长及使用互联网人数等指标的快速增长密切相关。此外，SDG2（消除饥饿）、SDG3（良好健康与福祉）、SDG5（性别平等）、SDG7（经济适用的清洁能源）、SDG11（可持续城市和社区）、SDG13（气候行动）、SDG16（和平、正义与强大机构）7 项目标也实现了较快增长。总体来看，表现较为不好的目标主要集中在生态环境领域，其中 SDG14（水下生物）指示板颜色为红色，实现目标面临严峻挑战。在该项目标中，“海洋生态环境状况（清洁水域）”指标得分较低，排名第 127 位；拖网捕鱼治理情况表现也较差，排名第 101 位，两个指标评级均为“红色”。SDG15（陆地生物）指示板颜色为橙色，目标的达成仍有较大难度，并且目标呈现恶化趋势，需向可持续保护利用方向进一步努力。

10.3.3　可持续发展目标中国本土化探索

全球指标框架用于评价全球和区域可持续发展目标进展情况尚存在诸多问题，包括：

①未对目标的重视度加以区分，不同国家距离达成 17 项目标的绝对绩效差距不同，因此各国应当根据实现目标的差距和难度，确定优先任务，并予以足够的关注，优先考核。②部分指标仅适用于全球或区域层面可持续发展进展的考核，并不适合国家层面的评价。③指标本身属性差距大，既有定量和定性评价的指标，还有难以评估的指导性、预期性指标。④部分 SDGs 指标与中国统计指标表述存在差异，或者从未统计过，指标数据获取难度大，无法直接应用到中国 SDGs 进展评估。

基于国家落实“2030 年议程”的监测需求，SDGs 中国本土化评价指标体系以可持续发展目标的 17 项目标和 169 项子目标为核心，以 IAEG-SDGs 提出的全球指标框架为基本框架（叶江，2016）。以“十三五”规划作为中国 SDGs 本土化的实践基础，统筹考虑绿色发展、生态文明建设、循环经济发展、美丽中国建设等中国现有可持续发展相关评价指标，汇总《中国妇女发展纲要（2011～2020 年）》《大气污染防治行动计划》《国家应对气候变化规划（2014～2020 年）》《水污染防治行动计划》《中国制造 2025》《国家创新驱动发展战略纲要》《土壤污染防治行动计划》《“健康中国 2030”规划纲要》《能源生产和消费革命战略（2016～2030）》《国家人口发展规划（2016～2030 年）》《全国国土规划纲要（2016～2030 年）》《国民营养计划（2017～2030 年）》《中国教育现代化 2035》等中长期专项发展战略规划与行动计划里提出的主要目标，参考《国务院关于大力推进信息化发展和切实保障信息安全的若干意见》《中共中央 国务院关于加快推进生态文明建设的意见》《中共中央 国务院关于实施乡村振兴战略的意见》等国家宏观政策文件设定的目标，结合外交部两次发布的《中国落实 2030 年可持续发展议程进展报告》，梳理相关目标指标与 SDGs 的对应关系，形成了由 644 个指标组成的中国可持续发展指标库作为本土化备选指标，以确保 SDGs 中国本土化评价指标体系可测度、可跟踪、可落地。

整体上看，中国目前发展规划、指标体系和计划行动中的指标已经覆盖所有可持续发展目标，为构建中国本土化指标体系提供了良好的指标基础，并且在 SDG3（良好健康与福祉）、SDG6（清洁饮水与卫生设施）、SDG7（经济适用的清洁能源）、SDG9（工业创新和基础设施）、SDG11（可持续城市和社区）、SDG12（负责任的消费和生产）及 SDG15（陆地生物）等目标的考核指标更为丰富，也体现了当前中国发展高度关注的领域和指标类别。

本章小结

- 千年目标是在 2000 年联合国国际千年发展首脑大会上明确提出的八项全球发展目标，也是在联合国国际千年声明中官方给出的一个声明。
- 联合国成员国通过了“2030 年可持续发展议程”及其 17 项可持续发展目标，内容涉及贫困、不平等、气候变化、和平安全等与每个人都息息相关的内容，旨在为全人类谋求更美好、更加可持续的未来。
- 2015 年联合国发展峰会通过了“2030 年可持续发展议程”。联合国制定该议程的内在原因有两个，一是为了完成千年发展目标的未竟事业，二是为了汇聚国际社会力量共同应对新的全球性挑战。
- “2030 年可持续发展议程”对中国未来发展既是机遇也是挑战。机遇主要体现在有利于中国在可持续发展领域开展对外合作和国家经济战略的实施，挑战主要体现在中国将面临来自国际社会的不稳定局势。
- 面向未来，我国将在保持自身的基本定位下，积极、主动地加入国际相关进程，积极开展全球发展协作与发展援助，为其他发展中国家共同实施该议程做出中国贡献。

参考文献

陈迎. 2014. 联合国 2015 年后发展议程：进展与展望. 中国地质大学学报（社会科学版），14（5）：15-22，155

郭亮. 2015. 世界粮食安全现状及粮食供求展望. 世界农业，（1）：17-23

郝亚琳. 2007. 我国已提前实现千年发展目标. 党建文汇：下半月，（11）：1

联合国开发计划署. 2003. 2003 年人类发展报告. 千年发展目标：消除人类贫困的全球公约. 《2003 年人类发展报告》翻译组译. 北京：中国财政经济出版社

祁怀高. 2012. 联合国千年发展目标与中国发展理念的互动. 国际安全研究，（6）：51-61

祁怀高，刘青尧. 2017. 近年中菲经贸关系的特点、影响因素与因应之策. 东南亚研究，230（5）：105-119，157-158

孙新章，张新民，夏成. 2012. 对全球可持续发展目标制定中有关问题的思考. 中国人口·资源与环境，22（12）：123-126

孙新章. 2016. 中国参与 2030 年可持续发展议程的战略思考. 中国人口·资源与环境，26（1）：1-7

谈世中，彭磊. 2005. 实现千年发展目标需要全球共同努力. 求是，（23）：59-61

魏彦强，李新，高峰，等. 2018. 联合国 2030 年可持续发展目标框架及中国应对策略. 地球科学进展，33（10）：1084-1093

肖丽. 2004. 我国社会发展若干问题评估——以中国实施联合国千年发展目标进展情况为例. 中国发展报告，（1）：243-246

熊青龙. 2014. 从千年发展目标到可持续发展目标：国际发展目标的转变. 国际经济合作，（5）：56-61

徐奇渊，孙靓莹. 2015. 联合国发展议程演进与中国的参与. 世界经济与政治，（4）：43-66，155-156

薛澜，翁凌飞. 2017. 中国实现联合国 2030 年可持续发展目标的政策机遇和挑战. 中国软科学，（1）：1-12

叶江，崔文星. 2014. 联合国千年发展目标实绩评析——兼谈后 2015 全球发展议程的争论. 上海行政学院学报，15（2）：27-38

叶江. 2016. 联合国“千年发展目标”与“可持续发展目标”比较刍议. 上海行政学院学报，17（6）：37-45

曾培炎. 2015. 推进全球可持续发展构建人类命运共同体. 全球化，（7）：10-11，132

Cash D W，Clark W C，Alcock F，et al. 2003. Science and technology for sustainable development special feature：knowledge systems for sustainable development. Proceedings of the National Academy of Sciences of the United States of America

Chatterjee D K. 2011. United Nations Millennium Development Goals. Amsterdam：Springer

Costanza R，Daly H E. 1992. Natural Capital and Sustainable Development. Conservation Biology，6（1）:37-46

EaSterly W. 2009. How the Millennium Development Goals are Unfair to Africa. World Development，37（1）：26-35

Folke C，Carpenter S，Elmqvist T，et al. 2002. Resilience and sustainable development：building adaptive capacity in a world of transformations. Ambo，31（5）：437-440

Group U. 2003. Indicators for monitoring the Millennium Development Goals. Naciones Unidas

Haines A，Cassels A. 2004. Can the millennium development goals be attained? BMJ，329（7462）：394-397

Hulme D，Fukuda-Parr S. 2009. International Norm Dynamics and ‘the End of Poverty’：understanding the Millennium Development Goals（MDGs）. Global Development Institute Working Paper Series，17（9609）：

17-36

Organization G. 2004. The Millennium Development Goals and tobacco control：an opportunity for global partnership：executive summary. Who Tobacco Free Initiative

Sachs J D，Mcarthur J W. 2005. The Millennium Project：a plan for meeting the Millennium Development Goals. The Lancet，365（9456）：347-353

Sachs J，Kroll C，Lafortune G，et al. 2021. Sustainable Development Report 2021

Science. 2005. Technology and Innovation for Achieving United Nations Millennium Development Goals. Bulletin of the Chinese Academy of Sciences，（4）：224-225

Stanton H. 2004. The millennium development goals and tobacco control：an opportunity for global partnership. Global Health Promotion，17（6）：51-59

Travis P，Bennett S，Haines A，et al. 2004. Overcoming health-systems constraints to achieve the Millennium Development Goals. Lancet，364（9437）：900-906

UNEP. 2017. Towards a green economy：pathways to sustainable development and poverty eradication. Nairobi Kenya Unep

WBCSD. 1998. World Business Council for Sustainable Development（WBCSD）

World Bank. 2013. Rural-urban dynamics and the millennium development goals. World Bank：International Bank for Reconstruction and Development

World Health Organization. 2005. Health in the Millennium Development Goals. New York：John Wiley & Sons，Ltd

第 11 章　人类命运共同体与新型全球化

11.1　百年未有之大变局

11.1.1　世界格局的不平衡不确定性

第一次世界大战后形成的凡尔赛-华盛顿体系、第二次世界大战形成的雅尔塔体系，反映了两种国际秩序的发展。世界格局先后有无极（nonpolarity）、单极（unipolarity）、一超多强（uni-multi-polarity）、一超一次多强（uni-sub-multipolarity）、两极（bipolarity）、多极（multipolarity）等不同描述。

2/3 标准。兰德尔·施韦勒（Randall Schweller）研究指出，国力达到美国 2/3 的苏、德与美国形成世界三极格局（tripolarity）。

60%标准。是指 GDP 总量达到美国 60%，如日本、欧盟、中国等，即美国打压 GDP 超过自身 60%的国家。

50%标准。是指一战前英国维持海军“双强”标准而对超级大国实力进行的设定，即当非极最强国（B）超过最强国（A）权力的一半时，非极最强国（B）具有成为一极的潜力。

1900 年，是美国经济总量超过英国的时间点，同时英国、美国、法国、德国、意大利、俄国、日本、奥匈帝国八个国家的 GDP 按购买力平价计算占全世界的 50.4%。到 2000 年，美国、英国、法国、德国、意大利、俄罗斯、日本、加拿大八国集团 GDP 按购买力平价计算占全世界的 47%。到 2018 年，八国集团 GDP 按购买力平价计算占全世界的 34.7%。目前，世界格局已发生重大变化。

从“地理大发现”开始的每一个全球化周期，都有一个主导国家并有着自身发展的动力和突出特征（图 11.1）。1850 年，马克思与恩格斯共同发表的《国际述评（一）》一文中指出，世界经济贸易文化中心由古代的地中海沿岸向近代北大西洋东岸再向北大西洋西岸

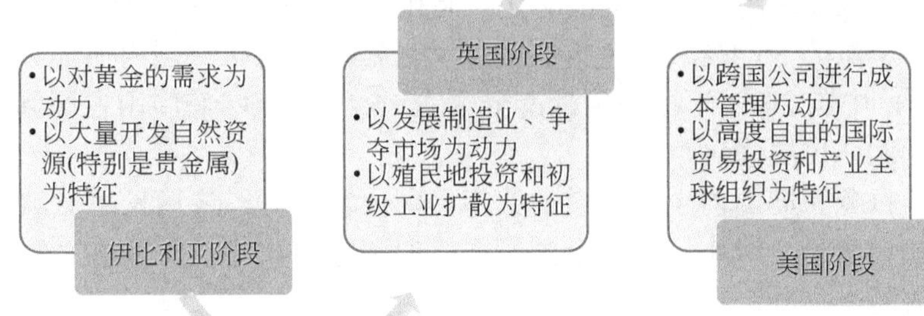

图 11.1　不同全球化周期的发展动力和特征

进而向太平洋沿岸转移，具有一定的发展周期性。

11.1.2 百年未有之大变局的提出

2017 年 10 月，习近平总书记在党的十九大报告中“世界正处于大发展大变革大调整时期”，对世界发展格局作出了宏观判断。

2017 年 12 月，习近平主席在接见回国参加 2017 年度驻外使节工作会议的使节时发表重要讲话指出，“放眼世界，我们面对的是百年未有之大变局。”这是在国内首次提出“百年未有之大变局”的概念。

2018 年 6 月，习近平总书记在中央外事工作会议上提出，“当前，我国处于近代以来最好的发展时期，世界处于百年未有之大变局”。

2018 年 9 月，习近平主席在中非合作论坛北京峰会上提出，“当今世界正在经历百年未有之大变局。”这是在国际上的首次论述。

概括讲，“百年未有之大变局”主要是指当前国际力量对比发生近代以来最具革命性的变化，国际格局和国际体系发生深刻调整，全球治理体系发生深刻变革（表 11.1）。

表 11.1 “百年未有之大变局”的几个主要维度

维度	内容
国际力量	发展中国家和新兴市场国家国际影响力不断增强，国际力量对比更趋均衡
全球治理	全球治理话语权向发展中国家倾斜，全球治理体系向更加公正合理方向发展
经济重心	全球经济重心加快“自西向东”转移
科技和产业	新一轮科技革命和产业变革正在重构世界
文明多样性	世界文明多样性更加彰显，世界各国开放包容、多元互鉴成为主基调

11.1.3 新发展格局

当今世界正经历百年未有之大变局，中国发展的外部环境日趋复杂。2020 年，全球爆发新冠疫情，各国经济受到巨大冲击，多数国家经济增长为负，居民收入缩减，投资锐减，需求萎缩，国际贸易受到严重影响。

2020 年，中国发展战略定位从“充分利用国内国际两个市场两种资源”，调整为构建“以国内大循环为主体、国内国际双循环相互促进的新发展格局”。中国是世界第二大经济体、第一大贸易国，这种战略调整必将引起国际社会广泛关注。

中国“以国内大循环为主体”的战略定位是由经济发展的基本规律所决定。2006 年，中国出口占经济总量的 35.4%，2019 年的比重为 17.4%，意味着国内循环由 64.6%上升到了 82.6%。同时，中国 2019 年经济总量占全球的 16.4%，意味着中国在国际上有 83.6%的竞争空间，国际循环仍要强化。

运用经常项目顺差同国内生产总值的比率、国内需求对经济增长的贡献率和外贸依存度等指标，更能说明一个国家经济社会的发展格局和中国构建新发展格局的重大意义、时代背景和丰富内涵。

经常项目差额是国际收支中贸易收支、劳务收支和转移收支三个收支的总计差额。如果收入大于支出，就是经常项目顺差；反之为经常项目逆差。经常项目顺差同国内生产总值的比率，反映的是一个国家国际收支平衡的状况。国际上将经常项目差额控制在 GDP 的 4%以内视为国际收支平衡的重要指标。2005 年，中国经常项目顺差占 GDP 比率达到 5.9%，2010 年回落，2019 年不到 2%（图 11.2）。表明中国国际收支水平的持续改善，以及与外部经济的日渐平衡。

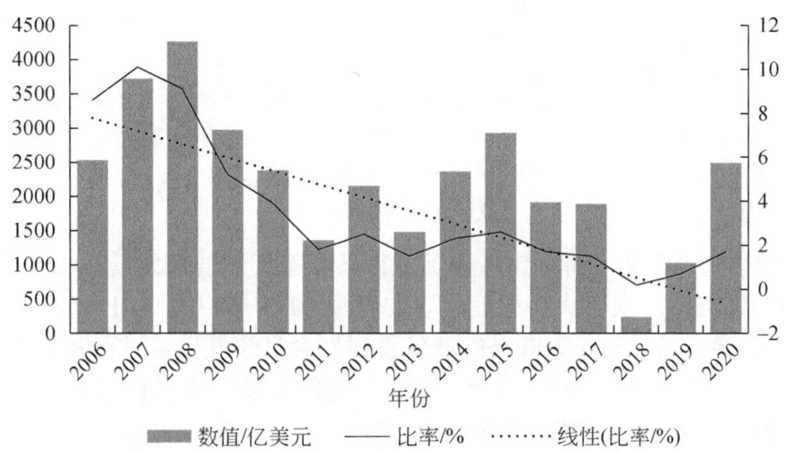

图 11.2 中国经常项目顺差同国内生产总值比率变化

数据来源：国家统计局

国内需求对经济增长的贡献率，反映经济增长中国内需求作用大小的程度。2008 年国际金融危机爆发后，中国国内需求对经济增长的贡献率有 7 个年份超过 100%（图 11.3）。其中，贡献率最高的 2009 年内需对经济增长的贡献率达到 142.9%。2014 年至今，消费持续成为国民经济增长当中的第一驱动力。2019 年最终消费支出对国内生产总值增长的贡献率为 58.6%，高于资本形成总额 29.7 个百分点，但全球最终消费占 GDP 的比重平均达到 78%，发达国家最终消费占 GDP 的比重达到 80%，说明中国经济增长的内需潜力和空间依然很大。

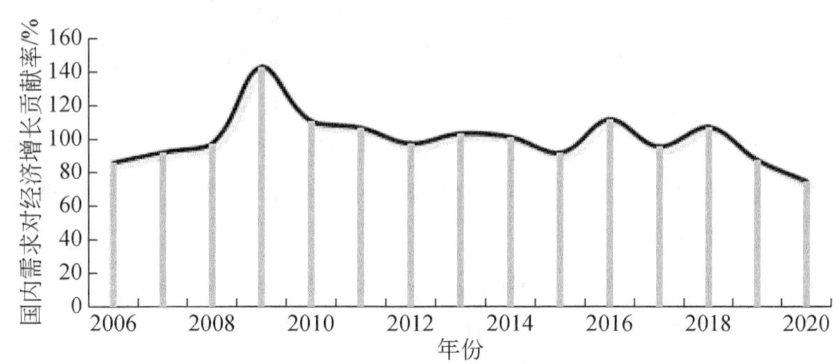

图 11.3 中国国内需求对经济增长贡献率变化

数据来源：国家统计局

外贸依存度是一个国家经济依赖于对外贸易程度的体现，其定量表现是一国进出口贸易总额与 GDP 之比。从全球范围看，内循环的经济占 GDP 80%以上、外循环的经济占 GDP 20%以内，是经济强国经济发展的普遍规律。1998 年，中国外贸依存度为 33.7%，2004 年达到历史峰值为 70%，但 2020 年回落到 31.6%（图 11.4）。

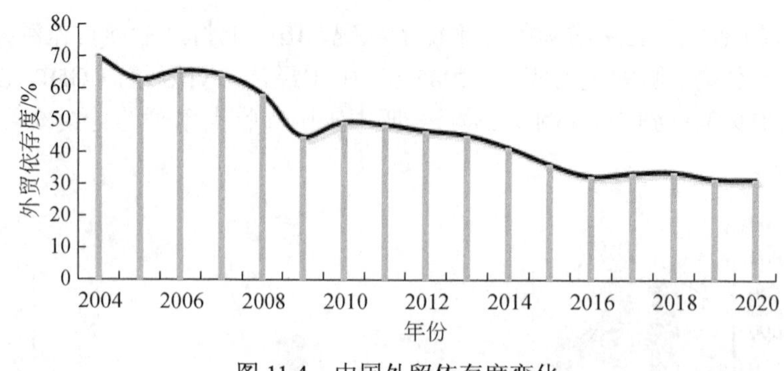

图 11.4　中国外贸依存度变化

数据来源：国家统计局

因此，以国内大循环为主体、国内国际双循环相互促进的新发展格局，意义十分重大。根据新经济创新优势和后来者优势原理，要实现到 2035 年中国 GDP 规模或城乡居民收入在 2020 年基础上翻一番的目标，就必须把新发展理念贯穿发展全过程和各领域，实现更高质量、更有效率、更加公平、更可持续、更为安全的发展。这就意味着，新发展格局要高度重视质量、效率、公平、可持续性和安全。

11.2　人类命运共同体与新型国际关系

11.2.1　人类命运共同体的提出

人类命运共同体是一种全球价值观，包含相互依存的国际权利观、共同利益观、可持续发展观和全球治理观，是全球化发展的未来方向。

2012 年 12 月，党的十八大报告中明确提出“要倡导人类命运共同体意识，在追求本国利益时兼顾他国合理关切”。

2013 年 3 月，习近平主席在莫斯科国际关系学院演讲时指出，“这个世界，各国相互联系、相互依存的程度空前加深，人类生活在同一个地球村里，生活在历史和现实交汇的同一个时空里，越来越成为你中有我、我中有你的命运共同体。”

2015 年第 70 届联合国大会，习近平主席在讲话中强调，“当今世界，各国相互依存、休戚与共。我们要继承和弘扬联合国宪章的宗旨和原则，构建以合作共赢为核心的新型国际关系，打造人类命运共同体。”

2017 年 1 月，习近平主席在联合国欧洲日内瓦总部发表了题为《共同构建人类命运共同体》的演讲，向世界提出了国际社会面临的重大现实和挑战。

2017 年 10 月，习近平总书记在党的十九大报告中提出，“构建人类命运共同体，建设持久和平、普遍安全、共同繁荣、开放包容、清洁美丽的世界。”

11.2.2　人类命运共同体的内涵

“人类命运共同体”是中国走和平发展道路、奉行合作共赢的开放战略、恪守维护世界和平、促进共同发展外交宗旨的承诺，包括共同、综合、合作、可持续的安全观，公平、开放、包容、共赢的发展观，和而不同、兼收并蓄的文明交流，以及尊重自然、环境友好的生态文明。人类命运共同体的内涵是“建立持久和平、普遍安全、共同繁荣、开放包容、清洁美丽的世界”（表 11.2）。

表 11.2　人类命运共同体及其组成部分

涵盖范围	具体指向
全球命运共同体	人类命运共同体 网络空间命运共同体 核安全命运共同体
地区命运共同体	中国-非洲命运共同体 亚洲命运共同体 上合组织命运共同体 亚太命运共同体 中国-东盟命运共同体 中国-拉美命运共同体 中国-阿拉伯命运共同体
国家命运共同体	G20 集团命运共同体 中国-巴基斯坦命运共同体 中国-越南命运共同体 中国-乌兹别克斯坦命运共同体 中国-白俄罗斯命运共同体 中国-哈萨克斯坦命运共同体 中国-老挝命运共同体

习近平总书记指出，“人类命运共同体，顾名思义，就是每个民族、每个国家的前途命运都紧紧联系在一起，应该风雨同舟，荣辱与共，努力把我们生于斯、长于斯的这个星球建成一个和睦的大家庭，把世界各国人民对美好生活的向往变成现实。”英国社会科学院院士马丁·阿尔布劳，作为具有世界性影响的社会学家，是西方率先提出“全球化”概念的学者之一，他在《中国在人类命运共同体中的角色——走向全球领导力理论》（2020）、《中国与人类命运共同体：探讨共同的价值观与目标》（2022）中，以西方学者视角，对人类命运共同体、全球化理论与实践、全球治理与中国、“一带一路”倡议、中国脱贫、抗击新冠疫情与全球化等主题进行了阐述。

简单地说，人类命运共同体就是人类社会不同的国家和民族在共同利益、共同价值、共同责任基础上所结成的命运攸关的整体。

11.2.3　新型国际关系

自威斯特伐利亚体系开启现代国际关系，即国际关系现代化进程以来，国际关系在不断进化和现代化。现代国际关系可分成“旧型”与“新型”两大阶段，具体可分为典型的旧型国际关系、非典型的旧型国际关系和新型国际关系三类。

联合国体系诞生是旧型国际关系演进的一个重要分水岭，这之前的国际关系是典型的旧型国际关系，大国强国主宰国际事务是其典型特征。联合国成立以来的国际关系可称为非典型的旧型国际关系。

中国共产党十八大报告提出“建立更加平等均衡的新型全球发展伙伴关系”。

2013 年 3 月，习近平主席在莫斯科国际关系学院发表演讲，首次提出“以合作共赢为核心的新型国际关系”的概念。

2014 年 11 月，习近平总书记在中央外事工作会议上指出：“我们要坚持合作共赢，推动建立以合作共赢为核心的新型国际关系，坚持互利共赢的开放战略，把合作共赢理念体现到政治、经济、安全、文化等对外合作的方方面面。”这是在国家最高层级的外事工作会议上明确提出这个概念。

中国共产党十九大报告提出“推动建设相互尊重、公平正义、合作共赢的新型国际关系”。

总体上，新型国际关系的基本理念和原则是相互尊重、公平正义、合作共赢，目标模式是构建人类命运共同体。

当然，也可以从技术进步分析国际关系演化的规律及其相关政治经济现象。技术进步及其产业变革改变国家之间的技术及产业竞争优势。西方国家利用第二次工业革命在全球推进殖民扩张并最终建立西方国家主导的全球政治经济体系。美国通过第三次工业革命巩固了霸权地位。第四次工业革命期间，大国之间在大数据、人工智能、移动互联网等技术领域的竞争更为激烈。技术进步及其产业变革改变着各国政府、跨国公司、国际组织、跨国非政府组织（Non-Govermental Organizations，NGO）等社会行为体行为的地理空间范围、时间分布、行为工具及手段、行为内容、行为组织方式、行为目标、行为预期等，由此引发国际关系微观结构与宏观演化模式的调整与变迁（表 11.3）。例如，美国 2018 年打压和制裁中国出现的“中兴公司事件”，“五眼联盟”对中国华为公司 5G 产品的联合禁止行动等。

表 11.3　技术变革与国际关系演化

序号	技术变革类型	国家行为变化	国际关系结构
1	落后技术淘汰	落后技术国家在国际技术竞争中被淘汰	落后技术国家竞争失败
2	落后技术替代	落后技术国家在国际技术竞争中被替代	落后技术国家被新技术国家替代
3	传统技术升级	传统技术国家实现技术升级与转型	传统技术国家转型成功
4	传统技术替代	传统技术国家在国际技术竞争中被替代	传统技术国家竞争失败被替代
5	新技术开发	新技术开发国家获得新的国际技术竞争优势	新技术国家崛起
6	新技术引入	新技术引入国获得新技术竞争优势	新技术引入国获得新竞争优势
7	新技术竞争	新技术竞争改变国家之间的竞争结构和竞争态势	新技术国际竞争结构变迁
8	高新技术研发	高新技术研发国获得高新技术竞争优势	高新技术国家获得垄断竞争优势
9	高新技术引入	高新技术引入国能够提升本国技术竞争优势	新技术引入国竞争力提升

目前，大数据与人工智能已成为影响当代国际关系的重要因素。大数据资源成为主权国家资源的重要组成部分，深刻地改变着国家实力与国家主权结构，即国家的大数据主权（national big data sovereignty，NBS），国家之间的大数据技术合作与竞争构成国家之间技术合作与竞争的关键内容，从国际社会权力基础及结构、国际社会微观行为基础、国际社会规则体系、国际社会组织结构、国际社会宏观运行模式、国际关系演化方向及国际关系变化规律等多个方面，推动着国际技术格局和国际生产力格局的重塑（图 11.5）。当然，回溯电力使用、广播兴起、电话出现、新闻出版普及和电视时代等通信技术进步，其意义不亚

于互联网时代。所以，信息量增加未必拓展发展观念的多元化。

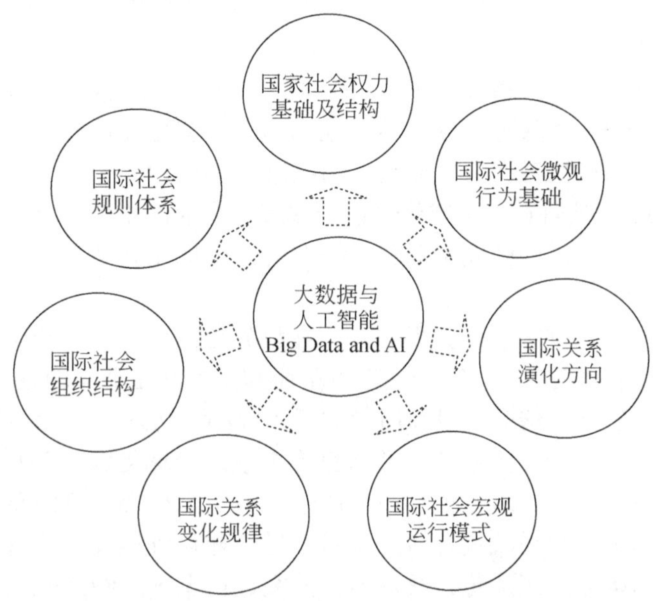

图 11.5　大数据、人工智能与国际关系结构变迁（保建云，2019）

11.3　全球化与新型全球化

11.3.1　全球化

1980 年，莱维特（Theodore Levitt）在《市场的全球化》中第一次在经济学范畴内明确提出了“全球化”概念，即全球化本质上是商品、服务资本和技术在世界性生产、消费和投资领域中的扩散。德国社会学家乌尔里希 • 贝克（Ulrich Beck）从 7 个方面定义了全球化：地域的扩张、信息革命与技术、人权和民主原则、文化的浪潮、世界性的贫穷问题、跨文化现象、冲突。国际货币基金组织（IMF）从四个方面定义全球化：贸易和国际往来、资本与投资流动、人口流动、知识传播。1992 年，罗兰 • 罗伯森（Roland Robertson）指出，“全球化”是全球空间的“压缩”。实质上，全球化是人类社会发展的一种时空演化现象，是指全球联系不断增强，人类生活在全球尺度上的发展和意识。

从全球化的概念看，最早的全球化应始于中国汉朝张骞出塞开辟丝绸之路。戴维 • 赫尔德和安东尼 • 麦克格鲁在《全球大变革》中指出全球化的起源约始于 9000～11000 年前的人类历史，其标志是农业定居文明的出现。阿伯丁大学社会学教授罗兰 • 罗伯森（Roland Robertson）认为，全球化始于 15 世纪初期到 18 世纪中期的欧洲或发轫于 15～17 世纪的地理大发现。自 19 世纪以来全球化的总体趋势是前进的，但出现了第一次世界大战到第二次世界大战约 30 年（包括 1929～1933 年“大萧条”）的全球化衰退。《共产党宣言》中指出，“美洲的发现、绕过非洲的航行，给新兴的资产阶级开辟了新天地”，“大工业建立了由美洲的发现所准备好的世界市场。世界市场使商业、航海业和陆路交通得到了巨大的发展。这种发展又反过来促进了工业的扩展”，“资产阶级，由于开拓了世界市场，一切国家的生产和消费都成为世界性的了”。可以说，当代全球化是资本扩张和资本主义市场发展开创的“世界历史”新阶段。马克思和恩格斯指出，随着普遍交往和世界历史演变，“过去那种地方的和民族的自给自足和闭关自守状态，被各民族的各方面的相互往来和各方面的相互依赖所代替了。物质的生产是如此，精神的生产也是如此。各民族的精神产品成了公共的财产”。

21 世纪之前，全球化主要经历了三大历史阶段。世界知名的媒体专栏作家、普利策新闻奖获得者托马斯·弗里德曼在《世界是平的：21 世纪简史》中就划定为全球化 1.0、全球化 2.0 及全球化 3.0。纵向看，全球化包括一战爆发之前的早期全球化、二战结束之后的中期全球化和冷战结束以来的晚期全球化。横向看，全球化表现为商品全球化、资本全球化和信息全球化。

全球化 1.0 阶段。地理大发现为西方列强在世界范围内的商品和资本输出提供了可能与条件，客观上加速了殖民过程。第一次工业革命和第二次工业革命期间，国际分工加快，全球性经济活动日趋频繁。这个阶段逐渐形成了“中心－边缘”二元结构。

全球化 2.0 阶段。人类社会经历了两次世界大战，全球化以美苏两大阵营冷战对抗为核心的雅尔塔体系所展开。二战结束后，形成了以美国为核心构筑的布雷顿森林体系。世界银行、国际货币基金组织与关贸总协定等对推进全球化进程发挥了重要的国际多边机制作用。联合国在缓和国际紧张局势、解决地区冲突、协调国际经济关系、促进各国合作与交流方面，为全球化进程提供了和平安全环境与资源共享平台。亚非拉地区发展中国家通过组织召集“不结盟运动”“七十七国集团”等也成为建立公正合理的国际政治经济新秩序的强大力量。20 世纪 90 年代初，苏联解体、东欧剧变，冷战时期的两极格局宣告结束，全球化进程出现新的局面。

全球化 3.0 阶段。20 世纪末，以互联网为标志的现代信息技术高速发展，生产、贸易、投资、金融、消费等全球化推动了技术进步、信息共享，各国间相互依赖加深。同时，土地荒漠化、生物多样性减少、酸雨、臭氧层空洞等全球性发展问题日渐突出。1995 年，瑞典首相卡尔松等在《天涯成比邻》研究报告中，较为系统地阐述了全球治理的概念、价值，以及全球治理同全球安全、经济全球化、联合国改革等议题。全球治理和全球化 3.0 阶段拉开序幕。

11.3.2 逆全球化

全球南方焦点（focus on the global south）的创始人 Walden Bello 在 2001 年提出了“逆全球化”的概念。他认为，“逆全球化”不是全球经济的倒退，而是世界经济和国际政治体系的重建，意味着全球经济从围绕跨国公司的需求整合变为围绕民族、国家和社区的需求整合。

在政治上，“逆全球化”主要表现为民粹主义。1999 年 11 月 30 日，为了抵制全球化给环境、动物和收入分配带来的负面影响，在世贸组织西雅图会议期间游行示威的口号就是“反对全球化”。特朗普曾在竞选美国总统期间，把美国铁锈地带的衰败归咎于全球化，推行右翼民粹主义思想，激发反全球化情绪。

在经济上，“逆全球化”主要源于 2008 年全球金融危机。2008 年全球金融危机前，世界平均关税税率不断下降（图 11.6），技术性贸易壁垒（technical barriers to trade，TBT）及卫生和植物检疫措施（sanitary and phytosanitary measures，SPS）总量也处于较低的水平（图 11.7）。此外，按五年移动平均看，全球贸易增长率年均 5%以上（图 11.8）；全球 FDI 流量波动上升，而且每次上升的幅度都很大（图 11.9）。金融危机之后，关税税率停止了其下降趋势（图 11.6），并出现微弱的上升，可能是因为关税是放在桌面上的，加征关税往往难以逃脱 WTO 的惩罚。更为重要的是，技术性贸易壁垒及卫生和植物检疫措施的总量大幅度上升（图 11.7）。按五年移动平均来看，全球贸易总量每年增长基本都在 5%以下，至今尚未回到危机前的水平（图 11.8）。全球 FDI 流量尽管仍然有所上升，但上升的幅度开始下降，而且自 2016 年以来呈现下降趋势（图 11.9）。就全球商品贸易而言，其占 GDP 的比重虽然在危机后有所增加，但是近年来又呈下降趋势，由 2011 年的 50%下降为 2018 年的 46%。根据荷兰经济政策分析局 2019 年 3 月 25 日公布的非年化数据，在截至 2019 年 1 月底的三个月期间，全球国际贸易动量移动平均指数跌至 125.2，下跌 1.8%，是 2009 年 5 月以来的最大跌幅。从年化角度看，全球贸易动量指数出现九年来的首次下跌。

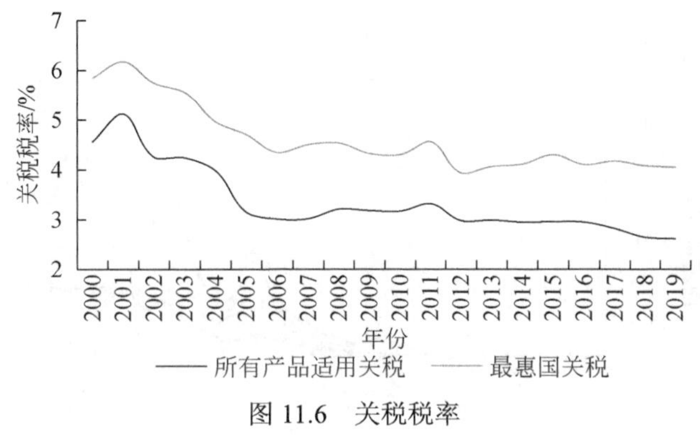

图 11.6　关税税率

数据来源：WTO

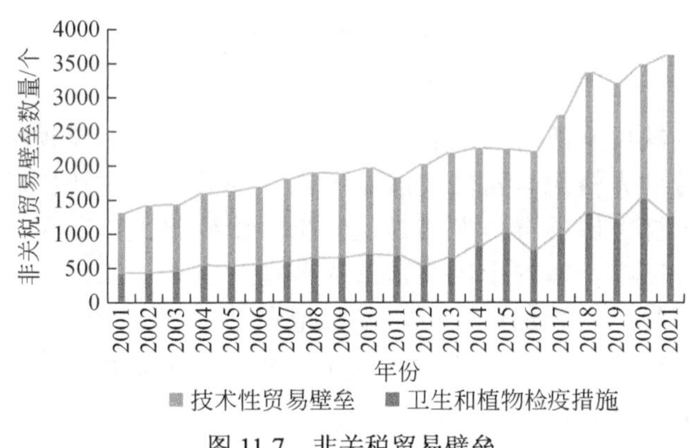

图 11.7　非关税贸易壁垒

数据来源：WTO

图 11.10 表明，在全球化时代，劳动阶层获得的分配比例越来越低，资本获得的比例越来越高。

全球化和收入分配之间是否具有因果关系呢？根据经典赫克歇尔–俄林模型，全球化对收入分配的影响取决于一个国家的资源禀赋。在资本充足的国家如美国，劳动力受损，资本受益；而在劳动力资源充足的国家如中国，情况正好相反（当然，劳动所得还受其他因素影响）。事实上，如果没有全球化，资本家只能在境内逐利，全球化则让其可以在全球范围内逐利，同时还可能逃税或避税。显然，全球化会增加资本的回报。同样，根据斯帕托–萨缪尔森定理，贸易是基于相对比较优势的，一方面它会提高一国丰富要素所

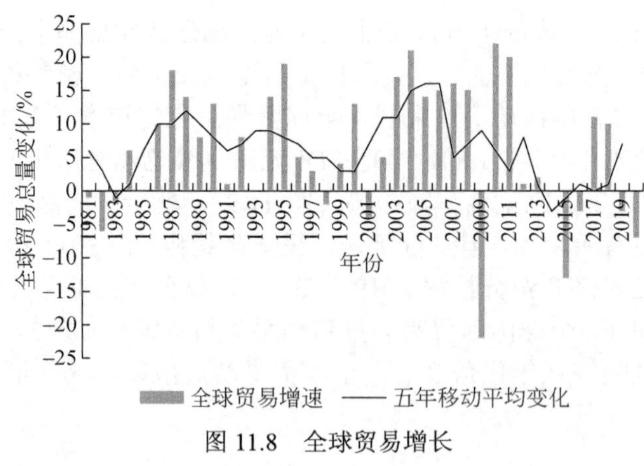

图 11.8　全球贸易增长

数据来源：WTO

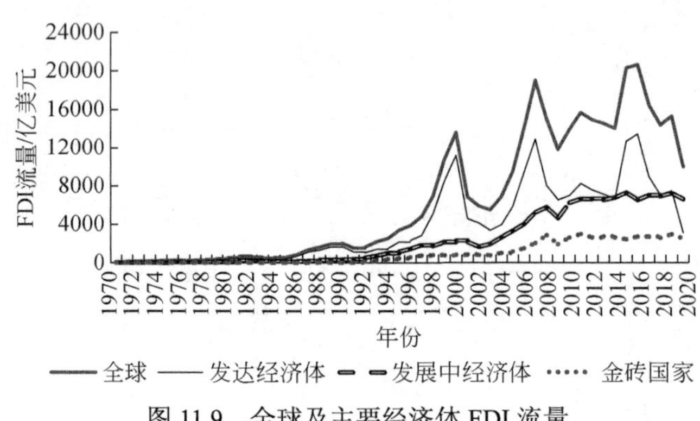

图 11.9　全球及主要经济体 FDI 流量

数据来源：联合国

有者的收入，降低稀缺要素所有者的收入。另一方面，根据雁阵模型，劳动密集型产业由发达国家转移至劳动力资源丰富的发展中国家，使就业发生跨国转移，导致西方国家产业空心化，收入阶梯下层的群体尤其是蓝领阶层受到损失，甚至失去工作。与此相关的是，在全球产业分工中，发展中国家丰富的劳动力主要生产低附加值的劳动密集型商品，而发达国家主要生产高附加值的资本密集型和技术密集型产品。这些都意味着，发达国家拥有资本和科技的精英阶层获利。这样一来，前面提到的全球化带来了劳动份额的下降就不足为奇了（图 11.10）。

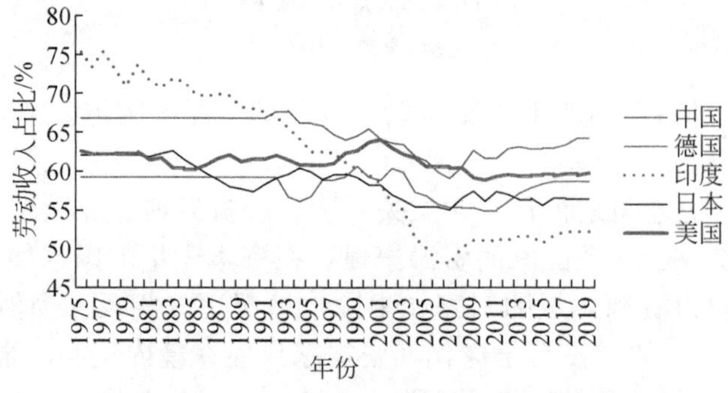

图 11.10　主要经济体的劳动收入占比

数据来源：Penn World Table

11.3.3 新型全球化

21 世纪，以保护主义、民粹主义、单边主义、孤立主义为主要表征的“逆全球化”现象有着复杂而深刻的原因，成为“世界百年未有之大变局”各国高度关注的问题。

“逆全球化”不是“去全球化”，而是西方发达资本主义国家“有选择的全球化”，其真正目的是维护和巩固既有不平衡的国际政治经济秩序。面对错综复杂的国际形势，世界处在了“经济全球化向何处去”的十字路口。

2012 年以来，习近平主席在一系列重大国际场合明确提出“引导好经济全球化走向”，“让经济全球化的正面效应更多释放出来”，“让经济全球化进程更有活力、更加包容、更可持续”，阐明中国“构建人类命运共同体，实现共赢共享”的全球化发展方向，本质是推动全球化转型，构建新型全球化。

全球化时代治理“逆全球化”需要遵循共商共建共享原则，坚持多边主义、开放包容、互利合作、与时俱进，推动全球化转向开放、包容、普惠、平衡、共赢的新型全球化，推动“西方中心治理”向“东西方共同治理”、资本主义世界历史向“人类命运共同体意义上的世界历史”转变，共同创造世界更加美好的未来。

第一，倡导建设开放型世界经济。在国家层面，“提升多边和双边开放水平，推动各国经济联动融通，共同建设开放型世界经济”。在国际层面，“支持开放、透明、包容、非歧视性的多边贸易体制，促进贸易投资自由化便利化”。

第二，推动完善全球治理。在全球治理问题上，中国的方案是“构建人类命运共同体，实现共赢共享”，弥补全球治理的“赤字”，主张“国家不分大小、强弱、贫富，都是国际社会平等成员，理应平等参与决策、享受权利、履行义务”，“以规则为基础加强全球治理是实现稳定发展的必要前提”。在继续重视联合国为中心的全球治理体系重要作用的同时，支持二十国集团（G20）在全球经济治理上发挥重要作用，重视上合组织、博鳌论坛、亚信会议等区域性制度安排。

第三，提出并实施“一带一路”倡议。“一带一路”倡议既是推动构建人类命运共同体的重要实践平台，也是推动新型经济全球化的重大创新举措，“张开双臂欢迎各国人民搭乘中国发展的‘快车’‘便车’”，不会关起门来搞小圈子，也不是“陷阱”，“而是中国同世界共享机遇、共谋发展的阳光大道”。“中国开放的大门不会关闭，只会越开越大”，将“形成陆海内外联动、东西双向互济的开放格局”。习近平特别强调，“对外开放是基本国策，我们要全面提高对外开放水平，建设更高水平开放型经济新体制，形成国际合作和竞争新优势。要积极参与全球经济治理体系改革，推动完善更加公平合理的国际经济治理体系。”“新发展格局绝不是封闭的国内循环，而是开放的国内国际双循环。我国在世界经济中的地位将持续上升，同世界经济的联系会更加紧密，为其他国家提供的市场机会将更加广阔，成为吸引国际商品和要素资源的巨大引力场。”通过构建对外开放新格局，中国努力实现全球的双赢、多赢、共赢。

本 章 小 结

- “百年未有之大变局”主要是指当前国际力量对比发生近代以来最具革命性的变化，国际格局和国际体系发生深刻调整，全球治理体系发生深刻变革。
- 以国内大循环为主体、国内国际双循环相互促进的新发展格局，要高度重视质量、效率、公平、可持续性和安全。

- 人类命运共同体是一种全球价值观，包含相互依存的国际权利观、共同利益观、可持续发展观和全球治理观，是全球化发展的未来方向。新型国际关系的基本理念和原则是相互尊重、公平正义、合作共赢，目标模式是构建人类命运共同体。
- 全球化是人类社会发展的一种时空演化现象，是指全球联系不断增强，人类生活在全球尺度上的发展和意识。全球化时代治理“逆全球化”需要遵循共商共建共享原则，坚持多边主义、开放包容、互利合作、与时俱进，推动全球化转向开放、包容、普惠、平衡、共赢的新型全球化。

参 考 文 献

保建云. 2019. 大数据、人工智能与超级博弈论——新时代国际关系演变趋势分析. 国家治理，（11）：19-33

车轴. 2018. 人类命运共同体：近期国内外研究综述及进一步探讨. 理论与改革，（5）：175-188

陈功. 2020. 全球化的理论进展与未来趋势. 中国经济报告，（5）：136-144

杜正艾. 2017. 推动构建新型国际关系　构建人类命运共同体. 行政管理改革，（11）：97-100

郭海龙，徐红霞. 2020. 世界百年未有之大变局视野下的“（准）四极”格局. 国外社会科学前沿，（10）：86-94，96

胡鞍钢，李萍. 2018. 习近平构建人类命运共同体思想与中国方案. 新疆师范大学学报（哲学社会科学版），39（5）：7-14

胡鞍钢. 2021. 中国与世界百年未有之大变局：基本走向与未来趋势. 新疆师范大学学报（哲学社会科学版），42（5）：38-53，2

李爱敏. 2016. “人类命运共同体”：理论本质、基本内涵与中国特色. 中共福建省委党校学报，（2）：96-102

李丹. 2022. 构建人类命运共同体——中国的全球化理念与实践. 南开学报（哲学社会科学版），（2）：1-11

李含琳. 2021. 习近平“百年未有之大变局”重要论述的历史形成逻辑. 甘肃社会科学，（1）：163-170

马克思，恩格斯. 1959. 马克思恩格斯全集（第 7 卷）. 北京：人民出版社

檀有志. 2021. 全球化的阶段性特征及未来方向. 人民论坛，（13）：17-21

万广华，朱美华. 2020. “逆全球化”：特征、起因与前瞻. 学术月刊，52（7）：33-47

王公龙. 2021. 构建人类命运共同体：引领新型经济全球化的中国方案. 上海行政学院学报，22（5）：4-13

许士密. 2021. “逆全球化”的生成逻辑与治理策略. 探索，（2）：74-87

周淼. 2021. 百年未有之大变局下世界进入动荡变革期的思考与启示. 理论月刊，（7）：22-28

朱雪微. 2020. “百年未有之大变局”下的中国方略. 思想理论教育导刊，（12）：50-55

Friedmann T L. 2007. The World is Flat 3. 0：A Brief History of the Twenty—first Century. London：Macmillan

第 12 章　全球最大发展中国家发展道路

12.1　工业化、城镇化和农业农村现代化

同大多数发展中国家一样，中国经济具有二元性结构特征。但中华人民共和国成立以来的二元经济结构在历史演变进程中与二元社会结构相辅相成，构成了相对稳定的社会经济二元结构。社会结构强化并固化了二元经济结构，二元经济结构在将近 30 年的时间里成为中国社会经济主体结构。1978 年十一届三中全会后，随着农村市场经济的活跃，尤其是二、三产业迅猛发展，农民的收入水平增长很快，生活水平也有显著改善。工农之间、城乡之间长期超度倾斜并固化的利益结构开始松动，工农、城乡利益矛盾有所缓和。但在后续发展中，部分没有根本解决的问题开始激化，同时出现了一些新问题，如农业人口比重大，农业收入水平偏低，贫困人口覆盖面广，城镇的规划、建设和治理有待进一步完善，中国的工业化、城市化与农业现代化的发展面临着新的矛盾和新的选择。

对于中国这样一个农业人口众多的大国，不断向非农产业转移农业剩余劳动力，逐步实现工业现代化和高质量的城镇化，不仅是发展经济过程，更是突破“中等收入陷阱”，步入发达国家行列的必然选择。2022 年 2 月 21 日党中央、国务院发布了《中共中央 国务院关于全面推进乡村振兴加快农业农村现代化的意见》，明确提出推动实现“两新”：乡村振兴取得新进展、农业农村现代化迈出新步伐，并在产业融合发展、县域富民产业、就近就业创业等城乡融合发展方面提出新要求。这不仅为从根本上解决“三农”问题创造了有利的条件，也有助于彻底解决我国在长期发展中形成的城乡二元差异及其衍生的一系列问题。

我国的基本国情决定了农业现代化的道路必然复杂且漫长。在快速工业化、城镇化的背景下，必须加快健全以工促农、以城带乡的长效机制，坚持同步发展工业化、城镇化和农业现代化，坚持逐步转移农村人口与改善农村民生、逐步实现基本公共服务城乡均等化同步进行，使农民在进城还是留乡问题上具有充分的自主选择权（陈锡文，2011）。这样的工业化和城镇化才能切实解决我国的“三农”问题。

12.1.1　中国的工业化

1. 工业化的定义

经典的工业化理论认为，工业化是一国或地区随着工业发展、人均收入和经济结构发生连续变化的过程，人均收入的增长和经济结构的转换是工业化推进的主要标志（陈佳贵等，2006）。工业化的特征表现为制造业收入占比提高，产业技术水平不断提高，就业人口增加，城市化率不断提高，人均收入不断增加。

西方发达国家已普遍完成了工业化的基本阶段，并开始转向再工业化发展。支持再工

业化战略的学者认为再工业化可以促进经济发展。再工业化的对象主要为高端制造业及新兴的产业，政府也通过制定相关的政策来支持其发展（Lester，1987）。

工业化对于集中体现国家竞争力和推动经济社会进步起着至关重要的作用，在迈向第二个百年奋斗目标的新征程中，我国要进行现代化强国建设也必须要加快实现新型工业化。随着我国工业化进程不断推进和经济社会逐步转型，我国经济社会进入高质量发展阶段，推进中国工业化向更深程度、更高水平推进。

2. 中国工业化的演变历程

中国的近代工业化始于清末。两次鸦片战争失败后，洋务运动的兴起成为中国工业化的肇始。但民族工业化屡遭战争破坏，到中华人民共和国成立时几乎没有能够留下完整的工业基础，因此真正意义上的大规模工业化进程是在中华人民共和国成立以后开始的。中华人民共和国成立伊始，经济基础极为薄弱，1952 年，农业吸纳了 83.5%的就业人口，并且农业产值占 GDP 比重为 50.5%，在国民经济中有着绝对地位。直到 1978 年，农业的增加值比重与就业比重才降至 27.7%和 70.5%（黄群慧，2020）。总的来说，1949～1978 年是计划经济体制下的社会主义工业化道路时期。这一时期中国的工业化建设基于工业产品和农业产品计划价格之间的剪刀差进行资本积累，并逐渐发展起来独立的、比较完整的轻重工业体系和国民经济体系。

改革开放以后我国的工业化进入了一个新的阶段，在市场经济机制驱动下，过去政府独自推进工业化的方式逐渐被以改善人民生活和多种经济成分共同发展为目的的工业化方式所取代（武力和温锐，2006）。改革开放的前 20 年是工业化快速推进阶段，在工业体量上，企业数量由 1978 年的 34.8 万个增加到 1997 年的 972.3 万个，工业产值由 4237 亿元增加到 113733 亿元，增长了 25.8 倍；其中轻工业由 1826 亿元增加到 55701 亿元，增加了 29.5 倍；重工业由 2411 亿元增加到 58032 亿元，增加了 23.1 倍。在不到 20 年的时间里，我国的经济总量提升了两倍，三次产业的结构由 1978 年的 28.1∶48.2∶23.7 提升到 1997 年的 19.7∶49.0∶31.3，实现了举世瞩目的经济成就（表 12.1）。

表 12.1　1978～1997 年轻重工业产值比重　　（单位：%）

年份	1978	1979	1980	1981	1982	1983	1984	1985	1986	1987
轻工业	43.1	43.7	47.2	51.5	50.2	48.5	47.4	47.1	47.6	48.2
重工业	56.9	56.3	52.8	48.5	49.8	51.5	52.6	52.9	52.4	51.8
年份	1988	1989	1990	1991	1992	1993	1994	1995	1996	1997
轻工业	49.3	48.9	49.4	48.9	47.2	44.0	47.1	47.3	48.1	49.0
重工业	50.7	51.1	50.6	51.1	52.8	56.0	52.9	52.7	51.9	51.0

资料来源：《中国统计年鉴 1978～1997》

从 1998 年起，国家实行了积极的财政政策，通过扩大内需，进行大规模基建投资来拉动投资，并开展了大规模产业结构调整。我国的工业发展在向深加工度推进，提高重工业的质量。进入 21 世纪后，重工业的发展受到环境的约束，从发展的角度出发也要求中国走出不同于发达国家的工业化道路。通过近些年的供给侧结构性改革，压缩高耗能技术落后的重工业产能，新型工业化道路强调在保护环境和发挥人力资源优势的基础上，提高信息化与科技含量。这一时期，国家也更加重视区域协调发展，西部大开发、中部崛起和东北老工业基地振兴同步并举，在日益深入的全球化背景下中国的工业化进程展现了强大的韧性。

基于对工业化水平指数多年连续跟踪计算，2011 年以后中国工业化水平就进入了工业化后期，2019 年工业化综合指数为 92，重工业比重逐年上升，工业产值增速保持较高增长（表 12.2，表 12.3，图 12.1），已经十分接近一个国家完全实现工业化的综合指数（黄群慧，2021）。党的十九大决定开启全面建设社会主义现代化国家，在 2035 年基本实现社会主义现代化和新型工业化，人均国内生产总值达到中等发达国家水平。第二阶段是在 21 世纪中叶将中国建设成为社会主义现代化强国。今后的工业发展将以新发展理念和高质量发展为指导，主攻绿色低碳可持续发展能力，加快传统产业升级，通过高新技术增长，来培育先进制造业。

表 12.2　2000～2020 主要年份年轻重工业产值比重　（单位：%）

年份	2000	2010	2016	2017	2018	2019	2020
轻工业	39.8	28.64	22.69	21.14	15.16	18.28	16.54
重工业	60.2	71.36	77.31	78.86	84.84	81.72	83.46

资料来源：《中国统计年鉴》（2001～2021）

表 12.3　改革开放后工业产值变化

指标	1978 年	2016 年	指数（2016 年/1978 年）	平均增长速度（1978～2016 年）
就业人数/万人	6945	22350	321.8%	3.1%
生产总值/亿元	1755.2	296236	5015.1%	10.9%

注：生产总值指数已扣除价格因素；资料来源：《中国统计年鉴》（2017）数据整理

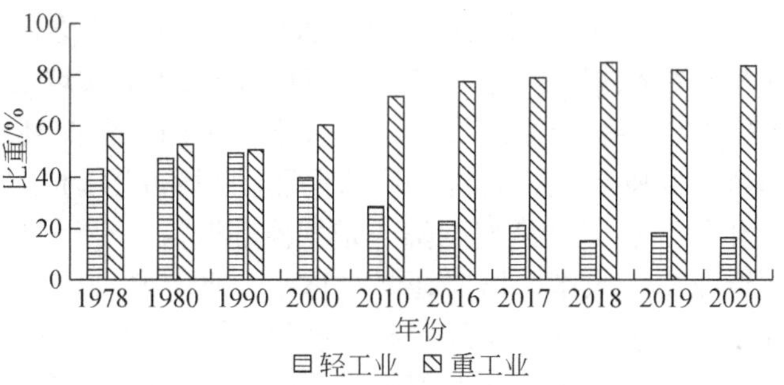

图 12.1　改革开放后主要年份轻重工业产值比重

3. 中国工业化的驱动力

发展是一个国家从贫穷走向富裕的必经之路，传统的发展观点称为“权威干预”，杜鲁门曾认为欠发达世界的贫困是“障碍”，对他们和更富裕的地区都构成了威胁，持续工业化的生产增加是繁荣与和平的关键（Potter et al.，2012）。扩大生产的关键是现代科学和技术知识的广泛应用。因此在早期，发展即为经济增长的代名词。

经济理论发展的重要动因之一就是追求与经济现实相匹配，由此可以解释中国工业经济思想的外在动力与内在演化的关系变化。中国的工业化发展是在融合接收外来理论并逐步推进工业化建设后，形成了自身的独特工业模式。在持续的发展中将经济发展水平与国内政策指导相结合，进入到了更深层次的发展概念，即“将发展视为人类发展”。更加丰富的发展理念对指导中国经济问题具有突出的适用可行性。中国的早期工业化发展驱动力来自于一种文化演化型效益（张申和程霖，2013），即处于传统封建制度时期的中国在与西方势力直接接触后，本地的文化受到了外来异质文化的作用而发生了变迁。中国的传统农业文化被从根本上逆转，并孕育出了新的工业发展形式。在民国时期，世界发展地理学也处于思想萌芽期，直到二战结束，发展地理学的研究热点主要以为军情和殖民活动服务为主（Driver and Yeoh，2000），因此民国时期的工业发展依附于世界形势。1912～1936 年，中国的近代工业保持了9.4%的增长率，近代民营工业经历了一段“黄金时期”。但抗日战争和第二次世界大战的爆发，使中国民营工业受到了极大的冲击，进而衰落。

中华人民共和国成立后，在西方国家对我国实行全面技术和贸易封锁的局面下，我国效仿苏联的工业化模式，优先发展重工业，打造完整的工业体系，来防范西方国家的军事侵略。我国于 1953 年开始实施第一个五年计划，带动重工业城市建设，形成了以工业化发展来指导城市发展的思想（蒋永穆和李善越，2019）。这一时期的中国工业化战略主要表现为政府作为投资主体、国家指令性计划作为配置资源手段的封闭型的重工业优先发展，形成了完整的工业产业链。

进入改革开放时期后，我国也由传统的计划经济逐步向市场经济转变，在这种体制的转变下，迎来了国营、私营、个体和乡镇企业的蓬勃发展，使农业、工业和第三产业得以并驾齐驱，消除了困扰我国经济发展的约束条件，为中国的新型工业化道路创造了必要条件。进入 21 世纪，我国产业结构调整和工业发展表现出向重工业倾斜的趋势，主要来自：工业自身国际竞争力发展的需要，城市化、基础设施和能源建设的需要及消费结构升级的需要。国外学者研究发现，人口质量的提升可以体现为本地人力资本的积累，进而带来城市效率改进和生活水平提升，从而激励当地就业、推动工业化进程，即通过就业率的提升促进工业化（Shapiro，2006）。改革开放后的发展历程就是一个不断进行市场化改革并将中国由计划经济体制推向市场经济体制的过程，其中经济发展政策对实现工业化具有重要作用。

在互联网、大数据、人工智能高度发达的时代下，中国工业的高质量发展具有三条驱动路径，即：智能创新协同驱动型、智能制度协同驱动型和智能环境协同驱动型（惠树鹏等，2021）。中国工业化的发展无论是速度抑或是规模都取得了令世界瞩目的“中国奇迹”。中国不仅成了世界制造业第一大国，同时还是全球唯一拥有联合国产业分类目录中所有工业门类的国家，建成了世界范围内体系最完整、产能最巨大的工业体系。全社会各方协调地形成多元混合驱动力也为中国工业化发展提供了强有力的助推。在新时代，我国的工业会继续在此基础上朝着新型工业化道路不断迈进。

12.1.2 中国的城镇化

1. 城镇化的定义

城镇化是指随着一个国家或地区社会生产力的发展、科学技术的进步及产业结构的调整，其社会由以农业为主的传统乡村型社会向以工业和服务业等非农产业为主的现代城市型社会逐渐转变的历史过程。新型城镇化通常被认为是伴随“新型工业化”战略产生的，一直以来的国内专家及学者研究的热点话题。对于新型城镇化的研究方向，一些学者认为新型城镇化的价值理念应该从结构主义向人本主义方向转变，强调以人为本的新型城镇化发展模型，此外还需要兼备协同性、包容性及可持续性（陈明星等，2019）。此外，也有人认为新型城镇化应朝着人地和谐、高效低碳、生态环保、节约创新、智慧平安的高质量发展方向不断前进（方创琳，2019）。随着时间推移，新型城镇化的内涵被不断丰富，已经涉及社会均衡平等发展机会、城乡融合、生态环境等方面，其评价内容也发展为了覆盖面广泛的综合指标。

2. 中国城镇化的演变历程

中华人民共和国成立初期，我国需要从战争中恢复、建立和完善国家各项制度，同时需要工农业剪刀差实行快速的资本积累和重工业化，这就限制了农业人口大量转移到城镇承载水平。严格的户籍制度管理下，农业人口被束缚在土地上，导致我国城镇化始终处于较低水平，城镇化率平均水平均维持在 17%以下。因此，从严格意义上来说中国真正的城镇化发展始于改革开放以后。1978 年以来，伴随着工业化进程的持续推进，我国城镇化发展经历了一个“起点低、速度快”的发展过程。从 1978 年到 2018 年，城镇常住人口从 1.7 亿人增加到 8.3 亿人，城镇化率从 17.9%提升到 59.58%，年均提高 1.02%；城市数目从 193 个增加到 656 个，建制镇的数量从 2173 个增加到 20515 个（施益军等，2021）。城镇人口分布的地区变化呈现明显的向东部地区集聚现象，尤其在 21 世纪，由于东部地区经济快速发展带来的集聚效应，其城镇人口显著多于西部地区的城镇人口，城市建成区面积的增长速度也有了一定提升（表 12.4 和图 12.2）。

表 12.4　我国城镇人口地区分布变化　（单位：%）

年份	1947	1964	1973	1976	2000	2005	2015
东部地区	65.3	53.3	47.3	47.8	79.6	79.7	79.0
西部地区	34.7	46.7	52.7	52.2	20.4	20.3	21.0
全国合计	100.0	100.0	100.0	100.0	100.0	100.0	100.0

资料来源：《中国统计年鉴》各年份计算

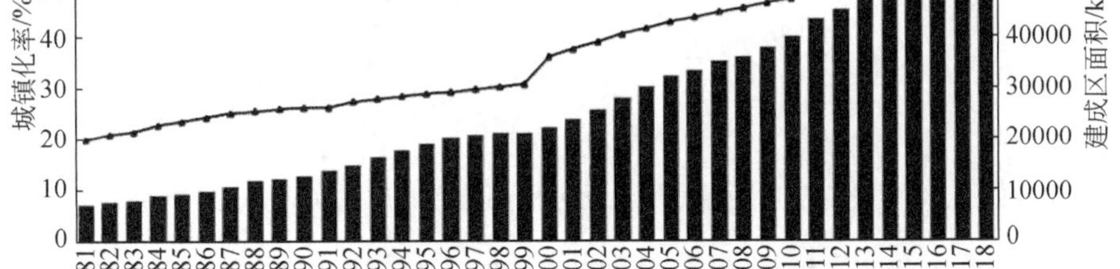

图 12.2　中国城市化率与建成区面积（1981～2018 年）（曾国军等，2021）

虽然从城镇人口数目的标准来说，中国的城镇化取得了惊人的进步，但就城镇化质量而言，进入新世纪以后的中国城镇化水平仍然存在许多的矛盾和问题。根据中国城镇化规模与质量的协调发展水平测度与分析（施益军等，2021），2005～2019 年不同城镇化协调发展水平的城市，中度不协调的样本城市占比最高，各年度占比均在 50%以上，说明全国半数以上的城市城镇化规模和质量存在一定程度的不协调。“化地不化人”、中小城市和广大建制镇的城镇化水平严重滞后于大中城市的城镇化等问题较为突出。国外研究表明，城镇化的发展应该体现出三种“以人为本”的满足感，即身份认同、安全和激励（Porteous，1976）。我国虽然城镇化发展速度较快，但存在严重的“不完全城镇化”现象（蔡昉，2010）。我国的城镇化正处于关键的转型期，未来将由加速推进转向减速推进（魏后凯和关兴良，2014）。专家学者对中国城镇化现状的评价，都体现出我国当今城镇化的演变正处于关键的“高质量转变”时期。

3. 中国城镇化的发展驱动力

中国的城镇化源于内生各力量共同作用的结果，并正在以其自身的方式演化着（Friedmann，2006）。相比于西方国家以地租、税收、交通成本、环境成本等（Hasse and Lathrop，2003）为主导的城市扩张驱动机制，中国的城镇化问题更为复杂。中国进行城镇化道路的研究始于 20 世纪 70 年代末（吴友仁，1979）。1997 年亚洲金融危机爆发，急需将农业人口转变为城市人口来拉动内需和刺激经济，此时城镇化成为国家解决“三农”问题的重要途径，国家更加强调城镇化的健康发展（周一星，2006）。

由于中华人民共和国成立前经历了历时近 40 年的战乱，在中华人民共和国成立后又经历了长期的不稳定发展，我国早期城镇化发展较为漫长。此时的城镇化动力主要来源于我国早期工业化发展建设所附带的集聚效应，人口逐步由农村转向工业城市。城镇化中产生的空间问题是与社会过程交错共生的，空间性、历史性和社会性三者同等重要，城镇化和空间的生产之间有着密切联系。改革开放后，我国的城镇化具有多元推动机制（图 12.3），由此在 20 世纪 80 年代中期，我国城镇化发展进入了中期加速阶段。

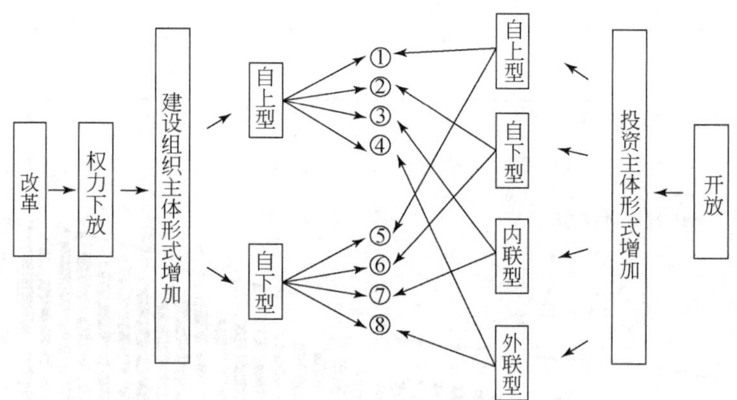

图 12.3　改革开放后中国城镇化动力机制的多元形式（周一星，2006）

在 20 世纪 90 年代至 21 世纪初，国家统计存在的误差造成了我国城镇化连续 8 年以 1.43～1.44 个百分点高速增长的假象（周一星，2005）。这会对我国城镇化发展和“三农”问题的解决产生误导。在合理修正数据的基础上预测我国未来的城镇化发展趋势，2025 年前我国城镇化的年均速度在理论上会达到或略超过 1 个百分点，2025 年以后会逐渐放慢，低于 1 个百分点。根据 2011 年的数据，我国 89.9%的生产总值是由非农产业创造的，但非农产业就业比例仅为 65.2%。这种城镇化率滞后于工业化的状况在改革开放后不断好转，而我国城镇化面临的主要问题已经转变为高度经济发展后的城镇化的质量问题。

中国的城镇化发展具有非常显著的政府行政体制机制推动发展的特点，即“自上而下型”的政府主导型城镇化，但随着农民工自发进入大中城市，“自下而上型”城镇化自 20 世纪 80 年以后，逐渐成为我国城镇化的主要模式之一。“自上而下型”城镇化发展模式，城镇化的发展速度和扩张规模会显著高于同时期的其他发展中国家。此外，中国城镇化发展驱动力的特殊性还体现在空间模式上。世界各国的城镇化空间发展方式主要可以概括为四种：内部重组、连续发展、跳跃发展和就地发展（李强等，2012）。尽管这四种空间推进方式在世界各国城镇化过程中都普遍存在，但中国的发展过程与欧美国家有所区别。欧美国家以连续发展为主，即城市蔓延。在我国则是以跳跃发展方式为主，通过建立开发区、新城区等方式来推进城镇化发展。此外，欧美国家城镇化推进的空间特征是以市场作为主要推动力量，而且拥有土地的市民可以决定是否进行发展和扩张，因此其城镇化具有很强的自主特征，且空间呈现出碎片化。而我国的城镇化发展由于具有政府的推动作用，无论是内部重组还是跳跃发展，都会呈现出大规模快速化的推进特征。

目前，中国的城镇化发展依旧存在许多问题与矛盾。统计数据显示，改革开放 30 年，前 15 年城镇化的年均增长率是 1.5%～1.6%，后 10 年到 15 年城镇化的年均增长率为 2%～2.3%。如今中国的城镇化建设已经达到了近乎饱和的状态，大规模城镇化发展的时代显然即将结束。陈彦光对 Logistic 方程理论进行研究，修正了诺瑟姆的 S 形曲线，提出了新的城镇化水平四阶段模型。根据该模型，中国未来城镇化水平饱和值为 80%，城镇化水平达到 40%时速度最快，并在此后进入减速阶段。当前中国的城镇化发展目标已经转向在保持城镇化体量的同时，实现更完善和更全面的能够满足人民对美好生活需要发展。

12.1.3　中国的农业农村现代化

1. 农业农村现代化的定义

农业农村现代化是传统农业生产方式、生产技术与组织方式高级化的转变过程，也是乡村社会整体发展现代化变革的过程。当前农业农村现代化的主要内涵为，将落后的传统农业改造为使用现代科学技术及现代工业进行配套，以现代的经济学方法进行经营管理的现代农业的过程（郑林庄，1981），实现农村的现代化改造。西方学者认为农业现代化主要表现在以机械代替劳动力，人均产量和地均产量得到增长，以更小的代价获得更高的产量，以及更为高效的土地利用方式（Brown and Waldron，2013）。国外研究发现，农业现代化的发展中可能存在与社会生态不相适应的状况（Hardeman and Jochemsen，2012）。农业创新发展受到劳动力资源、市场地位及信息获取等方面的正向影响，与偿付能力和市场监督程度呈现负向相关（Diederen et al.，2003）。经济发展带动农业的改变，并需要与景观环境共同考虑（Hietala-Koivu，2002），而且农业劳动力通过技术变革可以由收入增长效应来减少贫困（Otchia，2014）。农业生产经营现代化具体表现在劳动密集型的经营转变成为资本密集型的经营，随着数字经济时代的到来，农业现代化逐渐演变成为以智能技术为先导的数字农业经济模式。

2. 中国农业农村现代化的演变历程

我国的农业农村现代化的演变充分体现了中国共产党的全局性与系统性思维，将农业农村发展与社会主义发展理论紧密联系，克服了以往在工农业发展中存在的问题，有效促进了现代化内容在农业农村中的积累和提升。

中华人民共和国成立初期，党的农村政策主要是为了破除农村旧的经济社会与阶级结构，推动农村结构性变革及对乡村基层的政权体系进行改革（陆益龙，2021）。在农户的个体生产经营制度逐步形成和确立后，农民的收入水平出现了增长趋势。1952 年全国农村逐步进行合作化运动，早期的互助合作政策具有一定的积极作用，但后期的高级合作社与合作化经营在一定程度上影响了农民的自主性和积极性，对农业生产造成了负面影响。而在 1958 年后的“大跃进”时期，在具体实践中的种种不切实际的生产方式使得农业发展陷入了困境。1962 年，党中央纠正了错误做法，表现出了中国共产党及时纠正错误的能力，对我国的农业农村发展具有重要作用（表 12.5）。

表 12.5　1949～1978 年中国农业生产与农民收入基本状况

项目	1949 年	1952 年	1957 年	1962 年	1970 年	1978 年
农作物总播种面积/万 hm^2	12428.61	14125.58	15724.40	14022.83	14348.73	15210.41
粮食作物面积/万 hm^2	10995.87	12397.87	13363.30	12162.07	11926.73	12058.73
粮食作物产量/万 t	11318.0	16391.5	19504.5	15441.0	23995.5	30476.5
粮食作物单产/（kg/hm^2）	1029	1322	1460	1270	2012	2527
农村居民人均纯收入/元	43.8	57.0	73.0	99.1	/	133.6

数据来源：新中国农业 60 年统计资料

改革开放以来，中国的农村发展进入了一个崭新的阶段。中国国情决定了要全面解决农村问题，一方面要发展农业生产力，实现农业现代化，另一方面要全面发展和实现农村社会的现代化。农村家庭联产承包责任制改革的推进和实施，是在艰巨而复杂的农村改革中实施的重要创新。农村改革大大提高了广大农民的生产积极性与创造革新能力，也为中国的农村开辟了一条独特的现代化发展道路。农业生产的革新同时带动了工业化水平提高，乡镇企业对经济增长的贡献有了明显提升，也改变了农村面貌。1980～1988 年，全国乡镇企业产值在社会总产值中所占份额从 7.7%增长到 26.0%；乡镇工业产值在全国工业产值所占份额也由 9.76%上升到 27.6%（黄守宏，1990）。乡镇企业的发展对农业农村现代化有着重要的促进作用。但乡镇企业并不能全面驱动中国农业农村的现代化，中国农业农村的现代化进程需要从战略高度进行顶层设计，通过较为漫长的发展历程才能完全实现。

进入 21 世纪，农村发展进入了城市工业帮扶农村农业的现代化建设阶段（黄守宏，1990）。农村开始在结构上进行现代化转型，市场化的发展也为农村创造了新的发展机遇。2006 年，中国延续几千年的农业税彻底取消，国家财政通过转移支付，利用专项资金投入到农业农村现代化的建设当中。国家对新农村建设的投入逐年增长，农村在基础设施和公共事业等方面有了显著改善，农民的收入水平取得较快增长，2020 年农村居民人均纯收入比 2010 年翻了一番，达到人均 17131 元。随着农村社会保障体制的不断完善，城乡之间的均衡性也得到了促进。从总体发展趋势来看，我国农业农村现代化发展水平提升显著（图 12.4），2005～2019 年我国农业农村现代化平均水平年均递增 3.74%（辛岭等，2021）。在“十三五”时期，5630 万的农村贫困人口、832 个贫困县和 12.8 万贫困村全部实现了脱贫，

中国创造了举世瞩目的农业农村发展奇迹（图 12.5）。

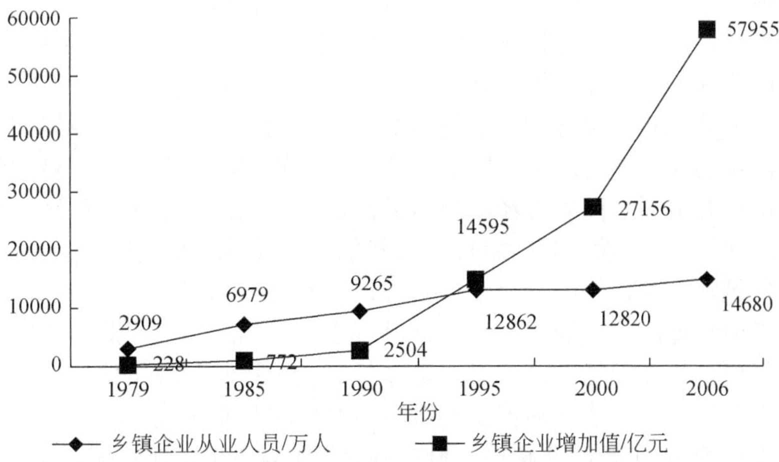

图 12.4　中国乡镇企业发展情况（陆益龙，2021）

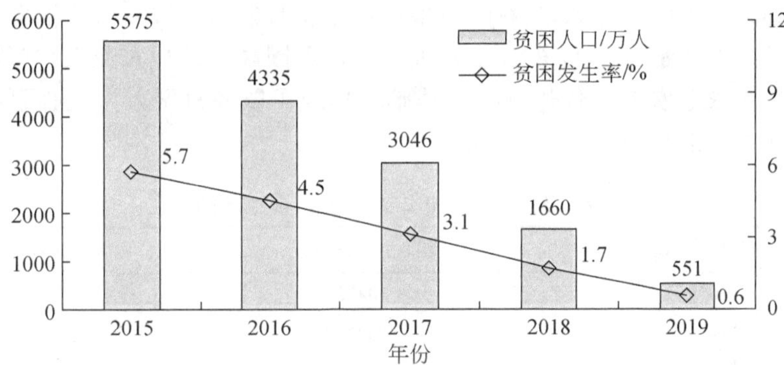

图 12.5　2015～2019 年末农村贫困人口和贫困发生率（陆益龙，2021）

党的十九大报告提出实施乡村振兴战略和城乡融合发展理念，是在新时期实现农业农村现代化的重大制度创新。“三农”问题在现代化进程中仍然存在，农村地区在快速的城镇化进程中出现了发展不平衡不充分的问题。在当今发展地理学的视角下，可持续发展和注重环境生态效益处于被优先考虑的地位。因此，优先发展农业农村和全面推进乡村振兴战略对于解决农业农村现代化的“短板效应”具有重要意义。

3. 中国农业农村现代化的发展驱动力

农业生产技术在近百年来有着极大的进步，主要表现为：由畜力动力转到机械动力、由以有机农业为主转到以无机农业为主，以及由自然选种转到系统育种。农业生产上的科技进步使得农业生产力有了极大提升，并改变了原先的农业经济结构。最明显的标志即为生产的社会分工不断细化，专业化和社会化程度也越来越高，并实现了经营的一体化，这是农业现代化的过程。

在这个过程中，主要存在着农业生产技术和农业经营管理这两方面实现现代化的过程。其中起决定作用的因素的是生产技术的变革，而经营管理方面的变革虽然是适应技术变革的要求而产生的，但也和生产技术一样，会影响农业生产的发展。政府向下使用政策引导鼓励农户进行技术革新，以及农户为了获取更高的生产效率及产品质量而自发采取技术革新即为农业农村现代化的内在驱动力（黄宗智和高原，2013）。

改革开放以来，我国农村的经济发展呈现出省际差异。从 20 世纪 90 年代中期开始，差异扩大的速度降低，在 2003 年前后，多数曲线已达峰值，似乎已显示出库兹涅茨倒 U 型曲线的雏形。但从现实情况分析，农村中的非农产业对于农业农村发展有着重要作用，因此还不能明确说明我国农村经济发展的省区差异开始缩小和倒 U 型曲线已经形成。在空间格局方面，改革开放后我国农村经济发达的区域明显由东北地区、环渤海地区向东南沿海地区逐渐扩展和转移（郭晓冬等，2009）。农村的经济发展水平往往会受到多种原因影响，东部自然条件优越，有着良好的社会经济基础，同时又可以得到东部沿海地区城市的辐射带动作用。东部沿海地区的农业农村现代化具有强有力的助推，因此缩小中西部地区与东部沿海地区农村现代化发展的差距，需要更多的资金、技术和政策扶持，持续推动中西部地区农村非农产业的发展，才能逐步实现中西部地区的农业现代化。

改革开放以来的 30 年是不断解决农村贫困问题的奋斗史。中国农业农村现代化的推进离不开中国农村脱贫攻坚任务的胜利。1978 年开始的农村经营体制改革，为缓解农村贫困奠定了制度基础，中国用世界9%左右的耕地解决了世界20%左右人口的粮食问题，为世界粮食安全作出了巨大贡献（表 12.6）。十八大以来，我国高度重视农业农村问题，提出以全党全社会之力加快农业农村现代化，在此基础上形成了以乡村振兴为核心驱动的农业农村全面现代化发展（李浩然和马万利，2022）。

表 12.6　改革开放 30 年来中国粮食生产的变化

年份	粮食作物播种面积/万 hm^2	粮食作物产量/万 t	单位面积产量/(kg/hm^2)
1978	12058.72	30476.5	2527.3
1983	11404.73	38727.5	3395.7
1984	11288.38	40730.5	3608.2
1988	11012.29	39408.1	3578.6
1993	11050.87	45648.9	4130.8
1998	11378.7	51230	4502.2
2002	10389.1	45706	4399
2003	9941.01	43069	4332
2004	10160.62	46947	4621
2005	10427.85	48402	4642
2006	10548.9	49747.8	4716
2007	10556.1	50148	4751

数据来源：中国实施千年发展目标进展情况报告

生态环境的可持续性也对农村现代化建设有着重要作用。改革开放以来，中国环境保护事业与中国经济社会同步发展。改革开放初期，中国的经济发展主导模式为粗放型增长，生态环境遭受破坏。在 20 世纪 80 年代后，环境保护成为基本国策。随着联合国 MDGs 的制定，中国明确提出转变传统发展模式，走可持续发展道路。中国持续努力探索以尊重维护自然为前提，以人与人、人与自然、人与社会和谐共融为宗旨，以形成节约能源资源和保护生态环境的产业结构、增长方式、消费模式为内涵的和谐发展的生态文明之路，为实现农村现代化提供强有力的环境发展动力。

2021 年既是中国共产党成立百年，是我国“十四五”的开局之年，也是全面建设社会主义现代化国家的起步之年，中国的现代化建设在这时从农村开始（孙乐强，2021）。党的十九大提出实施乡村振兴战略，而脱贫攻坚向乡村振兴的转移，也标志着我国“三农”工作重心的历史性转移。这是党中央从顶层设计出发，进一步制定的乡村振兴的总纲领和路线图，是中国实现农业农村现代化的强大驱动力，也是为全面推进农业农村现代化建设提供的根本遵循。

12.2　脱贫攻坚与乡村振兴

12.2.1　脱贫攻坚

1. 背景

消除贫困是全人类共同的使命，并位列联合国 2030 年可持续发展议程 17 项目标之首（龙花楼和陈坤秋，2021）。与发达国家相比，中国农村贫困人口规模大、分布广、贫困程度深、脱贫难度大（刘彦随等，2016）。为此，中国扶贫开发工作先后经历了救济式扶贫、政策性减贫、开发式扶贫、整村推进扶贫、精准扶贫，扶贫模式实现了从输血式向输血造血相结合的转变，扶贫政策也从瞄准区域向瞄准个体转型（刘彦随等，2016；龙花楼和陈坤秋，2021；汪三贵和曾小溪，2018）。十八大以来，中央做出了打赢脱贫攻坚战的决定；2015 年十八届五中全会中“脱贫攻坚工程”首次出现，并在同年 11 月《中共中央 国务院关于打赢脱贫攻坚战的决定》中进一步做了全面部署；2016 年国务院《“十三五”脱贫攻坚规划》为打赢脱贫攻坚战确定了时间表和路线图（刘永富，2016）；2017 年十九大报告中再次明确了脱贫攻坚的重要战略地位；2021 年全国脱贫攻坚总结表彰大会上宣布脱贫攻坚战取得全面胜利（图 12.6）。

脱贫攻坚是以精准扶贫思想为指导，以农村扶贫开发为中心的阶段性任务，体现了消除贫困、改善民生、实现共同富裕的本质特征（张青和郭雅媛，2020）。脱贫攻坚的精髓在于“精准”，即通过“六个精准”（扶贫对象精准、措施到户精准、项目安排精准、资金使用精准、因村派人（第一书记）精准、脱贫成效精准）、“五个一批”（发展生产脱贫一批、易地搬迁脱贫一批、生态补偿脱贫一批、发展教育脱贫一批、社会保障兜底一批）等实现全面脱贫（黄承伟等，2016）。其中，产业扶贫、就业扶贫政策旨在通过政策调控扩大贫困地区产业发展空间，降低贫困人口就业门槛，全面增加贫困地区财政收入及贫困人口家庭收入；易地扶贫搬迁以空间转换形式彻底改变资源环境对贫困地区贫困人口的束缚，不仅有助于减轻迁出地的生态环境压力，还可为搬迁人口提供广阔的发展空间和宜居的生活环境；生态扶贫以改善贫困地区生态环境为切入点，通过经济、社会等一系列政策措施，促使其从保护生态环境中受益，实现生产、生活和生态的良性循环；社会兜底保障扶贫作为保障贫困人口基本生活的“安全网”，通过最低生活保障、养老保险和医疗保险等形式来提升其生存发展能力；教育扶贫既保障了贫困人口学龄儿童的义务教育，也提高了贫困人口的生存能力。

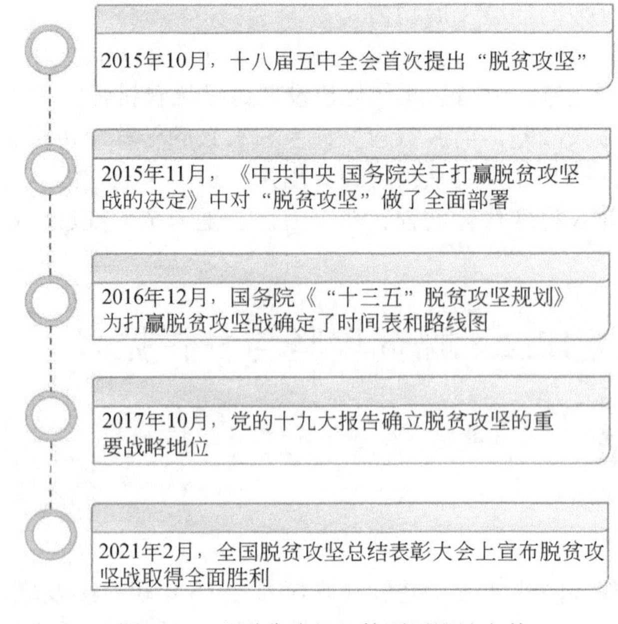

图 12.6　“脱贫攻坚”的顶层设计文件

2. 取得的成就

打赢脱贫攻坚战，不仅是全面建成小康社会的现实需要，也是实现共同富裕目标的基础和前提（刘永富，2016）。脱贫攻坚深刻改变了中国农村贫困地区的落后面貌，使其在家庭收入、基础设施建设、公共服务水平等方面发生了巨大变化（郭俊华和王阳，2022）。经过 8 年持续奋斗，2020 年底中国如期完成了脱贫攻坚的目标，实现了现行标准下 9899 万农村贫困人口全部脱贫，832 个贫困县顺利摘帽，12.8 万个贫困村全部出列，区域性绝对贫困问题得到整体解决（图 12.7）。具体成就体现在以下方面：

1）贫困人口生活水平显著提升

经过脱贫攻坚，贫困人口的收入和福利水平大幅提高，“两不愁三保障”全面实现，教育、医疗、住房、饮水等条件明显改善。其中，贫困地区农村居民人均可支配收入，从 2013 的 6079 元增长至 2020 年的 12588 元，年均增长率达 11.6%，自主增收脱贫能力稳步提高（图 12.8）；2020 年贫困县九年义务教育巩固率达 94.8%，基本医疗保险覆盖率达 99.9%以上，通过实施农村危房改造，全面实现贫困人口住房安全有保障；此外，累计解决 2889 万贫困人口的饮水安全问题，饮用水量和水质全部达标，贫困地区自来水普及率从 2015 年的 70%提高到 2020 年的 83%。

2）贫困地区落后面貌根本改变

脱贫攻坚不仅实现了农村贫困人口全部脱贫，还有效提升了农村贫困地区的经济社会发展水平。至 2020 年底，贫困地区新改建公路 110 万 km、新增铁路里程 3.5 万 km；2016 年以来，新增和改善农田有效灌溉面积 8029 万亩，新增供水能力 181 亿 m^3，贫困村通光纤和 4G 比例均超过 98%；实现贫困人口学有所教、病有所医、老有所养、弱有所扶，产业结构明显改善，特色优势产业不断发展，电子商务、光伏、旅游等新业态新产业有效助推了经济多元化发展；此外，通过生态扶贫、农村人居环境整治、生态脆弱地区易地扶贫搬迁等措施，贫困地区生态保护水平明显改善。

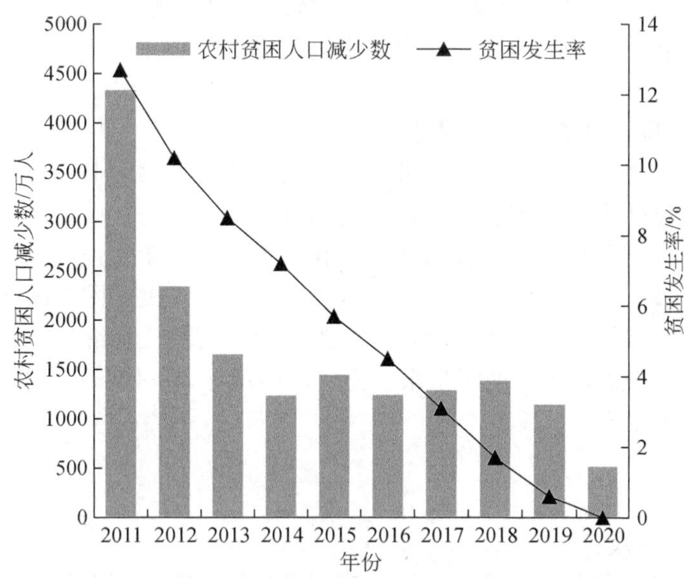

图 12.7　2011～2020 年中国农村贫困人口减少人数及贫困发生率

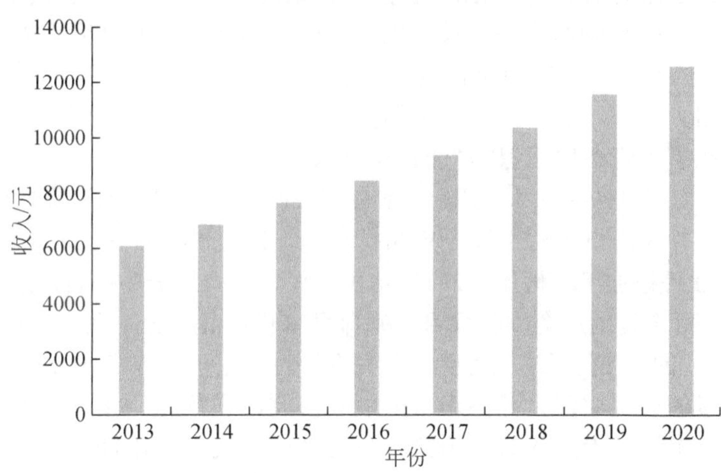

图 12.8　2013～2020 年贫困地区农村居民人均可支配收入变化

3）脱贫群众精神风貌焕然一新

脱贫致富热情高涨，脱贫攻坚不仅拓宽了贫困群众增收渠道，增加了收入，还增强了脱贫致富信心；主人翁意识显著提升，脱贫攻坚为贫困群众参与集体事务搭建了新平台，提高了参与集体事务的积极性自觉性，增强了乡村发展凝聚力；现代观念不断增强，交通基础设施的改善打通了贫困地区与外界的联系，群众的开放意识、创新意识、科技意识、市场意识等显著增强，公共文化事业的发展进一步丰富了贫困群众的精神文化生活。

4）特殊困难群体生存发展权利有效保障

贫困妇女生存发展状况显著改善，对 1021 万名贫困妇女和妇女骨干进行各类技能培训，500 多万名贫困妇女通过手工、种植养殖、家政、电商等实现增收脱贫；困境儿童关爱水平明显提高，实施《中国儿童发展纲要（2011～2020 年）》《国家贫困地区儿童发展规划（2014～2020 年）》，对儿童教育和健康实施全过程保障和干预；贫困老年人生活和服务保障显著改善，持续提高农村养老金待遇和贫困老年人口医疗保障水平，建立了惠及 3689 万老年人的补贴制度，落实家庭医生签约服务 59 万人，失能贫困老年人健康状况明显改善。

5）贫困地区基层治理能力显著提升

农村基层党组织更加坚强，通过精准选派贫困村党组织第一书记、驻村工作队，基层党组织的堡垒作用不断增强；基层群众自治更加有效，村委会（居委会）作用更好发挥，贫困群众自我管理、自我教育、自我服务、自我监督能力不断加强；“三农”工作队伍不断壮大，教育、科技、医疗卫生、文化等领域的专业人才支援贫困地区建设，企业家到贫困地区投资兴业，高校毕业生回乡创业，共同为农业农村现代化继续贡献力量；社会治理水平明显提升，脱贫攻坚为贫困地区带来了先进发展理念、现代科技手段、科学管理模式，显著提升了社会治理水平。

3. 典型案例

1）江西井冈山样板

井冈山市位于江西省吉安市境内，地处赣湘交界的罗霄山脉中段，山高坡陡、林密沟深，被誉为“中国革命的摇篮”。但囿于自然条件束缚，全市经济总量较小，贫困程度深，自身造血能力不足，脱贫成本较高。长期以来，国家和地方政府高度重视井冈山革命老区的发展，经过多年的努力，井冈山市在具体脱贫攻坚中，突出精准为先，牢握产业、安居、保障、基础设施四大关键，贫困发生率持续降低，城乡面貌发生了巨变，农民生活得到较大改善，率先实现了“两不愁三保障”的奋斗目标。

（1）有“能力”的“扶起来”，实现家家有致富产业。根据贫困群众的致富意愿和劳动能力的具体实际，井冈山市针对性地制定帮扶措施，因地制宜推进 20 万亩茶叶、30 万亩毛竹、10 万亩果业种植加工基地的“231”富民工程，实现每个乡镇有产业示范基地、每个村有产业合作社、每个贫困户有增收项目，确保家家有致富产业，户户有稳定的产业收入。

（2）“扶不了”的“带起来”，实现个个有资产性收益。基于部分贫困群众缺乏劳动能力、难以自我发展的客观实际，井冈山市采取股份制、联营式、托管式等多种合作模式，通过吸纳贫困户以资金、土地入股等形式，参与产业发展，固化贫困户与企业、基地、合作社的利益联结，让每家每户都有稳定的资产性收益。

（3）“带不了”的“保起来”，实现人人有兜底保障。针对完全丧失劳动能力的贫困群众，井冈山市将政策向其聚焦叠加，实施贫困线与低保线“双线合一”，通过低保扩面提标，制定了低保线略高于贫困线的标准，通过政策兜底保障，使贫困人口尽可能享受更高标准的低保，实现贫困人口“两不愁三保障”。

（4）“住不了”的“建起来”，实现户户有安居住房。井冈山市实行拆旧建新、维修加固、移民搬迁、政府代建 4 种安居建房模式，采取政府补一点、群众出一点、社会捐一点、扶贫资金给一点、银行贷一点等 5 个一点办法筹措资金，通过开展“消灭危旧土坯房，建设美丽乡村”攻坚行动，确保每一栋危旧土坯房都能拆得动、建得起、住得进。

（5）“建好了”的“靓起来”，实现村村有面貌提升。要让贫困群众在干净、漂亮、整洁、舒适的环境中实现脱贫。井冈山市坚持全域规划，大力推进镇村联动和美丽乡村建设，实现了 25 户以上自然村全部通水泥路、自来水，所有行政村卫生室、文化室、党建活动室均达标，贫困群众实现了走平坦路、喝干净水、上卫生厕、住安全房的美好愿望。

2）甘肃陇南样板

陇南市位于甘肃省东南部，东邻陕西省，南接四川省，是甘肃省唯一属于长江流域的地区，所辖九县区曾整体属秦巴山集中连片特殊困难地区，贫困面大、贫困程度深、贫困人口多，是甘肃省乃至全国扶贫开发的主战场之一。为此，陇南市把脱贫作为最紧迫的任务，相继完成了 9 个贫困县、1707 个贫困村、84 万建档立卡贫困人口的脱贫任务，高质量打赢了脱贫攻坚战；先后荣获“全国电商扶贫示范市”“十佳精准扶贫创新城市”“中国消除贫困创新奖”等荣誉称号，2020 全球减贫伙伴研讨会更是将电商扶贫写进了《人类减贫的中国实践》白皮书。

（1）持续推进片区扶贫。陇南市把当地贫困程度最深、贫困人口最集中、扶贫难度最大的区域划分为 25 个特困片区，将 90%以上的财政扶贫资金向特困片区倾斜，80%以上的涉农项目资金向特困片区打捆安排，分步骤、有计划地整村整乡整流域推进连片开发。

（2）持续推进产业扶贫。充分发挥资源禀赋特色优势，设立产业发展基金，加快培育壮大核桃、花椒、油橄榄、中药材、生态养殖、苹果、苗木等特色富民产业，助推贫困农户稳定增收；发展农民合作社 5498 家、市级以上龙头企业 169 户，特色农业产业基地面积达 1110 万亩；此外，加强劳务技能培训，支持引导贫困农户剩余劳动力外出务工，每年输转农村劳动力 60 多万人。

（3）持续推进电商扶贫。2014 年底，陇南市被国务院扶贫开发领导小组确定为全国唯一的电商扶贫试点市，先后在 9 县区 1365 个建档立卡村中选定 750 个贫困村开展电商扶贫试点工作；同时，各级政府大力加强贫困村信息、交通、物流基础建设，解决物流快递“最后一公里”问题，推进信息流、物流、资金流向贫困村发展，确保贫困群众享受电商扶贫红利，国家发展和改革委员会、商务部等 7 部委将陇南市确定为“第三批国家电子商务示范城市”。

（4）持续推进金融扶贫。针对贫困农村发展普遍缺乏资金的现状，积极推进“三权”抵押贷款试点工作，着力推进农村“三变”改革，累计发放“三权”抵押贷款 80 多亿元，有效缓解农民、中小微企业和项目建设融资难问题；贫困村扶贫互助资金总规模达到 6.2 亿元，探索的“村账乡管”新模式被省扶贫办向甘肃省推广。

（5）持续推进旅游扶贫。依托良好的生态资源，大力实施“旅游富民”工程和“百村千户万床”工程，探索出“公司＋合作社（协会）＋贫困户”“帮扶单位＋支部＋公司＋农户”等旅游扶贫模式，通过发展乡村旅游带动建档立卡贫困户增收，建成省级美丽乡村示范村 81 个，其中，75 个村被列入全国“乡村旅游扶贫重点村”。

（6）持续推进社会扶贫。全力开展结对帮扶工作，充分发挥精准扶贫“滴灌”作用，积极引导市内外民营企业、个体经营者、社会爱心人士等社会组织和个人参与脱贫攻坚帮扶工作；积极开展东西扶贫协作，与青岛市签订了《青岛市与陇南市东西扶贫协作战略框架协议》，青岛市区累计安排帮扶陇南市贫困地区发展资金达 9610 万元。

12.2.2　乡村振兴

1. 背景

乡村是城市功能扩散与转移的重要承接地，兼具生产、生活、生态、文化等多重功能，与城市共同构成了人类的活动空间（谭雪兰等，2017）。随着城市化和工业化的快速推进，乡村的劳动力、土地、资本等要素向城市大量聚集，导致乡村智力流失、主体弱化与缺位，自我发展能力和适应性受到严重挑战，加剧了乡村发展面临的不稳定性和脆弱性。当前，乡村衰落已成为全球焦点性问题，无论是发达国家还是发展中国家，都经历过乡村衰退（李玉恒等，2019；刘彦随，2019）。如何缩小城乡差距，如何促进乡村可持续发展，不仅是“未来地球”计划核心议题，还是联合国可持续发展目标关注的重要内容。

自1978年中国实施对外开放以来，在各种强农惠农富农政策支持下，乡村发展取得显著成就，农民收入水平大幅提高，城乡关系朝良性互动方向发展（张海鹏等，2018）。然而，在长期“乡村服务于城市”和“农业服务于工业”的发展导向下，农业竞争力不强、农村发展滞后、农民收入水平相对较低的状况未得到根本改变（Li et al.，2019）。此外，精准扶贫并不能完全解决农村地区发展不充分、城乡发展不平衡问题。为全面应对与解决当前的乡村衰退难题，2017年党的十九大报告首次提出要实施以“产业兴旺、生态宜居、乡风文明、治理有效、生活富裕”为总要求的乡村振兴战略；2018年中央一号文件进一步明确了乡村振兴“三步走”时间表，即在2020年乡村振兴取得重要进展，制度框架和政策体系基本形成，2035年乡村振兴取得决定性进展，农业农村现代化基本实现，2050年实现全面振兴，农业强、农村美、农民富全面实现；中共中央、国务院发布《乡村振兴战略规划（2018—2022年）》从农村基建重点、民生领域、多元资金投入方面进行了战略部署；2020年中央一号文件再次强调要“全面推进乡村振兴”（图12.9）；2021年发布了《关于实现巩固拓展脱贫攻坚成果同乡村振兴有效衔接的意见》，提出了乡村振兴的重点工作，同年4月通过了《中华人民共和国乡村振兴促进法》，于2021年6月1日起施行。

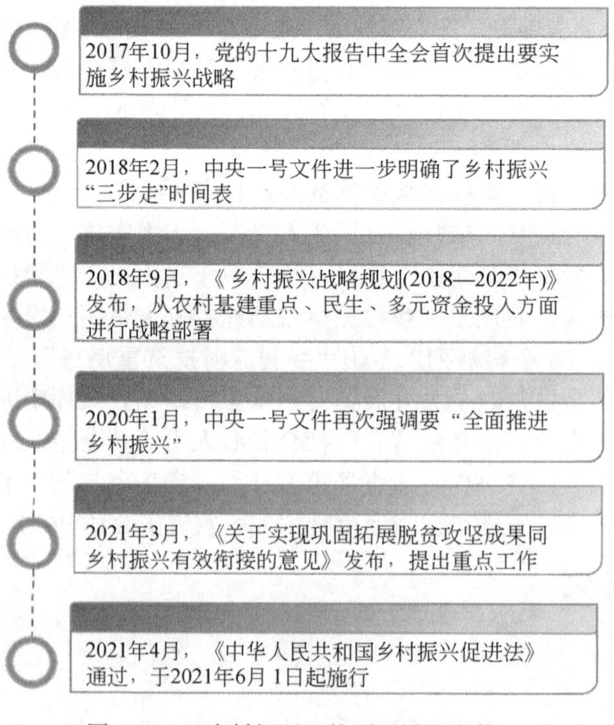

图 12.9　“乡村振兴”的顶层设计文件

2. 内涵

作为农业大国，“三农”问题始终关系着国计民生的根本。乡村振兴的发展目标为农业农村优先发展和城乡融合，其内容要求为产业兴旺、生态宜居、乡风文明、治理有效、生活富裕“二十字方针”（图 12.10）。其中，产业兴旺作为乡村振兴的经济基础，要求突出产业在乡村发展中的基础性支撑和引领作用，增强乡村生产活力，提升农业、繁荣农村和富裕农民（郭远智等，2019）；生态宜居倡导将“绿水青山就是金山银山”理念落实到乡村发展中，加强对农村生态环境保护，建设人与自然和谐共生现代农村，是乡村振兴的环境基础（黄祖辉，2018）；乡风文明要求深入挖掘乡村优秀传统文化中蕴含的思想观念、人文精神、道德规范，注重对乡风民俗保护、利用和传承，是乡村振兴的文化基础；治理有效要求乡村基层组织健全自治、法治、德治相结合的治理体系，以高效的方式为乡村居民提供公共服务，保障农民安居乐业，是乡村振兴的社会基础（叶兴庆，2018）；生活富裕直接体现了乡村居民生活质量的改善程度，是乡村振兴的根本落脚点（贾晋等，2018；张海鹏，2018）。

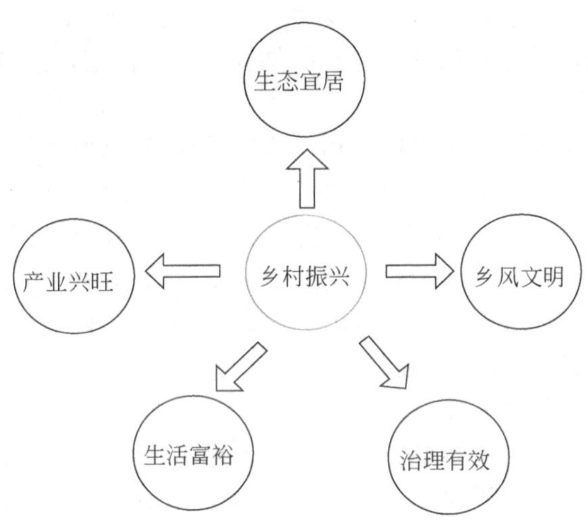

图 12.10　乡村振兴及其目标

3. 典型案例

1）山东齐鲁样板

山东省位于黄河下游，具有悠久的农业文明和丰富的农耕经验，还享有“农业大省”称号，素有“全国农业看山东”美誉。2018 年，山东省委一号文件制定了 2020 年、2035 年两个阶段目标，提出到 2050 年要实现“乡村全面振兴，农业强、农村美、农民富”。

（1）农业农村改革，推进产业振兴。为保障乡村振兴，山东省连续制定了《落实五级书记抓乡村振兴责任实施细则》《市县党政领导班子和领导干部推进乡村振兴战略实绩考核实施细则》。至 2020 年，共组建 600 支服务队，服务 3000 个村（社区），开展了“万名干部下基层”工作，累计选派 5 万名第一书记扎根基层，助推乡村振兴。同时，为保障农民更好地行使集体经济组织成员权利，鼓励农民通过股份合作的方式参与集体资产管理。通过创新农村经营体制机制，逐渐形成了由种植大户、养殖大户、家庭农场、专业合作社等组成的农业产业体系新格局。

（2）发展粮食产业，保障国家粮食安全。产业强则粮食安，作为农业大省，首要责任是维护国家粮食安全。山东省还是中国首个区域性国家发展战略综合试验区，也是以新旧动能转换为主题的区域发展战略综合试验区。为发展粮食产业，追求高质量发展，一方面，贯彻新发展理念，注重绿色发展、生态发展；另一方面，向下延伸产业链，打造“企业＋农村合作社＋农户”的三合一运作模式，提高农民种粮的积极性。至 2018 年，发放 6.5 万个科学储粮示范仓，重点建设 41 个县级质检机构和 39 家“好粮油”示范企业，纳入统计范围的粮油加工企业工业总产值突破 4000 亿元，粮食加工转化率达 154%，居全国前列。同时“优质粮食工程”实施，进一步助推了一二产业融合发展，既保障了粮油企业优质的粮食来源，也给粮农提供了稳定的销售渠道，为打造乡村振兴“齐鲁样板”增添发展动力。

2）福建老区苏区样板

福建省红色基因丰富，是著名的革命老区，所辖 84 个县（市、区）中有 69 个老区苏区县（市、区），拥有不可移动革命文物 1657 处，可移动革命文物 142581 件套。然而，因老区苏区多处于偏远山区，地少人稀，交通相对不便，不易留住人才，使得经济社会发展与沿海发达地区尚有一定差距，老区苏区乡村振兴任重而道远。近年来，福建省积极探索红色旅游发展新路径，通过政策助力、产品创新、多元营销，促进革命老区高质量发展、实现乡村全面振兴。

（1）政策助力：守住老区苏区“根”和“魂”。福建省高度重视老区苏区振兴发展，出台了一系列加强革命遗址保护利用的法规政策。其中，在 2012 年《福建省促进革命老区发展条例》中明确提出，县级以上地方人民政府应加强红色资源保护、开发与利用，建设爱国主义和革命传统教育基地、红色旅游景区和线路，打造革命老区红色旅游圈，推进红色旅游产业发展；在 2022 年福建省发改委印发的《福建省“十四五”老区苏区振兴发展专项规划》中也明确提出，到 2025 年要显著提升红色文化影响力，持续保障民生福祉，不断增强老区苏区人民群众的获得感、幸福感、安全感。

（2）创新产品：激发老区苏区旅游活力。福建省创新开发一批游客喜闻乐见的红色旅游产品，增加了参与性、互动性环节，营造了沉浸式旅游体验，提高了红色圣地的旅游吸引力。其中，龙岩市加大了对红色旅游景区的创建力度，并以古田会议会址为龙头，串联新罗中心城区红色旧址群、红色交通线永定金砂红色旧址群、连城松毛岭战斗遗址、红军长征第一村长汀中复村等红色旅游景区。目前，龙岩市共有 A 级红色旅游景区 17 家，占福建省 A 级红色旅游景区总量的 34%。2021 年累计接待红色旅游游客 940.19 万人次、实现收入 43.34 亿元，同比增长 38.6%、12.3%。

（3）多元营销：塑造老区苏区旅游品牌。为推介福建省红色旅游资源，进一步传承和弘扬长征精神、红色革命精神，2021 年 6 月，福建省文化和旅游厅与上海市文化和旅游局、三明市政府联合主办了“永远跟党走，重走长征路，开启新征程”沪闽红色教育主题活动，发布十大红色旅游精品线路，包括中央苏区独特红色文化氛围和生活环境的体验线路、追溯红军北上抗日先遣队的战斗线路和感悟民族英雄事迹的红色文化之旅等；此外，福建省还与上海市文化和旅游部门签订了旅游合作协议，并围绕红色景区交流合作、红色旅游资源整合、联手推出红色教育培训线路、联合举办红色教育主题活动、联合开展红色文创产品等加强交流合作。

12.2.3　巩固脱贫攻坚成果同乡村振兴的有效衔接

1. 背景

脱贫不是终极目标，如何防止规模性返贫，已成为当前中国面临的重要难题。虽然脱贫攻坚工作已取得决定性胜利，但由于农村底子薄、人口基数大、区域发展不平衡等因素，巩固脱贫攻坚成果仍是当前农业农村发展的核心任务之一（龙花楼和陈坤秋，2021）。随着中国进入相对贫困阶段，急需有效推进巩固拓展脱贫攻坚成果同乡村振兴战略的衔接。为此，十九届五中全会提出了“巩固拓展脱贫攻坚成果同乡村振兴有效衔接”的战略部署，着重强调实现两者有效衔接的重要意义与方向（郭俊华和王阳，2022）。

2. 逻辑关系

脱贫攻坚和乡村振兴互为抓手，相互支撑。如何通过脱贫攻坚为乡村振兴奠定制度和物质基础，并利用乡村振兴巩固拓展脱贫成果，实现脱贫攻坚与乡村振兴的有机衔接，成为学术界探讨的热点与前沿（龙花楼和陈坤秋，2021）。从发展经济学角度来看，脱贫攻坚和乡村振兴战略一脉相承，二者理论依据同源、目标指引一致、政策内容连续。王介勇等（2020）认为巩固脱贫攻坚成果是乡村振兴发展的基本内容，乡村振兴发展是巩固脱贫攻坚成果的根本目的；王永生等（2020）指出脱贫攻坚在一定时间、区域和层面上决定着乡村振兴战略实施的进度和成效，是区域性和阶段性乡村振兴战略的重点工作和任务；郭远智等（2019）指出巩固脱贫攻坚成果是实现乡村振兴的关键和基础前提，乡村振兴是脱贫攻坚的深化和根本保障，农村减贫也是逐步实现乡村振兴的过程（图 12.11）。

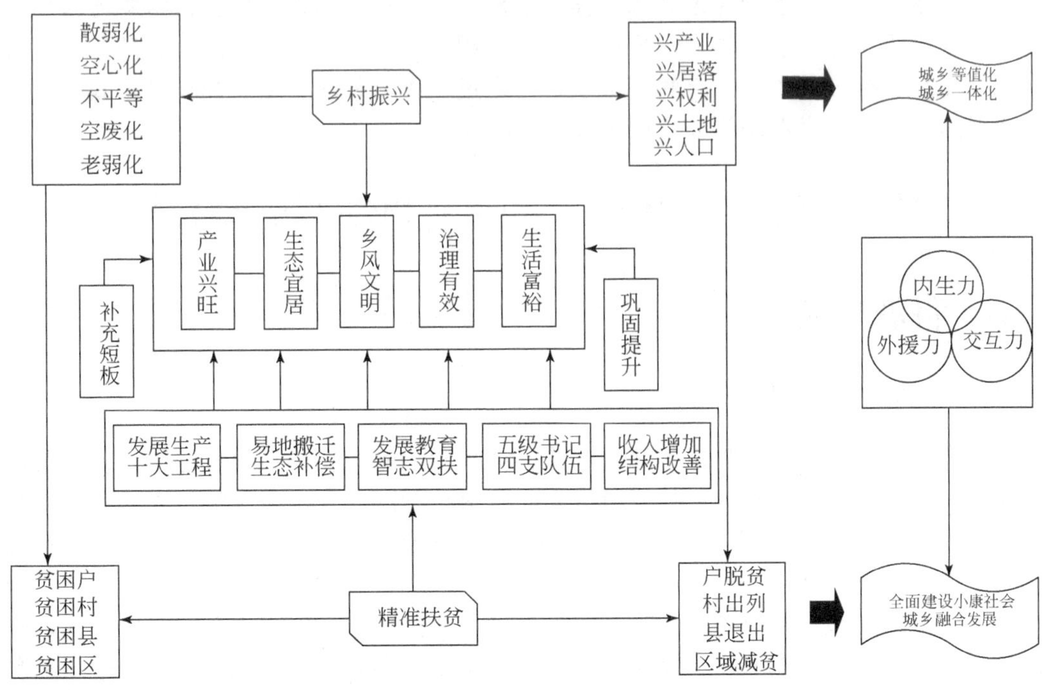

图 12.11　精准扶贫与乡村振兴的内在逻辑（王永生等，2020）

3. 实现路径

目前，学者多从顶层设计（理念目标、政策规划、体制机制、保障体系等）、具体举措（产业、生态、文化、组织、人才）、要素投入（人、地、钱、项目、技术、服务）3 方面提出实现巩固脱贫攻坚成果同乡村振兴有效衔接的路径（叶敬忠和陈诺，2021）。

第一，政策衔接。在政策供给方面，学者多基于产业、人才、文化、生态、组织等内容提出相应政策建议，或基于供给方向的变化指出具体要求，如由特定帮扶政策向常态化民生政策转变、由物质帮扶向能力提升转变等（王春城和戴翊超，2019；邓婷鹤和聂凤英，2020）；在政策内容对接方面，主要考量衔接政策的延续、强化、新设等，例如，梳理归纳现有的脱贫攻坚和乡村振兴政策，将其整合为防止返贫类、产业就业类、公共服务类、兜底保障类、区域开发类及城乡改革类，详细探讨各类政策的重塑方向（高强，2020）。

第二，产业衔接。在产业升级方面，通过产业链延长、产业融合及发展品牌化、高质量、绿色生态的现代产业，推动产业优化升级，增加产业业态与产品多样性，探索小农产业发展以减小市场风险（陈文胜，2019；袁树卓等，2019；豆书龙和叶敬忠，2019；王伟，2019）；在产业参与主体方面，新型农业经营主体需充分发挥带动作用，瞄准对象需从贫困人口转向乡村人口，促进农村集体经济发展（边慧敏等，2019；朱海波和聂凤英，2020）；在机制构建方面，还需继续完善产业扶贫的选择机制、利益联结分配机制、风险防范机制（牛胜强，2019）。

第三，内生动力激发。相较于脱贫攻坚期“超常规”社会动员机制，乡村振兴战略的动员机制需以集体行动能力为基础，注重个人意识培养、集体组织能力建设（涂圣伟，2020）。在个人意识培养方面，倡导通过思想宣传、示范引导、技能培训、以工代赈等方式培育农民的主人翁意识，提升能力素质水平；在集体组织能力建设方面，除制度、政策和资源供给外，还需乡村社会的主动承接和积极配合，通过组织、社区、文化建设等方式把农民个体重新联结起来，培育农民的公共意识或精神。

12.3 科教兴国、人才强国和创新驱动发展

12.3.1 科教兴国

1. 科教兴国战略的提出

党的十九大报告提出要坚定不移地实施科教兴国战略，要建设科技强国、教育强国，培育造就一大批具有国际水准的战略科技人才、科技领军人才、青年科技人才和高水平创新团队。1995 年 5 月，中共中央、国务院提出《关于加速科学技术进步的决定》，提出了科教兴国战略，以科技为第一生产力，以教育为本，把科技和教育摆在经济、社会发展的重要位置。从那时起，科教兴国战略就成为贯彻“科技是第一生产力”的有力载体，也是引领我国迈向国际科教强国的重要战略。进入 21 世纪，我国先后颁布了《国家中长期科学和技术发展规划纲要（2006—2020 年）》《国家中长期人才发展规划纲要（2010—2020 年）》《国家中长期教育改革和发展规划纲要（2010—2020 年）》，为我国科教发展与改革提供了

新的思路。2012 年，党的十八大报告进一步提出了推进科技和教育发展的“创新驱动发展战略”，把“创新驱动”理念引入到国家科教兴国战略框架中。习近平总书记于 2013 年 11 月视察国防科学技术大学时明确指出，科教兴国已经成为中国的一项基本国策。近几年，我国先后出台了《中国教育现代化 2035》《“十三五”国家科技创新规划》，提出了 2035 年实施 15 项重大科技计划和全面实现教育现代化的十项战略目标。十九大以来，我国在习近平新时代中国特色社会主义思想的指引下，围绕创新型国家的目标，全面推进科教事业的创新发展，确立了科技强国、教育强国的总体目标和现实任务，为新时代科教兴国战略框架注入新的内涵，为国家发展、民族复兴提供了不竭动力。

我国要从“科教大国”走向“科教强国”，必须在新世纪全面落实科教兴国战略。坚持理念先行、人才核心、政府支持、全球治理，“抓重大、抓尖端、抓基础”，在新时期，要构建统筹协调、系统整合、协同创新的科学和技术创新发展的总体框架，促进国家从科教大国向科技强国迈进。

2. 科教兴国概念内涵

1）科教兴国内涵与发展

“科教兴国”，就是用“科技”与“教育”来推动国家的发展与复兴。其中，科学技术与教育是兴国之道，兴国之基。正确理解科学发展观的“路径”与“基础”之间的内在联系，是正确理解科学发展观的先决条件。科技是人类社会的首要生产力，科技的快速发展离不开科技的发展，而科技的发展则需要以教育为依托，因此必须把科技与教育作为国家发展的重要战略。这一认识为以后正式提出和实行科教兴国战略打下了坚实的基础。1995 年 5 月《关于加速科学技术进步的决定》首次提出“科教兴国”，并进一步贯彻了“科技是第一生产力”的理念，突出“以教育优先，以科技、教育为中心”，使“以科技进步、提高劳动者素质”，加快国家的繁荣富强。

从这一点可以看出，科教兴国战略的主要内容有三：一是要把科技作为第一生产力，推动科技和经济相结合，坚持以科技为根本、以国家经济建设为指导的方针。二是要把教育作为科教兴国的基础性地位，这是一个民族最基本的事业，而科学技术和经济的发展，关键在人才，发展教育，才能从根本上提高中华民族的综合素质，增强面向未来的国家竞争力。三是要把科学技术与教育这两个学科的“手段”与“基础”相结合，既要把科学技术和教育结合起来，又要把科学技术和教育的力量结合起来，把科学技术和教育结合起来，使之成为我国的长远、稳定、可持续发展。

在把握新时期科教兴国战略的科学内涵的同时，必须充分认识其时代性。纵观我国科教兴国的发展历史，可以看出：一方面是其核心内涵的延续和整体性；另一方面，它的战略内涵和基本要求也是随时代发展而变化的，它在经济、社会发展的各个时期都有其特定的需求。进入中国特色社会主义新时期，我国科学技术、教育事业发展成绩显著，科技创新持续发力、加速赶超、重大创新成果竞相涌现，已成为世界上最具影响力的科技强国；我国的教育事业已经取得了质的飞跃，成为全球最大的教育制度，整体教育发展水平已超越中等、中等、中等收入国家的平均水平。面对新的历史时期，要戒骄傲自满，认清自身发展的缺陷，明确今后的发展道路：从科技创新大国向科技强国迈进、从教育大国向教育强国迈进。

2）科教兴国目标任务

（1）从科技创新大国向科技强国迈进。建设世界科技大国是新世纪科教兴国战略的一个重要目标。科技是第一生产力，这是我国科教兴国思想的中心思想和逻辑出发点。新时期我国科技力量建设的主要任务是实现从“大”向“强”的过渡。《国家创新驱动发展战略纲要》于2016年5月发布，明确了我国“三步走”的科技强国战略。习近平在全国科技创新大会、两院院士大会、中国科协第九次全国代表大会上强调，要实现中国要强盛、要复兴，就一定要大力发展科学技术，努力成为世界主要科学中心和创新高地。科学大国的建立，为科学和教育在新时期的发展指明了方向。要达到“由大到强”的战略目标，必须把重点放在三个方面：一是要尽快提高源头创新能力和自主创新能力，提高科技发明对经济发展的支持能力。要从根本上加强基础与应用基础研究，以适应我国的重大战略需要，面向国际科技发展的前沿，在多个方面做引领型创新。二是要突破关键的核心技术，让更多的企业走上世界价值链的中上游。加速工业与信息化的深度融合，面向数字化、智能化转型，重点研究行业的共性技术，通过关键技术的突破，带动产业升级。三是要完善“双创”的创新创业生态体系，增强要素聚集能力；加强科技成果转化和技术转移，培养知识产权和法律服务专业人才，把国家建设成为世界科技创新的高地。

（2）从教育大国向教育强国迈进。第二个任务是实现新世纪科教兴国战略的第二个目的。“兴国”以教育为根本，以教育为基础，以建设科技强国为先决条件，以建设创新型国家为基本保证。十九大提出了全面建设社会主义现代化国家战略；《中国教育现代化2035》明确提出，要实现教育现代化，实现教育大国，实现教育现代化，实现教育现代化。到2035年，全面实现教育现代化，全面进入世界一流的教育大国行列，为21世纪中期全面建设社会主义现代化国家打下坚实的基础。现阶段，我国已经是全球最大的教育人口大国，已经基本建立起了最大的现代化教育系统。到2035年，高等教育的普及率将达到98%。下一阶段的工作重点是从数量上的增加到质量上的跨越，即在教育体系结构、教育普及、教育质量、人才培养结构和服务能力等方面都要提高。

3. 新时代实施科教兴国战略的总体框架

新时期实施科教兴国战略，必须把科技创新作为核心动力，深入认识创新发展规律、科技管理规律、人才成长规律，坚持理念先行、人才核心、政府支持、全球治理，“抓重大、抓尖端、抓基础”，要构建统筹协调、系统整合、协同创新的科学和技术创新发展的总体框架，促进国家从科教大国向科技强国迈进。

1）理念先行：充分认识科技教育对社会发展的基础性引领作用

新时期科教兴国战略总框架的第一个维度，就是要正确认识和牢固确立科技创新在我国社会发展中的基础性、先导性和先导性的地位，以此塑造社会的创新发展文化，成为科教兴国战略的核心动能。科学发展，思想是第一位的。科学和技术发展是实现创新驱动和建设创新型国家的根本，是实现全面小康社会和全面建成社会主义现代化强国的重要保证。科教兴国战略能否顺利实施，既要依靠制度、政策和行动，又要靠隐性的认知、观念和文化。在结构主义哲学社会学的视野中，在社会表面的“建筑”下面，是一种表意体系，一种不变的结构本体。所以，社会观念和文化的形成，就是以编码的过程为基础，在社会的上层“建筑”中进行构建，同时也在塑造科学和创造文化。

首先，要树立教育为本、教育优先的发展思想；教育是国家兴国的重大战略任务，必须把教育现代化建设放在第一位，推动科技创新强国的建设，促进经济和社会整体发展。其次，以科技为基础，深化科教融合发展的思想，以建设世界一流的创新型高校为突破口，以培养拔尖创新人才为目标，以科研和人才培养相结合的方式，统筹科教事业的整体发展。提倡新世纪科教兴国战略，应当转变社会下层的认知，树立以创新为导向的科学教育新观念，要让政策制定者和社会大众充分了解科学和技术发展在社会和经济发展中的基础性和先导性，才能真正促进科学发展战略的顺利实施。

2）人才核心：牢固确立人才引领发展的核心性战略地位

十九大明确指出，要加快建设创新型国家和科技强国，必须培育一大批具有世界战略地位的科技领军人才和青年科技人才。习近平在 2014 年教师节前夕与北京师范大学的师生代表们进行了一次交流，他表示："当今世界的综合国力竞争，说到底是人才竞争，人才越来越成为推动经济社会发展的战略性资源，教育的基础性、先导性、全局性地位和作用更加突显。"

21 世纪科教兴国战略的总体框架的另一层面是：坚持以"以人为本"为核心的"以人为本"的科学研究、技术研发、教育改革与实践活动的最终实施者；第二，科学与教育协调发展的关键是人才。人才是教育的终极目的，是实现科教兴国战略的重要中介主体，是我国科教体制改革与发展的核心任务，是我国"科教"向"兴国"、"强国"的必然选择。以人才为中心，既要坚持科教兴国的主体，也要突出以人为中心的中介作用。

3）政府支持：着力建设统筹科教发展的系统化创新体系

"以企业为主体，市场导向，产学研深度融合"是我国科技创新发展战略的重要内容。要强化创新体制，就必须充分利用"以中心为中心"的体制优势，把科学发展、技术进步、教育改革等重大命题有机地结合起来，从系统性的角度来解决体制问题，促进国家发展。新世纪科教兴国战略总体框架的三个维度是：加强对国家的扶持，统筹构建科学和教育发展的体制和体制。无论是科技强国、教育强国、创新型国家建设，还是应对国际竞争、顺应时代转型等，科学、技术和教育三者的关系必须系统处理。

第一，充分发挥我国社会主义制度的优势，集中配置有关资源和主体，形成相互协调的科教创新体系；第二，在总体理论指导下，建立科学与技术发展的综合创新体系，把科学研究、技术发展的影响因子、行为主体等作为一个系统化的过程；第三，要充分调动社会力量，以科学、教育、教育、科研、教育等方面的制度安排，使整个社会都能参与到科学、教育和管理中。构建系统化的创新体制，其终极目标在于构建一个由全社会广泛参与的创新治理结构，使之具有自我纠偏和自我进化的有机整体，从而使科学教育的发展不断自我完善。

4）全球治理：深度参与全球科教治理，构建人类命运共同体

十九大提出，要以开放、创新、包容、互利的发展前景，要永远当世界和平的建设者，全球发展的贡献者，维护国际秩序的维护者，以开放、创新的态度参与全球治理，为我国的科教兴国战略提供了外在的指导。第四个维度是新世纪科教兴国战略的总框架，即深入地参与到国际科学、教育、建设人类的命运共同体。这一维度为我国科教兴国战略提供了外在途径，并突出了我国科技创新战略的制订和实施必须具备全球视角。必须承认，科技和教育发展的界限不能仅限于自己的国家，它既有时代的特点，也有全球的特点。这意味着，科学与教育系统的发展，必将融入人类社会发展的历史大潮中，并在全球化发展中发挥越来越重要的作用。

确立科教兴国的全球治理架构，建设人类命运共同体，主要包括两个方面：第一，我国的科学教育体制参与到全球治理中，是其内在结构外在化的表现；第二，参与建设人类命运共同体，不会强迫中国的文化和价值观念，而应“积极运用国际创意资源，争取建立双赢的合作关系”，“造福于更多的国家和民众，促进全球均衡发展”。科学与技术的发展必须从更高的角度来审视科学与技术发展的全局重要性，把促进人的共同发展作为科学和教育发展的一个更高层次的目标。

12.3.2　人才强国

1. 人才强国战略的提出

面对近百年来最大的变化，我国关于人才强国的规划和部署，提出了“建设全球重要的人才中心、创新高地”的宏伟战略目标，引领未来十五年的大改革、大发展、大布局。在推进高质量发展和高水平科学技术自主发展的基础上，新世纪人才强国战略确定了国家未来发展的增长极、能量核和撬动点，形成了一个有序的时空战略化结构布局，其基本内涵反映了国家战略进阶的根本需求。人才强国的新时代战略，应对人才转型、人才泛化、人才支持、人才发展的核心治理结构等一系列人才发展的基础性问题，提出并解决这些问题。

“以人才为本”是党的“执政兴国”的重大战略部署。改革开放以来，党和国家围绕着经济发展的大局，从国际和国内的情况，对“人才”和“强国”的辩证关系进行了深入的剖析，并围绕着“以人才强国”和“建设人才强国”这两个根本问题，逐步确立了中国人才强国的战略地位和战略体系，而在此过程中，人才强国战略内涵也逐渐成为中国特色社会主义理论的一个重要组成部分。

1）人才强国战略的形成阶段

邓小平在改革开放初期就把人才问题放在了“尊重知识、尊重人才”、“广开贤者之道”这一高度上。在这一理念的指导下，我们国家进入了人才发展的春天，各级领导干部也逐渐接受了“人才”的观念。2000 年，第一次在中央经济工作会议上提出了“人才战略”的概念。2001 年，“十五”规划中特别制定了《人才战略》的实施方案。2002 年，我国出台了《2002—2005 年全国人才队伍建设规划纲要》，首次提出了“人才强国”的概念，并对此作出了系统的部署。人才资源是国家的第一资源，人才强国战略的确立，党的人才管理理念的确立，对国家人才的发展起到了巨大的促进作用。

2）人才强国战略的发展阶段

十六大再次强调“尊重劳动、尊重知识、尊重人才、尊重创造”。2003 年，中央政治局就人才工作进行了专题研究，并作出了成立全国人才工作协调小组和召开全国人才工作座谈会的决定。在 2003 年末召开的第一届全国人才大会上，中共中央、国务院作出了《关于进一步加强人才工作的决定》。同年，中央组织部成立了人才工作委员会，负责人才的宏观调控。2007 年，党的十七大报告把人才强国战略写入党章，把人才强国作为三大战略之一，把人才强国战略上升到了国家战略的高度。

3）人才强国战略的健全阶段

2010 年，国务院举行了第二届全国人才工作会议，发布了《国家中长期人才发展规划纲要（2010—2020 年）》。2012 年，十八大又一次强调，要加快制定国家人才优先发展战略，把国家从“人才大国”转变为“人才强国”。2016 年，国家制定了《关于深化人才发展体制机制改革的意见》。2017 年，党的十九大报告明确指出，人才是实现民族振兴、赢得国际竞争的重要战略资源，必须把世界上最优秀的人才集中起来，用好人才，加快人才强国的步伐。习近平总书记在 2018 年全国组织工作会议上进一步指出：“要加快实施人才强国战略，把人才放在发展的重要位置，把人才培养成一支有志爱国奉献、勇于创新创造的优秀人才队伍。

从全球范围看，中国率先提出了具有特色的人才战略，并制定了相应的战略体制和管理制度。有些发达国家和发展中国家也曾推出过人才政策、人才计划和项目，但这些政策和计划常常被列入国家的科学和教育战略，例如，日本就曾制定了“50 年内获得 30 项诺贝尔奖”等战略目标。中国人才强国战略的实施，已经在世界范围内引起了广泛的重视，也为世界做出了巨大的贡献。由于中国的工作成就，联合国教科文组织将“rencai”列为专门词汇，英国 2020 年在首相官邸设立了一个跨领域的“人才办公室”，韩国正在努力制定一个关于人才的战略建议。在人才工作方面，中国为人才强国战略制定时间段（如五年、十年、十五年），引导未来的人才队伍建设，使之成为具有中国特色的人才发展管理模式和建设人才强国的“登山”之路。随着人才力量的逐步提升，“一步一步”地走上“台阶”，最终中国将成为世界一流的人才强国（表 12.7）。

表 12.7　国内人才发展新变局：基于历次人才工作会议的分析

项目		2003 年全国人才工作会议及其《中共中央 国务院关于进一步加强人才工作的决定》	2010 年全国人才工作会议及《国家中长期人才发展规划纲要(2010—2020 年)》	2021 年中央人才工作会议
发展阶段		富起来		强起来
发展地位		优先发展	引领发展	
发展任务	要求	实施人才强国战略	更好实施人才强国战略	深入实施新时代人才强国战略
	目标	从人口大国转化为人才资源强国	进入世界人才强国行列	世界重要人才中心和创新高地
	重点	三支队伍	“1+2+6”队伍	战略科技人才、一流科技领军人才和创新团队以及规模宏大的青年科技人才队伍
发展格局		合理流动	区域协调	高水平人才高地、战略支点和雁阵格局

2. 人才强国内涵

1）人才强国战略的核心

人才兴国是我国实施人才强国战略的关键。国家的繁荣，靠的是人才。以人才为本、走人才强国之道、增强民族核心能力、增强综合国力等是人才强国战略的重要内容，概括起来就是人才兴国。这里的“强国”是指增强国力、振兴国家，即大力提升国家核心竞争力和综合国力。对此，《2002—2005 年全国人才队伍建设规划纲要》明确指出，抓住机遇，迎接挑战，走人才强国之路，是增强我国综合国力和国际竞争力，实现中华民族伟大复兴的战略选择。

2）人才强国战略的目标

现代化强国是人才强国战略的最终目的。人才强国战略是一项国家发展战略，它与国家发展战略目标相协调，为人才保障和智力支撑。新世纪，我国的现代化建设总的目标是：将在 21 世纪中叶，建成一个富强、民主、文明、和谐、美丽的社会主义现代化强国。在此背景下，实现“全面小康”“现代化”是我国实现人才强国战略的重要内容。

3）人才强国战略的工作重心

人才强国的工作重点是人才资源强国，使人才的作用得到最大程度的发挥。全面建成小康社会，实现中华民族伟大复兴，需要人才资源强国的支持，并使其发挥到最大程度。因此，要实现人才强国战略，必须把重点放在人才资源大国的建设上，要充分调动各方的积极性，采取多种方式，促进人力资源的开发，加速由人口大国向人才资源强国的转化，力争形成规模宏大、素质优良、结构合理、活力旺盛、既能满足我国经济社会发展需要，又能参与国际竞争的人才大军。

人才强国的内涵主要有两个方面：一是加强对人才的开发，全面提升人才的素质，由人口大国向人才强国迈进；二是要创新体制，加强对人才的吸引力和凝聚力，从而增强我国的综合国力和国际竞争力。

3. 人才培养现状与建设方向

1）人才培养现状

（1）R&D 人员规模。截至 2020 年，我国 R&D 人员规模持续扩张，质量不断提高。同年，R&D 人员总量达到 712.9 万人，同比增长 8.5%；取得博士研究生学位的人员为 60.7 万人，硕士研究生为 103.8 万人，研究生人数占比达 23.1%，同比增长 15.2%。按全时当量统计，我国 R&D 人员规模在 2020 年达到 480.1 万人/年，同比增加 42.0 万人年，同比增长率 9.6%；R&D 研究人员总量达到 210.9 万人/年，同比增加 24.3 万人/年；R&D 研究人员在 R&D 人员中占比达到 43.9%。

（2）R&D 人员分布。R&D 人员主要分布在科研机构、高校和企业三个领域。高校方面，研究型教师占全国基础理论研究人员的比重为 68.1%，应用研究人员占比 42%。科研机构的数量和人员规模远小于高校，基础理论研究人员占全国基础理论研究人员的比重为 23.5%，应用研究人员占比为 24.1%。企业以产品研发为主要任务，基础理论研究人员在全国基础理论研究人员中仅占 3.1%，从事试验开发的 R&D 人员占比高达 92.6%。

2）人才供需矛盾

（1）高科技人才数量的供需矛盾。近十年来，我国越来越重视 R&D 人员的培养。万名就业人员中，2010 年 R&D 人才每年只有 33.6 万人，之后每年平均增长 7.0%，到 2020 年，每万人中有 62 万研发人才。R&D 研究人员规模也在近十年来快速扩张。2010 年，万名就业人员中 R&D 研究人员仅为 15.9 万人年，至 2020 年，则达到了 27.2 万人/年，年均增长率为 6.1%。与 R&D 人员总规模在 10 万人/年以上的国家相比，我国仍处于垫底位置，与发达国家相比，我国的 R&D 人员差 2～4 倍。

（2）高科技人才供需的结构性矛盾。《促进我国技术技能人才发展的对策建议》提出，要打好关键核心技术的攻坚战，就要从加强基础理论、鼓励原创性，尤其是重大技术突破等方面入手。这不仅是我国经济发展的必然要求，更是要打破西方技术封锁，打破西方技术的垄断。所以，不管是经济的发展，还是公司的发展，高技术的人才都起到了很大的促进作用。但值得关注的是，一方面，我国的高层次技术人才供应短缺，另一方面，硕士、博士大量就业难，形成了“我要的你不用，你要的我用不上”的尴尬局面。

3）建设方向

高校、科研院所、企业是我国高新技术产业的重要组成部分，是实施人才强国战略的重要内容，充分调动三大主体的积极性，按照产、学、研一体化的原则，完善人才培养的体制和机制，按照"发展高科技需要什么人才，就培养什么人才"的理念，解决人才供需的矛盾。

树立与时代要求相适应的人才培养观念，要解决人才供求的矛盾，就需要切实确立与时代要求相适应的人才培养观念。科研工作要面向经济，首先要面向企业，科研项目要符合公司发展的要求，要培养出符合公司发展要求的人才。

为了解决产、学、研一体化的问题，必须真正贯彻产、学、研一体化的制度和机制，做到相互协调，取长补短。"产、学、研一体化"是培养高素质人才的重要途径。作为用人单位，公司的优势在于对行业发展的形势和趋势有敏锐的洞察力，能够清楚地知道自己所需要的是什么，并且能够根据公司的实际需要来进行培训。

完善高校的培养制度，把产、学、研结合起来，可以用"大学+科研院所+企业"来表示。在这个体系中，高校扮演了一个基本角色。长期以来，高校的培养都是标准化、流程化的，在这样的教学模式下，学生的成才主要依赖于他们的整体素质。在此模式下，高校的最大价值在于它能为学生创造良好的学习环境和物质条件。

12.3.3　创新驱动发展

1. 创新驱动发展战略的提出

从 2012 年 7 月开始，中央就明确地提出了以科技为主导的发展。十八大以来，习近平总书记在实施创新驱动发展战略方面，提出了一系列新观点、新主张。2013 年 3 月 4 日，习近平在出席全国政协十二届一次会议时强调，实施创新驱动发展战略是立足全局、面向未来的重大战略。2013 年 7 月 17 日习近平在中国科学院考察时强调，要使我国的科技事业发展积极回应经济社会的发展要求，真正把创新驱动发展战略落到实处。习近平在中央政治局第九次集体学习会议上作了题为《敏锐把握世界科技创新发展趋势，切实把创新驱动发展战略实施好》的报告。习近平于 2014 年 6 月 3 日在世界工程科技会议上发表了"让工程科技造福人类、创造未来"的讲话。习近平于 2016 年 5 月 30 日在国家科技创新大会和两院院士会议上表示："科技兴则民族兴，科技强则国家强。"习近平强调，"落后就要挨打"。同时，他也相信中国是一个具有技术创新能力的国家。目前，我国经济发展模式的转型，与世界范围内新一轮的技术、工业革命紧密相连。

从我国目前的形势来看，经过几年的发展和积累，我国科学技术发展取得了历史性的飞跃，其突出体现在：一批基础性、战略性、原创性的成就已初见端倪，基本具备了跨越发展的基础和条件，如何从要素和投入的规模推动到以技术创新为主导的转变，将直接影响到我国的创新驱动发展。从长期来看，中国梦的宏伟愿景只有通过实施创新驱动发展战略才能实现。近年来，我国经济与社会发展的不均衡与不和谐，造成了生态环境的巨大破坏。虽然我国早已提出了发展的科学思想，但仍然有很多传统的生产性要素投入，如土地、人力等，牺牲资源和环境。习近平在新旧经济发展方式转变的过程中，特别强调了在新旧经济发展方式转变的关键时刻，"当今世界，我们离实现中华民族伟大复兴的目标越来越近，我们的信心和能力也前所未有地强大。而要达到这一目的，就必须坚持科学发展观和创新驱动发展的方针，坚持走科技强国的道路。

21 世纪的科技竞争已经成为全球经济竞争的一个重要组成部分。转变经济发展模式，减少对环境资源的破坏，逐步实现由要素投入为主转向以创新为主导的发展，这是党中央在全面分析国际国内形势的基础上，针对我国所处的特殊发展阶段做出的重大战略性选择。

2. 创新驱动发展内涵

《国家创新驱动发展战略纲要》是我国政府政策文件和主要领导人的演讲中所提到的“创新驱动发展”，即“以科技、制度、管理、商业模式、业态和文化等多种形式的综合创新，推动经济发展转向依靠知识、技术和劳动力素质的提高，使经济形态更高级、分工更精细、结构更合理”。在理论研究中，对创新驱动发展的含义进行了阐释：①以创新为主导的经济发展；②创新驱动发展依靠创新要素如知识、信息等创造新的发展优势；③以创新为动力的发展，即以内生型、可持续发展为目的。洪银兴（2019）认为，“创新驱动发展”是指利用知识、技术、制度、商业模式等创新要素，通过整合现有的有形资源，提高企业的创新能力，从而达到内生增长。张来武（2018）认为，创新驱动发展是以知识、信息等为主要投入因素，以企业家为主导，通过创造先发优势，提升国家综合实力，改善人民生活；刘刚认为，创新驱动发展是指以创新为基础，通过创新政策来促进经济的可持续发展。本文从理论和政策两个层面对“创新驱动发展”的内涵进行了全面的认识，提出了“创新驱动发展”的内涵。

第一，通过引进知识、技术等要素，实现创新驱动发展，打破资源要素的“瓶颈”。传统的经济增长模式难以通过传统的投入来发展，而传统的资源、劳动等传统的生产要素数量是有限的，并且在生产过程中呈现出边际报酬递减的趋势。创新驱动发展是指通过引进知识和技术等要素来推动经济发展，强调知识、技术等要素对经济发展的影响。它的本质就是通过引进知识、技术等要素，在有限的传统生产要素的基础上，优化生产方式，提升劳动者的素质，优化资源，提升传统要素的利用率，从而推动经济的可持续发展。相对于传统的劳动要素报酬递减的规律，知识和技术要素的投入利用呈现出周期性的增长作用。知识和技术要素的投入对经济的发展起到了推动作用，而知识和技术要素的投入又会进一步增加，知识和技术要素的投入，在学习和使用过程中不断积累和完善，并在“用中学”和“干中学”的过程中不断地积累、完善，从而形成一种可持续的循环增长方式。同时，不同组织、不同区域间的知识溢出效应，使区域间的知识得以突破，使资源得到最大程度的发挥。

第二，创新驱动发展是对各类创新资源的整合与盘活。熊彼特将创新视为对现有均衡的打破与扰乱，是对现有资源的重新组合，因此由创新驱动的发展应该是通过资源重组与整合，产生新的产品、新的生产方式、新的市场、新的供应源或新的组织结构推动的发展。创新驱动发展一方面需要促进创新资源的增量，另一方面需要激活创新资源的存量。经过多年的创新投入，目前我国已积累了大量的知识、人才、资本等创新资源，而创新能力未达到预期目标的主要原因在于各创新资源之间、创新环节之间呈现条块化、分割化，创新的供需不匹配等问题。创新驱动发展应关注创新的全链条，从创意的产生到产品流入市场发挥经济社会效益，涉及创新机制、创新活动、创新成果、产业化等多个方面，创新驱动发展就是在关注创新的每一方面的同时，从系统的角度出发，整合与盘活各类创新资源和创新链条的各个环节，实现全面可持续发展（图 12.12）。

第三，创新驱动发展是传统经济发展动力的优化与升级。长期以来，消费、投资、出口“三驾马车”被视为拉动我国经济发展的主要动力，消费、投资和出口三者以产品、项目为基带动经济发展，传统经济发展方式的产品和项目是传统生产方式作用下的成果（图 12.13）。

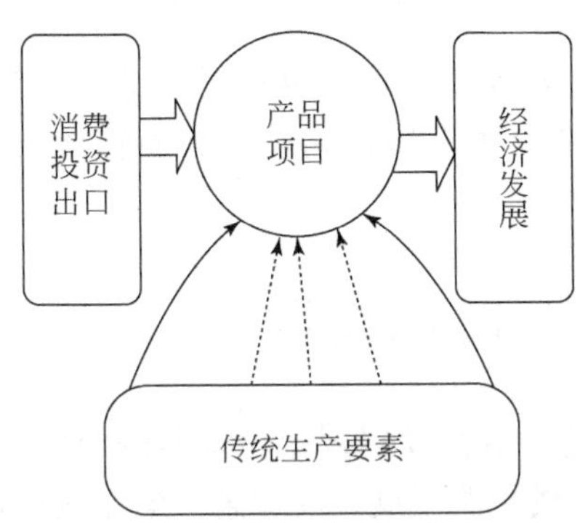

图 12.12　传统经济发展方式

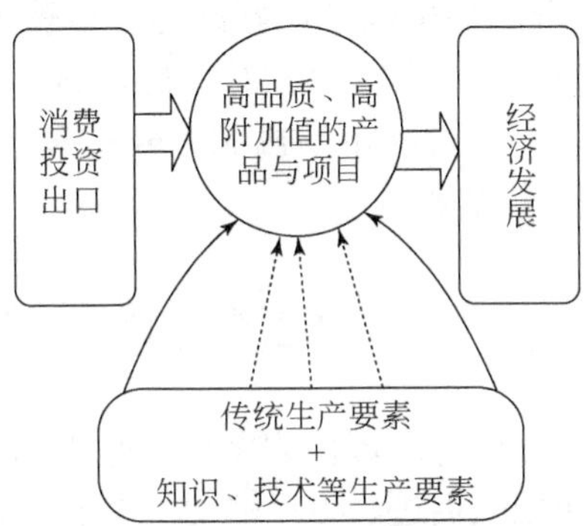

图 12.13　创新驱动经济发展方式

3. 创新驱动发展的标志

目前，全球公认实现了创新驱动的仅有 20 多个国家，他们的发展经验显示，创新驱动与要素驱动、投资驱动、财富驱动相比，具有 7 个显著标志。

1）要素成本与本币升值不成为发展的障碍

创新驱动的首要标志就是经济发展跳出了对低廉劳动和土地、低汇率等要素成本的依赖，科技创新和劳动者素质创造的增加值和竞争力，足以抵消要素驱动、投资驱动发展后期出现的劳动和土地等要素成本快速上升、本币汇率升值的负面效应，实现新一轮的长期经济增长。

2）科学合理的研发投入结构基本形成

全社会研发投入占 GDP 比例超过 2.5%，其中私人部门研发投入占全社会研发投入比例超过 80%。基础研究、应用研究与试验发展的投入比例为 15∶25∶60，其中大学承担了 60%以上的基础研究经费，企业承担了 90%以上的试验发展经费。

3）顶尖人才涌现聚集成为常态

引领科技革命的顶尖人才及团队创造新的技术范式和游戏规则，成为科技前沿领域力量对比、优势转换的决定因素。顶尖人才及团队的培养、引进、聚集体制机制不断完善，全社会高等教育人口比例超过 30%，每百万人中研发技术人员数达到 3000 人。

4）高品质社会需求成为创新的原动力

人类在吃穿住行用、人口卫生健康、生态环境等领域社会需求广泛升级，个性化、智能化、绿色、安全等高品质需求成为社会需求的主流，带动经济社会发展进入以科技创新和人口素质提高为主动力的新轨道。

5）知识产权优势成为企业核心竞争力

知识产权优势取代资源、成本、区位等优势，成为企业的核心优势。在信息、生物、能源等新兴领域，形成一批知识产权创造与转化能力强、居于国际产业前沿的创新型企业，引领技术和行业发展方向，开发面向未来的具有全球竞争力的产品。

6）从基础研究到产业化的创新链日臻完善

基础研究与技术创新、产业化之间的界限日益模糊，转化链条缩短。高等学校成为基础研究的主战场，重点实验室、工程技术研究中心、企业技术中心之间形成了基础理论、中试到产业化应用的创新链。

7）政府服务科技创新的能力显著增强

政府在科技创业、科技金融、国际贸易等方面构建起完善的公共服务体系、政策体系、监管体系等，推动市场机制充分发挥，竞争更加健康公平有序，科技优势能够最大限度地转化为发展优势。

12.4　改革开放与区域协调发展

改革开放与区域协调发展，是中国式现代化建设的两种发展视角，也是两个发展维度，彼此之间相互促进、相互推动。改革开放全面推进区域协调发展，反过来，全面区域协调发展也促进着改革开放的实现，作为目标指引和政策评价，促进经济总量及基本格局向区域协调发展转变，推动缩小区域发展差距及促进基本公共服务均等化（习近平，2013，2018；周一星，1999）。

12.4.1　改革开放

1. 改革开放的意义

改革开放是党的一次伟大觉醒，是中国人民和中华民族发展史上一次伟大革命。党的十九届六中全会审议通过了《中共中央关于党的百年奋斗重大成就和历史经验的决议》，从 13 个方面总结新时代中国特色社会主义的伟大成就，其中一个重要方面就是全面深化改革开放，党不断推动全面深化改革开放向广度和深度进军（周一星和曹广忠，1999；干春晖和郑若谷，2009；江泽民，1992；郑杭生，2009；刘明福和王忠远，2014）。党的十一届三中全会以后，我国改革开放走过波澜壮阔的历程，取得举世瞩目的成就。随着实践发展，一些深层次体制机制问题和利益固化的藩篱日益显现，改革进入攻坚期和深水区（习近平，2013；李强，2008；俞可平，2008）。

2. 发展历程

1978 年以十一届三中全会为标志，中国做出了实行改革开放的伟大决策，踏上了改革开放的历史征程。回顾这 40 年来的伟大征程，改革开放是决定当代中国命运的关键抉择，是党和人民事业大踏步赶上时代的重要法宝（俞可平，2008）。

1）经济体制改革

经济体制改革首先在农村取得成功。这看起来似乎是多少带些偶然因素的事情，实际上却是二十多年来农村生产力一直要求突破“左”的农村政策的结果（胡锦涛，2007）。在“左”倾错误影响下，我国农村的落后面貌长期没有大的改变。为了能够解决吃粮的基本需要，农民群众曾在 1957 年、1959 年、1962 年实行过包产到组、包产到户的生产组织形式。由于当时认为这是“走资本主义道路”，这种自发的形式在一次次政治运动中受到压制，屡起屡落。1978 年夏秋之际，安徽遭受百年不遇的特大旱灾，以万里为第一书记的中共安徽省委做出把土地借给农民耕种，不向农民征统购粮的决策。这一决策激发了农民的生产积极性，战胜了特大旱灾，还引发出一些农民包产到户、包干到户的行动。几乎与此同时，四川省不少地方的农民也实行包产到组。在安徽、四川的影响下，其他一些地方也开始实行农村联产责任制。1980 年，四川省广汉县的一个公社挂出乡人民政府的牌子，成为全国第一个取消人民公社的地方。

2）对外开放

随着改革的推进，对外开放开始有重大突破。创办经济特区为实行对外开放提供了一个新的思路。在 1979 年 4 月中央工作会议期间，邓小平听了广东省委负责人关于在毗邻港澳的深圳、珠海和侨乡汕头开办出口加工区的建议，当即表示：还是办特区好，过去陕甘宁就是特区嘛，中央没有钱，你们自己去搞，杀出一条血路来！中央工作会议讨论决定，在深圳、珠海、汕头和厦门划出一定的地区单独进行管理，作为华侨和港澳商人的投资场所。两个多月后，中央和国务院决定对广东、福建两省的对外经济活动给予更多的自主权，扩大对外贸易，同时决定在深圳、珠海划出部分地区试办出口特区。

3. 发展阶段

第一阶段：改革开放的初步探索（1978 年 12 月十一届三中全会至 1984 年 10 月《中共中央关于经济体制改革的决定》发表）

1978 年，党的十一届三中全会开启了改革开放和社会主义现代化建设的伟大征程。改革首先在农村试点，实行家庭联产承包责任制并取得明显成效，然后逐步向城市过渡。同时，思想也发生了三大转变：从以阶级斗争为纲转向聚焦经济建设，从封闭向扩大开放转变，从墨守成规向大胆改革转变。

第二阶段：改革开放的全面展开（1984 年 10 月至 1988 年 9 月中共中央做出《关于治理经济环境整顿经济秩序全面深化改革的决议》）

这一时期，改革的重点从农村转移到城市，从经济领域扩展到政治领域、科技教育及其他社会生活领域。改革的深度和广度都较前一时期有显著进展，故称为全面的改革探索阶段。

第三阶段：改革开放的挫折（1988 年 9 月至 1992 年邓小平南方谈话发表）

随着价格“双轨制”、物价上涨和一些腐败问题的发生，加之一些不同倾向的社会思潮涌现，这一时期，改革开放遇到了挫折。面对国际国内的复杂形势，1992 年春天邓小平同志南方谈话，秋季召开了党的十四大，坚定不移地推进改革开放，确立了社会主义市场经济体制的改革目标。

第四阶段：改革开放的新阶段（1992 年初至 2002 年 10 月党的十六大召开）

自 1992 年党的十四大确立了社会主义市场经济的改革方向和目标之后，经过一系列理论上的创新和实践中的不懈探索，这一时期初步建立了社会主义市场经济体制基本框架，标志着改革开放进入了一个新的阶段、新的层次。在此阶段，冲破“计划经济崇拜”和“所有制崇拜”，实现计划经济向社会主义市场经济的转变极其不易，是改革开放曾经走过的最艰难的历程，也是改革开放的重要成果之一。

第五阶段：改革开放继续推进（2002 年党的十六大至今）

2003 年党的十六届三中全会对建设完善的社会主义市场经济体制作出全面部署。自此，我国改革开放进入完善社会主义市场经济体制的新阶段。自 2012 年党召开十八大以来，以习近平同志为核心的党中央统筹推进“五位一体”总体布局、协调推进“四个全面”战略布局，开创和形成了中国特色社会主义新时期，与此同时，中国的改革开放事业也进入了全面改革开放的新时代！

从经济建设看，我国实现了从封闭型经济弱国向开放型全球经济大国的转变。改革开放以来，我国渐进式推动农村土地制度、户籍制度、科技管理体制、经济特区等相关制度的改革，逐渐明晰社会主义与市场经济、政府与市场、国家与民众之间的关系，全面调动了生产者积极性，激发了经济活力，完成了计划经济到市场经济的转变，共同创造了经济发展的中国奇迹（俞可平，2018）。

从政治建设看，我国健全了党中央权威和集中统一领导的体制机制，确定了依法治国的基本方略，加快建设社会主义法治国家，稳步推进人民代表大会制度、共产党领导的多党合作和政治协商制度、民族区域自治制度和基层民主制度的日益完善和发展。中国特色社会主义政治建设在改革开放的洪流中与时俱进，为改革开放事业提供着坚强的政治保障。

从城乡建设看，我国实现了从落后的乡村型社会向富足的城乡融合型社会转变。改革开放以来，通过采取加大户籍制度、城市单位体制、设立经济特区、增设开放城市等措施，大量的农村劳动力开始流向大中型城市，推动中国社会走上了现代城市化发展之路。截至 2019 年底，我国城市化率已经达到 60.6%的水平，一半以上的人口成为城镇人口，并且产生了一大批人口超过 500 万的特大城市及人口高度密集、经济一体化的超大城市区域（图 12.14）。

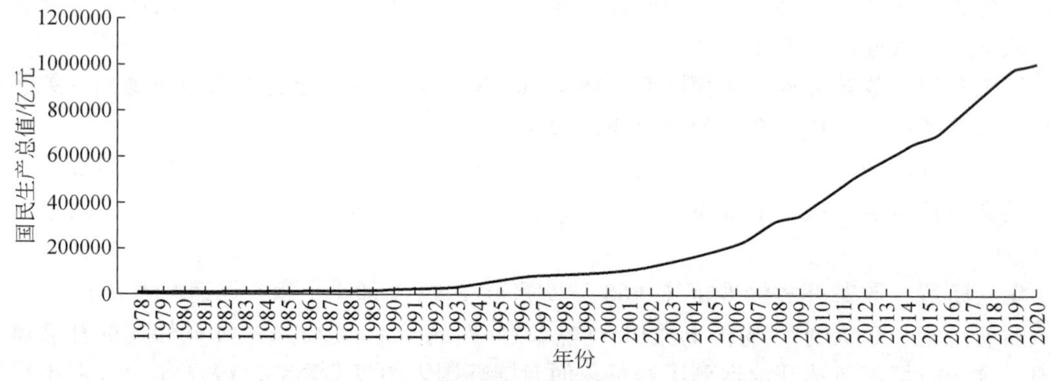

图 12.14　1979～2020 年中国国民经济总产值演变趋势

数据来源：中国统计年鉴

从社会建设看，我国实现了从温饱向小康的整体性转变。城乡居民享受到了改革的红利，开始走向更加富裕、多元化消费的生活。新时代，随着交通、教育、医疗、住房、就业创业、文化、社会保障等民生领域的进一步建设，人民对生活的追求从“有没有”变成了“好不好”，高品质生活开始成为新的追求目标。

1）经济跃上新的台阶

2017 年，按不变价格计算，我国国内生产总值比 1978 年增长 33.5 倍，年均增长 9.5%，远高于同期世界经济 2.9%左右的年均增速。1978 年，我国国内生产总值只有 3679 亿元。2017 年，首次迈上 80 万亿元的历史新台阶。

人均国内生产总值持续增长。2017 年，我国人均国内生产总值 59660 元，是 1978 年的 22.8 倍，年均实际增长 8.5%。我国人均国民总收入从 1978 年的 200 美元增加到 2016 年的 8250 美元，超过中等偏上收入国家平均水平，在世界银行公布的 217 个国家（地区）中排名第 95 位。

财政实力显著增强。1978 年，全国一般公共预算收入仅为 1132 亿元，2017 年达到 172567 亿元，1979 年至 2017 年年均增长 13.8%。

经济规模居世界第二位。1978 年，我国经济总量位居世界第 11 位；2010 年，超过日本成为世界第二大经济体。2017 年，我国国内生产总值约占世界经济总量的 15%，比 1978 年提高约 13 个百分点。

外汇储备大幅增长。1978 年，我国外汇储备仅为 1.67 亿美元，位居世界第 38 位。2017 年末外汇储备余额 31399 亿美元，居世界首位。

城镇化稳步推进。2017 年末，我国常住人口城镇化率为 58.52%，比 1978 年末提高 40.6 个百分点；我国户籍人口城镇化率达到 42.35%，与常住人口城镇化率差距缩小至 16.17 个百分点。

2）基础产业跨越式发展

农业基础地位不断强化。2017 年，我国粮食总产量稳定在 1.2 万亿斤以上，比 1978 年翻一番。近年来，我国谷物、肉类、花生、茶叶产量稳居世界第一位，油菜籽产量稳居世界第二位，甘蔗产量稳居世界第三位。

工业生产能力不断提升。2017 年，钢材产量 10.5 亿 t，比 1978 年增长 46.5 倍；水泥产量 23.4 亿 t，增长 34.8 倍；汽车产量 2902 万辆，增长 193.8 倍。

交通运输建设成效突出。2017 年末，铁路营业里程达到 12.7 万 km，比 1978 年末增长 1.5 倍，其中高速铁路达到 2.5 万 km，占世界高铁总量 60%以上。2017 年末，公路里程 477 万 km，比 1978 年末增长 4.4 倍。

邮电通信业快速发展。2017 年末，全国移动电话普及率达到 102.5 部/百人；建成了全球最大的移动宽带网，移动宽带用户达 11.3 亿户。

3）全方位开放新格局逐步形成

我国贸易规模稳步扩张。2017 年，货物进出口总额达到 4.1 万亿美元，比 1978 年增长 197.9 倍，年均增长 14.5%，居世界第一位。

外商投资规模和领域不断扩大。2017 年，我国实际使用外商直接投资 1310 亿美元，比 1984 年增长 91.3 倍，年均增长 14.7%。1979 年至 2017 年，我国累计吸引外商直接投资达 18966 亿美元，是吸引外商直接投资最多的发展中国家。

对外投资合作快速发展。2017 年，我国对外直接投资额（不含银行、证券、保险）1201 亿美元，比 2003 年增长 41.1 倍，年均增长 30.6%。

4）科技发展逐步壮大

我国科技投入不断增加。2017 年，我国研发经费支出 17606 亿元，比 1991 年增长 122 倍，年均增长 20.3%。我国研发经费总量在 2013 年超过日本，成为仅次于美国的世界第二大研发经费投入国家。

科技队伍发展壮大。2017 年，按折合全时工作量计算的全国研发人员全时当量 403.4 万人年，比 1991 年增长 5 倍。按折合全时工作量标准，我国研发人员总量在 2013 年超过美国，连续 5 年居世界首位。

5）人民生活条件改善

我国就业规模稳步扩大。1978～2017 年，我国就业人员从 40152 万人增加到 77640 万人，年均增加 961 万人。

城乡居民收入大幅提升。2017 年，全国居民人均可支配收入达到 25974 元，扣除价格因素，比 1978 年实际增长 22.8 倍。2017 年，全国居民人均财产净收入占全部可支配收入的比重达到 8.1%。

居民生活条件不断改善。2017 年，全国居民人均消费支出 18322 元，扣除价格因素，比 1978 年实际增长 18 倍，年均增长 7.8%。居住条件显著改善。2017 年，城镇居民、农村居民人均住房建筑面积分别比 1978 年增加 $30.2m^2$、$38.6m^2$。居民预期寿命由 1981 年的 67.8 岁提高到 2017 年的 76.7 岁。

4. 新时期下的改革开放

党的十八大以来，中共中央深化改革开放作出一系列重要论述，为新时代推进改革开放指明了努力方向、提供了方法路径。

改革只有进行时，没有完成时。从以促进社会公平正义、增进人民福祉为出发点和落脚点，到聚焦进一步解放思想、解放和发展社会生产力、解放和增强社会活力，领域和关键环节改革不断深化。以习近平同志为核心的党中央全面推进改革，多点突破、又快又稳、纵深推进。发展势头强劲，再到系统集成、高效协同，各领域基本形成制度框架，许多领域实现了历史性变革、系统重塑、整体重构。

开放带来进步，封闭必然落后。中国积极推动“一带一路”高质量发展，建设自由贸易试验区和海南自由贸易港，缩减外商投资准入负面清单，连续四年举办中国国际进口博览会。从“引进来”到“走出去”，面对全球单边主义和贸易保护主义抬头，我国将坚定不移扩大高水平对外开放，推动规则、法规、管理、标准等制度性开放形成更大范围。

5. 新时代对外开放与区域协调需要解决的问题

要实现新时代经济高质量发展，必须客观看待成绩，也要正视存在的问题，才能铆足干劲为新时代的中国经济发展提供源源不断的动力。

1）区域间发展不平衡，个别产业部门和服务业对外开放程度较低

由于自然环境资源、经济社会政策、政府工作导向等多方面因素对区域经济的影响，不同区域经济发展水平并不相同，并存在着较大的差距。尤其是在经济新常态下，我国的区域经济发展特点多样且复杂。中西部地区经济发展速度与东部地区相比较慢，经济总量与人均收入水平差距较显著，就是这种区域经济发展不相同的现状，会在一定程度上制约我国平均水平的提高。虽然我国对外开放成绩显著，但现有对某些产业部门外资进入的限制和开放程度仍较低的服务业阻碍了新时代对外开放进程，外资准入限制、竞争障碍、监管透明性等是进一步扩大开放需要解决的重大问题。

2）区域城镇化发展差距较大，人口城镇化面临失衡

改革开放以来，由于我国人口流动总体上空间流向不均且集中度高等特征长期无法改变，城镇化面临“城市内部发展失衡、城镇化区域发展失衡和城镇规模体系失衡”等三大失衡现象。城乡发展差距较大、区域发展不协调、城市发展权不均等和户籍制度改革滞后是我国人口城镇化面临失衡的主要原因。

3）区域性产业结构趋同，利益矛盾协调机制不健全

区域产业同构现象依然严重。区域分工模糊导致区域产业结构趋同严重，阻碍了区域专业化的形成。资源－加工型的垂直区域分工格局阻碍了区域间产业的协调发展与结构优化升级，不利于区域经济向更高层次迈进；在区域合作方面，区域间的合作壁垒尚未完全打破，矛盾与冲突仍然存在。同时，在某些相同产业内部，各区域都将发展方向定位于产业生产主体部分，较少考虑配件部分，区域间缺乏专业化分工，影响产业发展的有效分工、合理布局。区域利益矛盾协调机制不健全，制约了区域发展共同目标的实现。首先，对于跨区域的重大项目或者企业所带来的财政收入缺乏分享机制。其次，产业转移税收分享机制不健全。再次，跨区域公共物品供给缺乏成本分担机制及利益补偿机制。最后，跨区域的公共物品长期得不到重视，尤其是环境保护方面，存在转嫁污染治理成本的现象。

12.4.2　区域协调发展

1. 背景

区域协调发展战略是党的十六届三中全会提出的“五个总体规划”之一。具体内容是：积极推进西部大开发，振兴东北地区等老工业基地，促进中部地区崛起，鼓励东部地区率先发展，继续发挥各地区优势和积极性，完善市场机制、合作机制、互助机制、扶持机制，逐步扭转地区发展差距拉大的趋势，形成东中西部相互促进、优势互补、共同发展的新格局（贺灿飞和梁进社，2004；方创琳，2009；陆大道，1999）。从中华人民共和国成立到改革开放前的计划经济时期，国家主要生产力的布局在很大程度上决定了区域经济发展水平。改革开放后，沿海开放战略和市场化资源配置机制逐步完善，东部沿海地区快速发展，形成了东、中、西梯度发展格局（吴玉鸣，2008；陈栋生，2005）。2000 年以来，随着西部大开发、东北振兴、中部崛起等区域战略的相继实施，区域发展不平衡不协调的问题有所缓解。党的十八大以来，在深入实施现有区域协调发展战略的基础上，积极推动京津冀协同发展、长江经济带发展、长三角一体化发展、黄河流域生态保护和高质量发展、广东发展。港澳大湾区建设、海南全面深化改革开放等战略，从人民生活水平、基本公共服务均等化、社会基本可及性、区域比较优势、绿色低碳协调发展等方面，推动区域协调发展取得重大进展。地区差距明显缩小，基础设施无障碍和基本公共服务均等化两个方面更加突出。然而，就居民收入水平和消费水平而言，地区之间的差距仍然很大（徐现祥，2005；姚士谋等，2011）。总体来看，当前各地区教育、医疗、养老等公共服务发展不够平衡，推动各地区相对均衡发展仍然是一项长期而艰巨的任务。此外，尽管东中西部地区发展差距逐步缩小，但南北差距有所拉大。自 2013 年以来，东北三省的经济增长率明显低于全国增长率（覃成林等，2013；陈瑞莲和张紧跟，2002）。

2. 发展历程

1）1949～1977 年：重大项目投资推动区域均衡发展阶段

新中国成立初期，中国面临着严重的经济封锁和超级大国的战争威胁。当时，中央借鉴马克思“全国大工业均衡布局”和列宁“生产力合理布局”的思想，以全国动员、计划管理的方式集中配置资源部署，绝大多数工业项目在内陆地区（张志强，1994）。

“一五”期间，156 项苏联援建工程、694 个大中建设项目悉数布局在东北与内地，其中35%和31%部署在东北，原因是东北地区毗邻苏联，又具有相对完备的工业基础。1964年，中苏关系进一步恶化让我国漫长的北方边境承受着巨大的战争压力，美国在台海和越南的军事行动则让我国东南沿海陷入紧张局势。因此，我国开始了以战备为主要目标的跨度近20年的“三线建设”，将原先集中于东北、华北的军重工业转移至西北、西南更具纵深的战略后方。“三线建设”期间，我国在涉及中西部13个省（市、区）的“三线”地区投资2052.68亿元，占到同期全国总投资的40%，建成千余所工矿企业和科研院所、45个重大工业产品科研、生产基地，以及襄渝铁路、青藏铁路一期、成昆铁路、川黔铁路等交通干线。在项目布局和选址过程中，工业区位理论和联系效应理论起到了一定的指导作用，工业布局呈现“大分散、小集中”的特点（覃成林，2011；冯玉广，1997）。

2）1978～1998年：逐级开放引导东部地区优先发展阶段

20世纪70年代末，国际国内环境发生深刻变化。一方面，和平与发展逐渐成为世界发展的主题。另一方面，经济建设取代阶级斗争成为党的中心工作。我国迎来了改革开放的机遇。在区域发展战略方面，邓小平敏锐地意识到区域均衡和区域增长之间的矛盾在短期内不可调和，于是构思了一个具有“两个大局”的区域发展规划：中央要优先支持东部地区发展，时机成熟后，东部地区反过来支持中西部地区发展。

1979年，我国在深圳、珠海等地试办出口特区，次年更名为经济特区。率先改革经济管理体制，实施了一系列政策，积极引进国外先进技术和现代企业管理制度，为我国的外汇交易创造一个窗口。在这一时期，我国沿海地区依托后发优势，发展劳动密集型制造业，不断融入国际贸易体系，逐步成长为世界制造业基地，极大提高了生产力水平，释放了我国经济潜力。同时，由于外向型经济下中西部地区的区域劣势，东、中、西部地区的经济差距不可避免地逐步拉大。随着中西部地区要素在市场影响下不断向东部流动，这一差距进一步拉大。

3）1999～2011年：多种政策手段推动内陆地区加速发展阶段

20世纪末，亚洲金融危机对我国外向型经济造成沉重打击。东部地区产能过剩，扩大内需急需国内通缩。与此同时，改革开放20年来，我国经济总量快速增长，但区域发展不平衡。这个问题变得越来越突出。2002年，西部地区人均国内生产总值不到东部地区的40%。世纪之交，中央开始按照邓小平“两个大局”的思路，推动内陆地区的发展。

在社会主义市场经济机制下，中央综合运用财政、产业、土地、投资、税收、金融等政策，积极推进中西部基础设施建设，引导资金、技术、人才持续向中西部地区流动。铁路、公路、机场等一大批基础设施的建设，为中西部地区经济发展腾飞创造了条件，同时也进一步完善了贯穿全国的交通运输体系。中西部地区以此为契机，主动发挥比较优势，优化投资环境，调整产业结构，打造优势产业，发展科技教育，改善生态环境，改善人民生活。中西部地区与东部地区的发展差距正在逐步缩小。

4）2012年至今：新发展理念指导下的区域高质量协调发展阶段

中国经济几十年的高速增长不可避免地带来了一些问题：一方面，GDP的增长往往以生态破坏、资源枯竭和环境污染为代价，产生负外部性，这注定是不可持续的，有害无益的。国家和人民的长远利益。另一方面，各级地方政府为发展地方经济，大力投资建设、兴建工业园区，导致产业同构严重，区域间恶性竞争，整体投资效率低下。在这样的环境下，2013年中央指出，中国经济进入“新常态”，不再将GDP增长作为国民经济发展的硬性指标，提出创新、协调、发展的新发展理念。2017年，党的十九大报告指出，我国社会主要矛盾转变为人民日益增长的美好生活需要和不平衡不充分的发展之间的矛盾。新时代区域协调发展实践比以往任何时候都更加系统、更有活力、更有针对性，更加注重动能提升和结构优化。

3. 改革开放以来推动区域协调发展的六大战略

党的十六大以来，党中央、国务院在认真总结社会主义现代化建设各个历史时期特别是改革开放以来区域发展实践经验的基础上，针对存在的主要矛盾和突出问题，作出了一系列促进区域协调发展的重大决策和战略部署（高国力，2018；黄征学，2019；陆大道，2014）。

缩小区域发展差距战略。中国是一个幅员辽阔、地区发展不平衡的国家。不仅东、中、西部地区之间存在较大的发展差距，同一区域内不同省、市、地区之间，甚至同一省内不同区域之间也存在较大的发展差距。缩小差距不仅是实施区域协调发展战略的关键环节，也是 20 世纪 90 年代中期以来党中央制定的重大区域发展战略的基本抓手。党的十七大报告在强调继续支持欠发达地区加快发展的同时，明确提出了“缩小区域发展差距，必须注重实现基本公共服务均等化，引导生产要素跨区域合理流动”的新思路。这一新思路对于实现基本公共服务均等化、引导生产要素跨区域合理流动具有关键作用，是我国缩小区域差距战略的重大创新和改进。

区域发展总体战略。新中国成立以来，处理好不同地区之间的发展关系始终是我国区域发展战略的主线。“十一五”规划正式将“坚持实施西部大开发，振兴东北地区等老工业基地，促进中部地区崛起，鼓励东部地区率先发展”确定为我国区域发展总体战略。党的十七大报告重申了区域发展的总体战略。实施区域发展总体战略，是改革开放以来我国实施区域经济发展不平衡战略的重大调整。但这一调整并不是向计划经济时期实施的均衡发展战略回归，而是对区域经济发展战略的充分运用。

国土开发格局战略。区域协调发展不仅意味着形成缩小区域差距、区域协调互动的发展格局，而且要求各区域的社会经济发展必须适应自身的资源环境承载能力。因此，根据各区域的条件和特点，优化生产力空间布局，规范空间发展秩序，形成合理的土地开发格局，是实现区域协调发展的重要内容之一。主体功能区规划建设的核心目标是扭转我国土地整治工作长期无效、区域发展秩序混乱、区域生态环境问题日益突出的现象。党的十七大报告肯定了中共中央关于制定国民经济和社会发展第十一个五年规划的建议中提出的主要功能区建设的基本思路，明确提出要“加强国土规划”。按照主体功能区形成要求，完善区域政策，调整经济布局。这种区域发展战略思想是我国区域发展方式的一次重大调整。

区域一体化战略。这是一个非常丰富的类别。国家内部的区域一体化主要是指跨行政区划发展经济合作、经济联盟、经济带和经济圈建设。在传统市场经济体制下，各级地方政府在本地区追求相对均衡、自给自足的发展，导致区域间产业碎片化严重，产业联系薄弱。改革开放以来，随着社会主义市场经济体制的不断完善和全国统一市场的形成，区域分工不断深化。但不可否认，一些地区封锁和地方保护依然严重，区域分工仍处于不合理、不经济状态。党的十七大报告提出遵循市场经济规律，突破行政区划界限，形成一批带动力强、联系紧密的经济圈和经济带，为我国推进区域一体化指明了方向。

特殊地区和贫困地区扶持战略。中华人民共和国成立以来，党和政府始终高度重视支持革命老区、民族地区、边疆地区等特殊地区经济社会发展，始终给予民族地区特殊关怀。

随着我国经济实力的不断增强，国家支持革命老区、民族地区、边疆地区经济社会发展的能力也将不断提高。20世纪80年代初，我国开始着手解决贫困地区问题。经过不懈努力，许多贫困地区人民的生产生活条件得到了根本改善。资源枯竭地区是在新的历史条件下出现的新型贫困地区。经济转型难度极大，需要国家大力支持。党的十七大报告将加大对各特殊地区和贫困地区的支持力度确定为实现区域协调发展的重要任务之一，具有深远的战略意义。

中国特色城镇化战略。形成合理的城镇体系和城市空间布局格局，对促进区域经济协调发展具有重要意义。改革开放初期，我国确立了控制大城市规模、合理发展中等城市、积极发展小城市的城镇体系建设总方针。党的十六届五中全会通过的《中共中央关于制定国民经济和社会发展第十个五年规划的建议》调整了我国以往控制大城市规模的城镇化战略，提出坚持大中小城市和小城镇协调发展的新思路。党的十七大报告确认了上述城镇化战略思想，并提出要按照统筹城乡、合理布局、节约用地、完善功能、建设小城镇的原则，促进大中小城市和小城镇协调发展。重点是以特大城市为依托，形成辐射效应大的城市群，培育新的经济增长极。这种城镇化战略思想准确把握了我国城镇化建设中存在的问题，科学提出了我国城镇化的发展方向。

实施区域协调发展战略的政策保障措施。合理有效的战略体系不仅需要明确科学的战略目标，还需要一系列的实施手段，也就是政策支持体系。在当前地方各级政府财力差异巨大的情况下，要实现基本公共服务均等化和主体功能区建设，财政体制改革必须是前提。主体功能区建设包括以下主要内容：从国家长远利益和全局利益出发，限制或禁止在生态脆弱严重地区、生态价值较高地区、具有特殊生态人文价值地区等开展开发活动；经济发展潜力大、综合性强、承载能力高的地区要尽快发展成为吸纳人口迁移和经济建设的重点地区；开发密度高、综合承载能力开始减弱的地区要在适度控制规模扩张的基础上，走优化发展道路。在限制和禁止开发区域内做出的牺牲必须得到补偿（吴超和魏清泉，2004；陈栋生，2005；孙海燕，2007）。

4. 发挥“3+2+1”六大区域重大战略对高质量发展的重要引领

我国因地制宜推动区域发展，京津冀协同发展，粤港澳大湾区建设，长三角地区一体化发展，长江经济带发展，黄河流域生态保护和高质量发展，海南全面深化改革开放和自由贸易港建设蓬勃展开六大区域战略在高质量发展中发挥了引领作用。“3+2+1”的六大区域战略覆盖了我国24个省份和香港、澳门特别行政区，国土面积为480万km^2，占全国的50%。

要立足新发展阶段、贯彻新发展理念、构建新发展格局，重点建设京津冀、长三角、粤港澳大湾区三大城市群，打造支撑高质量发展的动力源，促进双循环。参与全球竞争的引擎和大平台；加快推动长江黄河流域生态保护和高质量发展，形成生态保护新模式、协同治理新模式、绿色发展主战场；积极推进海南全面深化改革开放，建设海南自由贸易港，形成深化改革的试验田、扩大开放的新窗口、体制机制创新的苗圃，助力现代化建设开局良好。

1）京津冀协同发展

京津冀区域一体化进程进入快车道，为区域高质量发展奠定了坚实基础。顶层设计更加明确。立足区域发展实际，确定北京“四个中心”功能建设、天津“一基地三区”和河北“三区一基地”的战略定位，有利于三地优势互补和高质量发展。围绕“一核两翼”开展协同互动。“一核”是首都功能的主要空间载体，是核心；北京城市副中心建设作为其中一翼，通过有序承接人口和产业活动外迁，形成新的发展动力和增长极，雄安新区作为另外一翼，将培育创新驱动发展新引擎；以北京大兴国际机场为核心合作打造临空经济示范区；以筹办冬奥会为契机，推动延庆—张家口联动发展等。这些重大项目有效地推进了交通、产业、生态和公共服务一体化发展。加强制度创新，密切政府合作。建立京津冀三地政府间合作交流机制，干部交流有序开展，推动合作项目落地实施，政府合作带动产业合作加速，三地企业相互投资日趋活跃，京津冀政府合作的制度优势正逐渐转化为全方位合作的整体治理效能。

2）粤港澳大湾区建设

2021 年是“十四五”的开局之年，随着中国经济增长模式从投资驱动加速向创新驱动转型，粤港澳大湾区再次走在新一轮改革的前沿——在继续作为全球出口贸易枢纽的同时，逐步转型为新的国际科技创新中心；从昔日的“世界工厂”蜕变升级为“中国硅谷”。

大湾区内城市合作、产业互通正在变得越发紧密，产业集群呈现出跨城市的特点。过去一年里，区内“9+2”个城市间正在形成更加深刻的“破圈”“拆墙”之势，合作早已不限于广佛肇、深莞惠、珠中江三个组团内部——香港出台了首份在“一国两制”框架下由特区政府编制，跨越港深两地行政界线的《北部都会区发展策略》；广深两大核心城市更加紧密地携手并进，全方位多层次的整体联动新格局正在形成；横琴粤澳深度合作区管理机构已正式揭牌，澳门更加深入地融入大湾区建设；珠江东西两岸的产业融合也正在加速。

3）长三角地区一体化发展

长江三角洲区域一体化发展包括上海、江苏、浙江、安徽三省一市，面积 35.8 万 km^2，常住人口 2.3 亿人，2020 年前三季度地区生产总值 17.5 万亿元，增长 2.0%，高于全国 1.3 个百分点，占全国经济总量的 24.3%，正带动整个长江经济带和华东地区发展，加快建设最具影响力和带动力的强劲活跃增长极。长三角一体化发展是习近平总书记亲自谋划、亲自部署、亲自推动的重大战略。2018 年 11 月，习近平总书记在首届中国国际进口博览会上宣布，支持长江三角洲区域一体化发展并上升为国家战略。2019 年 5 月，习近平总书记主持召开中央政治局会议，审议了《长江三角洲区域一体化发展规划纲要》。2020 年 8 月，习近平总书记主持召开扎实推进长三角一体化发展座谈会并发表重要讲话，为进一步推动长三角一体化发展指明了方向。

4）长江经济带发展

长江经济带涵盖我国 11 省市，横跨东中西三大板块，面积 205 万 km^2，常住人口 6.0 亿人。2020 年 11 月，习近平总书记在南京主持召开全面推动长江经济带发展座谈会，这是五年来习近平总书记召开的第三次座谈会，在新阶段赋予长江经济带成为我国生态优先绿色发展主战场、畅通国内国际双循环主动脉、引领经济高质量发展主力军的新历史使命。长江经济带以生态优先、绿色发展为引领，以共抓大保护、不搞大开发为导向，从生态系统性和流域整体性着眼，把修复长江生态环境摆在压倒性位置，三部门建立长江河道采砂管理合作机制，长江流域全面禁捕开启“十年禁渔”，十三届全国人大常委会审议通过《中华人民共和国长江保护法》，从 2021 年 3 月 1 日起施行。长江流域水质发生显著变化，2020 年 1～11 月，长江流域水质优良断面（Ⅰ～Ⅲ类）比例为 96.3%，同比提高 3.0 个百分点，

《长江保护修复攻坚战行动计划》明确的劣Ⅴ类国控断面已实现动态清零。综合运输大通道加速形成，《长江干线过江通道布局规划（2020—2035年）》印发实施，长江经济带高等级航道里程将达到约1万km，长江干线货物通过量首次突破30亿t关口，增长4.4%，再创历史新高。同比提高0.1个百分点，为全国经济稳步增长、强劲复苏发挥了有力的支撑作用（刘伟，2006）。2021年，长江经济带要把保护修复长江生态环境摆在压倒性位置，持续开展生态修复和环境污染治理工程，推动绿色低碳发展，促进人与自然和谐共生的绿色发展示范带，加快构建新发展格局，推进畅通国内大循环，构筑高水平对外开放新高地，塑造创新驱动发展新优势，加快产业基础高级化、产业链现代化，保护传承弘扬长江文化。

5）黄河流域生态保护和高质量发展

黄河流域从西到东横跨青藏高原、内蒙古高原、黄土高原和黄淮海平原四个地貌单元，流经青海、四川、甘肃、宁夏、内蒙古、陕西、山西、河南、山东9个省区。2020年前三季度地区生产总值14.7万亿元，增长1.1%，占全国经济总量的20.4%。2020年8月，习近平总书记主持中央政治局会议审议《黄河流域生态保护和高质量发展规划纲要》，指出黄河是中华民族的母亲河，要把黄河流域生态保护和高质量发展作为事关中华民族伟大复兴的千秋大计，贯彻新发展理念，遵循自然规律和客观规律，统筹推进山水林田湖草沙综合治理、系统治理、源头治理，改善黄河流域生态环境，优化水资源配置，促进全流域高质量发展，改善人民群众生活，保护传承弘扬黄河文化，让黄河成为造福人民的幸福河（杨大文等，2004）。聚焦提升水质，加大环境污染综合治理力度。抓住水沙关系调节这个“牛鼻子”，加强防洪防凌集中统一调度，增强抵御洪涝灾害能力。实施最严格的水资源保护利用制度，全面实施节水控水行动。高质量高标准建设沿黄城市群，建设特色优势现代产业体系。

6）海南全面深化改革开放和自由贸易港建设蓬勃展开

2018年，在《关于支持海南全面深化改革开放的指导意见》中提出建设海南自由贸易港时，基本思路是循序渐进、逐步探索、稳步推进海南自由贸易港建设，分步骤、分阶段建立自由贸易港政策体系。《海南自由贸易港建设总体方案》的公布，意味着跨过自贸试验区，直接进入自贸港建设只用了两年时间。虽然划分阶段的总体要求仍与《指导意见》基本一致，但目标更加明确具体，即到2025年，初步建立以自由贸易便利化、自由投资便利化为重点的自由贸易港政策体系；同时，强调在2025年前形成早期收获，适时启动全岛通关行动。这一超前时间表体现了中国捍卫和推动经济全球化的决心和信心：要在海南建立与高水平自由贸易港相适应的政策和制度体系，把海南建设成为引领新时代我国开放的旗帜鲜明引领者（赵晋平和文丰安，2018；彭芳梅，2017）。

参考文献

边慧敏，张玮，徐雷. 2019. 连片特困地区脱贫攻坚与乡村振兴协同发展研究. 农村经济，（4）：40-46

蔡昉. 2010. 城乡统筹发展：理论和历史的解释. 中国乡村发现，（3）：28-31

陈秉钊，杨帆，范军勇. 2005. 知识创新区：科教兴国与“大学城”后的思考. 城市规划学刊，（2）：1-5

陈栋生. 2005. 论区域协调发展. 北京社会科学，（2）：3-10，62

陈佳贵，黄群慧，钟宏武. 2006. 中国地区工业化进程的综合评价和特征分析. 经济研究，（6）：4-15

陈明星，叶超，陆大道，等. 2019. 中国特色新型城镇化理论内涵的认知与建构. 地理学报，74（4）：633-647

陈瑞莲，张紧跟. 2002. 试论区域经济发展中政府间关系的协调. 中国行政管理，（12）：65-68

陈文胜. 2019. 论乡村振兴与产业扶贫. 农村经济，(9)：1-8

陈锡文. 2011. 工业化、城镇化要为解决“三农”问题做出更大贡献. 经济研究，46（10）：8-10

邓婷鹤，聂凤英. 2020. 后扶贫时代深度贫困地区脱贫攻坚与乡村振兴衔接的困境及政策调适研究：基于 H 省 4 县 17 村的调查. 兰州学刊，(8)：186-194

豆书龙，叶敬忠. 2019. 乡村振兴与脱贫攻坚的有机衔接及其机制构建. 改革，(1)：19-29

樊杰，刘汉初. 2016. “十三五”时期科技创新驱动对我国区域发展格局变化的影响与适应. 经济地理，36（1）：1-9.

方创琳. 2009a. 改革开放 30 年来中国的城市化与城镇发展. 经济地理，29（1）：19-25

方创琳. 2009b. 中国快速城市化过程中的资源环境保障问题与对策建议. 中国科学院院刊， 24（5）：468-474

方创琳. 2019. 中国新型城镇化高质量发展的规律性与重点方向. 地理研究，38（1）：13-22

冯玉广，王华东. 1997. 区域 PRED 系统协调发展的定量描述. 环境科学学报，(4)：102-107

干春晖，郑若谷. 2009. 改革开放以来产业结构演进与生产率增长研究——对中国 1978-2007 年“结构红利假说”的检验. 中国工业经济，(2)：55-65

高国力. 2018. 新时代背景下我国实施区域协调发展战略的重大问题研究. 国家行政学院学报，(3)：109-115，156

高强. 2020. 脱贫攻坚与乡村振兴有效衔接的再探讨：基于政策转移接续的视角. 南京农业大学学报（社会科学版），20（4)：49-57

郭俊华，王阳. 2022. 脱贫攻坚同乡村振兴的耦合协同关系研究：以秦巴山区为例. 西北民族大学学报（哲学社会科学版），(1)：117-129

郭晓东，牛叔文，吴文恒，等. 2009. 近 30 年来我国农村经济发展水平的时空演变特征. 经济地理，29（3)：466-471

郭远智，周扬，刘彦随. 2019. 贫困地区的精准扶贫与乡村振兴：内在逻辑与实现机制. 地理研究，38（12)：2819-2832

韩廷春. 1999. 经济持续增长与科教兴国战略. 经济科学，(2)：25-33

贺灿飞，梁进社. 2004. 中国区域经济差异的时空变化：市场化、全球化与城市化. 管理世界，(8)：8-17，155

洪银兴. 2013. 论创新驱动经济发展战略. 经济学家，(1)：5-11

洪银兴.2019.科技创新创业链与激励机制研究.人民论坛·学术前沿，2019（13）：6-15

胡锦涛. 2007. 高举中国特色社会主义伟大旗帜为夺取全面建设小康社会新胜利而奋斗. 人民日报，(1）. 2007-10-25

黄承伟，叶韬，赖力. 2016. 扶贫模式创新——精准扶贫：理论研究与贵州实践. 贵州社会科学，(10)：4-11

黄群慧. 2018.改革开放 40 年中国的产业发展与工业化进程.中国工业经济，366（9）：5-23

黄群慧. 2020. “十四五”时期深化中国工业化进程的重大挑战与战略选择. 中共中央党校（国家行政学院）学报，24（2)：5-16

黄群慧. 2021. 中国共产党领导社会主义工业化建设及其历史经验. 中国社会科学，(7)：4-20

黄守宏. 1990. 乡镇企业是国民经济发展的推动力量. 经济研究，(5)：39-46

黄征学. 2019. 推进“一带一路”建设与国家重大区域战略融合发展. 宏观经济管理，(9)：26-31，44

黄宗智，高原. 2013. 中国农业资本化的动力：公司、国家、还是农户. 中国乡村研究. （1)：28-50

黄祖辉. 2018. 准确把握中国乡村振兴战略. 中国农村经济，(4)：2-12

惠树鹏，王绪海，单锦荣. 2021. 中国工业高质量发展的驱动路径及驱动效应研究. 上海经济研究，(10)：53-61
贾晋，李雪峰，申云. 2018. 乡村振兴战略的指标体系构建与实证分析. 财经科学，(11)：70-82
江泽民. 1992. 加快改革开放和现代化建设步伐夺取有中国特色社会主义事业的更大胜利. 北京：人民出版社
蒋永穆，李善越. 2019. 新中国70年工业化城镇化互动发展思想演进：历程、主线及动力. 政治经济学报，16（3）：19-33
金碚. 2015. 中国经济发展新常态研究. 中国工业经济，(1)：5-18
金贵，邓祥征，赵晓东，等. 2018. 2005-2014年长江经济带城市土地利用效率时空格局特征. 地理学报，73（7）：1242-1252
李浩然，马万利. 2022. 新中国成立以来中国共产党农业农村现代化思想演变研究. 江西社会科学，42（2）：49-58
李强. 2008. 改革开放30年来中国社会分层结构的变迁. 北京社会科学，(5)：47-60
李强，陈宇琳，刘精明. 2012. 中国城镇化"推进模式"研究. 中国社会科学，(7)：82-100
李玉恒，阎佳玉，刘彦随. 2019. 基于乡村弹性的乡村振兴理论认知与路径研究. 地理学报，74（10）：2001-2010
李裕瑞，王婧，刘彦随，等. 2014. 中国"四化"协调发展的区域格局及其影响因素. 地理学报，69（2）：199-212
刘戒骄，孙琴. 2021. 中国工业化百年回顾与展望：中国共产党的工业化战略. 中国经济学人，16（5）：2-31
刘明福，王忠远. 2014. 习近平民族复兴大战略——学习习近平系列讲话的体会. 决策与信息，(Z1)：8-157，2
刘伟. 2006. 长江经济带区域经济差异分析. 长江流域资源与环境，(2)：131-135
刘彦随，周扬，刘继来. 2016. 中国农村贫困化地域分异特征及其精准扶贫策略. 中国科学院院刊，31（3）：269-278
刘彦随. 2019. 新时代乡村振兴地理学研究. 地理研究，38（3)：461-466
刘永富. 2016. 以精准发力提高脱贫攻坚成效. 人民日报，(7). 2016-01-11
龙花楼，陈坤秋. 2021. 实现巩固拓展脱贫攻坚成果同乡村振兴有效衔接：研究框架与展望. 经济地理，41（8)：1-9
陆大道，刘毅，樊杰. 1999. 我国区域政策实施效果与区域发展的基本态势. 地理学报，(6)：496-508
陆大道. 2014. 建设经济带是经济发展布局的最佳选择——长江经济带经济发展的巨大潜力. 地理科学，34（7)：769-772
陆益龙. 2021. 百年中国农村发展的社会学回眸. 中国社会科学，(7)：44-62
牛胜强. 2019. 乡村振兴背景下深度贫困地区产业扶贫困境及发展思路. 理论月刊，(10)：124-131
彭芳梅. 2017. 粤港澳大湾区及周边城市经济空间联系与空间结构——基于改进引力模型与社会网络分析的实证分析. 经济地理，37（12)：57-64
任保平，郭晗. 2013. 经济发展方式转变的创新驱动机制. 学术研究，(2)：69-75，159
施益军，翟国方，鲁钰雯，等. 2021. 中国城镇化规模与质量的协调发展水平测度与分析. 地域研究与开发，40（6)：12-18
孙海燕. 2007. 区域协调发展机制构建. 经济地理，(3)：362-365
孙乐强. 2021. 农民土地问题与中国道路选择的历史逻辑——透视中国共产党百年奋斗历程的一个重要维度. 中国社会科学，(6)：49-76
覃成林. 2011. 区域协调发展机制体系研究. 经济学家，(4)：63-70

覃成林，郑云峰，张华. 2013. 我国区域经济协调发展的趋势及特征分析. 经济地理，33（1）：9-14

谭雪兰，于思远，陈婉铃，等. 2017. 长株潭地区乡村功能评价及地域分异特征研究. 地理科学，37（8）：1203-1210

涂圣伟. 2020. 脱贫攻坚与乡村振兴有机衔接：目标导向、重点领域与关键举措. 中国农村经济，（8）：2-12

万伦来，黄志斌. 2004. 绿色技术创新：推动我国经济可持续发展的有效途径. 生态经济，（6）：29-31

汪三贵，曾小溪. 2018. 从区域扶贫开发到精准扶贫：改革开放 40 年中国扶贫政策的演进及脱贫攻坚的难点和对策. 农业经济问题，（8）：40-50

王春城，戴翊超. 2019. 促进脱贫攻坚与乡村振兴有机衔接的公共政策供给. 地方财政研究，（10）：75-81

王介勇，戴纯，刘正佳，等. 2020. 巩固脱贫攻坚成果，推动乡村振兴的政策思考及建议. 中国科学院院刊，35（10）：1273-1281

王伟. 2019. 乡村振兴视角下农村精准扶贫的产业路径创新. 重庆社会科学，（1）：27-34

王永生，文琦，刘彦随. 2020. 贫困地区乡村振兴与精准扶贫有效衔接研究. 地理科学，40（11）：1840-1847

王兆峰，谢佳亮，吴卫. 2022. 环长株潭城市群旅游业高质量发展水平变化及其影响因素. 经济地理，42（3）：172-181，221

魏后凯，关兴良. 2014. 新型城镇化之“新”专题研究——中国特色新型城镇化的科学内涵与战略重点. 河南社会科学，22（3）：18-26

文少保. 2006. 基于人才强国战略的我国大学生就业能力开发策略研究. 现代大学教育，（1）：101-108

吴超，魏清泉. 2004. “新区域主义”与我国的区域协调发展. 经济地理，（1）：2-7

吴友仁. 1979. 关于我国社会主义城市化问题. 城市规划，（5）：13-25

吴玉鸣，张燕. 2008. 中国区域经济增长与环境的耦合协调发展研究. 资源科学，（1）：25-30

武力，温锐. 2006. 1949 年以来中国工业化的“轻、重”之辨. 经济研究，（9）：39-49

习近平. 2013. 全面贯彻落实党的十八大精神要突出抓好六个方面工作. 求是，（1）：3-7

习近平. 2018. 在庆祝改革开放 40 周年大会上的讲话. 人民日报，（2）. 2018-12-19

辛岭，刘衡，胡志全. 2021. 我国农业农村现代化的区域差异及影响因素分析. 经济纵横，（12）：101-114

徐冠华. 2001. 大力构建有利于创新的文化环境. 中国软科学，（3）：1-7

徐现祥，李郇. 2005. 市场一体化与区域协调发展. 经济研究，（12）：57-67

杨大文，李翀，倪广恒，等. 2004. 分布式水文模型在黄河流域的应用. 地理学报，（1）：143-154

姚士谋，武清华，薛凤旋，等. 2011. 我国城市群重大发展战略问题探索. 人文地理，26（1）：1-4

叶敬忠，陈诺. 2021. 脱贫攻坚与乡村振兴的有效衔接：顶层谋划、基层实践与学理诠释. 中国农业大学学报（社会科学版），38（5）：5-16

叶兴庆. 2018. 新时代中国乡村振兴战略论纲. 改革，（1）：65-73

俞可平. 2008a. 中国治理变迁 30 年（1978—2008）. 吉林大学社会科学学报，（3）：5-17，159

俞可平. 2018b. 中国的治理改革（1978—2018）. 武汉大学学报（哲学社会科学版），71（3）：48-59

袁树卓，刘沐洋，彭徽. 2019. 乡村产业振兴及其对产业扶贫的发展启示. 当代经济管理，41（1）：30-35

曾国军，徐雨晨，王龙杰，等. 2021. 从在地化、去地化到再地化：中国城镇化进程中的人地关系转型. 地理科学进展，40（1）：28-39

张海鹏，郜亮亮，闫坤. 2018. 乡村振兴战略思想的理论渊源、主要创新和实现路径. 中国农村经济，（11）：2-16

张来武. 2011. 科技创新驱动经济发展方式转变. 中国软科学，（12）：1-5

张来武. 2018. 以改革开放引领和推动创新发展. 中国软科学，（10）：1-8

张青，郭雅媛. 2020. 脱贫攻坚与乡村振兴的内在逻辑与有机衔接. 理论视野，（10）：55-60

张申，程霖. 2013. 近代中国工业化思想形成发展的外在动力和内在演化——基于涵化视角的考察. 财经研究，39（12）：43-56

张志强. 1994. 区域可持续发展的理论与方法. 中国人口·资源与环境，（3）：23-29

赵晋平，文丰安. 2018. 自由贸易港建设的价值与趋势. 改革，（5）：5-17

郑代良，钟书华. 2012. 中国高层次人才政策现状、问题与对策. 科研管理，33（9）：130-137

郑杭生. 2009. 改革开放三十年：社会发展理论和社会转型理论. 中国社会科学，（2）：10-19，204

郑林庄. 1981. 农业现代化与农业生产效率. 中国社会科学，（2）：3-16

周一星. 2005. 城镇化速度不是越快越好. 科学决策，（8）：30-33

周一星. 2006. 关于中国城镇化速度的思考. 城市规划，（S1）：32-35，40

周一星，曹广忠. 1999. 改革开放 20 年来的中国城市化进程. 城市规划，（12）：8-13，60

朱海波，聂凤英. 2020. 深度贫困地区脱贫攻坚与乡村振兴有效衔接的逻辑与路径：产业发展的视角. 南京农业大学学报（社会科学版），20（3）：15-25

Brown C，Waldron S. 2013. Agrarian change，agricultural modernization and the modelling of agricultural households in Tibet. Agricultural Systems. 115：83-94

Diederen P，Meijl H，Wolters A. 2003. Modernization in agriculture：What makes a farmer adopt an innovation? International Journal of Agricultural Resources. Governance and Ecology，2（3/4）：328-342

Driver F，Yeoh B. 2000. Constructing the tropics（special issue）. Singapore Journal of Tropical Geography，21（1）：1-98

Friedmann J. 2006. Four theses in the study of China's urbanization. International Journal of Urban and Regional Research，30（2）：440-451

Hardeman E，Jochemsen H. 2012. Are there ideological aspects to the modernization of agriculture? Journal of Agriculture and Environmental Ethics，25：657-674

Hasse J E，Lathrop R G. 2003. Land resource impact indicators of urban sprawl. Applied Geography，23（2/3）：159-175

Hietala-Koivu R. 2002. Landscape and modernizing agriculture：acase study of three areas in Finland in 1954-1998. Agriculture Ecosystems and Environment，91：273-281

Lester C T. 1987. The Management Challenge：Japanese Views. Cambridge：MIT Press

Li Y R，Fan P C，Liu Y S. 2019. What makes better village development in traditional agricultural areas of China? Evidence from long-term observation of typical villages. Habitat international，83：111-124

Otchia C S. 2014. Agricultural Modernization. structural change and propoor growth：Policy options for the Democratic Republic of Congo. Journal of Economic Structures，3（8）：1-43

Porteous J D. 1976. Home：The territorial core. Geographical Review，66（4）：383-390

Potter R，Conway D，Evans R，et al. 2012. Key Concepts in Development Geography. London：Sage Publications Ltd

Shapiro J M. 2006. Smart cities：Quality of life，productivity，and the growth effects of human capital. The Review of Economics and Statistics，88（2）：324-335

Tibor Kis. 2011. Reindustrialiation problems of regions of eco-nomics in transition-case of Vojvodina. Advances in Business-Related Scientific Research Journal，2：2